江苏省高等学校重点教材(编号:2021-1-041)

军事理论教程

JUNSHI LILUN JIAOCHENG **2025**

主　编◎张政文　陆　华
副主编◎王建中　杨　新

南京大学出版社

图书在版编目(CIP)数据

军事理论教程 / 张政文，陆华主编. —9版. —南京：南京大学出版社，2020.7(2025.7重印)
ISBN 978-7-305-23605-1

Ⅰ. ①军… Ⅱ. ①张… ②陆… Ⅲ. ①军事理论—高等学校—教材 Ⅳ. ①E0

中国版本图书馆 CIP 数据核字(2020)第 131346 号

出版发行	南京大学出版社
社　　址	南京市金银街 8 号　　邮　编 210093
书　　名	**军事理论教程** JUNSHI LILUN JIAOCHENG
主　　编	张政文　陆　华
责任编辑	铁　路　　　　　　　编辑热线　025-83592320
照　　排	南京紫藤制版印务中心
印　　刷	江苏凤凰扬州鑫华印刷有限公司
开　　本	787 mm×1092 mm　1/16　印张 16　字数 369 千
版　　次	2020 年 7 月第 9 版　2025 年 7 月第 21 次印刷
ISBN	978-7-305-23605-1
定　　价	39.80 元
网　　址	http://www.njupco.com
官方微博	http://weibo.com/njupco
官方微信	njupress
销售咨询	(025)83594756

* 版权所有，侵权必究
* 凡购买南大版图书，如有印装质量问题，请与所购图书销售部门联系调换

编写委员会

主　编　张政文　陆　华
副主编　王建中　杨　新
编　委　（按姓氏笔画顺序）

马雯瑄	王　兴	王　玮	王　斌	王　管	王立君
王红星	王志坚	王素舟	王振伟	王益荣	卞禹臣
尹　刚	卢　珊	卢正升	包敦峰	冯丽娜	冯明芳
邢雅伟	毕　强	朱天松	乔君臣	任　振	任园园
刘　安	刘　青	刘　明	刘　涛	刘　斌	刘月晖
刘顺传	刘倩如	刘党胜	齐　鹏	安仲森	纪　祥
孙　珏	孙　威	孙　景	严　东	苏卫东	苏　莹
杜　伟	杜　昊	杜泽民	李　伟	李　珂	李　浩
李义峰	李兴华	李忠华	杨海东	杨德山	吴春成
吴建强	何　涛	何学建	何敬业	闵　涛	汪如春
沙书俊	沈召前	宋　标	张　田	张　帅	张　虹
张　跃	张义俊	张云芳	张东升	张青国	张继宏
陆　波	陆　峰	陈　伟	陈茂国	陈养彬	陈秋惠
陈培杰	邵洁雯	邵宁宁	范素文	周　纯	周　娅
周文佳	周有健	周亚琪	郑　芸	房亚群	孟琪璐
郝　麒	祝佳俊	姚　剑	袁　周	袁海宇	耿中华
顾小花	钱　晨	铁龙海	倪　玥	徐　琳	徐丽超
高　静	唐志阳	唐高峰	黄正兵	黄如松	曹丽君
曹剑成	崔玉婷	葛克伟	蒋　豪	蒋　毅	鲁　伟
谢树林	蓝　天	管　斌	潘建明	魏　波	

前　言

岁序常易，华章日新。回首2024年，我们一起走过春夏秋冬，一道经历风雨彩虹，一个个瞬间定格在这不平凡的一年，令人感慨、难以忘怀。我们积极应对国内外环境变化带来的影响，出台一系列政策"组合拳"，扎实推动高质量发展，国内生产总值首次突破130万亿元。我们因地制宜培育新质生产力，新产业新业态新模式竞相涌现，集成电路、人工智能、量子通信等领域取得新成果。嫦娥六号首次月背采样，梦想号探秘大洋，深中通道踏浪海天，南极秦岭站崛起冰原，展现了中国人逐梦星辰大海的豪情壮志。巴黎奥运赛场上，我国体育健儿奋勇争先，取得境外参赛最好成绩，彰显了青年一代的昂扬向上、自信阳光。我们隆重庆祝新中国成立75周年，深情回望共和国的沧桑巨变。党的二十届三中全会胜利召开，吹响进一步全面深化改革的号角。

2025年，我们将全面完成"十四五"规划。要实施更加积极有为的政策，聚精会神抓好高质量发展，推动高水平科技自立自强，保持经济社会发展良好势头。当前，世界百年未有之大变局加速演进，新一轮科技革命和产业变革深入发展，国际力量对比深刻调整。同时，逆全球化思潮抬头，单边主义、保护主义明显上升，世界经济复苏乏力，局部冲突和动荡频发，全球性问题加剧，世界进入新的动荡变革期。我国发展进入战略机遇和风险挑战并存、不确定难预料因素增多的时期，各种"黑天鹅""灰犀牛"事件随时可能发生。在错综复杂的国内外形势下，普通高等学校通过军事课教学，让大学生了解掌握军事基础知识和基本军事技能，增强国防观念、国家安全意识和忧患危机意识，弘扬爱国主义精神、传承红色基因、提高学生综合国防素质，显得尤为必要。

2025年，是继续深化军事课教学改革之年。我们始终以党的二十大精神、习近平强军思想和习近平总书记关于教育的重要论述为遵循，全面贯彻党的教育方针、新时代军事战略方针和总体国家安全观，围绕立德树人根本任务和强军目标根本要求，以《普通高等学校军事课教学大纲(2019)》为指南，精心组织教材修订工作，确保《军事理论教程》的政策性、权威性和规范性，努力打造"高质量军事课教材"。

《军事理论教程》包含军事理论与军事技能两个部分。军事理论部分共五章，主要包括中国国防、国家安全、军事思想、现代战争、信息化装备等内容；军事技能作为附录列入书中，主要包括共同条令教育与训练、射击与战术训练、防卫技能与战时防护训练、战备基础与应用训练等内容。教材还增设了"延伸阅读""作战运用"等内容，增强了教材的可读性。

本教材由张政文、陆华任主编，王建中、杨新任副主编。全书由张政文、陆华最后定稿。参加教材撰稿的有：彭爱华、陈茂霞(第一章)，陆华、陈王龙诗(第二章)，杨斐(第三章)，张德彬(第四章)，赵辉(第五章)，石锦来(附录)。

国防大学赵耀辉教授、穆永民教授，陆军指挥学院王志军教授，海军指挥学院刘杭军教授，陆军工程大学周剑波教授、张小平教授对本版教材进行了认真的审阅，并提出了宝贵的修改建议，在此谨向他们表示诚挚的感谢！

全书参考、吸收和引用了国内外有关专家、学者的研究成果，在此谨致谢意。

编　者

2025 年 7 月

目　录

第一章　中国国防 ... 1
第一节　国防概述 ... 1
一、国防的内涵 ... 1
二、国防类型 ... 2
三、中国国防历史与启示 ... 3
四、现代国防观 ... 8
第二节　国防法规 ... 11
一、国防法规体系 ... 11
二、公民的国防权利与义务 ... 14
第三节　国防建设 ... 18
一、国防体制 ... 18
二、国防战略 ... 19
三、国防政策 ... 21
四、国防成就 ... 24
五、军民融合 ... 27
第四节　武装力量 ... 29
一、中国人民解放军性质、宗旨、新时代使命任务 ... 29
二、中国武装力量构成 ... 31
三、人民军队的发展历程 ... 37
第五节　国防动员 ... 40
一、国防动员的内涵 ... 40
二、国防动员的主要内容 ... 42
三、国防动员的意义 ... 43

第二章　国家安全 ... 45
第一节　国家安全概述 ... 45
一、国家安全的内涵 ... 45
二、维护国家安全的基本原则 ... 46

三、总体国家安全观 47
　第二节　国家安全形势 51
　　一、我国地缘环境概况 51
　　二、当前我国地缘安全面临的主要挑战 54
　　三、维护重点领域国家安全 60
　第三节　国际战略形势 72
　　一、国际战略形势现状与发展趋势 72
　　二、世界主要国家军事力量及其战略动向 77

第三章　军事思想 84
　第一节　军事思想概述 84
　　一、军事思想的内涵 84
　　二、军事思想的形成发展 85
　　三、军事思想的地位作用 88
　第二节　外国军事思想 89
　　一、外国军事思想的主要内容 89
　　二、外国军事思想的主要特点 93
　　三、外国军事思想代表性著作 94
　第三节　中国古代军事思想 95
　　一、中国古代军事思想的主要内容 96
　　二、中国古代军事思想的鲜明特征 100
　　三、中国古代军事思想代表性著作 101
　第四节　中国现当代军事思想 103
　　一、毛泽东军事思想 104
　　二、邓小平新时期军队建设思想 109
　　三、江泽民国防和军队建设思想 110
　　四、胡锦涛国防和军队建设思想 112
　　五、习近平强军思想 114

第四章　现代战争 121
　第一节　战争概述 121
　　一、战争的内涵 121
　　二、现代战争的特点 122
　　三、战争发展的历程 124
　第二节　新军事革命 127
　　一、新军事革命的内涵 127
　　二、新军事革命的发展演变 128
　　三、新军事革命的主要内容 130
　　四、深入推进中国特色军事变革 132
　第三节　机械化战争 133

一、机械化战争的内涵 133
二、机械化战争的基本特征 134
三、机械化战争的发展演变 135
四、机械化战争的代表性战例 136

第四节 信息化战争 138
一、信息化战争的内涵 138
二、信息化战争的主要特征 139
三、信息化战争的基本作战形式和主要作战样式 141
四、信息化战争的代表性战例 145
五、信息化战争发展的高级阶段——智能化战争 150

第五章 信息化装备 154

第一节 信息化装备概述 154
一、信息化装备发展概况 154
二、信息化装备的内涵和分类 155
三、信息化装备对现代作战的影响 156
四、信息化装备的发展趋势 157

第二节 信息化作战平台 159
一、陆上信息化作战平台 159
二、海上信息化作战平台 165
三、空中信息化作战平台 172
四、太空信息化作战平台 180

第三节 综合电子信息系统 185
一、综合电子信息系统概述 185
二、综合电子信息系统的构成 186
三、综合电子信息系统的发展趋势 188

第四节 信息化杀伤武器 188
一、新概念武器 189
二、精确制导武器 190
三、核生化武器 193

附录 军事技能训练 196

A 共同条令教育与训练 196
一、共同条令教育 196
二、队列动作 199
三、现地教学 206

B 射击与战术训练 208
一、轻武器射击 208
二、战术 215

C 防卫技能与战时防护训练 221

一、格斗基础 ………………………………………… 221
　　二、战场医疗救护 …………………………………… 226
　　三、核生化防护 ……………………………………… 228
　D　战备基础与应用训练 ………………………………… 235
　　一、战备规定 ………………………………………… 235
　　二、紧急集合 ………………………………………… 236
　　三、行军拉练 ………………………………………… 237
　　四、野外生存 ………………………………………… 238
　　五、识图用图 ………………………………………… 239
　　六、电磁频谱监测 …………………………………… 243
参考文献 ……………………………………………………… 246

第一章　中国国防

习近平指出,如期实现建军一百年奋斗目标,加快把人民军队建成世界一流军队,是全面建设社会主义现代化国家的战略要求。这是党的二十大从全面建设社会主义现代化国家、全面推进中华民族伟大复兴的全局出发,对国防和军队建设作出的战略部署。作为中华民族的一员,关心国防、热爱国防、建设国防、保卫国防,是我们义不容辞的责任。新时代大学生要与时代同步伐、与祖国共命运、与人民齐奋斗,树立正确国防观念、增强国家安全意识、弘扬爱国主义精神,为建设强大国防贡献智慧和力量!

第一节　国防概述

国无防不立,民无兵不安。巩固国防和强大人民军队是新时代坚持和发展中国特色社会主义、实现中华民族伟大复兴的战略支撑。在全面建设社会主义现代化国家、实现第二个百年奋斗目标的新征程中,必须把国防和军队建设摆在更加重要的位置,加快建设巩固国防和强大人民军队。

一、国防的内涵

《中华人民共和国国防法》第二条规定,国防是"国家为防备和抵抗侵略,制止武装颠覆和分裂,保卫国家主权、统一、领土完整、安全和发展利益所进行的军事活动,以及与军事有关的政治、经济、外交、科技、教育等方面的活动"。这一国防概念的立法性表述,明确了国防的内涵,揭示了国防的基本要素。

(一)国防的主体

国防的主体是国家。国防是国家的事业,是国家机构的基本职能,是社会公民的神圣职责。任何一个国家,从诞生之日起就要固疆强边,防备和抵御各种外来侵略,以保障国家安全,维系国家生存和发展。具体体现在:中央和国家机关、地方各级党委和政府要强化国防意识,自觉履行法定的国防建设职责,依法保障好军队建设、军事行动和军人合法权益;每个公民必须履行国防义务;国防行为应当受到法律的特殊保护等方面。

(二) 国防的对象

国防的对象是侵略、武装颠覆和分裂。国防首先要防备和抵抗的是侵略,包括武装侵略和各种非武装侵略。武装侵略是战争状态的侵略行为,非武装侵略是运用经济、文化、外交等手段的侵略行为。防止武装侵略和非武装侵略都离不开国防行为,对付武装侵略运用战争手段进行遏止,对付非武装侵略使用非战争手段进行遏止。无论是武装侵略还是非武装侵略,都属于国防的对象范围。《中华人民共和国宪法》(以下简称《宪法》)第一条规定:"社会主义制度是中华人民共和国的根本制度。""禁止任何组织或者个人破坏社会主义制度。"《反分裂国家法》第二条规定:"台湾是中国的一部分。国家绝不允许'台独'分裂势力以任何名义、任何方式把台湾从中国分裂出去。"这表明,国防活动不仅包括防备和抵抗侵略,也包括制止推翻社会主义制度、颠覆国家政权、企图分裂国家的武装叛乱,武装暴乱和分裂国家行为。这些武装叛乱、武装暴乱和分裂国家行为,对国家主权、统一、领土完整、安全和发展利益,对社会主义制度都构成严重威胁。因此,武装颠覆和分裂也是国防的对象。

(三) 国防的目的

国防的目的是保卫国家主权、统一、领土完整、安全和发展利益。主权、统一、领土完整、安全和发展利益,在本质属性上是一致的,是独立国家的主要标志和最高原则。一个国家,只有拥有完整的领土,独立自主行使自己的主权,维护自己的统一,并有一个安全的内外环境,才能保证其正常生存和发展。因此,捍卫国家主权,维护国家统一,保卫国家领土完整,确保国家安全,保障国家发展利益,是国防的根本目的,也是国防的价值所在。

(四) 国防的手段

国防的手段是为达到国防目的而采取的方法和措施,包括军事及与军事有关的政治、经济、外交、科技、教育等手段。军事手段是国防的主要手段,也是保底手段,但不是唯一的手段,它不能离开与军事相关的其他手段而孤立发挥作用。实施国防手段,必须综合运用包括军事手段在内的各种手段,使其有机结合,形成整体合力。

二、国防类型

一个国家实行什么样的国防是由这个国家的社会制度和国家政策所决定的。国家的社会制度和国家政策不同,所奉行的国防政策和追求的国防目标不同,国防的类型也就各不相同。按照不同的分类方式,国防可分为若干类型。

按军事战略和国防建设的目标,可分为防御型国防和扩张型国防。防御型国防在国防建设上以防止外敌入侵为主要目的。扩张型国防则以国家安全和防务需要为幌子,将其他国家和地区纳入自己的势力范围,对其进行侵略、颠覆或渗透。

按防卫力量的运用方式,可分为联盟型国防、独立自主型国防和中立型国防。联盟型国防最大的特征就是通过结盟的形式,来弥补自身防卫力量的不足,实现国家的安全稳定。根据联盟体内各成员之间的关系,联盟型国防又可分为一元体联盟和多元体联盟。

前者以某一大国为盟主,其余国家处于从属地位;后者各联盟国则是伙伴关系,通过共同协商确定防卫政策。独立自主型国防,强调主要依靠本国自身的防卫力量,坚持不结盟政策,但并不排斥防务合作。中立型国防的最大特征是在国际冲突或战争面前,严格恪守和平中立政策。奉行中立型国防的国家,有的采取全民防卫式的武装中立,有的则采取完全不设防的方式。

中国是社会主义国家。"中国绝不走'国强必霸'的道路,但中国也再不能重复鸦片战争以后在列强坚船利炮下被奴役被殖民的历史悲剧。我们必须有足以自卫防御的国防力量。"①"中国奉行防御性的国防政策,中国的发展是世界和平力量的增长,无论发展到什么程度,中国永远不称霸、永远不搞扩张。"②中国特色的社会主义制度和国防政策,以及防御性的军事战略,决定了中国的国防是防御型国防、独立自主型国防。

三、中国国防历史与启示

中国国防有着悠久的历史。夏、商、西周至春秋战国,是中国古代国防形成与发展时期。秦朝以后,中国建立了中央集权的封建制度,先后经历了汉、晋、隋、唐、宋、元、明、清诸朝,中国国防不断发展。鸦片战争后,西方列强入侵中国,在西方侵略者坚船利炮面前,中国国防脆弱不堪,国门洞开,屡遭侵略。中华人民共和国成立后,开启了国防建设与发展的新纪元,中国国防日益走向强大。中国国防的历史进程,有过荣耀和屈辱、有过昌盛和衰败,给我们留下了丰富的国防遗产,积累了宝贵的历史经验及教训。

(一) 中国国防历史

1. 中国古代国防

中国古代国防,从公元前21世纪夏王朝的建立到公元1840年鸦片战争爆发,大约经历了4 000年的历史。在漫长的历史发展过程中,中华民族经历了无数次血与火的洗礼,培育了民族的凝聚力和自强不息、卫国御侮的尚武精神,最终形成了多民族、大疆域的国家。

(1) 古代的国防政策和国防理论。中国古代形成了许多卓有成效的国防政策和国防理论:"以民为体""居安思危"的国防指导思想;"富国强兵""寓兵于农"的国防建设思想;"爱国教战""崇尚武德"的国防教育思想;"不战而胜""安国全军"的国防斗争策略;等等。这些政策、理论,对于指导战争和加强国防起到了重要作用。

(2) 古代的兵制建设。所谓兵制,就是军事制度,现在一般称为军制。它包括武装力量体制、军事领导体制和兵役制度等方面的内容,是国防的主要组成部分。兵制建设是中国古代国防建设的一个重要方面。在武装力量体制上,中国古代一般区分为中央军、地方军和边防军。在军事领导体制上,各朝代的做法虽然不尽一致,但皇权至上,军队的调拨使用大权始终掌握在皇帝手中。在兵役制度上,主要有民军制、征兵制、府兵制、募兵制等形式,并随着各个历史时期的政治、经济、人口状况和军事需要而发展变化。

---

① 《习近平在德国发表重要演讲 强调中国坚定不移走和平发展道路》,载于《解放军报》2014年3月30日。
② 习近平:《高举中国特色社会主义伟大旗帜 为全面建设社会主义现代化国家而团结奋斗——在中国共产党第二十次全国代表大会上的报告》,载于《解放军报》2022年10月17日。

(3) 古代的国防工程建设。中国古代为抵御外敌侵犯,巩固边海防,修筑了数量众多、规模庞大的国防工程,如城池、长城、京杭运河以及海防要塞等。

2. 中国近代国防

中国近代国防史既是一部屈辱史,又是一部探索史、抗争史。1840年鸦片战争以后,由于西方列强入侵和封建统治腐败,中国逐步成为半殖民地半封建社会,国家蒙辱、人民蒙难、文明蒙尘,中华民族遭受了前所未有的劫难,救亡图存、振兴中华成为全体中国人民的共同梦想。为了拯救民族危亡,中国人民奋起反抗,仁人志士奔走呐喊,各种救国方案轮番出台,但都以失败告终。中国共产党登上历史舞台后,团结带领全国各族人民,进行了艰苦卓绝的抵御外敌入侵、反抗民族压迫和阶级压迫的伟大斗争。

(1) 清朝后期的国防。自"康乾盛世"之后,清朝的政治日趋腐败,国防日渐虚弱。1840年鸦片战争爆发,西方列强用坚船利炮敲开了古老封闭的清王朝大门,从此清王朝一蹶不振,每况愈下,内乱外患交织,中国逐步成为半殖民地半封建社会。

从1840年鸦片战争到1911年辛亥革命的70多年间,清政府与外国列强签订了上百个不平等条约,割让领土近160万平方千米。当时中国1.8万多千米的大陆海岸线上,竟找不到一个中国自己享有主权的港口。中华民族美丽富饶的国土被西方列强撕扯得支离破碎。这一时期的中国国防史,是一部国防虚弱、落后挨打的屈辱史,同时也是一部中国人民反帝爱国的斗争史。义和团反帝爱国运动,三元里人民抗击英军的壮举,山东及辽东半岛人民抗击日本侵略者的斗争,等等,都给侵略者以沉重打击,体现了中华民族不畏强暴、抗御外侮的伟大爱国主义精神。中国人民抗击侵略者的斗争成为中国近代国防的重要组成部分。

(2) 民国时期的国防。辛亥革命虽然推翻了清王朝统治,建立了中华民国,但并没有改变中国任人宰割的状况。西方列强为维护其在华利益,纷纷扶植各派军阀为自己的代理人,加紧对中国的掠夺。各派军阀争权夺利,混战不已,中国依然是有边不固,有海无防。以"五四运动"为标志,中国反帝反封建的资产阶级民主革命发展到新阶段。1921年7月,中国共产党成立,把中国人民的救亡图存斗争推向新阶段,中国工人阶级开始以自觉的姿态登上了历史舞台。

1931年9月18日,日本帝国主义悍然制造九一八事变,开始了对中国的侵略战争。中国人民奋勇抵抗,揭开了世界反法西斯战争的序幕。国民党政府的不抵抗政策,导致东北大片国土迅速沦丧。1937年7月7日,日本发动七七事变(又称卢沟桥事变),标志着日本帝国主义蓄谋已久的全面侵华战争开始;中国军队的卢沟桥抗战,标志着全国性抗战的开始;1945年8月15日,日本政府宣布无条件投降,标志着中国人民抗日战争的胜利。中国共产党人勇敢战斗在抗日战争最前线,支撑起中华民族救亡图存的希望,成为全民族抗战的中流砥柱。中国共产党领导开辟的敌后战场和国民党指挥的正面战场协力合作,形成了共同抗击日本侵略者的战略局面。中国人民抗日战争胜利是全体中华儿女勠力同心、以弱胜强的雄浑史诗,显示了中国人民和中华儿女坚不可摧的磅礴力量。这是近代以来中国人民反抗外敌入侵第一次取得完全胜利的民族解放斗争,也是世界反法西斯战争胜利的重要组成部分。

抗日战争胜利后,中国人民迫切需要一个和平安定的建设环境。但蒋介石当局背信弃义,妄图消灭中国共产党及其所领导的军队。经过4年解放战争,中国共产党领导人民终于推翻了国民党的反动统治,建立了中华人民共和国,从此结束了近代100多年来中华民族有国无防的屈辱历史。

3. 中国现代国防

新中国成立后,通过加强政治安防、经济兴防、军事强防等措施,有力挫败了国内外敌对势力的武装侵略和颠覆图谋,捍卫了国家主权和领土完整,中国国防建设取得了举世瞩目的成就。中国现代国防大体经历了三个发展阶段。

第一阶段,社会主义革命和建设时期(1949年10月—1978年11月)。新中国成立后,我们党围绕巩固政权、维护国家主权和领土完整,在同国内外敌对势力较量的一系列军事斗争中,加强国防和军队建设,初步形成了具有中国特色的国防体系。1953年底至1954年初,根据毛泽东关于军队建设的方针与指示,全国军事系统党的高级干部会议在北京召开,明确提出把建设一支优良的现代化的革命军队,作为军队建设的总方针、总任务。这一时期,国防建设取得了一系列重大成果:一是解放了祖国大陆和大部分沿海岛屿,沿海、边防和纵深要地的防御工程体系初步建立;二是取得抗美援朝战争和多次边境自卫作战的胜利,捍卫了祖国万里边疆和辽阔海空,为巩固新生人民政权、形成中国大国地位、维护中华民族尊严提供坚强后盾;三是人民解放军正规化建设开始全面起步,实现了由单一陆军向诸军兵种合成军队转变;四是常规武器基本实现国产化,国防科技工业体系日益完善;五是国防实力随着尖端技术的不断突破得到进一步提升,国防威慑力量有了显著提高。1964年10月我国第一颗原子弹爆炸成功,1966年10月首次发射导弹核武器试验获得成功,1967年6月第一颗氢弹成功爆炸,1970年4月第一颗人造地球卫星成功发射。

第二阶段,改革开放和社会主义现代化建设新时期(1978年12月—2012年10月)。党的十一届三中全会后,我们党根据国内外形势变化,准确判断时代主题和战争威胁,积极探索和平时期建军规律,着力建设强大的现代化正规化革命军队,国防和军队建设迈出新的步伐。1981年,邓小平对新时期军队建设总目标作出高度概括:把我军建设成为一支强大的现代化、正规化的革命军队。1985年,军队建设指导思想实行战略性重大转变,即把军队工作从立足于"早打、大打、打核战争"的临战准备状态真正转入和平时期建设轨道上来。20世纪90年代,江泽民提出,按照政治合格、军事过硬、作风优良、纪律严明、保障有力的总要求,紧紧围绕打得赢、不变质两个历史性课题,积极推进中国特色军事变革。1993年,党中央、中央军委确立新时期军事战略方针,把打赢现代技术特别是高技术条件下的局部战争作为军事斗争准备基点。新世纪新阶段,胡锦涛提出,按照革命化现代化正规化相统一的原则加强军队全面建设,实现国防和军队建设全面协调可持续发展,履行好"三个提供、一个发挥"的历史使命。2004年,党中央、中央军委充实完善新时期军事战略方针,把军事斗争准备基点调整为打赢信息化条件下的局部战争,要求提高军队应对多种安全威胁、完成多样化军事任务的能力。这一时期,英雄的人民军队,依法履行香港、澳门防务职责,有效应对国家安全面临的各种威胁,坚决打击一切形式的分裂破坏活动,积极参与对外军事交流合作和联合国维和行动,为维护中国共产党领导和我国社会主义制度,为维护国家主权、安全、发展利益,为维护我国发展的重要战略机遇期,为维护地区和世界和平提供了强大力量支撑。

第三阶段,国防和军队建设进入新时代(2012年11月至今)。党的十八大以来,中国特色社会主义进入新时代,国防和军队建设也进入新时代。回望新时代的奋斗历程,我们遭遇的风险挑战风高浪急,有时甚至是惊涛骇浪,其复杂性严峻性前所未有。以习近平同志为核心的党中央在领导推进新时代中国特色社会主义事业进程中,以伟大的历史主动精神、巨大的政治勇气、强烈的责任担当,大力推进国防和军队现代化建设,引领全军深入推进政治建军、改革强军、科技强军、人才强军、依法治军,全面加强练兵备战,国防和军队建设取得历史性成就、发生历史性变革。我们确立党在新时代的强军目标,贯彻习近平强军思想,贯彻新时代军事战略方针,坚持党对人民军队的绝对领导,召开古田全军政治工作会议,以整风精神推进政治整训,牢固树立战斗力这个唯一的根本的标准,坚决把全军工作重心归正到备战打仗上来,统筹加强各方向各领域军事斗争,大抓实战化军事训练,大刀阔斧深化国防和军队改革,重构人民军队领导指挥体制、现代军事力量体系、军事政策制度,加快国防和军队现代化建设,裁减现役员额30万胜利完成,人民军队体制一新、结构一新、格局一新、面貌一新,现代化水平和实战能力显著提升,中国特色强军之路越走越宽广。

党的二十大报告深刻总结过去五年和新时代十年国防和军队建设重大成就,对实现建军一百年奋斗目标、开创国防和军队现代化新局面作出战略部署,为新时代新征程加快把人民军队建成世界一流军队提供了根本遵循。

微视频

中国特色强军之路越走越宽广

(二) 中国国防历史的启示

中国的国防历史,有过声威远播、天下归附的武备,有过引而不发、强房驻足的宁静,有过遍体创伤、不堪回首的屈辱,也有过抗敌卫国、坚守气节的壮举。新时代重温中国波澜壮阔、惊天动地的国防史,对建设社会主义现代化强国、建设世界一流军队、实现中华民族伟大复兴有着重要的启示和深刻的借鉴意义。

1. 强大巩固的国防有赖于坚强有力的领导

历史和现实充分表明,任何一个时期,统治阶级能够实现对国防建设坚强有力的领导,国防建设就能顺利发展。古今中外,由于没有解决好军队领导权问题,国家分裂者有之,外敌入侵者有之,民不聊生者有之。20世纪初期,中国长期陷入军阀混战,各路军阀凭借手中的武力相互争权夺利,老百姓生活在水深火热之中。中国共产党成立后,经过艰辛探索实践,创造性地提出并实行党对军队绝对领导的根本原则和制度,彻底改变了中国历史上军权私有的军事制度。坚持党对军队的绝对领导,是我军永远不变的军魂,对巩固党的执政地位、保证社会主义红色江山永不变色具有极其重要的意义。无论形势如何变化，坚持党对军队绝对领导这个根本原则不能丢。新时代大学生一定要增强坚持党对军队绝对领导的思想自觉和认识自觉。

2. 强大巩固的国防有赖于政治昌明

政治与国防关系紧密。只有政治昌明，才能有巩固的国防，才能为国家发展提供保障。战国时期，原本是西陲小国的秦国，由于进行商鞅变法、修政治、明法度、发展生产，国力日渐强大，为统一六国奠定了坚实的基础；大唐初建之时，百废待兴，由于制定并实施了一系列行之有效的政治制度，文武并重，使国家很快从隋末的战争废墟中恢复过来，成为国力强盛、空前统一的大唐帝国。与此相反，凡是衰落的时期和朝代，无不因为政治腐败、重文轻武，导致国防虚弱。唐朝中后期、两宋，以及晚清都是如此。总之，古代中国国防的兴衰、王朝的更替，近代中国的百年国耻，都深刻地告诉我们：政治昌明，是国防巩固的根本，是国家得以长治久安的根本保证。

3. 强大巩固的国防有赖于经济发展

经济是国防的物质基础，国防强大依赖经济发展，这是中国国防历史给予我们的深刻启示。早在春秋战国时期，统治者就认识到国富才能兵强，自强方可自立，无不把发展经济作为巩固国防、开疆拓土的重要举措。春秋时期，晋国还是一个国贫兵弱的小国。晋文公执政后，通过整顿内政、发展经济、扩充军队等一系列综合治理，使晋国实力急剧增强，先后兼并20余国，一跃成为中原霸主。唐朝由"贞观之治"达到封建社会的鼎盛时期，更是当时统治者注重发展经济的结果。与此相反，各朝代的衰落、灭亡，遭受外敌的入侵而不能自保，几乎毫无例外是这个王朝后期，经济落后、国贫兵弱，结果动摇了国家的根基。无数史实证明：经济发展是国防强大的基础，只有经济实力增强，才能为国防提供坚强有力的保障。

4. 强大巩固的国防有赖于科技进步

科学技术是国防和军队建设中最活跃、最具变革性的因素。重大科学技术的突破和发展，必然引发武器装备、作战方式、战争形态和军事理论的深刻变革，为军队建设整体转型提供强劲动力。中国国防曾经的屈辱历史告诉我们，"科技落后同样要挨打"。而"两弹一星"的伟大成就证明，科技进步与创新，是国防安全和国家尊严的坚强后盾和可靠保证。当前，中华民族迎来了从站起来、富起来到强起来的伟大飞跃，实现中华民族伟大复兴进入了不可逆转的历史进程。强化国家战略科技力量，加速科技向战斗力转化，形成强大的国防实力，对于保卫国家安全、维护祖国统一、抵御侵略、遏制战争，为全面建成社会主义现代化强国、实现第二个百年奋斗目标赢得宝贵的、相对和平的发展时期，显得尤为重要。

5. 强大巩固的国防有赖于国家统一和民族团结

团结是中国人民和中华民族战胜前进道路上一切风险挑战、不断从胜利走向新的胜利的重要保证。历史已经充分证明，凡是国家统一、民族团结的时期，国防就强大；凡是国家分裂、民族矛盾尖锐的时期，国防就虚弱。晚清时期，清政府在西方列强的进攻面前，不仅不积极组织发动反侵略战争，不依靠、不支持人民群众进行抗争，反而认为"患不在外而在内""防民甚于防火"，对人民群众自发组织的反侵略斗争实行残酷的镇压，最终造成对外作战屡战屡败，割地赔款，逐步成为半殖民地半封建社会。正是基于对历史的清醒认识，中国共产党自成立之日起，始终把统一战线摆在重要位置，不断巩固和发展最广泛的统一战线，团结一切可以团结的力量、调动一切可以调动的积极因素，最大限度凝聚起共同奋斗的力量，创造一个又一个彪炳史册的人间奇迹。习近平在庆祝中国共产党成立100周年大会上深刻指出："一百年来，我们取得的一切成就，是中国共产党人、中国人民、中华民族团结奋斗的结果。"①"从现在起，中国共产党的中心任务就是团结带领全国各族人民全面建成社会主义现代化强国、实现第二个百年奋斗目标，以中国式现代化全面推进中华民族伟大复兴。"②在新的征程上，我们要高举团结的旗帜，紧密团结在以习近平同志为核心的党中央周围，巩固全国各族人民的大团结，加强海内外中华儿女的大团结，增强各党派、各团体、各民族、各阶层以及各方面的大团结，保持党同人民群众的血肉联系，大力弘扬爱国主义精神，凝聚成一往无前的力量，推动中华民族伟大复兴的航船乘风破浪、扬帆远航。

四、现代国防观

现代国防观是现时代国防的客观存在反映到人们头脑中所形成的一种观念。有什么样的国防观念，就有什么样的国防行动。可以说，国防观的正确与否，决定着一个国家国防建设的发展走向，也决定着一个国家处理国际事务的方针和态度，进而影响到一个国家的兴衰存亡。

（一）坚持国家利益至上

国防伴随着国家的产生而产生，始终为国家利益服务。古往今来，尽管因国家的性质、制度、国力及其推行的政策不同，各国的国防具有不同的特征，但是国防的实质和核心都一样，就是捍卫和拓展本国的国家利益。习近平指出："我们要坚决维护国家主权、安全、发展利益，任何外国不要指望我们会拿自己的核心利益做交易，不要指望我们会吞下损害我国主权、安全、发展利益的苦果。"③这一重要论述，深刻揭示了国家利益至上是国家安全的准则，是现代国防观的集中体现。一方面，主权是国家独立的根本标志，也是国家利益的根本体现和可靠保证。主权和领土完整不容侵犯，这是硬道理，任何时候都不能丢弃，任何时候都不应动摇。另一方面，随着国家推进全方位对外开放，中国进一步走近世界舞台中央，"一带一路"建设深入实施，走出去的深度、广度、节奏前所未有，中国国家利益遍布全球，国家利益不断拓展，维护国家利益安全问题更加凸显。国家利益拓展到哪里，安全保障就必须跟进到哪里。因此，必须建设同我国国际地位相称、同国家安全和发展利益相适应的巩固国防和强大人民军队。这是我国社会主义现代化建设的战略任务，也是维护国家主权、安全和发展利益的根本保障。新时代坚持国家利益至上的国防观，既要坚定维护国家主权和领土完整，又要维护国家海洋权益，维护国家在太空、电磁、网络空间等领域的安全利益，维护国家海外利益，支撑国家可持续发展，以更宽广的战略视野谋划和加强国防建设。

---

① 习近平：《在庆祝中国共产党成立100周年大会上的讲话》，载于《人民日报》2021年7月2日。
② 习近平：《高举中国特色社会主义伟大旗帜 为全面建设社会主义现代化国家而团结奋斗——在中国共产党第二十次全国代表大会上的报告》，载于《解放军报》2022年10月17日。
③ 习近平：《在纪念毛泽东同志诞辰120周年座谈会上的讲话》，载于《解放军报》2013年12月27日。

（二）坚持富国和强军相统一

强大的国防离不开雄厚的物质基础保障，同时也需要强大的军队作支撑。坚持富国和强军相统一，是建设强大国防的必然要求。对一个国家而言，富国和强军犹如车之两轮、鸟之两翼，不可或缺。富国才能强军，军强才能卫国。一方面，经济建设是国防建设的基本依托，只有国家经济实力增强了，国防建设才能有更大发展。另一方面，国防建设是国家现代化建设的战略任务，只有把国防建设搞上去了，经济建设才能有更加坚强的安全保障，同时加强国防建设对经济社会发展也具有重要拉动作用。实践反复证明，经济建设和国防建设的关系处理不好，就会走弯路、吃苦头。经过新中国70多年特别是改革开放40多年来的发展，我国综合国力显著增强，这为建设巩固国防和强大军队奠定了雄厚物质基础。新时代坚持富国和强军相统一，要求在国家总体战略中正确把握和处理经济建设和国防建设的关系，使两者协调发展、平衡发展、兼容发展，在经济发展的基础上，使国防实力在尽可能短的时间内有一个大的提升。在国防建设上，要抓住有利条件，在国家层面加强统筹协调，发挥军事需求主导作用，努力推动国防实力和经济实力同步发展，努力缩小同世界军事强国的差距。要推进军民融合发展，促进经济发展方式转变和经济结构调整，增强国家战争潜力和国防实力，加快推进国防和军队现代化，把人民军队建成世界一流军队，为促进国家发展、保障国家安全提供可靠支撑。

（三）弘扬伟大的爱国主义精神

爱国主义是我们民族精神的核心，是中国人民和中华民族同心同德、自强不息的精神纽带。在中华民族几千年绵延发展的历史长河中，爱国主义始终是激励中国人民维护民族独立和民族尊严、在历史洪流中奋勇向前的强大精神动力，始终是驱动中华民族这艘航船乘风破浪、奋勇前行的强劲引擎，始终是引领中国人民和中华民族迸发排山倒海的历史伟力、战胜前进道路上一切艰难险阻的壮丽旗帜。近代以来，中国人民为争取民族独立和解放进行的一系列抗争，就是中华民族觉醒的历史进程，就是中华民族精神升华的历史进程。这种民族觉醒和民族精神升华，在抗日战争时期达到了全新的高度。面对国家和民族生死存亡，全体中华儿女爱国热情像火山一样迸发出来，同仇敌忾、众志成城，奏响了气吞山河的爱国主义壮歌，谱写了惊天地、泣鬼神的爱国主义篇章。正如习近平所指出："中国人民抗日战争胜利是以爱国主义为核心的民族精神的伟大胜利。"[1] 新时代弘扬伟大的爱国主义精神，必须深刻认识到："中国共产党领导和中国社会主义制度必须长期坚持，不可动摇；中国共产党领导中国人民开辟的中国特色社会主义必须长期坚持，不可动摇；中国共产党和中国人民扎根中国大地、借鉴人类文明优秀成果、独立自主实现国家发展的大政方针必须长期坚持，不可动摇。"[2] 新时代弘扬伟大的爱国主义精神，必须坚定不移沿着中国特色社会主义道路前进，增强中国特色社会主义道路自信、理论自信、制度自信、文化

---

[1] 习近平：《在纪念中国人民抗日战争暨世界反法西斯战争胜利75周年座谈会上的讲话》，载于《解放军报》2020年9月4日。

[2] 习近平：《在纪念孙中山先生诞辰150周年大会上的讲话》，载于《人民日报》2016年11月12日。

自信,守护好、建设好我们伟大的国家。

📖 **延伸阅读**

《中华人民共和国爱国主义教育法》

2023年10月24日,第十四届全国人大常委会第六次会议表决通过了《中华人民共和国爱国主义教育法》,自2024年1月1日起施行。这部旨在加强爱国主义教育、传承和弘扬爱国主义精神的法律,共5章40条,包括总则、职责任务、实施措施、支持保障、附则。爱国主义教育法规定了爱国主义教育的主要内容,涵盖思想政治、历史文化、国家象征标志、祖国壮美河山和历史文化遗产、宪法和法律、国家统一和民族团结、国家安全和国防、英烈和模范人物事迹等方面。在规定面向全体公民开展爱国主义教育的同时,突出学校和家庭对青少年和儿童的教育,并对公职人员、企业事业单位职工、村居民、港澳台同胞和海外侨胞等不同群体的爱国主义教育,分别作出相应规定。

制定爱国主义教育法,以法治方式推动和保障新时代爱国主义教育,对于振奋民族精神,凝聚人民力量,推进强国建设、民族复兴,具有十分重大而深远的意义。作为爱国主义教育法的重要对象和践行主体,新时代大学生必须深入学习爱国主义教育法,传承和弘扬爱国主义精神,让爱国主义的伟大旗帜始终在心中高高飘扬。

(四)推进国防和军队建设是全党全国人民的共同事业

《中华人民共和国宪法》第五十五条明确规定:"保卫祖国、抵抗侵略是中华人民共和国每一个公民的神圣职责。"现代国防,具有国家利益及其安全防务的整体性、国防力量的综合性、国防手段的多元性、国防建设的系统协调性、国防事业的社会性等基本特征,涉及社会的各个领域、各条战线、各行各业和每个公民,与整个社会密不可分。习近平明确指出:"我们的国防是全民的国防,推进国防和军队现代化是全党全国人民的共同事业。中央和国家机关、地方各级党委和政府要强化国防意识,满腔热忱支持国防和军队建设改革,为强军创造良好条件、提供有力支撑。"①新时代,我们要坚决摒弃认为国防只是军队的事情、重视国防就是单纯地加强军队建设等陈旧观念,树立现代国防观,增强爱军拥军意识,筑牢关心国防、热爱国防、建设国防、保卫国防的思想共识,以积极的行动关心支持国防和军队建设,为建设巩固国防和强大人民军队尽一份力量。

📖 **延伸阅读**

清澈的爱,只为中国

"清澈的爱,只为中国。"短短八个字,铿锵有力,深明大义,赤子情怀,震撼天地。这是

---

① 习近平:《在庆祝中国人民解放军建军90周年大会上的讲话》,载于《解放军报》2017年8月2日。

年仅十八岁的战士陈祥榕写下的战斗口号。班长曾经问他:"你一个'00后'的新兵,口号这么'大'?""班长,这跟年龄没关系,我是这么想的,也会这么做的。"陈祥榕用实际行动践行了他的铮铮誓言。为了捍卫国家领土主权,为了维护边境和平安宁,陈祥榕义无反顾驻守西南边疆,为戍边卫国献出了年轻生命。十八岁的花季年华,永远定格在加勒万河谷中印边境线上。

2020年6月15日晚,在中印边境加勒万河谷地区,印军公然违背与我军达成的共识,再次跨越实控线非法活动,蓄意发动挑衅攻击,甚至暴力攻击我军前往现地交涉的官兵,进而引发激烈肢体冲突。在激烈斗争中,团长祁发宝身先士卒,身负重伤;营长陈红军、战士陈祥榕突入重围营救,奋力反击,英勇牺牲;战士肖思远,突围后义无反顾返回营救战友,战斗至生命最后一刻;战士王焯冉,在渡河前出支援途中,拼力救助被冲散的战友脱险,自己却淹没在冰河之中。2021年6月30日,中央军委授予祁发宝"卫国戍边英雄团长"荣誉称号,追授陈红军"卫国戍边英雄"荣誉称号,给陈祥榕、肖思远、王焯冉追记一等功。他们的事迹荡气回肠,展现了新时代革命军人保家卫国的大无畏精神。

微视频

《清澈的爱 只为中国》

第二节 国防法规

国防法规是调整国防和武装力量建设领域各种社会关系的法律规范的总和,是国家法律体系的重要组成部分,是加强国防和武装力量建设的基本依据。党的二十大对深入推进依法治军提出了新要求、明确了新任务。我们要全面贯彻依法治军战略,提高国防和军队建设法治化水平,为推进强军事业提供坚强法治保障。

一、国防法规体系

国防法规体系是由各个层次、不同门类的国防法律规范构成的相互联系、相互支撑和协调的有机整体。各个层次表征着国防法律规范之间的纵向关系,不同门类表征着国防法律规范之间的横向关系。

在纵向关系上,依据宪法规定和立法权力及立法原则,我国现行的国防法规体系分为四个层次:第一是法律,由全国人民代表大会及其常务委员会制定的关于国防和武装力量建设的法律,如《中华人民共和国国防法》《中华人民共和国兵役法》《中华人民共和国国防动员法》《中华人民共和国国防教育法》《中华人民共和国国防交通法》《中华人民共和国人民防空法》《中华人民共和国军事设施保护法》《中华人民共和国军人地位和权益保障法》《中华人民共和国预备役人员法》等。第二是法规,由中央军事委员会制定的为军事法规,如《中国人民解放军内务条令》《中国人民解放军纪律条令》《中国人民解放军队列条令》等;由国务院与中央军事委员会联合制定的为军事行政法规,如《征兵工作条例》《民兵工作条例》《中国人民解放军现役士兵服役条例》《中国人民解放军文职人员条例》等。第三是规章,由中央军事委员会机关部门、战区、军兵种、中国人民武装警察部队制定的为军事规章,由国务院有关部委与中央军事委员会有关机关部门联合制定的为军事行政规章。第四是地方性法规,由各省、自治区、直辖市人民代表大会及其常务委员会制定的贯彻执行国家国防法规的实施办法、实施细则、补充规定等。

在横向关系上,依据国防活动的领域,可以将国防法律规范划分为16个门类,即:国防基本法类,国防组织法类,兵役法类,军事管理法类,军事刑法类,军事诉讼法类,国防经济法类,国防科技工业法类,国防动员法类,国防教育法类,军人权益保护法类,军事设施保护法类,特别行政区驻军法类,紧急状态法类,战争法类,对外军事关系法类。不同门类的国防法规调整、规范国防和军事活动的领域不同。

这里着重介绍《中华人民共和国国防法》《中华人民共和国兵役法》《中华人民共和国国防动员法》《中华人民共和国国防教育法》《中华人民共和国军人地位和权益保障法》《中华人民共和国预备役人员法》。

相关国防法规

(一)《中华人民共和国国防法》

国防法是调整国防领域社会关系的法律。《中华人民共和国国防法》(以下简称《国防法》)是为了建设和巩固国防,保障改革开放和社会主义现代化建设的顺利进行,实现中华民族伟大复兴,根据宪法制定的法律。《国防法》是指导和规范中华人民共和国国防活动的基本法律依据,于1997年3月14日第八届全国人民代表大会(以下简称全国人大)第五次会议通过并公布施行。《国防法》颁布施行后,至今进行过两次修正修订。2009年8月27日第十一届全国人民代表大会常务委员会(以下简称全国人大常委会)第十次会议《关于修改部分法律的决定》修正。2020年12月26日第十三届全国人大常委会第二十四次会议审议通过新修订的《国防法》,共12章73条,自2021年1月1日起施行。此次修订坚持以习近平新时代中国特色社会主义思想为指导,贯彻习近平强军思想,贯彻总体国家安全观,贯彻新时代军事战略方针,充实了国防和军队建设各领域的基本制度,体现了相关重大政策制度改革成果。《国防法》为维护国家主权、安全、发展利益,推进国防和军队现代化提供了坚强法律保障。

(二)《中华人民共和国兵役法》

兵役法是国家关于公民参加军事组织或在军事组织之外承担军事任务,接受军事训练的法律。《中华人民共和国兵役法》(以下简称《兵役法》)是规范中华人民共和国公民履行兵役义务的基本法律依据。1955年7月30日第一届全国人大第二次会议审议通过我国第一部社会主义性质的《兵役法》。1984年5月31日第六届全国人大第二次会议审议通过第二部《兵役法》。之后,分别于1998年、2009年、2011年对《兵役法》进行了3次修订。最新版《兵役法》于2021年8月20日由第十三届全国人大常委会第三十次会议通过,共11章65条,自2021年10月1日起施行。《兵役法》为新时代规范和加强国家兵役工作,保证公民依法服兵役,保障军队兵员补充和储备,建设巩固国防和强大军队提供了法律支撑。

(三)《中华人民共和国国防动员法》

国防动员法是国家为组织实施国防动员而制定的法律。《中华人民共和国国防动员法》(以下简称《国防动员法》)是为了加强国防建设,完善国防动员制度,保障国防动员工作的顺利进行,维护国家的主权、统一、领土完整、安全和发展利益,根据宪法制定的法律。《国防动员法》是规范中华人民共和国国防动员活动的基本法律依据。《国防动员法》于2010年2月26日由第十一届全国人大常委会第十三次会议通过并予以公布,共14章72条,2010年7月1日起施行。《国防动员法》以宪法为依据,系统总结了国防动员建设的实践经验,参考借鉴了国外动员工作有益做法,广泛吸收了社会各界的意见建议,对国防动员的方针原则、组织机构、基本内容、基本制度等作了全面规范。

(四)《中华人民共和国国防教育法》

国防教育法是国家关于在社会组织和公民中普及和加强国防教育的法律。国防教育法在国防法规体系中占有重要地位,是国防法规体系中的基本法和部门法。《中华人民共和国国防教育法》(以下简称《国防教育法》)是为了普及和加强国防教育,发扬爱国主义精神,促进国防建设和社会主义精神文明建设,根据国防法和教育法而制定。《国防教育法》于2001年4月28日由第九届全国人大常委会第二十一次会议通过,共6章38条。《全国人民代表大会常务委员会关于设立全民国防教育日的决定》是对《国防教育法》的补充,2001年8月31日由第九届全国人大常委会第二十三次会议通过,确定每年9月第3个星期六为全民国防教育日。2024年9月13日,新修订的《国防教育法》由十四届全国人大常委会第十一次会议通过,自2024年9月21日起施行。新修订的《国防教育法》着眼构建各级各类学校相互衔接的国防教育体系,在现行有关规定基础上,对小学和初级中学、高中阶段学校、普通高等学校的国防教育目标、内容和方法途径等进行补充完善,并对国防教育课程设置提出明确要求。新修订的《国防教育法》规定普通高等学校应当设置国防教育课程,加强国防教育相关学科建设,开展形式多样的国防教育活动,使学生掌握必要的国防理论、知识和技能,具备较强的国防观念。

微视频

新修订的《国防教育法》

（五）《中华人民共和国军人地位和权益保障法》

军人地位和权益保障法是军人地位和权益保障的基础性、综合性法律，也是深化国防和军队改革的重要成果。《中华人民共和国军人地位和权益保障法》（以下简称《军人地位和权益保障法》）于2021年6月10日由第十三届全国人大常委会第二十九次会议通过，共7章71条，自2021年8月1日起施行。《军人地位和权益保障法》紧紧围绕军人肩负的神圣职责和崇高使命，通篇贯穿"让军人成为全社会尊崇的职业"这条主线，对军人地位、荣誉维护、待遇保障、抚恤优待的基本原则和基本制度，以及国家和社会的保障责任作出系统规范。

（六）《中华人民共和国预备役人员法》

预备役人员法是全面规范预备役人员工作的基础性、综合性法律，对加强预备役人员队伍法治化建设、推进预备役部队转型发展具有重要意义。2022年12月30日，第十三届全国人大常委会第三十八次会议表决通过《中华人民共和国预备役人员法》（以下简称《预备役人员法》），自2023年3月1日起施行。《预备役人员法》共10章65条，主要对预备役人员领导管理体制、身份属性和分类，以及预备役军衔、选拔补充、教育训练和晋升任用、日常管理、征召、待遇保障、退出预备役、法律责任等作了全面规范。

二、公民的国防权利与义务

公民的国防权利，是宪法和法律赋予公民在国防活动中享有的权利或利益，国家从法律和物质上保障公民享有这种权利的可能性。公民的国防义务，是由宪法和法律规定的公民在国防活动中必须履行的责任，由国家强制力保证其落实。国防是国家生存和发展必不可少的条件，每一个公民都享有相应的国防权利；公民在享有相应的国防权利的同时，也必须承担相应的国防义务。

（一）公民的国防权利

根据宪法和相关国防法律的规定，公民享有三个方面的国防权利。

1. 对国防建设提出建议的权利

《国防法》第五十七条规定："公民和组织有对国防建设提出建议的权利。"这一规定，是公民依照宪法享有对国家事务的建议权在国防建设方面的体现。在中国，人民是国家的主人，公民有权关心国防建设，有权对国防建设提出建议。国家鼓励公民和组织依法对国防建设的指导思想、方针、原则、规章制度和实施方法等提出合理化建议。

2. 制止、检举危害国防行为的权利

《国防法》第五十七条规定:"公民和组织有对危害国防利益的行为进行制止或者检举的权利。"这一规定,是宪法关于公民有维护国家安全、荣誉和利益的义务和在国防方面享有检举权的体现。制止危害国防利益的行为,是指公民依法采取一定的方式、方法使危害国防的行为停止下来,从而维护国防利益。对于危害国防安全的行为,公民有权采取一切合法手段制止其发生、发展。检举危害国防利益的行为,是指危害国防的行为发生后,公民对违法行为进行揭发。维护国防利益的公民和组织受法律保护。

3. 国防活动中经济损失补偿的权利

《国防法》第五十八条规定:"公民和组织因国防建设和军事活动在经济上受到直接损失的,可以依照国家有关规定获得补偿。"这一规定,体现了我国一切为了人民利益的社会主义本质,既保护了公民和组织的经济权利,又有利于调动公民和组织依法积极参加国防建设和军事活动。但是,公民和组织在国防活动中享有的经济损失补偿,与其在民事活动中享有的损害赔偿是不同的。国防活动中经济损失的补偿,仅限于直接的经济损失,而不包括间接的经济损失和非经济的损失,且对直接经济损失的偿付,视情况可以是全部的,也可以是部分的;而民事活动中损害赔偿,是以实际造成的损失为限,既包括直接经济损失,也包括间接经济损失,且对损失应当全部偿付。

(二)公民的国防义务

根据宪法和相关国防法律的规定,公民必须履行五个方面的国防义务。

1. 服兵役的义务

兵役是参加武装组织或在武装组织之外,承担军事任务的形式。兵役义务是公民最重要的一项国防义务。《宪法》第五十五条和《国防法》第五十三条都规定:"依照法律服兵役和参加民兵组织是中华人民共和国公民的光荣义务。"《兵役法》第五条规定:"中华人民共和国公民,不分民族、种族、职业、家庭出身、宗教信仰和教育程度,都有义务依照本法的规定服兵役。"根据《兵役法》规定,公民履行兵役义务主要有两种形式:服现役和服预备役。

 知识链接

大学生入伍政策

2. 接受国防教育的义务

《国防法》第五十五条规定:"公民应当接受国防教育。"这就是说,接受国防教育是公民的一项义务,每一个公民都要按照国家的规定,通过一定的形式接受国防教育,增强国防观念,并把它当作自己的光荣职责。对不履行受教育义务的主体,应进行批评教育;批评教育不改的,应强制其接受教育,或给予行政处分。

3. 保护国防设施的义务

国防设施是国家直接用于国防目的的建筑、场地和设备。在战时,它是打击敌人、抵抗侵略的重要依托;在平时,它具有制约敌对力量的威慑作用。因此,保护国防设施,确保国防设施效能的实现,是巩固国防、维护国家安全利益的具体体现。根据国防设施的性质、作用、安全保密的需要和使用效能的特殊要求,将其分为三类:一是需要划定军事禁区予以保护的国防设施;二是需要划定军事管理区予以保护的国防设施;三是不便于划定保护区域,但同样需要采取有效措施加以保护的国防设施。《国防法》第五十五条规定:"公民和组织应当保护国防设施,不得破坏、危害国防设施。"因此,我国公民和组织对国防设施要履行相应的保护义务。不履行国防设施保护义务的,将追究法律责任。

4. 保守国防秘密的义务

国防秘密是关系到国家防卫安全和利益,依照法定程序确定,在一定时间内或只限一定范围的人员知悉的军事或与军事有关的政治、经济、外交、科技、文化等方面的事项。《中华人民共和国保守国家秘密法》第五条规定:"一切国家机关和武装力量、各政党和各人民团体、企业事业组织和其他社会组织以及公民都有保密的义务。"《国防法》第五十五条规定:"公民和组织应当遵守保密规定,不得泄露国防方面的国家秘密,不得非法持有国防方面的秘密文件、资料和其他秘密物品。"任何泄露国防秘密,危害国防安全的行为,都必须受到法律追究,承担相应的法律责任。

近年来,境外间谍情报机关在网络上以求职招聘、学术研究、商务合作、交友婚恋等各种名义为掩护,巧言令色,欺骗、勾联我社会人员甚至在校学生窃取、出卖国家秘密。斩断境外组织伸向大学生的黑手,既需要在大学生中普遍开展国家安全和防间保密教育,打牢防线基础,更重要的是大学生自身要增强防间保密意识,提高防范能力。作为大学生应清醒地认识到,"国家安全无小事,警惕间谍在身边",以避免落入敌特间谍精心设下的陷阱,切实维护好国家安全,保护好自身安全。

 微视频

为爱好筑起防火墙

5. 支持和协助国防活动的义务

《国防法》第五十六条规定:"公民和组织应当支持国防建设,为武装力量的军事训练、战备勤务、防卫作战、非战争军事行动等活动提供便利条件或者其他协助。"根据这一规定,公民和组织协助国防活动的主要义务有:一是开展经常性的拥军优属工作,特别是对现役军人及其家属的优待。二是为武装力量活动提供便利条件的义务。如为执行任务的武装力量人员提供必需的饮食、住宿保障及医疗、卫生保健等;为民兵、预备役人员、高等学校和高级中学学生的军事训练,提供必需的时间、场地和物资的保证,等等。三是参战支前的义务。主要是配合现役部队作战和独立遂行作战任务,为参战部队提供各种支援保障,以及担负后方防卫任务等。

（三）国防权利与国防义务的关系

国防权利与国防义务是对立统一的关系。所谓对立，是指两者各有不同的含义，各有其质的规定性。权利是主动的，义务是被动的；权利可以放弃，义务必须履行。所谓统一，是指两者同时产生、密切联系、互为条件、相辅相成，具有一致性。

1. 国防权利与国防义务的一致性

国防权利与国防义务的一致性主要表现在三个方面：一是对等性。从权利和义务之间的关系来考察，公民享有的国防权利和所承担的国防义务相对立而存在，两者在总量上是对等的。《国防法》第九章规定，公民的国防权利有三项，国防义务有五项，在数量上不完全对应。但《宪法》第二十九条规定国家武装力量的任务之一是"保卫人民的和平劳动"，表明公民还享有和平劳动被保护的权利，这是一项很重要的国防权利。公民享受和平劳动以及正常的生活和学习被保护的权利，同时履行各种国防义务，这是权利义务总量对等的表现。二是平等性。从人与人之间的关系上来考察，公民在享受权利和承担义务方面是平等的。《宪法》第三十三条规定："中华人民共和国公民在法律面前一律平等。""任何公民享有宪法和法律规定的权利，同时必须履行宪法和法律规定的义务。"依照宪法和法律，我国公民平等地享有法定的国防权利，也平等地承担国防义务。没有只享受权利而不履行义务的公民，也没有只履行义务而不享受权利的公民。三是同一性。有些国防权利和国防义务是同一的。如《国防教育法》第七条规定："中华人民共和国公民都有接受国防教育的权利和义务。"表明接受国防教育既是国防权利，又是国防义务。公民依法服兵役的权利和义务也是同一的。《兵役法》第五条规定："依照法律被剥夺政治权利的公民不得服兵役"，这是从权利角度规定的。被剥夺政治权利的公民，同时也被剥夺了服兵役的权利。《兵役法》还规定："有严重生理缺陷或者严重残疾不适合服兵役的公民，免服兵役"，这是从义务角度规定的。免除有严重生理缺陷或者严重残疾公民服兵役的义务，是国家对有严重生理缺陷或者严重残疾公民的照顾。

2. 权利和义务的一致性在国防方面有特殊的表现

在其他社会活动中，权利和义务的一致性通常是直观的。但在国防活动中，权利和义务的一致性并不直观，甚至在一定范围或一定层次上表现为不对等、不平等。一是不同地区的公民享受的国防权利和承担的国防义务是不平等的。平时，边海防地区的公民承担较多国防义务，却享受与内地同样的国防权利；在发生局部战争的情况下，战区和邻近战区的公民就要承担较多的国防义务，而其他地区的公民承担的国防义务则相对较少。二是公民在参与国防活动时，所享受的权利和所承担的义务也往往是不对等的。如战争期间，国家可以根据军事需要征用公民的物资、车辆、船只等。服从征用，是公民应尽的国防义务，而履行这一义务必然要承受一定的经济损失。《国防法》虽然规定对直接经济损失给予补偿，但不能适用民法中的等价补偿原则。在有些情况下，国防义务的付出是难以补偿的。公民为协助军事活动，可能会流血牺牲，抚恤有定额，而生命是无价的。另外，由于国防的组织、领导权集中掌握在国家手中，一般公民在国防活动中往往更多的是履行义务，而非行使权利。

第三节　国防建设

国防建设是国家为构建和完善国防体系,提高国防能力而进行的一系列活动的统称。包括武装力量建设,边防、海防、空防、人防及战场建设,国防科技与国防工业建设,国防动员建设,国防交通建设,国防法规建设,国防教育,以及与国防相关的信息通信、医疗卫生、能源、水利、气象、航天等方面的建设等。中华人民共和国成立至今,国家把国防建设摆在十分重要的位置,取得了举世瞩目的成就,赢得了国际社会的普遍尊重。

一、国防体制

国防体制是国家为组织和实施国防活动而建立的组织体系及相应制度,包括国防领导体制、武装力量体制、国防动员体制、国防经济体制、国防科技与武器装备管理体制、兵役制度、动员制度、国防教育制度以及国防法制等。它与国家的政治、经济、文化、教育等体制既互相联系又相对独立,是国家体制的重要组成部分,是国家安全的组织保证。这里着重介绍国防领导体制。

国防领导体制是国家领导国防活动的组织体系及相应制度。包括国防领导机构的设置、职能划分和相互关系等。根据《宪法》《国防法》及其他有关法律,中国建立并不断完善国防领导体制,对国防活动实行高度集中统一的领导。《宪法》规定"中国共产党领导是中国特色社会主义最本质的特征",明确了中国共产党在国家生活包括国防事务中的领导地位和作用。《国防法》规定"中华人民共和国的武装力量受中国共产党领导",明确了中国共产党对武装力量绝对领导的根本政治制度。《宪法》和《国防法》还分别规定全国人民代表大会及其常务委员会、中华人民共和国主席、中华人民共和国国务院、中华人民共和国中央军事委员会在国防方面的职权,形成了在中国共产党领导下的国防领导体制。

中国共产党作为中国唯一的执政党,是领导包括国防事务在内的中国特色社会主义事业的核心力量。中国共产党对国防事务的领导,主要是通过对整个国防进行政治原则、政治方向、重大决策的政治领导来实现的。其中,集中统一国防领导权、制定国防建设和国防斗争的大政方针、行使对武装力量的最高领导权和最高指挥权等,是中共中央行使国防领导权的重要内容。

中华人民共和国全国人民代表大会是最高国家权力机关,它在国防方面的职权主要有:修改宪法中的国防条款,制定和修改国防法律;选举中华人民共和国主席、副主席,选举中华人民共和国中央军事委员会主席,根据国家主席的提名决定国务院总理的人选,根据国务院总理的提名决定国务委员的人选,根据中央军委主席的提名决定中央军委副主席和中央军委委员的人选;决定战争与和平的问题;审查和批准包括国防建设计划在内的国民经济和社会发展计划与计划执行情况的报告;审查和批准包括国防经费预算在内的国家预算和预算执行情况的报告;决定特别行政区的防务制度;监督宪法中国防条款的实施;等等。

全国人民代表大会常务委员会在国防方面的职权主要有:制定和修改国防法律;在全

国人民代表大会闭会期间,如果遇到国家遭受武装侵犯或者必须履行国际间共同防止侵略条约的情况,决定战争状态的宣布;决定全国总动员或者局部动员;在全国人民代表大会闭会期间,审查和批准包括国防建设计划在内的国民经济和社会发展计划,包括国防经费预算在内的国家预算在执行过程中所必须做的部分调整方案;监督中央军事委员会的工作;在全国人民代表大会闭会期间,根据中央军事委员会主席的提名,决定中央军事委员会其他组成人员的人选;根据最高人民法院院长和最高人民检察院检察长的提请,任免军事法院院长和军事检察院检察长;决定同外国缔结的有关国防方面的条约和重要协定的批准和废除;规定军人的衔级制度;规定和决定授予在国防方面国家的勋章和荣誉称号;全国人民代表大会授予的国防方面的其他职权;等等。

中华人民共和国主席在国防方面的职权主要有:根据全国人民代表大会的决定和全国人民代表大会常务委员会的决定,宣布战争状态,发布动员令;公布全国人民代表大会及其常务委员会制定的有关国防方面的法律;根据全国人民代表大会常务委员会的决定,授予在国防方面国家的勋章和荣誉称号,批准和废除同外国缔结的有关国防方面的条约和重要协定;等等。

中华人民共和国国务院是最高国家权力机关的执行机关,是最高国家行政机关。它在国防方面的职权主要是领导和管理国防建设事业,主要包括:编制国防建设的有关发展规划和计划;制定国防建设方面的有关政策和行政法规;领导和管理国防科研生产;管理国防经费和国防资产;领导和管理国民经济动员工作和人民防空、国防交通等方面的建设和组织实施工作;领导和管理拥军优属工作和退役军人保障工作;与中央军事委员会共同领导民兵的建设,征兵工作、边防、海防、空防和其他重大安全领域防卫的管理工作;法律规定的与国防建设事业有关的其他职权;等等。

中华人民共和国中央军事委员会是最高国家军事机关,负责领导全国武装力量。其职权主要包括:统一指挥全国武装力量;决定军事战略和武装力量的作战方针;领导和管理中国人民解放军、中国人民武装警察部队的建设,制定规划、计划并组织实施;向全国人民代表大会或者全国人民代表大会常务委员会提出议案;根据宪法和法律,制定军事法规,发布决定和命令;决定中国人民解放军、中国人民武装警察部队的体制和编制,规定中央军事委员会机关部门、战区、军兵种和中国人民武装警察部队等单位的任务和职责;法律规定的其他职权;等等。

中国共产党中央军事委员会和中华人民共和国中央军事委员会,组成人员以及对中国人民解放军、中国人民武装警察部队的领导职能完全一致。中央军委实行主席负责制,中央军委主席即为全国武装力量的统帅。中央军委组成人员为:中央军委主席,副主席若干人,委员若干人。按照军委管总、战区主战、军种主建的总原则,军委机关包括军委办公厅、军委联合参谋部、军委政治工作部、军委后勤保障部、军委装备发展部、军委训练管理部、军委国防动员部等15个职能部门;军种包括陆军、海军、空军和火箭军,兵种包括军事航天部队、网络空间部队、信息支援部队和联勤保障部队;战区包括东部战区、南部战区、西部战区、北部战区和中部战区。

二、国防战略

战略这个概念有两层含义:一是军事战略的简称,是指筹划和指导战争全局的方针和策略，分为进攻战略和防御战略。二是泛指关于全局性、高层次、长远的重大问题的方针和策略，如国家战略、国家安全战略、经济发展战略、国防战略等。

国防战略是国家综合运用政治、经济、军事、文化、外交等各种力量，提高国家防御能力，保障国家安全和利益的方略。它是一个国家在一定时期内指导国防行为、维护国家安全和利益的总方略、总纲领，是国防建设、军队建设的龙头和总揽。国防战略的确立和实施，不仅涉及军事战略和国家其他战略，而且涉及战争观等战争基本问题；不仅涉及战略指导，而且涉及国防力量建设和战争准备。

国防战略的制定与实施是否正确，直接关系到国家的发展，乃至战争的胜负，国家的存亡，民族的兴衰。《国防法》第六条规定："中华人民共和国奉行防御性国防政策，独立自主、自力更生地建设和巩固国防，实行积极防御，坚持全民国防。国家坚持经济建设和国防建设协调、平衡、兼容发展，依法开展国防活动，加快国防和军队现代化，实现富国和强军相统一。"深入理解这段话，有利于从整体上把握我国的国防战略。

独立自主、自力更生地建设和巩固国防是坚持不与任何国家或国家集团结盟，不参加任何军事集团；坚持从国情出发，独立自主决策和制定防务战略；坚持主要依靠自己的力量进行国防建设；坚持国家利益高于一切的原则，独立处理一切对外军事事务。这是由我国的国防性质和目的、国防任务、综合国力所决定的。需要指出的是，中国参加的类似"上海合作组织"等区域性多边合作组织，并非军事集团。中外各国在该合作框架内进行的军事活动，并不具有结盟性或依附性，属于一种平等主体间的国际军事合作。

积极防御是我党我军一贯坚持的军事战略方针，是我们战胜国内外一个又一个强大敌人的法宝。中国坚定走和平发展道路，奉行独立自主的和平外交政策和防御性国防政策，实行积极防御军事战略方针。作为世界第二大经济体，新时代的中国仍然坚决反对霸权主义，继续实行积极防御战略。中国的发展是世界和平力量的增长，无论发展到什么程度，都永远不称霸，永远不搞扩张。需要指出的是，我国坚持奉行的防御性战略，绝非消极防御或被动挨打，而是攻防兼备，强调自卫和后发制人，坚持"人不犯我，我不犯人，人若犯我，我必犯人"。我国在坚持积极防御战略的同时，还会根据国际国内形势的发展变化适时赋予其新的内涵。

我们的军队是人民的军队，我们的国防是全民的国防。实现党在新时代的强军目标，把人民军队建成世界一流军队，不仅是军队的光荣任务，也是全民的共同责任。当今世界正经历百年未有之大变局，实现中华民族伟大复兴，需要凝聚全民力量，齐心协力推进新时代国防建设。2022年9月，中共中央、国务院、中央军委印发了《关于加强和改进新时代全民国防教育工作的意见》。建设新时代全民国防，是全体人民的共同责任，也只有依靠全体人民才能打造坚不可摧的"钢铁长城"。这就要求广泛发动人民群众，充分调动人民群众参与国防建设的积极性、主动性，树起人人为国防的鲜明导向，为新时代建设巩固国防营造良好的社会氛围。

科学处理国防建设与经济建设的关系，实现国防建设与经济建设协调发展、平衡发展、兼容发展，是新时代中国特色社会主义现代化建设中一个带有全局性的基本要求。习近平在庆祝改革开放40周年大会上强调："坚持富国和强军相统一，建设同我国国际地位相称、同国家安全和发展利益相适应的巩固国防和强大军队，是我国社会主义现代化建设的战略任务。"富国和强军都是中国现代化建设的战略任务,是发展中国特色社会主义、实现中华民族伟大复兴的两大基石。坚持富国和强军的统一,必须统筹经济建设和国防建设,走出一条中国特色军民融合式发展路子。

三、国防政策

国防政策是国家进行国防建设和使用国防力量的准则,是国防建设和国家安全的政治和制度保证。通常分为总政策和具体政策。国防政策有其鲜明的阶级性,不同的国家有不同的国防政策。中国的国防政策是由中国的发展道路、根本任务、对外政策和历史文化传统等因素决定的。中国的社会主义国家性质,走和平发展道路的战略抉择,独立自主的和平外交政策,"和为贵"的中华文化传统,决定了中国始终不渝奉行防御性国防政策。新时代中国防御性国防政策主要包括以下内容。①

(一)坚决捍卫国家主权、安全、发展利益

坚决捍卫国家主权、安全、发展利益,这是新时代中国国防的根本目标。

慑止和抵抗侵略,保卫国家政治安全、人民安全和社会稳定,反对和遏制"台独",打击"藏独""东突"等分裂势力,保卫国家主权、统一、领土完整、安全和发展利益。维护国家海洋权益,维护国家在太空、电磁、网络空间等领域的安全利益,维护国家海外利益,支撑国家可持续发展。

中国坚定维护国家主权和领土完整。南海诸岛、钓鱼岛及其附属岛屿是中国固有领土。中国在南海岛礁进行基础设施建设,部署必要的防御性力量,在东海钓鱼岛海域进行巡航,是依法行使国家主权。中国致力于同直接有关的当事国在尊重历史事实和国际法的基础上,通过谈判协商解决有关争议。中国坚持同地区国家一道维护和平稳定,坚定维护各国依据国际法所享有的航行和飞越自由,维护海上通道安全。

解决台湾问题、实现祖国完全统一,是党矢志不渝的历史任务,是全体中华儿女的共同愿望,是实现中华民族伟大复兴的必然要求。中国坚持贯彻新时代党解决台湾问题的总体方略,牢牢把握两岸关系主导权和主动权,坚定不移推进祖国统一大业。中国坚持"和平统一、一国两制"方针,推动两岸关系和平发展,推进祖国统一进程,坚决反对一切分裂中国的图谋和行径,坚决反对任何外国势力干涉。党的二十大报告强调指出,解决台湾问题是中国人自己的事,要由中国人来决定。我们坚持以最大诚意、尽最大努力争取和平统一的前景,但决不承诺放弃使用武力,保留采取一切必要措施的选项,这针对的是外部势力干涉和极少数"台独"分裂分子及其分裂活动,绝非针对广大台湾同胞。如果有人要把台湾从中国分裂出去,中国军队将不惜一切代价,坚决予以挫败,捍卫国家统一。

(二)坚持永不称霸、永不扩张、永不谋求势力范围

坚持永不称霸、永不扩张、永不谋求势力范围,这是新时代中国国防的鲜明特征。

国虽大,好战必亡。中华民族历来爱好和平。近代以来,中国人民饱受侵略和战乱之

---

① 中华人民共和国国务院新闻办公室:《新时代的中国国防》,载于《解放军报》2019年7月25日。

苦,深感和平之珍贵、发展之迫切,决不会把自己经受过的悲惨遭遇强加于人。新中国成立70多年来,中国没有主动挑起过任何一场战争和冲突。改革开放以来,中国致力于促进世界和平,主动裁减军队员额400余万。中国由积贫积弱发展成为世界第二大经济体,靠的不是别人的施舍,更不是军事扩张和殖民掠夺,而是人民勤劳、维护和平。中国既通过维护世界和平为自身发展创造有利条件,又通过自身发展促进世界和平。

中国坚持在和平共处五项原则基础上发展同各国的友好合作,尊重各国人民自主选择发展道路的权利,主张通过平等对话和谈判协商解决国际争端,反对干涉别国内政,反对恃强凌弱,反对把自己的意志强加于人。中国坚持结伴不结盟,不参加任何军事集团,反对侵略扩张,反对动辄使用武力或以武力相威胁。中国的国防建设和发展,始终着眼于满足自身安全的正当需要,始终是世界和平力量的增长。历史已经并将继续证明,中国决不走追逐霸权、"国强必霸"的老路。无论将来发展到哪一步,中国都不会威胁谁,都不会谋求建立势力范围。

(三) 贯彻落实新时代军事战略方针

贯彻落实新时代军事战略方针,这是新时代中国国防的战略指导。

新时代军事战略方针,坚持防御、自卫、后发制人原则,实行积极防御,坚持"人不犯我、我不犯人,人若犯我、我必犯人",强调遏制战争与打赢战争相统一,强调战略上防御与战役战斗上进攻相统一。

贯彻落实新时代军事战略方针,服从服务党和国家战略全局,落实总体国家安全观,强化忧患意识、危机意识、打仗意识,积极适应战略竞争新格局、国家安全新需求、现代战争新形态,有效履行新时代军队使命任务。根据国家面临的安全威胁,扎实做好军事斗争准备,全面提高新时代备战打仗能力,构建立足防御、多域统筹、均衡稳定的新时代军事战略布局。坚持全民国防,创新人民战争的战略战术和内容方法,充分发挥人民战争整体威力。

中国始终奉行在任何时候和任何情况下都不首先使用核武器、无条件不对无核武器国家和无核武器区使用或威胁使用核武器的核政策,主张最终全面禁止和彻底销毁核武器,不会与任何国家进行核军备竞赛,始终把自身核力量维持在国家安全需要的最低水平。中国坚持自卫防御核战略,目的是遏制他国对中国使用或威胁使用核武器,确保国家战略安全。

(四) 坚持走中国特色强军之路

坚持走中国特色强军之路,这是新时代中国国防的发展路径。

党的二十大从全面建设社会主义现代化国家、全面推进中华民族伟大复兴的全局出发,对国防和军队建设作出战略部署,强调如期实现建军一百年奋斗目标,加快把人民军队建成世界一流军队,是全面建设社会主义现代化国家的战略要求。建设同国际地位相称、同国家安全和发展利益相适应的巩固国防和强大军队,是中国社会主义现代化建设的战略任务,是坚持走和平发展道路的安全保障,是总结历史经验的必然选择。新时代中国国防和军队建设,必须贯彻习近平强军思想,贯彻新时代军事战略方针,坚持党对人民军队的绝对领导,坚持政治建军、改革强军、科技强军、人才强军、依法治军,坚持边斗争、边备战、边建设,坚持机械化信息化智能化融合发展,加快军事理论现代化、军队组织形态现代化、军事人员现代化、武器装备现代化,提高捍卫国家主权、安全、发展利益战略能力,有效履行新时代人民军队使命任务。

新时代中国国防和军队建设的战略目标是,确保2027年实现建军一百年奋斗目标,到2035年基本实现国防和军队现代化,到本世纪中叶把人民军队全面建成世界一流军队。

(五)服务构建人类命运共同体

服务构建人类命运共同体,这是新时代中国国防的世界意义。

中国人民的梦想与世界人民的梦想息息相通。一个和平稳定繁荣的中国,是世界的机遇和福祉。一支强大的中国军队,是维护世界和平稳定、服务构建人类命运共同体的坚定力量。中国军队坚持共同、综合、合作、可持续的安全观,秉持正确义利观,积极参与全球安全治理体系改革,深化双边和多边安全合作,促进不同安全机制间协调包容、互补合作,营造平等互信、公平正义、共建共享的安全格局。

中国军队坚持履行国际责任和义务,始终高举合作共赢的旗帜,在力所能及的范围内向国际社会提供更多公共安全产品,积极参加国际维和、海上护航、人道主义救援等行动,加强国际军控和防扩散合作,建设性参与热点问题的政治解决,共同维护国际通道安全,合力应对恐怖主义、网络安全、重大自然灾害等全球性挑战,积极为构建人类命运共同体贡献力量。

延伸阅读

人类命运共同体

2013年3月,习近平主席在莫斯科国际关系学院发表演讲,首次在国际上提出人类命运共同体的重要理念。2015年9月,在纽约联合国总部,习近平主席鲜明指出要构建以合作共赢为核心的新型国际关系,打造人类命运共同体。2017年1月,在日内瓦万国宫,习近平主席深入阐释构建人类命运共同体理念,倡导各国建设持久和平、普遍安全、共同繁荣、开放包容、清洁美丽的世界。

自人类命运共同体理念提出以来,在双边层面,中国已同10余个国家提出构建双边命运共同体。在地区层面,中国提出并推动构建了上海合作组织、中非、中阿、中国-太平洋岛国等10个命运共同体。在全球层面,中国提出并推动构建了网络空间、核安全、人类卫生健康等8个命运共同体。从"一带一路"倡议到全球发展倡议、全球安全倡议、全球文明倡议……构建人类命运共同体理念内涵不断丰富发展,思想体系日臻完善。

人类命运共同体理念持续深入人心,先后写入《中国共产党章程》《中华人民共和国宪法》,也陆续写入联合国、上海合作组织等多边机制重要文件,深远影响着中国和世界的发展。习近平总书记在党的二十大报告中强调,中国始终坚持维护世界和平、促进共同发展的外交政策宗旨,致力于推动构建人类命运共同体。伴随着实现中华民族伟大复兴不可逆转的历史进程,中国将为推动构建人类命运共同体不断发挥更大作用。

四、国防成就

伴随着中华人民共和国发展壮大的脚步,中国国防建设取得了举世瞩目的巨大成就,逐步建立起了有中国特色的现代化国防体系。

(一)铸造了一支现代化人民军队

中华人民共和国成立以来,人民军队在毛泽东军事思想、邓小平新时期军队建设思想、江泽民国防和军队建设思想、胡锦涛国防和军队建设思想、习近平强军思想的指引下,不断向革命化现代化正规化迈进。特别是改革开放以来,中国国防实力得到进一步加强,国防现代化建设,尤其是军队建设,有了突破性进展,取得了一系列重大成就。

1949年10月1日,当毛泽东主席在天安门城楼上向全世界庄严宣告中华人民共和国成立时,经过长期考验的人民军队,也迈开了建设诸军兵种合成军队的坚实步伐。当时的人民军队基本是一支单一的以普通步兵为主的陆军,而陆军中的炮兵、装甲兵等技术兵种所占比例非常小,海军、空军仅具雏形。经过几十年的艰苦努力,人民军队已经由过去单一军种的军队发展成为诸军兵种联合的强大军队,由过去"小米加步枪"武装起来的军队发展成为基本实现机械化、加快迈向信息化智能化的强大军队。陆军在步兵的基础上,相继建立了装甲兵、炮兵、防空兵、航空兵、工程兵、通信兵、防化兵、电子对抗兵等兵种及各种专业勤务部队,发展成为诸兵种合成的现代陆军,成为既能独立遂行作战任务又能与海军、空军、火箭军实施联合作战的强大军种;海军由潜艇部队、水面舰艇部队、航空兵、陆战队、岸防兵等兵种组成,成为一支多兵种合成、具有核常双重作战手段的现代海上作战力量;空军由航空兵、地面防空兵、雷达兵、空降兵、电子对抗兵等兵种组成,成为一支多兵种组成的战略性军种,具备了较强的防空和空中进攻作战能力,一定的远程精确打击和战略投送能力;火箭军由核导弹部队、常规导弹部队、作战保障部队等组成,成为一支精干有效、核常兼备的战略力量,具备陆基战略核反击能力和常规导弹精确打击能力,可随时按党中央和中央军委的命令给敌方以摧毁性的打击。军事航天部队、网络空间部队、信息支援部队是中国人民解放军战略性兵种,是维护国家安全的新型作战力量,是我军新域新质作战能力的重要增长点。联勤保障部队是实施联勤保障和战略战役支援保障的主体力量,是中央军委直属部队。武装警察部队主要承担执勤、处突、反恐怖、抢险救援、防卫作战等任务,在维护国家安全和社会稳定、保障人民美好生活中具有重要作用。

目前,人民军队建设正站在新的历史起点上。面对国家安全环境的深刻变化,面对强国强军的时代要求,紧紧围绕党在新时代的强军目标,全面贯彻习近平强军思想,贯彻新时代军事战略方针,以只争朝夕的精神全面推进国防和军队现代化,把人民军队建设成为世界一流军队,提高捍卫国家主权、安全、发展利益战略能力,为全面建设社会主义现代化国家、全面推进中华民族伟大复兴提供安全保证,有效履行党和人民赋予的新时代人民军队使命任务。

微视频

点兵

（二）创建了国防科技工业体系

国防科技是衡量一个国家综合国力的重要标志之一，也是国防现代化建设的一个重要方面。经过几十年的建设和发展，中国的国防科技工业经历了从无到有、从小到大、从落后到先进的过程，建立起电子、船舶、兵器、航空、航天和核能等门类齐全、综合配套的科研实验生产体系，取得了巨大成就。

在军事电子科技方面，特别是在指挥自动化、情报侦察、预警探测、电子对抗和通信等方面，为人民军队提供了各种新式装备和产品，进一步增强了部队侦察、通信、指挥和作战能力。在船舶工业方面，先后自行研制建造了核动力潜艇、常规潜艇、导弹驱逐舰、导弹护卫舰、导弹快艇、航空母舰等作战舰艇，以及各种辅助船舶和新型鱼雷、水雷、反水雷等新装备。在兵器工业方面，研制生产了一大批具有先进性能的坦克、装甲车辆、火炮、弹药、轻武器、军用光电器材和综合火控、指挥系统等新型武器装备。在航空工业方面，已能够生产歼击机、轰炸机、直升机、运输机、预警机、教练机等，基本满足了各军种作战和飞行训练的需要。在航天科技工业方面，已拥有地地、地空、海空和空空导弹武器系统，已具备运载火箭、各种应用卫星的研制和实验能力以及各种应用卫星的发射能力，打造了以神舟飞船、嫦娥月球探测器、北斗导航卫星、东方红通信卫星等为代表的大国重器；在航天器回收技术、通信卫星技术、导航卫星技术、载人航天技术、深空探测技术等多个领域跨入世界先进行列；在载人航天、北斗导航、空间科学与技术试验领域，单机产品国产化率已达到100%，实现了核心在手、自主可控，使中国稳步迈入世界航天大国行列。尤其是近年来，从天宫、北斗、嫦娥到天和、天问、羲和，中国航天不断创造新的历史。2022年5月10日，天舟四号货运飞船圆满升空，正式开启了中国空间站建造阶段。中国空间站作为人类目前在太空仅有的两个空间站之一，体现着中国的科技实力和综合国力，标志着中国航天事业高水平科技自立自强迈出新步伐。2024年6月25日，探月工程嫦娥六号任务取得圆满成功，实现世界首次月球背面采样返回，这是我国建设航天强国、科技强国取得的又一标志性成果。2025年4月24日，神舟二十号载人飞船发射取得圆满成功，中国载人航天在"东方红一号"发射55载之际开启第20次神舟问天之旅。在核工业方面，中国不仅可以生产制造原子弹、氢弹，还掌握了核潜艇技术，形成了中国的核威慑力量；在和平利用核能方面，中国也取得了突破性进展，已先后与巴西、阿根廷、英国、美国、韩国、俄罗斯、法国等30个国家签订双边核能合作协定，开展各项合作与交流，并为发展中国家提供力所能及的帮助。

（三）维护了国家统一和安全

中华人民共和国成立以来，人民军队为保卫和平、反对侵略，捍卫国家主权和领土完整，取得了抗美援朝战争和多次边境自卫反击作战的胜利，维护了国家安全和利益。新中国成立之初，以美国为首的帝国主义国家企图把新生的共和国扼杀在摇篮之中。1950年，中国人民志愿军出兵朝鲜，取得了抗美援朝战争的伟大胜利。1962年，中国取得了中印边境自卫反击作战的胜利，进一步稳定了周边安全环境。20世纪70年代以后，随着中美关系的改善，中国东南沿海地区的安全环境得到改善，与此同时，苏联在中国北方陈兵百万，对中国国家安全构成了严重威胁，中国坚决顶住了苏联霸权主义的压力，并且在1979年取得了中越边境自卫反击作战的胜利。1997年7月1日香港回归以及1999年12月20日澳门回归以后，人民军队又组建了驻港部队和驻澳部队，展示了中国军队威武之师、文明之师的形象。

2008年12月26日，根据联合国安理会有关决议，中国海军舰艇编队赴亚丁湾、索马里海域执行护航任务。这是中国海军首次组织海上作战力量赴海外履行国际人道主义义务、首次在远海保护重要运输线安全。从此，在国际公认的危险海域有了维护和平的中国力量，"中国海军为你护航"的承诺成为过往商船信赖的声音，助力这片世界上"最危险海域"重新成为"黄金航道"，展示了中国负责任大国的形象。17年来，中国海军累计派出47批护航编队、150余艘次舰艇、3.6万余名官兵，圆满完成1 600余批7 200余艘中外船舶护航任务，解救、接护各类船舶近百艘，为保障国际重要贸易通道安全、维护世界和平稳定作出了重要贡献。

中国军舰也门撤侨

2011年2月22日至3月5日，因利比亚国内形势发生重大变化，中国政府分批组织中国在利比亚人员（包括港澳台同胞）35 860人安全有序撤离，人民军队派出舰艇、飞机协助在利比亚人员回国。这是新中国成立以来最大规模的有组织撤离海外中国公民行动。2015年3月29日至4月7日，因也门紧张局势持续升级，在也门的中国公民面临重大安全威胁。中国海军舰艇编队赴也门执行撤离中国公民任务。2023年4月26日至29日，苏丹安全局势持续恶化。为保护中国在苏丹人员生命财产安全，正在亚丁湾执行护航任务的中国海军导弹驱逐舰南宁舰、综合补给舰微山湖舰临时编组，火速出击、连续奋战，完成撤离中国在苏丹人员任务。

人民军队还在反对和遏制"台独"分裂势力，打击"东突"为代表的恐怖主义、分裂主义、极端主义"三股势力"，维护国家主权和领土完整，维护社会政治稳定和民族宗教团结等方面做出了十分突出的贡献。与此同时，人民军队积极参加社会主义建设，并且在抗洪抢险、抗震救灾、抗雪救灾、抗击新冠肺炎疫情等重大突发性事件方面发挥了重要作用，全力维护了人民群众生命财产安全。

（四）为维护世界和平做出了积极贡献

中国作为一个负责任大国，人民军队作为大国军队，支持并积极参加联合国维和行动，为维护世界和平做出了积极贡献。自1990年4月参加联合国维和行动以来，中国军队积极践行《联合国宪章》精神、宗旨和原则，在国际维和、国际救援、海外撤侨、远洋护航等行动中，发挥的作用越来越重要，已成为维护世界和平的一支重要力量。几十年来，中国军队实现了派遣维和人员从无到有，兵力规模从小到大，部队类型从单一到多样的历史性跨越。

2025年是中国军队参加联合国维和行动35周年。监督停火、稳定局势、保护平民、安全护卫、支援保障……35年来，中国积极参加联合国维和行动，累计派出维和人员5万余人次，执行25项维和行动，赴刚果（金）、黎巴嫩、南苏丹等20多个国家和地区。中国维和官兵始终认真践行《联合国宪章》宗旨和原则，用过硬的专业素质、顽强的战斗作风和良好的精神风貌，出色完成各项维和任务。目前，中国是联合国第二大维和摊款国和安理会常任理事国中第一大维和出兵国，被国际社会誉为"维和行动的关键因素和关键力量""联合国维和的支柱""促进世界和平与发展不可或缺、值得信赖的重要力量"，中国维和军人被当地民众称为"最可爱的东方朋友"。

五、军民融合

党的十八大以来，习近平着眼于实现中国梦强军梦，鲜明地提出了军民深度融合的时代命题，并将之上升为国家战略，开创了军民融合深度发展新局面。党的二十大报告强调，巩固提高一体化国家战略体系和能力。加强军地战略规划统筹、政策制度衔接、资源要素共享。这为正确认识和处理经济建设和国防建设的关系、统筹经济发展和国家安全指明了方向，提供了根本遵循。

（一）军民融合的重大意义

习近平指出，把军民融合发展上升为国家战略，是我们长期探索经济建设和国防建设协调发展规律的重大成果，是从国家发展和安全全局出发做出的重大决策，是应对复杂安全威胁、赢得国家战略优势的重大举措。这一重要论述，深刻阐明了军民融合发展战略具有重大而深远的意义。

长期探索经济建设和国防建设协调发展规律的重大成果。经济建设和国防建设的关系，始终是我们党推动社会主义现代化建设面临的重大历史课题和重大现实问题。我们党在领导人民进行革命、建设、改革的历史进程中，立足于不同时代我国发展和安全实际，积极探索经济建设和国防建设的关系，形成了"军民兼顾""军民结合""寓军于民""军民融合"等思想。特别是党的十八大以来，习近平基于对当今世界主要国家富国强军的深刻洞察和对我国国情军情的深刻把握，着眼实现强国梦强军梦，把军民融合发展上升为国家战略，这一战略契合中华民族伟大复兴和社会主义现代化强国的伟大目标，意味着我党对于中国特色社会主义新时代两大建设协调发展规律的认识又实现了新的、质的飞跃。

从国家发展和安全全局出发做出的重大决策。习近平指出，军民融合发展是实现发展和安全兼顾、富国和强军统一的必由之路。富国才能强兵，强兵才能卫国。国防实力要同经济实力相匹配，经济社会发展到哪一步，国防实力就要跟进到哪一步，否则就不能为经济社会发展提供安全保障。这就要求在国家总体战略中兼顾发展和安全，既重视发展问题，又重视安全问题，在更广范围、更高层次、更深程度上推进军民融合，促进经济发展方式转变和经济结构调整，增强国家战争潜力和国防实力。

应对复杂安全威胁、赢得国家战略优势的重大举措。当今世界正处于大发展大变革大调整时期，我国面临的安全风险和挑战日趋复杂严峻，现实安全威胁与潜在安全威胁相互交织，国际安全问题与国内安全问题相互影响，生存安全问题和发展安全问题、传统安全威胁和非传统安全威胁相互叠加，维护国家统一、维护领土完整、维护发展利益的任务艰巨繁重，迫切需要通过军民融合巩固提高一体化国家战略体系和能力，有效化解风险、应对挑战。信息化智能化战争条件下的体系对抗不仅是军事体系之间的较量，还表现为国家整体实力为基础的体系对抗，谁能够最大限度实现国家整体实力系统整合，谁就能够赢得军事竞争优势。实施军民融合发展战略，是巩固提高一体化国家战略体系和能力的必然选择。

（二）军民融合发展的目标要求

当前和今后一个时期是军民融合发展的战略机遇期，也是军民融合由初步融合向深度融合过渡，进而实现跨越发展的关键期。推动军民融合深度发展的总体要求是：贯彻落实总体国家安全观和新时代军事战略方针，突出问题导向，强化顶层设计，加强需求统合，统筹增量存量，同步推进体制和机制改革、体系和要素融合、制度和标准建设，加快形成全要素、多领域、高效益的军民融合深度发展格局，巩固提高一体化国家战略体系和能力，实现国家各领域战略布局一体融合、战略资源一体整合、战略力量一体运用。

把军民融合搞得更好一些、更快一些，要在"统"字上下功夫，在"融"字上做文章，在"新"字上求突破，在"深"字上见实效，丰富融合形式，拓展融合范围，提升融合层次，做到应融则融、能融尽融。要强化大局意识，就是军地双方要树立一盘棋思想，站在党和国家事业发展全局的高度思考问题、推动工作，自觉在大局下行动，按照职责和分工抓好军民融合发展工作任务，做到责任到位、措施到位、落实到位。要强化改革创新，就是突破传统思维定势和利益藩篱，以扩大开放、打破封闭为突破口，不断优化体制机制和政策制度体系，推动融合体系重塑和重点领域统筹。要强化战略规划，就是拓宽战略视野，科学把握军民融合发展内在规律，深化和创新战略指导，把军民融合作为争取主动、实现超越的战略途径，优化军民融合发展战略布局。要强化法治保障，就是善于运用法治思维和法治方式推动军民融合发展，加紧推进军民融合发展的综合性法律立法工作，加快推进军民融合相关法律法规立改废释工作。

（三）军民融合的重点领域

军民融合是一个系统工程，涉及领域宽、范围广、内容多，必须打造军民融合的龙头工程、精品工程，以点带面，推动整体水平提升。

国防科技和武器装备领域是军民融合发展的重点，也是衡量军民融合发展水平的重要标志。要强化军事需求牵引，既发挥军工集团、军队科研院所在国防科技和武器装备创新发展中的主力军作用,也发挥中科院、高等院校、民口和民营企业的潜力,最大限度实现民为军用。要做好国防科技民用转化这篇大文章,提高国防专利转民用数量,发挥国防科技转化运用最大效益。

后勤建设军地通用性、互补性强,军民融合资源丰富、潜力巨大。依托国家主渠道、借力地方政府、融合社会力量,努力构建现代化的军事后勤军民融合体系,把国家实力转化为强大的保障力。瞄准短板弱项,主动利用现代物流网络等布局完善、通达全国的空间优势,成体系推进后勤军民融合发展。积极运用云计算、大数据、物联网等技术,创新保障模式,升级保障手段,提升后勤保障质量和效率。

推动融合由传统领域向新兴领域拓展。海洋、太空、网络空间、生物、新能源、人工智能等领域军民共用性强,要加快形成多维一体、协同推进、跨越发展的新兴领域军民融合发展格局。网信军民融合是军民融合的重点领域和前沿领域,也是军民融合最具活力和潜力的领域,要抓住当前信息技术变革和新军事革命的历史机遇,把握网信军民融合的工作机理和规律,打破推进网信军民科技成果、先进技术双向转化的"玻璃门",让网信军民融合成为军队新质战斗力生成和社会生产力提升的推动力。

基础设施建设贯彻国防要求是重中之重。加大经济建设项目贯彻国防要求工作力度,促进军地资源共建共享,是利国利军利民的大事。我国拥有丰厚的基础设施资源,要最大限度挖掘利用、共建共享,切实把重大项目贯彻国防要求落实到位,实现一份投入多重产出。统筹推进军民一体化的国家科技基础、工业基础、人才基础和基础设施建设,推动军民标准通用化,把国防和军队建设根植于经济社会发展的深厚土壤之中。

第四节　武装力量

武装力量是国家或政治集团所拥有的各种武装组织的总称。一般以军队为主体,由军队和其他正规的、非正规的武装组织结合构成。中国武装力量由中国人民解放军、中国人民武装警察部队和民兵组成,中国人民解放军是中国武装力量的主体力量。

一、中国人民解放军性质、宗旨、新时代使命任务

习近平在庆祝中华人民共和国成立 70 周年大会上的重要讲话中指出:"中国人民解放军和人民武装警察部队要永葆人民军队性质、宗旨、本色,坚决维护国家主权、安全、发展利益,坚决维护世界和平。"

1989 年 11 月,邓小平会见参加中央军委扩大会议的全体同志,语重心长地指出:"我确信,我们的军队能够始终不渝地坚持自己的性质。这个性质是,党的军队、人民的军队、社会主义国家的军队。"党的军队,强调的是归谁领导、听谁指挥,明确了我军是党绝对领导和直接指挥的革命队伍;人民的军队,强调的是为谁扛枪、为谁打仗,明确了我军是人民的子弟兵,奋斗价值在人民,力量源泉在人民;社会主义国家的军队,强调的是我军履行什

么职能、发挥什么作用,明确了我军肩负着维护国家主权、安全、发展利益的根本职能①。习近平也指出:"我军是党的军队、人民的军队、社会主义国家的军队,这是高度一致的。"②这个一致就在于阶级属性一致,统一于无产阶级的阶级性质;这个一致就在于根本宗旨一致,统一于实现和维护人民的根本利益;这个一致就在于奋斗目标一致,统一于在中国特色社会主义道路上实现中华民族伟大复兴。

1945年4月,毛泽东在中国共产党第七次全国代表大会所作的《论联合政府》政治报告中指出:"紧紧地和中国人民站在一起,全心全意地为中国人民服务,就是这个军队的唯一的宗旨。"在庆祝建军90周年大会上,习近平指出:"推进强军事业,必须坚持全心全意为人民服务的根本宗旨,始终做人民信赖、人民拥护、人民热爱的子弟兵。"我军自诞生之日起,就把服务人民写在鲜红的战旗上,装进官兵的心坎里,作为一切奋斗的出发点和落脚点。这是人民军队最鲜亮的政治底色,也是人民军队最鲜明的政治本色,是我军不断从胜利走向胜利的力量源泉。永葆人民军队性质宗旨,要强化宗旨意识,牢记全心全意为人民服务的根本宗旨。要聚焦练兵备战,锤炼过硬本领,随时准备完成党和人民赋予的使命任务。要发扬密切联系群众的优良传统,保持同人民群众鱼水情深、生死与共的关系,永远做人民利益的捍卫者。要积极参加和支援地方经济社会建设,勇于承担急难险重任务,不断巩固发展新时代军政军民关系,为推进强国建设、民族复兴作出应有贡献③。

进入新时代,中国人民解放军依据国家安全和发展战略要求,坚决履行党和人民赋予的使命任务。

一是为巩固中国共产党领导和社会主义制度提供战略支撑。我国是中国共产党领导的社会主义国家,政治安全始终是治国安邦的根本。如果政治安全得不到保障,中国必然会陷入四分五裂、一盘散沙的局面,中华民族伟大复兴就无从谈起。我们党越是坚强有力,中国特色社会主义越是蓬勃发展,各种敌对势力就越是会加紧对我国进行渗透破坏颠覆活动。人民军队要坚定站在党的旗帜下,坚决维护国家政权安全、制度安全,坚决维护政治社会大局稳定。

二是为捍卫国家主权、统一、领土完整提供战略支撑。我国还没有实现祖国完全统一,同周边多个国家存在领土主权和海洋权益争端。解决好这些问题,是我们必须跨越的关口,也是我们在实现中华民族伟大复兴历史进程中必须正确处理和应对的重大风险挑战。完成祖国统一是我们党三大历史任务之一,关系中国人民根本利益和民族感情。祖国必须统一,也必然统一。我们绝不允许任何人、任何组织、任何政党、在任何时候、以任何形式,把任何一块中国领土从中国分裂出去,谁都不要指望我们会吞下损害我国主权、安全、发展利益的苦果。人民军队必须坚持原则、敢于斗争,坚决捍卫国家核心利益。

三是为维护国家海外利益提供战略支撑。随着我国全方位对外开放不断扩大,国家利益向全球不断拓展,形成了重大海外利益格局。相应地,就要建立健全全球性安全保障。国家利益拓展到哪里,安全保障就必须跟进到哪里。这是时代的要求,是历史发展的

---

① 熊杏林、徐能武、陈 聪:《透过"中国之治"看领军之制》,载于《解放军报》2021年11月1日。
② 习近平:《在中央军委扩大会议上的讲话》,2012年12月26日。
③ 王小平:《确保人民军队永葆性质宗旨》,载于《解放军报》2024年7月1日。

大趋势。人民军队要紧跟国家海外利益拓展进程,增强在更加广阔的空间遂行多样化军事任务能力。

四是为促进世界和平与发展提供战略支撑。实现中华民族伟大复兴,必须有一个和平的国际环境和周边环境,这就要求我们积极参与和塑造国际体系,营造于我有利的国际战略态势。中国始终是世界和平的建设者、全球发展的贡献者、国际秩序的维护者,中国军队始终是维护世界和平的坚定力量。

党的二十大报告指出,人民军队始终是党和人民完全可以信赖的英雄军队,有信心、有能力维护国家主权、统一和领土完整,有信心、有能力为实现中华民族伟大复兴提供战略支撑,有信心、有能力为世界和平与发展作出更大贡献。

二、中国武装力量构成

一个国家武装力量的组织结构受多种因素制约,主要包括国家的政治制度、经济基础、军事战略以及地理环境、人力资源、历史传统等。总的是由简单到复杂,由单一组织向多种组织结合的方向发展。目前世界各国武装力量的构成形式,大体分为三类:多种(三种或三种以上)武装组织相结合;两种(军队和武装警察)武装组织相结合;单一(军队或警察或民兵)武装组织。大多数国家采取以军队为主体、多种武装组织相结合的形式。

我国武装力量构成,属于多种武装组织相结合的形式,由中国人民解放军、中国人民武装警察部队和民兵组成。这种"三结合"的武装力量体制符合我国的国情、军情,是历史发展的必然结果,是新时代完成国防使命的必然要求。党的十八大以来,我国深化国防和军队改革,建立了军委管总、战区主战、军种主建的新格局,迈出了构建中国特色军事力量体系的历史性步伐。

(一)中国人民解放军

中国人民解放军是中国共产党缔造和领导的,用马克思列宁主义、毛泽东思想、邓小平理论、"三个代表"重要思想、科学发展观、习近平新时代中国特色社会主义思想武装的人民军队,是中华人民共和国的武装力量,是人民民主专政的坚强柱石。中国人民解放军由现役部队和预备役部队组成。

1. 中国人民解放军现役部队

现役部队是国家的常备军,主要担负防卫作战任务,按照规定执行非战争军事行动任务。党的十八大以来,党中央、中央军委、习近平主席根据形势任务的变化发展,不断改革完善中国特色军事力量体系,总体形成中央军委领导指挥下的陆军、海军、空军、火箭军等军种,军事航天部队、网络空间部队、信息支援部队、联勤保障部队等兵种的新型军兵种结构布局。

(1)陆军。陆军对维护国家主权、安全、发展利益具有不可替代的作用。包括机动作战部队、边海防部队、警卫警备部队等,下辖5个战区陆军、新疆军区、西藏军区等。东部战区陆军下辖第71、72、73集团军,南部战区陆军下辖第74、75集团军,西部战区陆军下辖第76、77集团军,北部战区陆军下辖第78、79、80集团军,中部战区陆军下辖第81、82、83集团军。陆军装备96式、99式主战坦克,15式轻型主战坦克,04式步兵战车,05式自行加榴炮,03式远程多管火箭炮、直-10、直-19、直-20武装直升机等新型武器装备。按照机动作战、立体攻防的战略要求,加快实现区域防卫型向全域作战型转变,提高精确作战、立体作战、全域作战、多能作战、持续作战能力,努力建设一支强大的现代化新型陆军。这里介绍步兵、装甲兵、炮兵、防空兵、陆军航空兵、工程兵等战斗兵种的基本情况。

步兵。步兵是以枪械、随伴火炮、轻型导弹、步兵战车、装甲输送车为基本装备,以徒步、乘车或下车战斗等方式遂行地面作战任务的兵种。我国自行研制和生产的步兵战车不但实现了防护能力较强的装甲化,而且配载了较强的火器,车载火炮增大了步兵武器的有效射程,各种反装甲武器也配载在战车上,战车的越野能力和机动能力进一步增强。

装甲兵。装甲兵是以坦克、步兵战车、装甲输送车为基本装备,主要遂行地面突击和两栖任务的兵种。我军装备的各种坦克,不但完全实现国产化,而且在一定程度上可与世界先进水平的坦克相媲美。

 **微视频**

99A主战坦克有哪些亮眼的特点

炮兵。炮兵是以火炮、火箭炮、战役战术导弹和反坦克导弹为基本装备,主要遂行地面火力突击任务的兵种。陆军反坦克导弹已经达到世界先进水平,并形成作战能力。

防空兵。防空兵是以地空导弹和高射武器系统为基本装备,主要遂行地面防空作战任务的兵种。防空兵是在高射炮兵基础上发展起来的。进入21世纪,我国防空兵现代化装备得到长足发展,一批具有世界先进水平的防空武器装备陆续形成作战能力,大大提高了反空袭作战效能。

陆军航空兵。陆军航空兵是以直升机为基本装备,主要在地面作战中遂行空中突击、空中机动、空中保障等任务的兵种。20世纪80年代陆军航空兵一诞生,就以其高技术现代化装备向世人展现出应有的风姿,成为陆军战斗力量的重要组成部分。

工程兵。工程兵是以各专业工程器材、机械、设备为基本装备,担负工程保障任务的兵种,由工兵、舟桥、伪装、给水工程、工程维护、工程建筑等专业部队和分队组成,是军队中遂行工程保障任务的技术骨干力量。主要负责实施工程侦察和工程伪装,构筑与维护道路、工事,修建桥梁、渡场、港口、机场,设置和排除障碍物,构筑给水站,实施破坏作业等。

(2)海军。海军在国家安全和发展全局中具有十分重要的地位。包括潜艇部队、水面舰艇部队、航空兵、陆战队、岸防部队等,下辖东部战区海军(东海舰队)、南部战区海军(南海舰队)、北部战区海军(北海舰队)、海军陆战队等。战区海军下辖基地、潜艇支队、水面舰艇支队、航空兵旅等部队。目前,海军装备有核潜艇、常规潜艇、航空母舰、驱逐舰、护卫舰、扫雷舰、导弹快艇、两栖攻击舰、综合补给舰,以及舰载战斗机、预警机、舰载直升机等武器装备。2012年9月25日,我国第一艘航空母舰"辽宁舰"交付海军;2019年12月17日,我国第一艘国产航空母舰"山东舰"交接入列;2024年5月8日,我国首艘弹射型航空母舰"福建舰"完成首次航行试验。2024年12月27日,我国自主研制建造的076两栖攻击舰首舰下水命名仪式在上海举行。着眼信息化条件下联合作战特点,按照近海防御、远海防卫的战略要求,人民海军高质量推进以航母编队、核潜艇、两栖作战编队等新域新质力量为重点的海上力量体系建设,加快推进近海防御型向远海防卫型转变,提高战略威慑与反击、海上机动作战、海上联合作战、综合防御作战和综合保障能力,努力建设一支强大的现代化海军。这里介绍潜艇部队、水面舰艇部队、海军航空兵、海军陆战队、海军岸防兵的基本情况。

潜艇部队。潜艇部队是海军中以潜艇为基本装备,主要在水下遂行作战任务的兵种。潜艇通常用于攻击敌方大、中型舰船和突袭陆上战略目标,袭击和封锁港口、基地,破坏海上交通线,也可进行侦察、布雷、巡逻和输送人员等。

水面舰艇部队。水面舰艇部队是海军中以水面舰艇为基本装备,在水面遂行作战任务的兵种,是海军的基本作战兵力。包括水面战斗舰艇部队、登陆作战舰艇部队和勤务舰船部队。用于攻击敌方海上和陆上一定纵深内的目标,参加争夺制海权,进行海上封锁、反封锁作战,参加登陆、抗登陆作战,保护或破坏海上交通线等。

微视频

"福建舰"成功完成首次海试

海军航空兵。海军航空兵是海军中以飞机、直升机为基本装备,主要在海洋和濒海上空遂行作战任务的兵种。包括海军岸基航空兵和舰载航空兵。用于攻击敌方海上、地面和空中目标,袭击敌方和保护己方的海军基地、港口、沿海机场和海上交通线,参加争夺海洋战区和濒海战区的控制权,从空中掩护、支援己方舰艇的战斗行动等。

海军陆战队。海军陆战队是海军中以两栖作战武器为基本装备,主要遂行渡海登陆作战任务的兵种。由步兵、炮兵、装甲兵、工程兵、通信兵、侦察兵等部队、分队组成。其武器装备有自动化的步兵武器、反坦克导弹、防空导弹,各种火炮、火箭炮,还配有舟桥、冲锋舟、气垫船、水陆两用坦克、装甲输送车及其他特种装备和作战器材。

海军岸防兵。海军岸防兵是海军中以岸舰导弹、地空导弹、岸炮和高炮为基本装备,主要遂行海岸防御作战任务的兵种。包括岸舰导弹部队、海岸炮兵部队、高射炮兵部队和地空导弹部队。用于突击敌方舰船,保卫基地、港口和沿海重要地段,扼守海峡、水道,掩护近岸海上交通线和己方舰船,支援岛岸和要塞守备部队作战等。

(3)空军。空军在国家安全和军事战略全局中具有举足轻重的地位和作用。包括航空兵、空降兵、地面防空兵、雷达兵、电子对抗部队、信息通信部队等,下辖5个战区空军(东部战区空军、南部战区空军、西部战区空军、北部战区空军、中部战区空军)、1个空降兵军等。战区空军下辖基地、航空兵旅(师)、地空导弹兵旅(师)、雷达兵旅等部队。空军装备有空警-200、空警-2000等多型预警机,歼-10、歼-11、歼-16、歼-20、运-20、轰-6K等多型战机,红旗-9、红旗-12型地空导弹等新型武器装备。按照空天一体、攻防兼备的战略要求,加快实现国土防空型向攻防兼备型转变,提高战略预警、空中打击、防空反导、信息对抗、空降作战、战略投送和综合保障能力,努力建设一支强大的现代化空军。这里介绍歼击航空兵、轰炸航空兵、地面防空兵的基本情况。

歼击航空兵。歼击航空兵是以歼击机为基本装备,主要遂行空中截击、空中格斗作战任务的航空兵。歼击机是以航炮、航空火箭、空空导弹为基本武器,主要歼灭敌各种空中目标的作战飞机。歼击机是空军目前装备数量最多的作战飞机,我军对歼击机的研制与生产,早已形成系列化,多项战术技术指标达到了世界先进水平。

微视频

带您领略威龙(歼-20)的云端之美

轰炸航空兵。轰炸航空兵是以轰炸机为基本装备,主要遂行突击地面、水面或水下目标任务的航空兵。通常用于摧毁与破坏敌战略、战役纵深目标,参与争夺制空权,支援陆军、海军部队作战等。轰炸机是以航空炸弹、鱼雷、空地导弹为基本武器,对地、对海攻击能力强的作战飞机。

地面防空兵。地面防空兵是空军高射炮兵与地空导弹兵的统称。装备高射炮武器系统和地空导弹武器系统,遂行国土防空作战任务。在空军作战力量的编成中,空军高射炮兵和空军地空导弹兵作战任务性质相同,两个兵种的作战、训练、装备管理等工作的组织相近。

(4)火箭军。火箭军在维护国家主权、安全中具有至关重要的地位和作用。包括核导弹部队、常规导弹部队、保障部队等,下辖导弹基地等。装备有东风-4、东风-5、东风-10、东风-11、东风-15、东风-17、东风-21、东风-26、东风-31、东风-41等系列的弹道导弹和长剑-10型巡航导弹等武器装备。按照核常兼备、全域慑战的战略要求,增强可信可靠的核威慑和核反击能力,加强中远程精确打击力量建设,增强战略制衡能力,努力建设一支强大的现代化火箭军。

(5)军事航天部队。太空安全是国家建设和社会发展的战略保障。推进军事航天部队建设,对提高安全进出和开放利用太空能力、增强太空危机管控和综合治理效能、更好和平利用太空具有重要意义。2024年4月19日,军事航天部队由中央军委直接领导。

(6)网络空间部队。网络安全是全球性挑战,也是我国面临的严峻安全威胁。推进网络空间部队建设,大力发展网络安全防御手段,对筑牢国家网络边防,及时发现和抵御网络入侵,捍卫国家网络主权和信息安全具有重要意义。2024年4月19日,网络空间部队由中央军委直接领导。

(7)信息支援部队。信息支援部队于2024年4月19日成立,是全新打造的战略性兵种,是统筹网络信息体系建设运用的关键支撑。调整组建信息支援部队,是党中央和中央军委从强军事业全局出发作出的重大决策,是构建新型军兵种结构布局、完善中国特色现代军事力量体系的战略举措,对加快国防和军队现代化、有效履行新时代人民军队使命任务具有重大而深远的意义。

（8）联勤保障部队。联勤保障部队于2016年9月13日成立。组建联勤保障基地和联勤保障中心，是党中央和中央军委着眼于全面深化国防和军队改革作出的重大决策，是深化军队领导指挥体制改革、构建具有我军特色的现代联勤保障体制的战略举措，对把我军建设成为世界一流军队、打赢现代化局部战争具有重大而深远的意义。联勤保障部队是实施联勤保障和战略战役支援保障的主体力量，是中国特色现代军事力量体系的重要组成部分。包括仓储、卫勤、运输投送、输油管线、工程建设管理、储备资产管理、采购等力量，设有武汉联勤保障基地和无锡、桂林、西宁、沈阳、郑州5个联勤保障中心，以及解放军总医院、解放军疾病预防控制中心等。按照联合作战、联合训练、联合保障的要求，加快融入联合作战体系，提高一体化联合保障能力，努力建设一支强大的现代化联勤保障部队。

2. 中国人民解放军预备役部队

中国人民解放军预备役部队，简称预备役部队，它以少数现役军人为骨干，以复员退伍军人为主要成分，由预备役军官和士兵组成，实行统一的编制，授有军旗、番号、代号，配备武器装备。预备役部队是人民解放军的组成部分，是寓军于民、快速动员的有效组织形式，是现役部队的有效补充，与现役部队一体建设运用，共同履行人民军队使命任务。党的十八大以来，以习近平同志为核心的党中央高度重视预备役部队建设，先后推进一系列改革部署，推动实施一系列重大举措，把预备役部队全面纳入军队领导指挥体系，预备役部队建设定位进一步明确，领导体制进一步理顺，结构布局进一步优化，管理职责进一步厘清，全面推动预备役部队转型重塑。

中国于1955年开始建立预备役制度。1983年组建预备役部队。1986年8月，预备役部队正式列入人民解放军建制序列。1995年5月，第八届全国人大常委会第十三次会议审议通过《中华人民共和国预备役军官法》。《国防法》明确规定，预备役部队按照规定进行军事训练、执行防卫作战任务和非战争军事行动任务；根据国家发布的动员令，由中央军事委员会下达命令转为现役部队，进一步从法律上明确了新时代预备役部队的职能使命、地位作用等。

预备役部队通常分为军种预备役部队和兵种预备役部队。从军种来看，预备役部队主要由陆军、海军、空军、火箭军预备役部(分)队组成。从兵种来看，陆军预备役部队主要由步兵、炮兵、高射炮兵、反坦克炮兵、坦克兵、工程兵、防化兵、通信兵、海防兵等专业兵组成。海军预备役部队主要由侦察、扫雷布雷、雷达观通等专业兵组成。空军预备役部队主要由地空导弹兵、雷达兵等专业兵组成。火箭军预备役部队主要由导弹专用保障和特种装备维修专业兵组成。预备役部队根据军队建制实行统一的编制，编有预备役师、旅、团，并建有相应的领导机关。

预备役部队建设围绕平时能应急、战时能应战的目标，加快推进由数量规模型向质量效能型转变，由直接参与作战向支援保障作战为主转变，由补充一般兵员向补充技术兵员为主转变，努力成为现役部队的得力助手和国防后备力量的拳头。

（二）中国人民武装警察部队

中国人民武装警察部队，成立于1983年4月5日，前身是中国人民公安中央纵队，始建于1949年8月。2017年12月27日,中共中央印发《中共中央关于调整中国人民武装警察部队领导指挥体制的决定》(以下简称《决定》),自2018年1月1日零时起,武警部队由党中央、中央军委集中统一领导,实行中央军委-武警部队-部队领导指挥体制。《决定》明确,武警部队归中央军委建制,不再列国务院序列。2018年3月,根据中共中央印发的《深化党和国家机构改革方案》,按照军是军、警是警、民是民原则,将列武警部队序列、国务院部门领导管理的现役力量全部退出武警,将国家海洋局领导管理的海警队伍转隶武警部队,将武警部队担负民事属性任务的黄金、森林、水电部队整体移交国家相关职能部门并改编为非现役专业队伍,同时撤收武警部队海关执勤兵力,彻底理顺武警部队领导管理和指挥使用关系。2020年6月20日,第十三届全国人大常委会第十九次会议表决通过了新修订的《中华人民共和国人民武装警察法》(以下简称《人民武装警察法》),自2020年6月21日起施行。新修订的《人民武装警察法》,为建设强大的现代化武装警察部队、有效履行职责使命提供坚强法律保障和制度支撑。

人民武装警察部队是党领导的人民武装力量的重要组成部分,肩负着维护国家安全和社会稳定、保卫人民美好生活的神圣使命。人民武装警察部队根据人民解放军的建军思想、宗旨、原则,按照人民解放军的条令、条例和有关规章制度,结合人民武警部队特点进行建设。人民武装警察部队担负执勤、处置突发社会安全事件、防范和处置恐怖活动、海上维权执法、抢险救援和防卫作战以及中央军事委员会赋予的其他任务。

人民武装警察部队正按照"多能一体、有效维稳"的战略要求,加快融入全军联合作战体系,加快构建军地协调联动新格局,发展执勤安保、处突维稳、反恐突击、抢险救援、应急保障、空中支援力量,完善以执勤处突和反恐维稳为主体的力量体系,提高以信息化条件下执勤处突能力为核心的完成多样化任务能力,努力建设一支强大的现代化人民武装警察部队。

(三) 民兵

民兵是中国共产党领导的不脱离生产的群众武装组织,是中华人民共和国武装力量的重要组成部分,是中国人民解放军的助手和后备力量。民兵在军事机关的指挥下,担负战备勤务、执行非战争军事行动任务和防卫作战任务。

民兵是进行人民战争的战略力量。民兵在国务院、中央军委统一领导下,实行地方党委、政府和军事系统的双重领导。全国的民兵工作由军委国防动员部主管;省军区、军分区和县(市、区)人民武装部是本行政区的军事领导指挥机关,负责本区域的民兵工作。乡、镇、街道和部分企事业单位设有人民武装部,负责民兵工作的具体组织实施。

民兵组织分为基干民兵组织和普通民兵组织。基干民兵组织是民兵组织的骨干力量,主要由退出现役的士兵以及经过军事训练和选定参加军事训练或者具有专业技术特长的未服过现役的人员组成。基干民兵组织可以在一定区域内从若干单位抽选人员编组。普通民兵组织,由符合服兵役条件未参加基干民兵组织的公民按照地域或者单位编组。近年来,民兵在完成多样化军事任务中发挥了独特作用。

延伸阅读

"守岛英雄"王继才

"家就是岛,岛就是国,我会一直守到守不动为止。"这句朴实无华的话出自"守岛英雄"王继才之口。在长达32年的岁月里,王继才与妻子王仕花默默守卫着祖国东隅的一个小岛,用生命践行自己的誓言。

开山岛是黄海前哨的一级战备岛屿,面积仅0.013平方千米,距离最近的海岸12海里,战略位置十分重要。1986年7月,26岁的生产队长兼民兵营长王继才被县武装部派到江苏省灌云县开山岛守岛。32年间,王继才与妻子王仕花坚持每天在岛上升国旗。他们说:"开山岛虽小,也是祖国的领土,哪能没有国旗呢!"32年间,王继才与妻子王仕花每天坚持观天象、护航标、写日志、查验国防通信设施,风雨无阻。32年间,王继才与妻子王仕花只有5个春节与家人团聚,父母去世、女儿结婚,都没能及时赶回。夫妇俩不是不知家庭的困难,可是在守岛和个人生活之间、国家和小家之间,他们选择了守卫国土,把对父母的孝和对家庭的责任化作了对祖国的爱。2018年7月27日晚,王继才在驻守期间,突发急病,经抢救无效去世,年仅58岁。

习近平总书记对王继才同志先进事迹作出重要指示,指出王继才同志守岛卫国32年,用无怨无悔的坚守和付出,在平凡的岗位上书写了不平凡的人生华章。我们要大力倡导这种爱国奉献精神,使之成为新时代奋斗者的价值追求。

2014年,王继才夫妇被评为全国"时代楷模"。2019年2月,王继才获得"感动中国2018年度人物"荣誉。2019年9月,王继才被授予"人民楷模"国家荣誉称号;王继才、王仕花夫妇荣获新中国成立70周年"最美奋斗者"称号。

微视频

人民楷模王继才:一生做好一事 一人感动一国

三、人民军队的发展历程

中国人民解放军是一支具有光荣历史的人民军队,诞生于1927年8月1日。初创时期,称中国工农革命军,1928年5月以后,陆续改称中国工农红军;抗日战争时期,主力红军和南方八省红军游击队分别改编为八路军和新四军;解放战争时期,统一改称中国人民解放军。90多年来,在中国共产党的领导下,人民军队英勇投身为中国人民求解放、求幸福,为中华民族谋独立、谋复兴的历史洪流,历经硝烟战火,一路披荆斩棘,不断从胜利走向胜利。

（一）土地革命战争中创建成长

中国共产党成立以后，同中国国民党进行合作，共同领导了打倒帝国主义、打倒反动军阀的大革命。然而，正当大革命如火如荼的时候，国民党反动派背叛革命、背叛人民，向中国共产党人和革命群众举起了血腥的屠刀。中国共产党从血的教训中认识到掌握武装力量的极端重要性，开始了创建人民军队的艰辛征程。

1927年8月1日，根据党中央决定，中共前敌委员会书记周恩来和贺龙等率领党所掌握和影响的军队2万多人在南昌举行起义，打响了武装反抗国民党反动派的第一枪。8月7日，党中央确定了实行土地革命和武装反抗国民党反动派的总方针。9月9日，毛泽东在湘赣边界领导工农武装和部分国民革命军举行了秋收起义。12月11日，张太雷等领导广州工人和革命士兵举行武装起义。此后一年多时间里，我党还在全国各地先后发动和领导了海陆丰、黄麻、平江、百色等100多次武装起义。这些起义标志着中国共产党独立领导革命战争、创建人民军队的开端，开启了中国革命新纪元。

（二）抗日烽火中经受锤炼

1931年9月18日，日本帝国主义制造了震惊中外的九一八事变，抗日战争爆发。战争初期，日本侵略军凭借其强大的军事力量，集中兵力向华北、华中疯狂进攻，妄图一举灭亡中国。在中国共产党的坚强领导下，八路军、新四军、华南游击队、东北抗日联军和其他抗日武装力量，奋起反击，英勇作战，用血肉之躯筑起坚不可摧的钢铁长城。1938年10月广州、武汉失守后，抗日战争进入战略相持阶段。日军在坚持灭亡中国的总方针下调整侵华策略，将主要兵力用于打击八路军和新四军。根据党中央的战略决策，八路军、新四军广泛深入地发展群众性游击战争，不断消灭敌人的有生力量，扩大抗日根据地。从1945年春开始，人民军队在全国范围内形成了对日寇占领的大多数城市和交通要道的战略包围，并发动了全面的大反攻。

1945年8月15日，日本宣布无条件投降，中国人民取得了近代以来反侵略战争的第一次彻底胜利。抗日战争中，人民军队由5万余人发展到120多万人，对敌作战12.5万余次，消灭日伪军171.4万余人，收复国土104.8万平方千米，为打败日本帝国主义、赢得中华民族的独立，做出了杰出的贡献。

（三）解放战争中发展壮大

抗日战争胜利后，深受战争创伤的中国人民迫切希望建立一个和平民主的新中国。1945年8月28日，毛泽东偕周恩来、王若飞前往重庆，带着谋求和平的真诚愿望，与国民党当局进行谈判，国共双方于10月10日正式签署会谈纪要。然而，"双十协定"刚签订，蒋介石便调集军队，向我解放区进攻，企图用武力实现对全国的独裁统治。1946年6月，国民党军队22万人进攻中原解放区，全面内战爆发。随后，共产党领导的八路军、新四军、东北民主联军等部队陆续改称中国人民解放军。

面对在数量和装备上拥有绝对优势的国民党军强大军事进攻，人民军队在毛泽东军事思想指引下，集中优势兵力，各个歼灭敌人，取得了辽沈、淮海、平津等战役的胜利。

1949年4月23日,解放军占领南京,宣告了蒋家王朝的覆灭。随后,人民军队各路大军继续向中南、西北、西南各省进军,不断取得胜利。1949年10月1日,中华人民共和国宣告成立。人民军队的建设和发展进入了一个崭新的历史时期。

(四)社会主义革命和建设中阔步前进

新中国成立伊始,全国还有三分之一的国土没有解放,国民党还有上百万军队在负隅顽抗。为巩固新生的人民政权,人民军队遵照党中央的命令,对残余的国民党反动势力展开了战略追击和围歼战,取得了衡宝战役、西南战役以及解放海南岛等战役的胜利。

志愿军跨过鸭绿江

新中国成立后,人民军队还多次粉碎了帝国主义和霸权主义的侵略扩张。1950年6月,美帝国主义悍然发动侵略朝鲜的战争,把战火烧到鸭绿江畔。在新中国面临帝国主义严重武装威胁的时刻,党中央果断地作出了"抗美援朝,保家卫国"的战略决策,中国人民志愿军奉命开赴朝鲜战场。在历时2年零9个月的抗美援朝战争中,中国人民志愿军以压倒一切敌人的英雄气概,发动了5次主要战役,和朝鲜人民军一起,将以美国为首的"联合国军"打退到三八线附近,最终迫使其在停战协定上签字,维护了亚洲和世界和平,提升了中国的国际威望,为中国社会主义建设赢得了一个相对稳定的和平环境。此后,人民军队又先后进行了中印边境自卫反击作战、中苏珍宝岛自卫反击作战、中越西沙群岛自卫反击作战、中越边境自卫反击作战等战争行动,坚决打击了入侵者的嚣张气焰,有效维护了国家领土主权安全。为支持第三世界国家争取民族独立和解放,人民军队还参加了抗法援越、抗美援越和抗美援老作战,保障了祖国南大门的安全,维护了世界和平。

 微视频

抗美援朝战争伟大胜利是中国人民站起来后屹立于世界东方的宣言书

(五)改革开放和社会主义现代化建设中跨越发展

1978年12月,党的十一届三中全会作出把党和国家的工作中心转移到经济建设上来、实行改革开放的历史性决策。伴随改革开放的风雨征程,人民军队掀开了全面建设、跨越发展的新的一页。

改革开放初期,国际形势发生积极变化,和平与发展成为时代主题。人民军队在以邓小平同志为核心的党的第二代中央领导集体的领导下,着眼建设强大的现代化正规化革命军队,果断实行军队建设指导思想的战略性转变,从立足于"早打、大打、打核战争"的临战状态转入和平时期建设轨道上来，开始有计划有步骤地进行现代化建设。

20世纪90年代初，世界多极化、经济全球化趋势明显，科技进步日新月异，新军事革命迅猛兴起，我国改革开放和社会主义市场经济深入发展。在以江泽民同志为核心的党的第三代中央领导集体的领导下，人民军队充实完善新时期军事战略方针，紧紧围绕打得赢、不变质两个历史性课题，按照政治合格、军事过硬、作风优良、纪律严明、保障有力总要求，全面加强军事、政治、后勤和装备建设，推动国防和军队建设迈出新的步伐。

进入新世纪新阶段，国际国内环境发生深刻变化，我国安全问题的综合性复杂性和多变性凸显。在以胡锦涛同志为总书记的党中央的领导下，人民军队着眼有效履行新世纪新阶段历史使命，以推动国防和军队建设科学发展为主题，以加快转变战斗力生成模式为主线，加速推进中国特色军事变革，着力提高军队应对多种安全威胁、完成多样化军事任务的能力。

（六）开启新时代强军兴军新征程

2012年11月，党的十八大胜利召开。大会作出了全面建成小康社会的战略部署，描绘了实现中华民族伟大复兴的宏伟蓝图，明确了"两个一百年"的奋斗目标，提出了建设与我国国际地位相称、与国家安全和发展利益相适应的巩固国防和强大人民军队这一战略目标。

党的十八大以来，以习近平同志为核心的党中央领航掌舵新时代国防和军队建设事业，带领人民军队不断开拓奋进，开创了国防和军队建设的崭新局面，开启了强军兴军的崭新征程。提出党在新时代的强军目标，确立新时代军事战略方针，制定国防和军队现代化新"三步走"战略，推进政治建军、改革强军、科技强军、人才强军、依法治军，加快军事理论现代化、军队组织形态现代化、军事人员现代化、武器装备现代化，强化练兵备战，推进军民融合深度发展，实现了政治生态重塑、组织形态重塑、力量体系重塑、作风形象重塑，在中国特色强军之路上迈出了坚实步伐，朝着实现强军目标、把人民军队全面建成世界一流军队砥砺前行。

第五节 国防动员

国防动员是国防活动的重要组成部分。国防动员对于正确处理国家安全与发展的关系，增强国家应对战争状态或紧急状态的能力，维护国家安全，具有重要意义。

一、国防动员的内涵

国防动员是国家为应对战争或其他安全威胁，使社会诸领域的全部或部分由平时状态转入战时状态或紧急状态的活动。适用情况包括国家主权、统一、领土完整、安全和发展利益遭到战争或其他军事威胁，以及需要采取国防动员手段应付的其他安全威胁时。国防动员工作全过程包括动员的准备、实施和复员。国防动员这一概念，包括以下四层含义。

(一) 国防动员的主体

国防动员的主体通常是国家(或政治集团)。国防动员是一种高度体现国家意志,维护国家利益,在国家的授权下以国家的名义实施的行为,是国家履行职能的特殊表现。无论实行何种社会制度的国家,所进行的动员活动都反映着国家统治阶级的政治目的。因此,国防动员是国家行为,履行国家职能的各级政府是国防动员活动的行为主体。

(二) 国防动员的对象

国防动员的对象是一切能够为战争服务的"人力、物力、财力"。国防动员涉及与战争相关的所有因素。首先,国防动员的主要对象是人。人是进行战争的主体,人的素质和条件、状态,直接影响到国防动员的质量。在人的动员中,武装力量动员是核心,并且是全部战争动员活动的重点。动员的初始含义,是使军队由平时状态转为战时状态,使后备役人员转为现役,后来随着"动员"含义的扩展,不再仅限于武装力量,但兵员动员仍然是整个动员的核心。因为武装力量是战争的直接参加者。武装力量动员之外的其他动员,基本上都是围绕武装力量进行并为其服务的,最终也要通过武装力量才能对战争产生影响。其次,是物力的动员。武器、装备和物资的生产、储备、筹措,早已成为战争动员的重要内容。现代战争特别是信息化智能化战争,对物力的依赖更强,对物力的要求越来越高。再次,是财力的动员。战争是经济实力的竞争,要靠强大的财力支撑,财力是战争赖以进行的重要物质基础。在现代战争特别是信息化智能化战争条件下,战争对财力的依赖性大大加强。一个国家财力的强弱,对于国民经济动员能力的高低及其动员程度消长,对于能否坚持战争并夺取战争的胜利有重大影响。

(三) 国防动员的目的

国防动员的目的在于适应战争的需要,为战争服务。在采取国防动员行动之前,国家在政治、经济、文化、外交等各个方面的力量,虽然具有影响战争的能力,但这种能力是潜在的。国防潜力通常以"静态"和"散在"的状态存在于社会各个领域或各行各业之中。国防动员就是把这些"静态"和"散在"的力量有效地组织起来,变成服务于战争或应付其他危机的"动态"和"集中"的力量。这种力量的形成,不是简单的组合,也不是一次性活动,而是一个不断调控的动态过程。只有动员的调控功能,才能使各种潜力资源改变存在结构,由"潜力"形态转化为"实力"形态,并与战争或应付其他危机活动融为有机整体。从这个意义上讲,"实力"来源于"潜力","实力"是"潜力"动员后的体现,动员是"潜力"向"实力"转化的基本措施。国防动员就是调控和转化国防潜力为应对战争或其他危机实力的活动。

(四) 国防动员的手段

国防动员的手段是国家(或政治集团)"采取紧急措施",通过转变体制而形成的动员机制。由于战争具有突然性、紧迫性、危急性等特征,因而国防动员必须采取紧急、特殊、非常的手段。由于战争与和平是两个不同条件下的特定状态,为适应战争要求,国防动员必须将平时体制转变为战时体制,以保障战争机器的运转。具体而言,就是将法制措施、行政命令、政治发动、教育宣传等各种手段有机地结合起来,实施高度集中的领导与指挥、周密而严格的计划和部署。统一掌握、调动全国的人力、物力和财力,充分发挥其效能。国防动员的手段中,既有发动、调动、调整、发掘的一面,又有统制、管制、限制的一面,前者为主,后者为辅,二者相辅相成。

二、国防动员的主要内容

国防动员具有很强的现实针对性,满足战争和应对各种危机的需求以确保国家安全是国防动员内容的核心和基本出发点。根据动员领域的不同,国防动员的内容可分为政治动员、武装力量动员、国民经济动员、国防交通动员、人民防空动员、信息动员等。

(一)政治动员

政治动员是国家或政治集团为实施战争或应对其他军事危机,在政治和思想方面进行的活动。政治动员主要包括:对政治体制进行必要的调整、整合内部和外部的政治力量、战时宣传教育和面向社会的思想发动。有效的政治动员,能够迅速实现政治体制的平战转换,形成多种政治力量共同对敌的局面,占据有利的舆论阵地,充分调动社会各界参加和支持战争的积极性。

(二)武装力量动员

武装力量动员是国家为应对战争或其他安全威胁,将武装力量由平时状态转入战时状态所进行的活动。通常包括现役部队动员、预备役部队动员、武装警察部队动员、民兵动员等。涉及人员的收拢、征集、训练和补充,以及武器装备和其他军用物资的生产、征用和调配。武装力量动员对于迅速获取、增强和保持武装力量,改变军事力量对比,夺取和保持战略和战役主动权,影响战争进程和结局,具有重要意义。

(三)国民经济动员

国民经济动员是国家根据国防需要,将有关经济部门、经济活动及其经济关系由平时状态转入战时状态或紧急状态的活动。通常包括工业、农业、财政金融、信息通信、交通运输、医疗卫生等方面的动员。有效的国民经济动员,可以提高国民经济支持和保障战争的能力,维持战时经济秩序。

(四)国防交通动员

国防交通动员是在全国或部分地区调集交通力量,全力保障战争需要的紧急行动,包括铁路运输动员、公路运输动员、水路运输动员、航空运输动员以及管道运输动员等,确保军队机动,兵员和武器装备的补充,军工生产,军品供应,居民疏散,工厂搬迁,以及其他人员、物资的

我军在高速公路上演练战斗机起降

前送后运。国防交通动员的主要任务是:根据战争规模和作战需要,将政府交通运输部门转入战时体制,将平时国防交通领导机构调整扩编为战时交通运输指挥机构;根据作战保障需要,动员、征用社会运力,视情全部或局部实行军事化管理;动员、组织交通保障队伍和交通保障物资器材,遂行运输、抢修、防护任务;根据上级命令、指示,对有关地区的交通实施遮断等。

(五) 人民防空动员

人民防空动员亦称群众性防卫动员(或民防动员),是国家为保障人民生命财产安全而发动和组织人民群众防备敌人空袭、消除空袭后果所进行的活动。人民防空动员的内容一般包括群众防护动员、人防专业动员、人防工程技术保障动员和人防预警保障动员等。人民防空动员的主要任务是:依据国家有关法律法令,将人民防空系统从平时转入战时,动员社会力量,调配和检修防空设施,组建和扩建人民防空专业队伍,普及和加强人民防空知识教育,组织人民防空隐蔽疏散,配合防空作战,消除空袭后果。人民防空动员的目的是:保护居民、经济设施及其他重要目标安全,减少国家及人民群众生命财产的损失,保存战争潜力。战时人民防空动员,根据国家发布的动员令,在统一部署、统一指挥下组织实施。

(六) 信息动员

信息动员是为维护国家安全和适应未来战争需要,平时依托国家信息产业,在地方信息资源、信息技术开发、信息技术人才培养和信息基础设施建设上落实军事需求,以提高信息领域平战转换和信息攻防作战能力所进行的一系列动员活动。现代战争中,信息战已经上升为一种主要作战样式,以指挥、控制、通信、情报、计算机为主的信息系统是现代化作战指挥系统的神经中枢。信息动员的主要任务是:扩大信息产品生产能力,满足军队需要;组织信息技术人员、设备支援前线;调整通信网络,组织通信防卫,抢修抢建通信线路和设施,确保通信联络安全、稳定、畅通等。

三、国防动员的意义

国防动员是国防活动的重要内容之一,是准备和实施战争的重要措施,直接关系到国家安危、民族存亡和战争进程与结局。无论是古代战争还是现代战争,全面战争还是局部战争,常规战争还是非常规战争,都离不开国防动员。因此,国防动员在保障赢得战争胜利、应对重大突发事件等方面,都具有十分重要的意义。

(一) 国防动员是遏制战争、打赢战争的基础环节

为遏制战争爆发并夺取战争的胜利积聚强大的战争力量,是国防动员的基本功能与任务。战争动员不仅通过平时的准备,为战争实施积聚强大的战争潜力,而且通过建立一套平战转换机制,使这种潜力在战争爆发后迅速转化为实力,为保障战争的胜利奠定必要而坚实的物质基础。现代战争的巨大破坏性,使人们不得不重视遏制战争的爆发。实践中,有许多国家通过战争动员积聚了巨大能量,有效地遏制了战争的爆发。

（二）国防动员是应对紧急突发事件的有效措施

国防动员的最初功能是用来应对战争的。随着各种灾难事故和突发事件的频繁发生，人们将国防动员的功能予以拓展。当国家或地区遇到各类突发事件时，国防动员可以凭借自身特有的机制，使国家或地区进入应急状态，动员国家、军队和社会的多方力量，抗御自然灾害、处置各种自然和人为的事故与灾难，使国家和社会处于正常运转状态，维护人民群众的生命财产安全。

（三）国防动员是实现军民融合发展的重要途径

一个国家的安全需要建立和保持足以应对各种威胁的常备国防力量，而一个国家的发展又不允许将过多的国家资源用于常备国防力量建设。为解决安全与发展的矛盾，各国普遍的做法是实行寓军于民模式，将国家安全需要的大部分国防力量，以国防潜力的形式寓于经济、社会和民众之中，走军民融合式的国防建设之路。国防动员建设的主要任务是使国防潜力得到有效的开发和积蓄，并为国防潜力转化为国防实力做好各项准备，既确保安全又不耽误发展，有效解决安全与发展这一主要矛盾。但凡实行寓军于民的国家，无不视国防动员为国家安全支柱，并大力加强国防动员建设。国防动员建设成为实现军民融合发展的重要途径。

思考题

1. 什么是国防？中国的国防属于哪种类型？
2. 中国国防历史对我们有什么启示？
3. 根据《中华人民共和国国防法》的规定，公民应承担哪些国防义务？
4. 中国武装力量由哪几部分构成？
5. 什么是国防动员？国防动员包括哪些主要内容？

第二章 国家安全

习近平指出,国家安全是民族复兴的根基,社会稳定是国家强盛的前提。必须坚定不移贯彻总体国家安全观,把维护国家安全贯穿党和国家工作各方面全过程,确保国家安全和社会稳定。新时代大学生要充分认识当前我国面临的安全形势,了解世界主要国家军事力量及战略动向,不断增强危机意识、忧患意识和责任意识,将总体国家安全观内化于心、外化于行,共同构筑捍卫国家安全的铜墙铁壁。

第一节 国家安全概述

国泰民安是人民群众最基本、最普遍的愿望,维护国家安全是全国各族人民根本利益所在。实现中华民族伟大复兴的中国梦,保证人民安居乐业,国家安全是头等大事。总体国家安全观的提出,充分体现了中国共产党对国家安全基本规律的把握,是国家安全理论的重大创新,是新时代指导国家安全实践的强大思想武器。

一、国家安全的内涵

国家安全是保障国家生存和发展、社会安全和人民安居乐业的基本条件,是国家利益的集中体现。

"安全"的基本含义是没有危险,不受威胁。从内涵上看,安全首先是一种状态,这种状态包括两方面因素:一是客观因素,即没有危险、不受威胁、不出事故;二是主观因素,即不存在恐惧心理。其次,安全是一种行动,即实现不受威胁或没有危险的过程。当然,安全是相对的,无论个人、组织和单位,还是国家、社会,在成长、发展过程中都不可避免地会遇到各种各样的内外危险,绝对安全是不存在的。

《中华人民共和国国家安全法》第二条对国家安全进行了权威定义:"国家安全是指国家政权、主权、统一和领土完整、人民福祉、经济社会可持续发展和国家其他重大利益相对处于没有危险和不受内外威胁的状态,以及保障持续安全状态的能力。"从国家安全基本法律规定出发理解国家安全概念,是界定国家安全内涵的科学路径[1]。第一,国家安全的

---

[1] 马方:《准确认识大安全格局下的国家安全概念》,载于《光明日报》2021年1月31日。

主体为"国家",民族、地区不应成为国家安全的主体,全球安全、国际安全应当以国家安全为基础,国家安全以人民利益为主要内容;第二,国家安全的指涉对象为国家重大利益,即为国家政权、主权、统一和领土完整、人民福祉、经济社会可持续发展和国家其他重大利益;第三,外部不受威胁、内部没有危险是国家安全的理想状态;第四,国家安全不仅表现为一种状态,而且表现为一种能力,一种保障国家持续安全状态的能力。国家安全是国家治理重要领域,保障国家持续安全状态的能力是国家治理能力现代化的重要内容。

国家安全概念是动态发展的。传统的国家安全概念,侧重于生存安全,更多体现在政治安全和军事安全上,尤其是军事安全。随着时代的不断发展变化,维护国家利益的方式不断拓展,国家安全的内涵也在不断充实、发展和完善。国家安全的内涵已由政治安全、军事安全拓展至包括国土、经济、金融、文化、社会、科技、网络、粮食、生态、资源、核、海外利益、太空、深海、极地、生物、人工智能、数据等诸多领域。

二、维护国家安全的基本原则

维护国家安全的基本原则是指在维护国家安全的实践中必须依据的准则。做好国家安全工作,必须深刻理解和把握维护国家安全的基本原则。

坚持党的集中统一领导。习近平指出,坚持党对国家安全工作的领导,是做好国家安全工作的根本原则。国家安全的极端重要性决定了必须在国家最高层面进行集中统一领导,对于我国来说就是坚持党的集中统一领导。中国共产党是中国特色社会主义事业的坚强领导核心,是最高政治领导力量,各个领域、各个方向都必须坚定自觉坚持党的领导。坚持党对国家安全工作的领导是党的领导核心地位的重要体现。

坚持国家利益至上。国家利益至上是维护国家安全必须坚持的最高准则,要始终把维护和赢得国家利益作为基本出发点,紧紧围绕国家利益需求,确定目标、选择策略、运用手段和谋划措施。在确定国家安全战略策略和手段时,要把是否有利于维护国家利益作为基本标准,按尽可能有利于达成维护国家利益最大化的目标,进行战略选择。特别是事关国家政权、主权和领土完整等核心利益,维护国家安全必须有保底手段,绝不退让。

坚持顶层设计统筹。国家安全工作内容十分复杂,必须站在全局高度,注重顶层设计、总体筹划,着眼国际国内两个大局,系统筹划国家所要解决的安全问题,合理配置彼此间的关系。既要全面兼顾维护国家政治、经济、科技、军事、文化、生物等各个领域的安全,也要协调处理传统安全与非传统安全、近期安全与长远安全的关系。既要考虑维护传统的领土、领海、领空安全,也要关注和维护太空、深海、极地等新型领域的安全。

坚持突出重点领域。维护国家安全必须把握国家核心利益需求,着眼于应对国家安全面临的主要威胁,有针对性地确立战略目标、运用相应力量、采取对策措施,提高维护国家安全的科学性和有效性。战略目标有层次之分,从国家安全的核心需求来看,要始终把国家主权和安全摆在第一位。同时,战略重点是动态变化的,在国家建设发展的不同时期,维护国家安全的重点也会有所变化。进入新时代,我们要努力营造和保持良好的安全环境,确保国家和平发展不受干扰,确保中华民族伟大复兴的中国梦得以实现。

坚持底线思维。底线思维是一种认识方法和实践观点,意味着直面风险挑战,立足最坏局面,同时保持策略的灵活性以争取最好结果。底线思维对于维护国家安全至关重要。

我们要全面认清国家安全形势,增强忧患意识、危机意识、担当意识,高度警惕国家被侵略、被颠覆、被分裂的危险,高度警惕改革发展稳定大局被破坏的危险,高度警惕中国特色社会主义发展进程被打断的危险。在涉及国家核心利益问题上既要敢于斗争、敢于亮剑,也要掌握斗争艺术、讲究斗争策略,确保国家总体安全风险可控。

三、总体国家安全观

党的十八大以来,以习近平同志为主要代表的中国共产党人,把马克思主义国家安全理论和当代中国安全实践、中华优秀传统战略结合起来,顺应时代发展,系统回答了中国特色社会主义进入新时代,如何既解决好大国发展进程中面临的共性安全问题,又处理好中华民族伟大复兴关键阶段面临的特殊安全问题这个重大时代课题,创造性提出了总体国家安全观。总体国家安全观是马克思主义国家安全理论中国化的最新成果,是中国共产党和中国人民捍卫国家主权、安全、发展利益百年奋斗实践经验和集体智慧的结晶,在我们党的历史上第一次形成了系统完整的国家安全理论,标志着我们党对国家安全基本规律的认识达到了新高度。

(一)总体国家安全观的形成背景

总体国家安全观继承了我们党维护国家安全的理论成果和实践经验。新中国成立后,以毛泽东同志为主要代表的中国共产党人,将保卫新生的人民民主政权,维护国家独立、主权和领土完整作为国家安全工作的首要任务,战胜了帝国主义、霸权主义的侵略、破坏和武装挑衅,胜利进行了保卫祖国边疆的斗争,独立研制出"两弹一星",恢复了我国在联合国的一切合法权利,提出了和平共处五项原则、"三个世界"划分等战略思想。以邓小平同志为主要代表的中国共产党人,作出和平与发展是当今时代主题的重大判断,强调中国的问题压倒一切的是需要稳定,提出国家主权和安全要始终放在第一位等战略思想。以江泽民同志为主要代表的中国共产党人,作出我国发展处于重要战略机遇期的科学判断,积极促进世界多极化和国际关系民主化,提出互信互利平等协作的新安全观等战略思想。以胡锦涛同志为主要代表的中国共产党人,紧紧抓住和努力维护国家发展重要战略机遇期,坚持走和平发展道路,提出实施互利共赢的开放战略等战略思想。

总体国家安全观汲取了中华优秀传统文化的精髓。中华优秀传统文化中蕴含着丰富的国家安全战略思想,如强调忧患意识,"安而不忘危,存而不忘亡,治而不忘乱";注重民本思想,"民惟邦本,本固邦宁";倡导和平共处,"和衷共济""和合共生";主张讲信修睦,"亲仁善邻,国之宝也";力求内外兼顾,"内事文而和,外事武而义";重视刚柔并济,"方而又刚,柔而又圆,求安难矣";推崇张弛有度,"文武之道,一张一弛";等等。这为总体国家安全观的形成提供了丰厚的文明滋养。

总体国家安全观根植于中国特色社会主义新时代。进入新时代,面对百年大变局、复兴大跨越,我国国家安全形势发生重大变化。当前,世界进入新的动荡变革期,国际战略格局、全球治理体系、综合国力竞争深刻复杂演变,不稳定性不确定性显著上升,危和机同生共存。中华民族伟大复兴进入关键阶段,面临难得的发展机遇,拥有根本政治保证、坚实物质支撑、强大精神力量、牢固群众基础。但与此同时,外部环境更趋复杂严峻,传统安全和非传统安全问题交织互动,各种风险挑战前所未有,人民群众安全需求更趋强烈更加多元,对国家安全提出更高要求。总体国家安全观正是在对时代发展大势的深邃思考,对坚持和拓展中国特色社会主义国家安全道路的不懈探索中创立并不断发展的。

(二)总体国家安全观的提出及其发展

2014年4月15日,习近平总书记在中央国家安全委员会第一次会议上,创造性提出总体国家安全观。2017年10月,党的十九大将坚持总体国家安全观纳入新时代坚持和发展中国特色社会主义的基本方略;2018年4月,习近平在十九届中央国家安全委员会第一次会议上进一步阐述总体国家安全观,提出坚持人民安全、政治安全、国家利益至上的有机统一,坚持维护和塑造国家安全等重大论断;2020年10月,党的十九届五中全会强调牢牢守住安全发展底线,把统筹发展和安全纳入"十四五"时期我国经济社会发展的指导思想;2020年12月,习近平在主持十九届中央政治局第二十六次集体学习时,对总体国家安全观作出全面、系统、完整的论述,提出"十个坚持"的工作要求;2021年11月,党的十九届六中全会系统总结新时代维护国家安全取得的重大成就和宝贵经验;2022年10月,党的二十大就推进国家安全体系和能力现代化进行专章部署,进一步丰富和发展了总体国家安全观;2023年5月,习近平主持召开二十届中央国家安全委员会第一次会议,强调要深刻认识国家安全面临的复杂严峻形势,正确把握重大国家安全问题,加快推进国家安全体系和能力现代化,以新安全格局保障新发展格局,努力开创国家安全工作新局面。

延伸阅读

全民国家安全教育日

2015年7月1日,第十二届全国人民代表大会常务委员会第十五次会议通过了《中华人民共和国国家安全法》。《中华人民共和国国家安全法》第十四条规定:每年4月15日为全民国家安全教育日。2025年4月15日是第十个全民国家安全教育日,全民国家安全教育日宣传的主题为:"全民国家安全教育,走深走实十周年"。

国家安全一切为了人民、一切依靠人民。以全民国家安全教育日为契机,切实增强国家安全意识,夯实国家安全的社会基础,是我们共同的责任。设立全民国家安全教育日,有利于贯彻落实"总体国家安全观",有利于提高政府和社会公众维护国家安全的法律意识,有利于增强国家安全法普法宣传的效果,有利于动员政府和全社会共同参与到维护国家安全的各项工作中来。

(三)总体国家安全观的丰富内涵

总体国家安全观内涵丰富、思想深邃,是一个系统完整、逻辑严密、相互贯通的科学理论体系。归纳起来主要包括"一个总体""五大要素""五个统筹""十个坚持"四个方面。

总体国家安全观关键在"总体",突出的是"大安全"理念,涵盖政治、军事、国土、经济、金融、文化、社会、科技、网络、粮食、生态、资源、核、海外利益、太空、深海、极地、生物、人工智能、数据等诸多领域,而且随着社会发展不断拓展。强调做好国家安全工作的系统思维和方法,加强科学统筹,着力解决国家安全工作不平衡不充分的问题。强调国家安全要贯穿到党和国家工作全局各方面、各环节,必须把安全和发展置于同等重要地位,同步决策部署,同样积极落实。强调打总体战,形成汇聚党政军民学各战线各方面各层级的强大合力,全社会全政府全体系全手段应对重大国家安全风险挑战。

"五大要素"揭示基本原理。党的二十大报告强调,我们要坚持以人民安全为宗旨、以政治安全为根本、以经济安全为基础、以军事科技文化社会安全为保障、以促进国际安全为依托。以人民安全为宗旨,就是要坚持以人民为中心,维护人民根本利益,保障人民当家作主各项权利,保障人民生命财产安全和其他合法权益,为人民创造良好生存发展条件和安定生产生活环境;以政治安全为根本,就是要坚持党的领导和中国特色社会主义制度不动摇,把制度安全、政权安全放在首要位置,为国家安全提供根本政治保证;以经济安全为基础,就是要确保国家经济发展不受侵害,促进经济持续稳定健康发展,提高国家经济实力,为国家安全提供坚实物质基础;以军事科技文化社会安全为保障,就是要注意这些领域面临的新情况新问题,遵循不同领域的特点规律,建立完善强基固本、化险为夷的各项对策措施,为维护国家安全提供硬实力和软实力保障;以促进国际安全为依托,就是要始终不渝走和平发展道路,在注重维护本国安全利益的同时,注重维护共同安全,推动建设持久和平、共同繁荣的和谐世界和人类命运共同体。"五大要素"充分彰显了中国特色国家安全理论的独创性,有着强大的逻辑性、系统性与生命力。

"五个统筹"彰显科学方法。党的二十大报告强调,统筹外部安全和内部安全、国土安全和国民安全、传统安全和非传统安全、自身安全和共同安全,统筹维护和塑造国家安全,夯实国家安全和社会稳定基层基础,完善参与全球安全治理机制,建设更高水平的平安中国,以新安全格局保障新发展格局。"五个统筹"彰显了国家安全工作的辩证法与科学方法论,前四个统筹分别着眼于国家安全的四个不同维度,第五个统筹则着眼新时代国家安全工作的方式方法,更加强调对国家安全态势和环境的主动塑造。"五个统筹"体现了普遍联系的、全面系统的、发展变化的唯物辩证观点,蕴含着前瞻性思考、全局性谋划、整体性推进国家安全工作的系统思维方法。

"十个坚持"体现核心要义。2020年12月11日,十九届中央政治局就切实做好国家安全工作举行第二十六次集体学习,习近平总书记就贯彻总体国家安全观提出10点要求,即"十个坚持":一是坚持党对国家安全工作的绝对领导;二是坚持中国特色国家安全道路;三是坚持以人民安全为宗旨;四是坚持统筹发展和安全;五是坚持把政治安全放在首要位置;六是坚持统筹推进各领域安全;七是坚持把防范化解国家安全风险摆在突出位置;八是坚持推进国际共同安全;九是坚持推进国家安全体系和能力现代化;十是坚持加强国家安全干部队伍建设。"十个坚持"是一个整体,涵盖新时代国家安全工作的顶层设计、内在逻辑、原则方法、领域布局,明确了当前我国国家安全的主要问题和重点工作。

"一个总体""五大要素""五个统筹""十个坚持"有机融合、有机统一,凝结着我们党坚持和发展中国特色国家安全的宝贵经验,反映了以习近平同志为核心的党中央对国家安全工作规律性认识的深化、拓展、升华,体现了理论与实践相结合、认识论和方法论相统一的鲜明特色。

微视频

全民国家安全教育走深走实十周年宣传片《同行》

(四)总体国家安全观的重大意义

总体国家安全观是以习近平同志为核心的党中央对国家安全理论的重大创新,是新形势下维护和塑造中国特色大国安全的强大思想武器,充分体现了我们党奋力开拓国家安全工作新局面的战略智慧和使命担当,具有重大的时代意义、理论意义、实践意义和世界意义。

总体国家安全观承载为实现中华民族伟大复兴提供坚强保障的历史使命,具有鲜明的时代特色。实现中华民族伟大复兴,是中华民族的根本利益和最高利益,是我们这个时代的最强音。坚持总体国家安全观,归根到底是为了更好维护和延长我国发展重要战略机遇期,确保中华民族伟大复兴进程不被滞缓或打断。总体国家安全观适应了进行具有许多新的历史特点的伟大斗争的新要求,顺应了时代发展变化的新趋势,回应了人民对国家安全的新期待,回答了国家安全面临的新课题。

总体国家安全观是我们党关于国家安全理论的重大创新,丰富和发展了中国特色社会主义理论体系。总体国家安全观是我们党历史上第一个被确立为国家安全工作指导思想的重大战略思想,是习近平新时代中国特色社会主义思想的重要组成部分。总体国家安全观深化了我们党对中国特色社会主义建设规律的认识,为发展马克思主义国家安全理论作出了重大原创性贡献,把我们党对国家安全的认识提升到了新的高度和境界。

总体国家安全观是推进新时代国家安全工作的基本遵循和行动指南,具有重大的实践意义。总体国家安全观的形成和发展,是理论创新和实践创新、理论发展和实践发展紧密结合和相互促进的过程。党的十八大以来,我们党全面贯彻落实总体国家安全观,陆续出台一系列重大创新举措,推动国家安全体系和能力现代化,走出一条中国特色国家安全道路。实践充分证明,总体国家安全观蕴含着中国特色国家安全道路的价值理念、工作思路和机制路径,是指导国家安全工作的科学理论。

总体国家安全观倡导构建人类命运共同体,具有广泛的包容性,产生了深远的国际影响。中国的国家安全和世界的和平发展息息相关。总体国家安全观强调以促进国际安全为依托,实现自身安全与共同安全相统一,共同构建人类命运共同体。这一安全理念摒弃了零和博弈、绝对安全、结盟理论等旧观念,倡导共同、综合、合作、可持续的安全观,在国际上树立起一种普遍包容的国家安全理念,得到国际社会积极响应和广泛认同。

> **延伸阅读**
>
> **《新时代的中国国家安全》白皮书发布**
>
> 　　当前,世界之变、时代之变、历史之变正以前所未有的方式展开。人类社会面临和平还是战争、繁荣还是衰退、团结还是对抗的关键抉择,又一次站在历史的十字路口。面对外部环境变化带来的不利影响加深、内部风险挑战增多的复杂形势,中国统筹中华民族伟大复兴战略全局与世界百年未有之大变局,国家安全形势保持总体稳定、稳中有进,与亚太国家共同维护地区和平和发展,为动荡不安的世界注入可靠的稳定性。
>
> 　　在此背景下,国务院新闻办公室2025年5月12日发布《新时代的中国国家安全》白皮书。白皮书主要包括六个部分:中国为变乱交织的世界注入确定性和稳定性;总体国家安全观为新时代国家安全指引方向;为中国式现代化行稳致远提供坚实支撑;在发展中固安全,在安全中谋发展;践行全球安全倡议,推进国际共同安全;在深化改革中推进国家安全体系和能力现代化。
>
> 　　《新时代的中国国家安全》白皮书,旨在全面阐释新时代中国国家安全工作的创新理念、生动实践和建设成果,充分展现中国众志成城抵御外部遏制打压、维护国家利益的必胜信心,统筹高质量发展和高水平安全的坚定决心,构建持久和平、普遍安全世界的不变初心,分享经验做法,推动构建人类命运共同体。

第二节　国家安全形势

　　国家安全是安邦定国的重要基石,维护国家安全是全国各族人民根本利益所在。当前,世界百年未有之大变局加速演进,新一轮科技革命和产业变革深入发展,国际力量对比深刻调整,我国发展面临新的战略机遇。同时,单边主义、保护主义明显上升,逆全球化思潮抬头,世界经济复苏乏力,局部冲突和动荡频发,全球性问题加剧,世界进入新的动荡变革期。面对新形势新情况,我们要贯彻总体国家安全观,健全国家安全体系,筑牢国家安全屏障,积极塑造和维护良好稳定的周边安全环境,努力提高维护国家利益的战略能力。

一、我国地缘环境概况

　　地缘环境是影响国家安全的基本因素之一,也是制定国家安全战略的重要依据。我国所处的地缘环境非常复杂,只有充分了解地缘环境的基本特征和历史演变过程,才能对我国周边安全环境作出客观判断。

（一）我国地缘环境的基本特征

1. 陆海兼备，邻国众多

我国地处亚洲东部，太平洋西岸，东西跨度约 5 200 千米，南北跨度约 5 500 千米，是一个典型的陆海兼备国家。我国背靠欧亚大陆，面临太平洋，是连接东北亚、东南亚、南亚和中亚的枢纽，处于欧亚大陆和海洋两大地缘战略区交接处，既可能面临两个战略方向的挑战，也可以依据自身不断增长的实力影响两大地缘战略区。

我国陆地总面积约 960 万平方千米，仅次于俄罗斯和加拿大，居世界第三，海域总面积约 473 万平方千米。我国陆地边界线长度约 2.2 万千米，与朝鲜、俄罗斯、蒙古、哈萨克斯坦、吉尔吉斯斯坦、塔吉克斯坦、阿富汗、巴基斯坦、印度、尼泊尔、不丹、缅甸、老挝、越南等 14 个国家接壤。大陆海岸线长度约 1.8 万千米，与朝鲜、韩国、日本、菲律宾、马来西亚、文莱、印度尼西亚、越南等 8 个国家海上相邻或相望。

2. 差异明显，情况复杂

在我国周边，不同的历史发展背景和地域文化特征，不同的民族构成与宗教信仰，不同的社会政治制度与经济发展模式，对生存与发展利益的不同需求致使各邻国在对外政策与战略选择上差异明显，矛盾冲突风险加大。

在诸多邻国之中，有历史上曾侵略过中国且至今仍在国际战略格局中占据重要地位的经济大国或军事大国，具有对我国周边安全环境造成重大影响的实力；有与中国存在历史遗留的边界领土争议或海洋领土划界争议的数个国家，稍有不慎极有可能引发边界争端甚至武装冲突；有其国内居民与中国边境地区居民同属一个民族或信奉同一种宗教的国家，一旦其内部的狭隘民族主义泛起或宗教矛盾激化，极有可能导致我国边境地区的不稳定；有相互间积怨久深、严重对立的国家，一旦它们之间爆发战争或武装冲突，必将严重影响我国边境安全；有内部局势极不稳定的国家，一旦发生大规模内乱，将对我国边境安全造成极大压力。

3. 大国环伺，热点频发

我国周边众多的国家中，存在各种类型的大国：有东西跨度最大、地域最为辽阔的世界领土第一大国俄罗斯；有人口过亿的，如印度、印度尼西亚、巴基斯坦、孟加拉国、俄罗斯和日本等人口大国；有位居联合国安理会常任理事国行列的政治大国；有国民生产总值位居世界前列的经济大国；有拥有核武器或兵力超百万的军事大国等。此外，还有虽不与我国接壤，但其军事力量长期部署在我国一些周边邻国，且对我国周边安全局势产生重大影响的当今世界唯一超级大国美国。

我国幅员辽阔、边界线长，周边是实现发展繁荣的重要基础、维护国家安全的重点、运筹外交全局的首要、推动构建人类命运共同体的关键。党的十八大以来，在以习近平同志为核心的党中央坚强领导下，我们提出亲诚惠容周边外交理念，倡导推动构建周边命运共同体，以元首外交为引领，同周边国家深化全方位合作、加强各领域交流、共同维护和平稳定，形成务实高效的周边工作框架，推动周边工作取得历史性成就、发生历史性变革。

（二）我国地缘环境的历史演变

中华人民共和国成立之初，百废待兴，安全环境十分困难和复杂。特别是以美国为首的国际反华敌对势力从外部封锁中国,企图把新生的共和国扼杀在摇篮之中。针对当时的国际政治环境,中国采取了"一边倒"政策,坚定地站在以苏联为首的社会主义阵营一边,并于1950年和苏联签署了《中苏友好同盟互助条约》,加强了社会主义国家之间的团结,粉碎了帝国主义企图孤立中国的阴谋。同时,中国坚决反对帝国主义的侵略和扩张政策,先后在朝鲜半岛、台湾海峡和中南半岛三条战线上,与以美国为首的帝国主义集团进行斗争并取得了胜利,打破了帝国主义国家对新中国的"遏制"政策。中华人民共和国在国际舞台上初步站稳了脚跟,并先后与一些周边国家和欧洲国家建立外交关系,国家安全环境得到一定的改善。

20世纪50年代末到60年代,国际形势出现了大动荡、大分化、大改组局面,苏联开始推行霸权主义政策,苏中关系急剧恶化,美国则继续与中国为敌。针对美苏两国同时施压的局面,中国政府为维护国家安全利益和领土主权完整,坚持"两个拳头打人",既反对美国的侵略干涉,在台湾海峡危机中粉碎了美国试图"划峡而治"的阴谋;又反对苏联的霸权主义政策,坚决顶住了苏联的压力。与此同时,我们还赢得了中印边境自卫反击作战的胜利。

20世纪70年代,美苏争霸出现苏攻美守的战略态势,苏联继续在中苏、中蒙边境陈兵百万,支持越南入侵柬埔寨,武装入侵阿富汗,从而对我国安全构成了最主要威胁。美国出于自身战略利益的需要,调整对华政策。1972年2月,美国总统尼克松访华,两国在上海发表《中美联合公报》,中美关系逐步走向正常化。1979年1月1日,中美两国正式建交。随着中美关系改善,中国同西方各国关系有了较快发展。1972年9月,中日签署并发表《中华人民共和国政府和日本国政府联合声明》,实现邦交正常化。1978年8月,中日签署《中日和平友好条约》,为两国关系发展奠定了基础。中国与东南亚国家关系也逐步实现正常化,地缘环境有所改善。

20世纪80年代,国际形势趋于缓和,我国地缘安全环境总体上趋于稳定。改革开放后,随着经济实力以及综合国力的不断提升,中国政府对自身地缘安全环境做出了新的判断,改变了原先认为世界大战不可避免且迫在眉睫的观点,认为战争危险依然存在,但世界和平力量的增长超过了战争力量的增长,世界和平是可以维护的,强调应该积极争取一个长期稳定的国际和平环境,特别是良好的周边安全环境。

20世纪80年代末至90年代初,随着东欧剧变和苏联解体,两极格局被打破,国际局势复杂多变,我国的周边安全环境面临新的挑战。特别是以美国为首的西方国家对中国施压,采取了一系列"制裁"和"遏制"政策。面对这种情况,中国坚持"冷静观察,稳住阵脚,沉着应付"的方针,坚决顶住西方压力,集中力量发展自己,同时又坚持在和平共处五项原则基础上,努力改善和发展与各国的关系,特别是积极发展与周边国家的睦邻友好关系,争取到了一个良好稳定的周边安全环境。

进入21世纪,中国和平崛起日益成为国际社会关注的焦点,中国地缘安全环境面临更加严峻的挑战。特别是随着美国"重返亚太""大国竞争"战略的实施,这种严峻形势尤为凸显。随着我国国际地位进一步提高,影响力进一步扩大,我们坚持走和平发展道路,努力构建人类命运共同体,有力地维护了我国的安全利益和发展利益。

二、当前我国地缘安全面临的主要挑战

地缘安全是基于地缘环境做出的安全判断。地缘环境客观反映了国家在全球和地区地缘关系中的实际地位和安全状态。分析我国地缘安全的现状,既有助于理解当前我国地缘环境和国家安全之间的关系,也是我国判断内外形势、确定威胁来源、制定与实施国家安全战略的重要依据。

(一)美国全方位遏制打压中国

中美关系是世界上最重要的双边关系,不仅事关两国人民福祉,也影响人类前途命运。新世纪以来,中美关系尽管历经百转千回,但合作一直是主基调。近些年来,美国不遗余力地对中国展开零和博弈式的"激烈竞争",不断在涉及中国核心利益的问题上攻击挑事,接连在国际上拼凑打压中国的"小圈子",运用内外全部资源对中国进行全方位遏制和打压,中美关系遭遇前所未有的严重困难。

美国将中国定位为"最重要的战略竞争对手"和"最严峻长期挑战"。自奥巴马政府将美国的战略重心从欧洲和中东调整至亚太地区,美国在各个领域对中国挑起对抗态势。特朗普第一总统任期内,明确将美国面临的主要矛盾由打击恐怖主义转至聚焦"大国竞争",将中国确定为美国的"战略竞争对手",挑起对华贸易战,挥舞关税大棒,鼓吹与中国"脱钩",提出"印太战略",拉拢周边国家遏制围堵中国。拜登政府延续特朗普第一任期内的对华政策,而且变本加厉,将中国视为"最重要的战略竞争对手"和"最严峻长期挑战"。美国新一届政府大搞单边主义、本国优先,将自身利益凌驾于国际公利之上。美国抱持冷战思维,沿袭霸权逻辑,推行集团政治,强化"五眼联盟",兜售"四边机制"(即美日澳印"四方安全对话机制"),拼凑"AUKUS"美英澳三边安全伙伴关系,收紧双边军事同盟,针对中国的企图明显。美国推动北约介入亚太事务,抛出新版《北约2022战略概念》炒作"中国威胁",邀请日本、韩国、澳大利亚等亚太盟友参加北约峰会,企图建立"亚太版北约",严重威胁亚太地区安全稳定。启动作为"印太战略"在经济领域延伸的"印太经济框架",试图把中国排除在美国主导的国际供应链之外,从而遏制中国发展、延续美国的经济霸权。美国长期在涉台、涉疆、涉藏、涉港等中国核心利益问题上粗暴干涉中国内政,明里暗里纵容支持分裂活动,破坏中国安全稳定。

台湾问题是中国核心利益中的核心,一个中国原则是中美关系政治基础中的基础,三个联合公报是中美关系最重要的"护栏"。当前,台湾问题越来越成为中美关系的最大风险。处理不好,很可能对两国关系造成颠覆性破坏。从1972年《中美联合公报》,到1978年《中美建交公报》,再到1982年《八一七公报》,美国都明确承认:世界上只有一个中国,台湾是中国的一部分,中华人民共和国政府是中国的唯一合法政府。美国声称"奉行一个中国政策,不支持'台独'",但在实际行动上却背道而驰。他们虚化、掏空一个中国原则,加强与台湾地区官方往来,不断策动对台军售,加深美台军事勾连,助台拓展所谓"国际空间",拉拢其他国家插手台湾问题,不时炮制损害中国主权的涉台议案,怂恿"台独"分裂势力制造两岸关系紧张动荡,为"台独"分裂势力撑腰打气,给中国实现和平统一制造障碍。

2025年以来,美国从以"芬太尼问题"等为借口加征关税到以一纸行政令滥施关税,

从肆意加征单边关税到轮番加征畸高关税,从"关税暂缓90天"到豁免部分产品关税,再到酝酿新的关税政策……短短数月之间,朝令夕改的关税政策,让全球大跌眼镜。面对美国滥施关税的霸凌行径,中国果断采取反制措施,坚决维护自身正当权益,维护国际规则和秩序,维护世界各国的共同利益,维护国际公平正义,赢得国际社会充分肯定和广泛支持。

美国为了维护自身的科技霸权,在高科技领域对中国进行垄断打压和不正当竞争。美国政府在没有任何事实依据的情况下,动用国家力量无端打压和制裁华为,禁止华为产品进入美国市场,在世界范围内胁迫别国禁止华为参与当地5G网络建设。美国以各种莫须有名义,围追堵截具有国际竞争力的中国高科技企业,迄今已将一千多家中国企业列入各种制裁清单;划定生物技术、芯片、人工智能等重点管控技术,强化出口管制,严格投资审查;打压包括TikTok、微信在内的中国社交媒体应用程序。

国际形势变乱交织,确定性成为全球稀缺资源。中美作为两个世界大国,要有足够的政治智慧和历史担当走出一条新时期大国相处之道,让中美两国人民放心、让世界各国人民安心。相互尊重、和平共处、合作共赢三条原则,是对中美关系历史经验的总结。中美应从战略高度和长远角度把握和处理双边关系,以"同球共济"的精神为世界团结发挥积极作用,加强对话沟通、妥善管控分歧、拓展互利合作,共同探寻两个大国在这个星球上的正确相处之道,造福两国、惠及世界。

(二)中日关系发展面临诸多分歧和挑战

中日两国一衣带水,利益高度交融。作为世界主要经济体和有重要影响的国家,中日关系长期健康稳定发展,符合两国人民根本利益,也是本地区和国际社会的普遍期待。当前,国际和地区形势变乱交织,中日关系处于改善发展的关键时期,同时也面临诸多分歧和挑战。

中日两国在历史问题、东海问题及台湾问题上存在的一系列争端或分歧,使两国关系发展依旧面临诸多不确定因素。一是日本当局歪曲历史,美化侵略战争,拒绝承担战争责任。在对待侵华历史、参拜靖国神社等问题上,日本当局不顾中国政府和人民的反对,多次做出伤害中国人民感情的事,致使中日关系发展面临严重困难。二是中日之间在钓鱼岛、东海大陆架以及东海油气资源开发等方面存在严重争端。钓鱼岛自古以来就是中国领土不可分割的一部分。2012年,日本当局一手策划了所谓的"购岛"事件,严重侵犯我领土主权,激起广大中国人民的强烈愤慨。中国政府随后采取一系列强有力的反制举措,现已实现在钓鱼岛及周边海域的常态化存在。三是日本当局在台湾问题上挑战中国的国家核心利益,伤害14亿多中国人的民族感情。从1895年至1945年,台湾被日本殖民统治长达50年并留下了严重的后遗症。一方面,岛内"台独"分裂势力具有浓厚的亲日情结,甚至公然要求日本承担更多"维护台海地区安全稳定的责任";另一方面,日本国内的右翼势力总想着重温昔日殖民台湾的旧梦,企图借台湾问题阻挠中国崛起。近年来,日本右翼势力更加明目张胆地支持"台独"分裂势力。尤其是2021年版日本《防卫白皮书》首次写入"台海局势稳定对日本安全保障和国际社会稳定十分重要"的内容,2024和2025年版《防卫白皮书》也都刻意渲染所谓"中国军事威胁",插手台湾问题。四是将中国定位为"前所未有最大的战略性挑战"。特别是岸田政府2022年出台新版《国家安全保障战略》《国家防卫战略》《防卫力量整备计划》以及专门针对钓鱼岛的《关于强化海上保安能力的方针》等,确定了未来10年日本以中国为"前所未有最大战略挑战"的军事、外交、海洋战略。在中美博弈加剧的背景下,作为美国重要盟友,日本"马前卒"的角色愈发凸显。

2024年11月,习近平主席在秘鲁利马会见日本首相石破茂。两国领导人达成重要共识,同意按照《中日联合声明》《中日和平友好条约》《中日联合宣言》《中日关于全面推进战略互惠关系的联合声明》四个政治文件精神,全面推进中日战略互惠关系。2025年是中国人民抗日战争暨世界反法西斯战争胜利80周年。铭记历史,是为了更好开创未来。淡忘历史,就会迷失前进方向。和平共处、友好合作是中日关系唯一正确的选择,重信守诺、以史为鉴是中日关系行稳致远的重要前提。日本应树立正确对华认知,拿出政治智慧和担当,同中国共同努力,不断巩固互信,深化合作,妥善管控分歧,努力构建契合新时代要求的建设性、稳定的中日关系。

(三)中印边界争端影响和干扰两国关系发展

中印是毗邻而居的两大文明古国,是拥有28亿人口的最大发展中国家和新兴经济体代表,是推动世界多极化、经济全球化、文明多样化、国际关系民主化的两大中坚力量。中印用同一个声音说话,世界都会倾听。中印携手合作,全世界都会关注。

中印建交70多年来,两国关系常处于一种不稳定状态,边界争端始终是影响两国关系的重要因素。历史上,中印两国之间并没有明确的法定边界线,但有一条传统习惯线,包括东、中、西三段。中印边界争议面积共有12.55万平方千米,其中印度非法占领了9.245万平方千米。中国政府一贯主张通过协商谈判,寻求公平合理以及双方都能接受的边界问题解决方案。但印度政府却坚持全盘继承英印政府对印中边界的领土要求,始终将西姆拉会议上非法划定的"麦克马洪线"作为印中在西藏一线的边界线。1959年达赖集团叛乱后,中印关系恶化。1962年10月至11月,中印边境发生大规模武装冲突,中国军队打退了入侵中国领土的印度军队,保卫了中国领土主权。

近年来,印度或在争议地区修筑要塞,或越界拆除中国哨所,或阻挠中国军队的正常巡逻,甚至非法侵入阻挠中国合法建设。特别是2020年4月以来,印军严重违反两国协定协议,在加勒万河谷地区抵边越线修建道路、桥梁等设施,蓄意挑起事端,试图单方面改变边境管控现状。中印两军为此多次举行军长级会晤,就有关问题交换意见。在中印领导人共同指引下,根据两国外长会晤成果,两国同意通过军事和外交渠道保持密切沟通对话,加快解决中印边界西段有关问题,同时继续维护边境地区的和平与安宁。

值得关注的是,近几年印美军事关系不断深化。2020年10月,印美签署了双方共享地理空间情报的《地理空间基本交流与合作协议》,连同早先签署的《后勤交流协定备忘录》和《通信兼容与安全协议》,双方完成了深度军事合作的三大"基本协议"。这些基本协议是美国与盟国通常签署的基础性防务合作文件。美国在推行"印太战略"过程中,一直极力拉拢印度参与为"印太战略"服务的"四边机制"。2023年4月,印度邀请美国在靠近中印边境的印度东部地区举行"印度合作2023"联合空中演习。2023年6月,印度总理莫迪访问美国,两国达成了一系列军事合作协议。2024年10月,美国、印度、日本、澳大利亚四国海上力量在印度进行为期11天的"马拉巴尔-2024"海上联合演习。

中国和印度同为文明古国、发展中大国、全球南方重要成员，都处在各自国家现代化建设的关键时期。中印要坚持不以边界问题定义两国关系，不让具体分歧影响两国关系大局。2025年是中印建交75周年。中印应该继续坚持中印"互为发展机遇、互不构成威胁"、"是合作伙伴而非竞争对手"等重要共识，坚持正确战略认知，推动中印关系沿着健康稳定的轨道向前发展，共谋相邻大国和睦相处、共同发展的光明正道。

（四）朝鲜半岛局势走向仍然充满变数

朝鲜半岛问题是冷战的产物，朝鲜半岛局势背后是大国的战略博弈。由于朝鲜半岛独特的地缘政治地位，朝鲜半岛问题一直是影响中国周边安全环境的一个重要因素。特别是自20世纪90年代初开始的朝核危机，严重影响着朝鲜半岛乃至东北亚地区安全。由于朝美缺乏基本的战略互信，朝鲜半岛核问题的解决仍然充满变数。

2018年，朝鲜半岛局势曾一度缓和。朝韩领导人举行多次会晤，就改善北南关系、缓和军事紧张、推动半岛无核化达成一系列共识并签署多项宣言和协议。朝美开始外交互动，美国总统特朗普与朝鲜最高领导人金正恩在新加坡举行了首脑峰会，签署了联合声明，就"建立新的朝美关系"及"构建朝鲜半岛持久稳定和平机制"达成共识。此后，两国领导人又先后在越南河内、板门店会晤，但因分歧严重，会谈没有取得实质性进展，朝美关系也未能得到有效改善。

2022年韩国不断加强与美、日等国的军事合作，重启韩美大规模联合演习。2023年4月，尹锡悦访美期间，美韩发布了包括《华盛顿宣言》在内的一系列协议文件，约定美国对韩提供"核保护伞"，同意扩大韩美核危机磋商，建立"核磋商小组"机制，新增韩美军事训练和模拟演习，增加朝鲜半岛周边美战略资产部署，包括部署战略核潜艇。近年来，美韩多次组织实施"自由护盾""乙支自由之盾"等大规模联合军演。作为回应，朝鲜则多次发射导弹，并试射高超声速导弹。朝鲜半岛紧张局势加剧。

朝鲜半岛问题延宕多年，核心是美朝矛盾，解决问题的钥匙在美国手里，当务之急是停止威慑施压，摆脱轮番升级的对抗螺旋，根本之道是重启对话谈判，解决各方尤其是朝鲜方面的合理安全关切。长期以来，中国始终是维护朝鲜半岛及东北亚和平发展的稳定器。在朝鲜半岛问题上，中国坚持政治解决的大方向，按照"双轨并进"思路和"分阶段、同步走"原则，开展有意义的对话，均衡解决各自合理关切。中国将一如既往为推动政治解决半岛问题发挥建设性作用。

（五）台海局势和两岸关系更加复杂严峻

党的二十大报告强调指出，解决台湾问题、实现祖国完全统一，是党矢志不渝的历史任务，是全体中华儿女的共同愿望，是实现中华民族伟大复兴的必然要求。

台湾自古属于中国的历史经纬清晰、法理事实清楚。1895年日本发动侵略战争，逼迫清政府割让台湾及澎湖列岛。1943年中美英三国政府发表的《开罗宣言》明确规定，要把日本窃取的中国领土，包括台湾、澎湖列岛归还中国。1945年中美英共同签署的《波茨坦公告》重申，"开罗宣言之条件必将实施"。同年9月，日本签署《日本投降条款》，承诺

"忠诚履行波茨坦公告各项规定之义务"。通过上述一系列具有国际法律效力的文件,中国已从法律和事实上完全收复了台湾。1971年联大第2758号决议不仅彻底解决了包括台湾在内全中国在联合国的代表权问题,也完全封堵了在国际上制造"两个中国""一中一台"的任何空间。联合国对台湾使用的称谓一贯是"中国台湾省"。183个国家同中国建交时的政治前提同样是认同和坚持一个中国。台湾地区选举结束后,180多个国家和国际组织重申坚持一个中国原则,支持中国维护国家主权和领土完整,充分说明一个中国原则已经是国际社会的普遍共识。

当前,台海局势和两岸关系进一步复杂严峻。一方面,民进党当局顽固坚持"台独"分裂立场,拒不承认体现一个中国原则的"九二共识",勾连外部势力不断进行谋"独"挑衅。赖清德自成为台湾地区领导人以来,大肆宣扬"台独"分裂主张,持续鼓吹"互不隶属"的"新两国论",歪曲否定"九二共识"。尤其是2025年3月再度宣扬两岸"互不隶属"的分裂谬论,妄称"台湾是一个主权独立的民主国家",极力渲染"大陆威胁",将大陆界定为"境外敌对势力",并抛出所谓"因应五方面威胁"的"17项策略",蓄意制造冲突对立,已经沦为彻头彻尾的"麻烦制造者""危险制造者""战争制造者"。另一方面,美国等一些势力为了遏制中国,纵容支持"台独"分裂势力,用"台湾牌"打压中国,有意搞"以台制华"。政治上,美国在台湾问题上背信弃义,动摇中美关系基础。炮制形形色色涉台法案,所谓"与台湾关系法"、对台"六项保证",推进审议所谓"台湾政策法案",都与中美三个联合公报背道而驰。美国还不断提升美台接触水平,多次派遣高级官员窜访台湾。军事上,美国推动对台军售常态化,武器规模和性能不断提升。国际上,美国持续助台拓展所谓"国际空间",推动台湾问题"国际化"。在美国政府采取对华强硬政策的背景下,民进党当局主动充当美国的反华棋子,谋求加入美国"印太战略",配合美国对华打"经贸牌""香港牌""南海牌",加码制造两岸关系对立对抗,严重破坏两岸互信。事实证明,"台独"分裂势力及其分裂活动仍然是两岸关系和平发展的最大威胁。

大陆与台湾同属一个中国,台湾是中国不可分割的一部分。我们解决台湾问题、完成国家统一的意志坚如磐石,维护国家主权和领土完整的能力坚不可摧,反对"台独"分裂和外来干涉的行动坚决有力。对于任何形式的"台独"分裂行径,我们决不容忍、决不姑息。不管岛内局势如何变化,不管谁当权,都改变不了两岸同属一个中国的事实,改变不了两岸关系的基本格局和发展方向,阻挡不了祖国终将统一的历史大势。祖国必须统一,也必然统一。我们将全面贯彻新时代党解决台湾问题的总体方略,毫不动摇坚持一个中国原则和"九二共识",团结广大台湾同胞,努力推动两岸关系和平发展、融合发展,坚定不移推进祖国统一大业。

(六)南海问题因域外大国介入更趋复杂

南海位于中国大陆的南面,东与太平洋相连,西与印度洋相通。南海北靠中国大陆和台湾岛,南接加里曼丹岛和苏门答腊岛,东临菲律宾群岛,西接中南半岛和马来半岛,战略地位十分重要。中国南海诸岛包括东沙群岛、西沙群岛、中沙群岛和南沙群岛。这些群岛分别由数量不等、大小不一的岛、礁、滩、沙等组成。其中,南沙群岛的岛礁最多,范围最广。

中国人民在南海的活动已有2000多年历史。中国最早发现、命名和开发利用南海诸岛及相关海域，最早并持续、和平、有效地对南海诸岛及相关海域行使主权和管辖。中国对南海诸岛的主权和在南海的相关权益，是在漫长的历史过程中确立的，具有充分的历史和法理依据。二战结束后，根据《开罗宣言》和《波茨坦公告》的规定，中国收复被日本非法侵占的西沙群岛和南沙群岛等领土，并通过编制地名、公布地图、行政建制、军事驻守等方式宣示主权，加强管辖。中国恢复对南海诸岛行使主权既是对历史上形成的固有权利的正当合法继承，也是二战后国际秩序的一部分，得到世界各国普遍承认。

自20世纪70年代以后，南海周边国家开始陆续侵占瓜分南沙群岛各主要岛礁，分割海域，掠夺油气资源，严重侵犯了我国的领土主权和海洋权益。我国在南海主权的现状是岛礁被侵占、海域被瓜分、资源被掠夺，加之目前各种国际政治力量汇集并角力于此，南海的复杂态势将会持续。

最近一段时间以来，南海局势不断升温。一方面，菲律宾在域外大国的支持和怂恿下，不断借仁爱礁等问题生事挑衅，挑战中国主权。菲律宾持续散布虚假信息、渲染炒作，矢口否认自身所做承诺，并执意向仁爱礁非法"坐滩"军舰运送建筑材料，企图大规模维修加固，以实现对仁爱礁的永久占领。此举严重违反国际法，违反中国与东盟国家签署的《南海各方行为宣言》。另一方面，域外力量介入已成为损害南海和平稳定的最大威胁。美国作为域外国家，千方百计在南海煽风点火、挑拨是非、怂恿对抗，拉帮结派在南海搞所谓联合巡航、军演，唯恐南海不乱，成为南海稳定的最大破坏者和南海军事化的最大推手。2023年以来，美国和菲律宾之间的军事合作进一步加强。菲律宾在原有向美军开放五个基地的基础上，再开放准入四个军事基地。美菲"肩并肩"联合军演在菲律宾多地展开，演习地点分别靠近中国台湾岛与南沙群岛。美菲还达成《双边防务指引》，正式明确《美菲共同防御条约》覆盖南海。与此同时，其他域外力量出于自身国家利益与美国的拉力，也积极介入南海事务，试图利用南海问题牵制中国。

实现南海的睦邻友好、长治久安，关键是要落实好《南海各方行为宣言》、制定好"南海行为准则"。中国愿携手地区国家，加强对话，排除干扰，聚同化异，着眼大局和长远，全面有效落实《南海各方行为宣言》，积极推进"南海行为准则"磋商，将南海真正打造成和平之海、友谊之海、合作之海。

(七)周边地区恐怖主义现实威胁仍然存在

恐怖主义是人类社会的公敌，是国际社会共同打击的对象。恐怖势力通过暴力、破坏、恐吓等手段，肆意践踏人权、戕害无辜生命、危害公共安全、制造社会恐慌，严重威胁世界和平与安宁。

当今世界变乱交织，百年变局加速演进。国际反恐成效有目共睹，但困难挑战依然严峻。各类恐怖极端势力借乱生事、跨境勾连，恐怖网络蔓延扩展。恐怖组织利用新兴技术实施恐怖活动，国际社会防范打击恐怖活动更为不易。如何有效打击恐怖主义，维护地区安全，对各国都是严峻考验。中国处于国际恐怖势力猖獗的高危弧形地带。国际恐怖势力在中国周边的频繁滋事，不仅恶化了中国的地缘环境，也直接危害着中国的国家安全。

当前我国面临的反恐形势总体稳定，但恐怖主义现实威胁仍然存在。个别人员在境外恐怖势力的拉拢煽动下,实施破坏活动的风险不能完全排除。特别是"东伊运"恐怖组织在境外利用互联网发布暴恐音视频,宣扬恐怖主义思想,传授武器使用和制爆技术,不断派遣受训人员潜入我境内策划实施恐怖活动。受部分国家和地区安全形势影响,我海外机构、人员面临的恐怖威胁有所增大。

中国坚决反对一切形式的恐怖主义、极端主义;反对将恐怖主义、极端主义与特定国家、民族、宗教挂钩,反对在反恐问题上采取"双重标准";倡导综合施策、标本兼治,既严厉打击恐怖主义活动,又致力于消除贫困,铲除滋生恐怖主义的土壤;主张在相互尊重、平等协商基础上,加强国际反恐务实合作。

三、维护重点领域国家安全

全面贯彻落实总体国家安全观,着力推进新时代国家安全事业全面发展进步,维护重点领域国家安全是主阵地、主战场。当前我国国家安全涉及政治、军事、国土、经济、金融、文化、社会、科技、网络、粮食、生态、资源、核、海外利益、太空、深海、极地、生物、人工智能、数据等多个重点领域。

(一)维护政治安全

政治安全指一个国家由政权、政治制度和意识形态为要素组成的政治体系,相对处于没有危险和不受威胁的状态,以及面对风险和挑战时能够及时有效防范、应对,从而确保国家良好政治秩序的能力。它在国家安全体系中居于最高层次和核心地位,是国家安全的根本,决定和影响着其他各领域的安全。维护政治安全具有十分重要的意义,它不仅关系到国家长治久安和民族兴衰存亡,也关系到国家经济、社会、文化利益的维护和人民群众的安居乐业,更关系到中国共产党执政地位的巩固以及中华民族伟大复兴中国梦的实现。

进入21世纪,随着综合国力不断提升,我国维护政治安全的各项基础和条件得到加强与改善,但必须清醒看到,我国所面临的政治安全风险仍十分复杂,维护政治安全的任务十分艰巨和繁重。一是"颜色革命"的重大现实威胁依旧存在。各种敌对势力一直企图在我国制造"颜色革命",妄图颠覆中国共产党领导和社会主义制度。二是意识形态领域斗争形势愈加严峻。西方敌对势力一刻也没有停止对我国进行意识形态渗透,极力宣扬所谓的"普世价值"。三是党的自身建设面临一系列新情况新问题新挑战,落实党要管党、全面从严治党的任务比以往任何时候更为繁重、更为紧迫。

维护政治安全,必须毫不动摇坚持和巩固中国共产党的领导地位和执政地位,必须毫不动摇坚持和完善中国特色社会主义制度。必须依法严密防范、打击敌对势力渗透颠覆破坏活动,坚决抵御敌对势力策动"颜色革命"企图。必须坚决打赢意识形态斗争,将意识形态工作的领导权、管理权和话语权牢牢掌握在手中。必须不断加强党的自身建设,防范化解党的建设面临的风险,提高党的领导水平和执政水平、提高拒腐防变和抵御风险能力,加强党的执政能力建设和先进性建设。

(二)维护军事安全

军事安全指国家不受外部军事入侵和战争威胁的状态,以及保障这一持续安全状态的能力。军事安全既是国家安全体系的重要领域,也是国家其他安全的重要保障。国防和军队建设是国家安全的坚强后盾。没有一个巩固的国防,没有一支强大的军队,和平发展就没有保障。我们捍卫和平、维护安全、慑止战争的手段和选择有多种多样,但军事手段始终是保底手段。

当前及今后一段时期,我国发生大规模外敌入侵战争的可能性不大,但对因外部因素引发局部战争和武装冲突的可能性不能低估。一是在国际形势深刻演变过程中,世界依旧面临现实和潜在的局部战争威胁。一些国家仍不放弃霸权主义、强权政治,积极谋求绝对军事优势,以多种方式粗暴干涉别国内政,制造地区紧张局势;个别国家政治右倾化加剧,军力发展步伐加快,外向型进攻性战略意图明显增强。二是我国尚未实现完全统一,同时又是与周边存在陆地和海洋领土争端较多的国家,维护国土安全任重道远。三是随着世界新军事革命的深入发展,世界主要国家纷纷调整安全战略,形成了新一轮的军事力量博弈。

维护军事安全,必须深入贯彻习近平强军思想,坚持党对军队的绝对领导,永葆人民军队性质、宗旨、本色。要全面提高新时代备战打仗能力,一切工作都必须坚持战斗力标准,向能打仗、打胜仗聚焦。要坚持走中国特色强军之路,坚持政治建军、改革强军、科技强军、人才强军、依法治军,全面推进军事理论、军队组织形态、军事人员、武器装备现代化,加快机械化信息化智能化融合发展,全面加强练兵备战,确保实现国防和军队现代化目标任务。要坚持富国和强军相统一,巩固提高一体化国家战略体系和能力。

(三) 维护国土安全

国土安全涵盖领土、自然资源、基础设施等要素,核心是指领土完整、国家统一、边疆边境、海洋权益等不受侵犯或免受威胁的状态,以及持续保持这种状态的能力。它是立国之基,是国家生存和发展的基本条件。作为国家安全最敏感的要素,国土安全具有很强的联动性,且与其他领域的安全相互依赖、相互影响、相互作用。

经过多年努力,我国已与周边绝大多数邻国成功解决了陆地领土主权争议问题,应对国土安全方面突发事件的综合管控能力得到了较大提升。随着我国进一步发展壮大,国土安全依旧面临复杂严峻的挑战。一是陆、海边界争议尚存。中印边界问题长期久拖未决,与8个海上邻国存在着海洋争议,这些都使得国土安全威胁持续存在,且易在域外势力的介入下趋于复杂。二是"台独"势力仍在竭力煽动两岸敌意和对立,刻意阻挠破坏两岸关系发展,成为两岸关系发展与和平统一的最大障碍。加之某些外部势力的纵容挟持,阻滞中国和平统一进程的消极因素增强。三是境外"藏独""东突"等分裂势力活动频繁,反分裂斗争形势依旧错综复杂。

维护国土安全是一项系统性、综合性工作。要进一步提升综合国力,加强国土安全体制机制建设、完善相关法律法规体系、加强国土安全宣传教育,是当前最重要、最紧迫的任务。在涉及国家统一和中华民族长远发展的重大问题上,决不妥协和动摇;对破坏我国国土安全的任何行径,坚决予以抵制和还击。要坚决维护边疆安全稳定和繁荣发展。全面贯彻新时代党的治藏方略,把维护祖国统一、加强民族团结作为西藏工作的着眼点和着力点。全面贯彻新时代党的治疆方略,坚持把社会稳定和长治久安作为新疆工作总目标。要维护国家海洋权益,着力推动海洋维权向统筹兼顾型转变,做好应对各种复杂局面的准备,提高海洋维权能力。

(四) 维护经济安全

经济安全指国家经济利益的合理获得和扩展得到有效保护,国家的经济独立性及国民经济可持续发展的基础和环境不受破坏和不受威胁的状态。经济安全是国家安全的基础。以经济建设为中心是兴国之要,只有推动经济持续健康发展,才能筑牢国家繁荣富强、人民幸福安康、社会和谐稳定的物质基础。

当前和今后一个时期,由于多方面因素影响和国内外条件的变化,我国经济发展进入新常态后,继续保持较高增长速度的难度增加。当前,全球治理体系正处于调整变革的关键时期,争夺全球治理和国际规则制定主导权较量十分激烈,国际经济合作与竞争局面发生深刻变化,这给我国经济稳定带来巨大冲击。我国目前经济总量虽跃居世界第二,但产业结构不合理,创新能力不足,用好国际国内两个市场、两种资源的能力不强,运用国际经贸规则、应对国际经贸摩擦以争取国际经济话语权的能力较弱等,都成为影响我国经济安全快速发展的瓶颈。

维护经济安全,核心是要坚持社会主义基本经济制度不动摇,不断完善社会主义市场经济体制,坚持发展是硬道理,不断提高国家的经济整体实力。要增强忧患意识、坚持底线思维,坚决维护我国发展利益,积极防范各种风险,确保国家经济安全。宏观经济方面要防止大起大落,资本市场上要防止外资大进大出,粮食、能源、重要资源上要确保供给安全,要确保产业链、供应链稳定安全。要维护水利、电力、供水、油气、交通、通信、网络、金融等重要基础设施安全。要正确认识和把握初级产品供给保障,坚持节约优先,实施全面节约战略。在生产领域,推进资源全面节约、集约、循环利用。在消费领域,增强全民节约意识,倡导简约适度、绿色低碳的生活方式。

(五) 维护金融安全

金融安全指一国的金融体系能够抵御内外部冲击,金融主权相对处于没有危险和不受威胁,国家其他利益处于免受金融手段或渠道所致危险威胁的状态。在此状态下,金融监管制度较为完备,金融基础设施有效运转,金融机构稳健运行,金融风险得以防控,金融活动有序开展,金融环境保持健康。

我国金融风险总体可控,但同时要清醒看到,当前世界经济下行压力增大,不稳定、不确定、难预料因素增多,各国经济都面临不小挑战。我国金融领域各种矛盾和问题相互交织、相互影响,金融服务实体经济的质效不高,金融乱象和腐败问题屡禁不止,金融监管和治理能力薄弱。

维护金融安全,是关系我国经济社会发展全局的带有战略性、根本性的大事。党的二十大报告提出,"加强和完善现代金融监管,强化金融稳定保障体系,依法将各类金融活动全部纳入监管,守住不发生系统性风险底线"。维护金融安全,要坚持底线思维,坚持问题导向,在全面做好金融工作基础上,着力深化金融改革,加强金融监管,科学防范风险,强化安全能力建设,不断提高金融业抗风险能力和可持续发展能力。

（六）维护文化安全

文化是民族的血脉，是人民的精神家园。文化安全指一国文化相对处于没有危险和不受内外威胁的状态，以及保障持续安全状态的能力。它关乎国家稳固、民族团结、精神传承。作为国家安全的基本构成要素，文化安全既是确保社会主义政权不变色、中华文化存续绵延的重要保障，也是建设社会主义文化强国的重要基础。中华民族生生不息绵延发展，饱受挫折又不断浴火重生，都离不开中华文化的有力支撑。

随着改革开放的深入推进，我国维护文化安全的各项基础和条件不断得到加强和改善，中华文化的国际影响力也在不断扩大。但受内外因素的影响，我国文化安全依旧面临严峻而复杂的形势。一方面，在经济社会转型过程中，思想领域杂音噪音有所增加，各种错误观点时有出现，一些腐朽落后文化沉渣泛起，主流价值观念受到冲击，使得维护文化安全难度加大。另一方面，互联网技术的快速发展，使其成为别有用心者散布有害信息、传播错误思想的途径，也易成为西方敌对势力对我国青少年进行价值观念渗透最为便利的渠道。

维护文化安全，要把培育和弘扬社会主义核心价值观作为凝魂聚气、强基固本的基础工程，努力抢占价值体系的制高点。要努力夯实国家文化软实力的根基，切实把我们自身的文化建设好。要努力传播当代中国价值观念，把当代中国价值观念贯穿于国际交流和传播的方方面面。要努力提高国际话语权，加快构建中国话语和中国叙事体系，广泛宣介中国主张、中国智慧、中国方案，形成同我国综合国力和国际地位相匹配的国际话语权。要加强对中华优秀传统文化的挖掘和阐发，使中华民族最基本的文化基因同当代中国文化相适应、同现代社会相协调。

微视频

中国传统文化"圈粉"世界

（七）维护社会安全

社会安全指防范、消除、控制直接威胁社会公共秩序和人民群众生命财产安全的治安、刑事、暴力恐怖事件以及规模较大的群体性事件等，涉及打击犯罪、维护稳定、社会治理、公共服务等各个方面，与人民群众切身利益息息相关。社会安全是人民群众安全感的晴雨表，是社会安定的风向标。随着经济发展、社会进步，人民群众对过上美好生活有更高的期待，对社会安全有更高的标准。

改革开放以来，党中央始终把维护国家安全和社会安定作为党和国家的一项基础性工作。同时，必须清醒地看到，当前我国社会安定面临的威胁和挑战增多，特别是各种威胁和挑战联动效应明显。一是社会矛盾积聚引发安全风险。我国社会加速转型，出现了不同社会发展阶段风险因素交织叠加的特征，直接影响社会和谐安定。二是社会治安仍有不少突出问题,影响公众安全感。特别是非法集资、信息泄露、电信网络诈骗等案件持续高发,违法犯罪手段日趋信息化、动态化和智能化,对传统公共安全工作提出挑战。三是网络公共安全问题凸显。传统违法犯罪加速向网上发展蔓延,新型网络犯罪不断滋生,网络社会安全问题明显增多。

维护社会安全,要从人民群众反映最强烈的问题入手,全面排查各类安全隐患,防范重大突发事件发生,妥善处置公共卫生、重大灾害等影响国家安全的突发事件。要积极预防、妥善化解各类社会矛盾,着力防范管控各类社会风险。要加强保障和改善民生工作,从源头上预防和减少社会矛盾的产生。要以促进社会公平正义、增进人民福祉为出发点和落脚点,推动发展成果更多更公平惠及全体人民。要创新完善立体化、信息化社会治安防控体系,保持对刑事犯罪的高压震慑态势,增强人民群众安全感。要全面落实打防管控各项措施,坚决遏制电信网络诈骗犯罪多发高发态势。要采取坚决果断措施,保持严打高压态势,坚决把暴力恐怖分子嚣张气焰打下去。要充分发挥我国应急管理体系特色和优势,积极推进我国应急管理体系和能力现代化。

(八) 维护科技安全

科技安全指科技体系完整有效,国家重点领域核心技术安全可控,国家核心利益和安全不受外部科技优势危害,以及保障持续安全状态的能力。科技安全既是支撑国家安全的重要力量和物质技术基础,也是实现其他相关领域安全的关键要素,更是实施创新驱动发展战略的基本保障。

党的十八大以来,我国科技事业取得历史性成就,发生历史性变革。重大创新成果竞相涌现,一些前沿领域开始进入并跑、领跑阶段,科技实力正在从量的积累迈向质的飞跃,从点的突破迈向系统能力提升。同时,我国科技安全仍面临诸多困境。一是世界新一轮科技革命带来全新挑战。当今世界,新一轮科技革命和产业变革正在重构全球创新版图。中国既面临赶超跨越的难得历史机遇,也面临差距拉大的严峻挑战。二是关键核心技术创新能力同国际先进水平相比还有较大差距。我国在高端芯片、操作系统、基础材料等方面,以及重点产业领域核心技术上长期受制于人。三是科技安全管理薄弱,存在重发展轻安全思想。科技安全预警、监测和管理体系建设尚处于起步阶段,科技法规制度还不健全,对知识产权的保护力度还不够。

维护科技安全,要强化科技自立自强的行动自觉,坚定不移走自主创新道路,把原始创新能力提升摆在更加突出的位置,全面增强自主创新能力,掌握新一轮全球科技竞争的战略主动。要坚决打赢关键核心技术攻坚战,积极抢占科技竞争和未来发展制高点,牢牢把握科技进步大方向,强化战略导向和目标引导,加快构筑支撑高端引领的先发优势,在重要科技领域成为领跑者,在新兴前沿交叉领域成为开拓者,为建设科技强国、质量强国、航天强国、网络强国、交通强国、数字中国、智慧社会提供有力支撑。

(九) 维护网络安全

网络安全指通过采取必要措施,防范对网络的攻击、侵入、干扰、破坏和非法使用以及意外事故,使网络处于稳定可靠运行的状态,以及保障网络数据的完整性、保密性、可用性的能力。没有网络安全就没有国家安全。网络安全和信息化事关党的长期执政,事关国家长治久安,事关经济社会发展和人民群众福祉。

近年来,我国网络安全和信息化工作取得显著发展成就。与此同时,网络安全威胁和风险也日益突出,并向政治、经济、文化、社会、国防等领域传导渗透。一是网络意识形态较量加剧。互联网已经成为意识形态斗争的主战场,给我国的国家治理带来挑战。二是关键基础设施与核心技术对外依存度高。特别是在用的核心芯片、操作系统、数据库等基础软硬件过于依赖国外产品,存在重大安全隐患。三是网络失、泄密现象严重。近年来我国网络失、泄密现象呈现增长态势,信息网络监管难度增大。四是网络军事化进程加剧。少数国家极力谋求网络空间军事霸权,不断强化网络攻击与威慑能力,对我国军事安全构成了威胁。

当今世界,一场新的全方位综合国力竞争正在全球展开,围绕网络空间发展主导权、制网权的争夺日趋激烈。面对复杂严峻的网络安全形势,必须旗帜鲜明、毫不动摇坚持党管互联网,坚持积极利用、科学发展、依法管理、确保安全的方针,加大依法管理网络力度,加强网上正面宣传,推动信息领域核心技术突破,发挥信息化对经济社会发展的引领作用,加强网信领域军民融合,主动参与网络空间国际治理进程,自主创新推进网络强国建设,提高网络安全保障水平。

微视频

网络上的谍影

(十) 维护粮食安全

粮食事关国计民生,粮食安全是国家安全的重要基础。党的十八大以来,以习近平同志为核心的党中央提出了"确保谷物基本自给、口粮绝对安全"的新粮食安全观,确立了以我为主、立足国内、确保产能、适度进口、科技支撑的国家粮食安全战略,坚持藏粮于地、藏粮于技,提高粮食生产、储备、流通、加工能力,确保谷物基本自给、口粮绝对安全。

当前,我国粮食安全形势总体较好,粮食连年丰收,库存充足,市场供应充裕。与此同时,我国粮食需求刚性增长,粮食安全仍面临耕地总量少、质量总体不高,粮食稳产增产难度加大、储备体制机制有待健全、流通体系有待完善、加工能力有待提升、应急保障有待加强、节约减损有待规范等诸多问题挑战。

粮食安全是"国之大者",维护粮食安全是我国面临的长期任务。要大力加强粮食综合生产能力建设,进一步夯实粮食安全基础。要加强耕地保护和质量建设,实施好"藏粮于地"战略,严守18亿亩耕地红线。要强化农业生产科技支撑,实施好"藏粮于技"战略。加强农业种质资源保护开发利用,深入实施农作物良种联合攻关,有序推进生物育种产业化应用,着力攻克核心种源"卡脖子"技术。

微视频

粮食安全是"国之大者"

（十一）维护生态安全

生态安全指一个国家赖以生存和发展的生态环境处于不受或少受破坏和威胁的状态，以及应对内外重大生态问题保障这一持续状态的能力。生态安全是国家安全的重要组成部分，是经济社会持续健康发展的重要保障。我们要坚持节约资源和保护环境的基本国策，像保护眼睛一样保护生态环境，像对待生命一样对待生态环境。

总体上看，我国生态环境质量持续好转，出现了稳中向好趋势。但仍然面临诸多矛盾和挑战，生态环境稳中向好的基础还不稳固，从量变到质变的拐点还没有到来，生态环境质量同人民群众对美好生活的期盼相比，同建设美丽中国的目标相比，还有较大差距。我国传统产业所占比重依然较高，能源结构没有得到根本性改变，重点区域、重点行业污染问题没有得到根本解决，实现碳达峰、碳中和任务艰巨。一些西方国家对我国大打"环境牌"，多方面对我国施压，围绕生态环境问题的大国博弈十分激烈。

维护生态安全，要坚定不移走绿色低碳循环发展之路，构建绿色产业体系和空间格局，引导形成绿色生产方式和生活方式，促进人与自然和谐共生。力争2030年前二氧化碳排放达到峰值，努力争取2060年前实现碳中和。要深入打好污染防治攻坚战，持续打好蓝天、碧水、净土保卫战。要提升生态系统质量和稳定性，严守生态保护红线、环境质量底线、资源利用上线。要加快推进生态保护修复，筑牢国家生态安全屏障，不断提高生态环境领域国家治理体系和治理能力现代化水平。

（十二）维护资源安全

资源安全指一个国家或地区可以持续、稳定、充足和经济地获取所需自然资源及资源性产品的状态，以及维护这一安全状态的能力。资源的构成主要包括水资源、土地资源、能源资源、矿产资源等多个方面。资源安全是国家维护政治、军事安全的基础，是经济社会平稳可持续发展必不可少的要素。

近年来，我国资源安全得到了较好保障。然而，作为世界上主要的资源消费大国，我国资源安全仍处于不同程度的失衡或危机状态。一是水、土地等自然资源供需矛盾突出、形势严峻。我国人均水资源仅为世界的28%，部分地区水资源严重不足。土壤侵蚀、沙化、污染情况严重，耕地后备资源有限。二是能源资源、矿产资源严重短缺，对外依存度高。三是资源开发利用水平不高。主要存在资源开采方式粗放、科技创新能力不足、初级冶炼加工产能过剩、资源浪费严重等问题，严重削弱了我国资源的可持续供应能力。

资源安全关系到国家的可持续发展战略。维护资源安全，要大力节约集约利用资源，推动资源利用方式根本转变，加强全过程节约管理，大幅降低能源、水、土地消耗强度。要控制能源消费总量,加强节能降耗,支持节能低碳产业和新能源、可再生能源发展,确保国家能源安全。要加强水源地保护和用水总量管理,推进水循环利用,建设节水型社会。要加强矿产资源勘查、保护、合理开发,提高矿产资源勘查合理开采和综合利用水平。要大力发展循环经济,促进生产、流通、消费过程的减量化、再利用、资源化。要坚持底线思维,着力防范资源对外依赖可能导致的极端风险。

(十三)维护核安全

核安全指对核设施、核材料及相关放射性废物采取充分的预防、保护、缓解和监管等安全措施,防止由于技术原因、人为原因或者自然灾害造成核事故,最大限度减轻核事故情况下的放射性后果。核安全事关国家安危、人民健康、社会稳定、经济发展及大国地位。核能事业发展不停步,加强核安全的努力就不能停止。

当前,我国核安全总体状况良好。但也必须看到,核安全问题的综合性、复杂性和多变性明显上升。一是周边国家核扩散形势严峻。1998年,印度和巴基斯坦相继连续进行了数次核试验,成为事实上的有核国家,存在导致核冲突的危险。朝鲜多次进行核试爆,半岛无核化进程遇到困难。日本拥有足够多的核材料,具备完全的核提纯技术,拥有发展核武器的潜力。美英两个有核国家将帮助澳大利亚海军建立核潜艇部队,向澳大利亚转让武器级核材料,这将对国际核不扩散体系的完整性、权威性和有效性造成不可逆的严重冲击。二是核材料和核技术监管面临严峻挑战。核材料与放射源丢失、被盗事件不断发生,一旦被恐怖分子获得并加以利用,将对人类造成严重危害。三是我国作为核能和核技术利用大国,防范事故风险的压力较大。截至2024年底,我国商运核电机组数量达到58台,在建核电机组27台。这样广泛的核能与核技术利用,对核安全提出了更高要求。

中国一向把核安全工作放在和平利用核能事业的首要位置。我们将构建核安全能力建设网络,推广减少高浓铀合作模式,实施加强放射源安全行动计划,启动应对核恐怖危机技术支持倡议,推广国家核电安全监管体系。坚定不移增强自身核安全能力,继续致力于加强核安全政府监管能力建设,加大核安全技术研发和人力资源投入力度。坚定不移维护地区和世界和平稳定,坚持和平发展、合作共赢,通过平等对话和友好协商妥善处理矛盾和争端,同各国一道致力于消除核恐怖主义和核扩散存在的根源。

(十四)维护海外利益安全

海外利益是新时期我国发展和安全利益的重要组成部分。在我国加快建立开放型经济新体制的背景下,我国的海外利益涵盖经济、资源、文化等多个领域,并由纯粹的地理空间拓展到国际制度层面,已经成为密切我国与外部世界关系的重要因素、关系国计民生的重大议题。只要国家在发展,必然伴随着海外利益的延伸与拓展。维护海外利益,事关国家发展和安全大局,必须从战略高度和全局视野认识维护海外利益安全的重要意义。

近年来,党和政府为维护我国海外利益安全提供了坚实有力保障。与此同时,我国境外企业、机构和人员仍面临各种可以预见和难以预见的安全风险。一是大国战略竞争使得中国海外利益面临的挑战格外复杂。随着国际秩序的演进、大国博弈加剧,中国的海外利益将会成为战略博弈的重点领域。二是我国境外企业、机构和人员面临的安全风险日益凸显。主要包括：政局动荡、武装冲突、绑架劫持等重大案件，盗抢、诈骗、敲诈勒索等一般刑事案件，社会动乱以及劳务阻工等群体事件，重大自然灾害和传染病疫情等。三是"一带一路"建设实施过程面临多重安全风险和挑战。

维护海外利益安全，必须以日益提升的综合国力以及社会主义"集中力量办大事"的制度优势为依托，统筹国内国外两个大局，不断创造维护我国海外利益安全的有利条件。要加强海外利益保护，确保海外重大项目和人员机构安全。要高度重视海外风险防范，完善安全风险防范体系，全面提高海外安全保障和应对风险能力。要加强海外利益保护、国际反恐、安全保障等机制的协同协作。要加强沟通和合作，共同维护海上航行自由和通道安全。要重视对"一带一路"建设安全风险的防范和化解。推进"一带一路"建设既要算经济账，也要算安全账，确保"一带一路"建设安全、顺利推进。

延伸阅读

"一带一路"：构建人类命运共同体的伟大实践

2013年9月和10月，习近平主席在出访哈萨克斯坦和印度尼西亚期间，先后提出共建"丝绸之路经济带"和"21世纪海上丝绸之路"的重大倡议，简称"一带一路"。12年时间，"一带一路"已从愿景成为现实，结出累累硕果，成为促进共同发展、实现共同繁荣的合作共赢之路，增进理解信任、加强全方位交流的和平友谊之路。

"一带一路"是一条发展之路。历史上，沿着陆海两条丝绸之路，靠着驼队和宝船，中国将善意和友谊传递出去；今天，通过"一带一路"，聚焦发展这个根本性问题，释放"一带一路"各国发展潜力，实现经济大融合、发展大联动、成果大共享。2024年，我国与共建"一带一路"国家进出口达到22.1万亿元规模，同比增长6.4%，占我国进出口总值的比重首次超过50%，规模和占比均为倡议提出以来的最高水平。

"一带一路"是一条共赢之路。12年间，全球超过四分之三的国家和30多个重要国际组织加入共建"一带一路"朋友圈，国际共识不断增强，为构建人类命运共同体奠定了坚实基础。"一带一路"建设始终遵循共商、共建、共享原则，力争实现政策沟通、设施联通、贸易畅通、资金融通、民心相通，最终实现优势互补、互利共赢。

"一带一路"是一条希望之路。"一带一路"强调共建，积极对接各国发展战略，推动经济全球化朝着更加开放、包容、普惠、平衡、共赢的方向发展。在逆全球化思潮泛起，单边主义、保护主义抬头的当下，"一带一路"的开放胸襟、合作精神更显难能可贵，也被国际社会寄予更多期望。

共建"一带一路"倡议源自中国，机遇和成果属于世界。站在新的起点上，中国愿与各方守望相助、和衷共济、携手同心、行而不辍，携手建设开放包容、互联互通、共同发展的世界，共同谱写构建人类命运共同体的时代华章。

（十五）维护太空安全

太空是国际战略竞争制高点，太空安全是国家建设和社会发展的战略保障。着眼和平利用太空,中国积极参与国际太空合作,加快发展相应的技术和力量,统筹管理天基信息资源,跟踪掌握太空态势,保卫太空资产安全,提高安全进出、开放利用太空能力。

当前,世界主要国家纷纷将战略目光转向太空,围绕进出、利用和控制太空,先后制定太空战略,发展太空军事力量。太空领域大国竞争与对抗日益加剧,太空威胁成为国家安全威胁的新发地。一方面,太空碎片、宇宙射线或高能粒子等太空环境严重危及太空系统生存。目前,低地球轨道分布有超过2.2万个直径大于10厘米、均速高达8千米每秒的碎片,足以损坏航天器内外部结构以致永久失效甚至损毁。另一方面,太空技术军事化应用甚至武器化、战场化发展严重威胁国家安全。美、俄等国组建太空作战部队、演练太空行动能力,拥有强大的天基态势感知、全球快速打击等太空作战能力。日本、印度大力发展太空支援作战能力和反卫星武器系统。

中国倡导世界各国在平等互利、和平利用、包容发展的基础上,深入开展外空领域国际交流合作,合理开发、利用空间资源,保护空间环境,推动航天事业造福全人类。太空资产是国家战略资产,要管好用好,更要保护好。要统筹实施国家太空系统运行管理,提高管理和使用效益。要全面加强防护力量建设,提高容灾备份、抗毁生存、信息防护能力。要加强太空交通管理,确保太空系统稳定有序运行。要开展太空安全国际合作,提高太空危机管控和综合治理效能。

(十六) 维护深海安全

深海安全指国家坚持和平探索和利用深海,增强安全进出、科学考察、开发利用的能力,加强国际合作,维护国家在深海的活动、资产和其他利益的安全,是国家安全的重要组成部分。《联合国海洋法公约》规定,国际海底区域及其资源是人类的共同继承财产,任何国家不应对区域的任何部分或资源主张或行使主权权利,任何国家或自然人或法人,也不应将区域的任何部分据为己有。

深海储备着丰富的资源,国际海底蕴藏着大量的多金属结核、富钴结壳、多金属硫化物、天然气水合物和深海生物基因等。因此,世界各国对于深海的开发热情和参与力度都大幅提升。深海同太空一样,是人类探索的新兴领域,充满着神秘和未知。正因如此,深海存在着极大的军事战略价值,自然也就成为世界主要强国关注的焦点。随着海洋装备技术不断发展,无人系统、预置系统、固定式设施等新型深海装备丰富了海军进入深海、感知深海的手段,促进了深海作战概念的发展。美国海军战略研究小组陆续提出深海对抗作战、深海基地作战、深海设施防御战等深海作战概念;俄罗斯也展开了对深海特种作战概念的研究,研制的"波塞冬"无人潜航器可藏匿于1 000米的深海,闪击敌方的海军基地、航母编队及海岸城市等目标。2020年11月,我国自主研制的"奋斗者"号全海深载人潜水器在马里亚纳海沟创造了10 909米的中国载人深潜新纪录,标志着我国在大深度载人深潜领域达到世界领先水平。

维护深海安全,要搞好海洋科技创新总体规划,坚持有所为有所不为,重点在深水、绿色、安全的海洋高技术领域取得突破,尤其要推进海洋经济转型过程中急需的核心技术和关键共性技术的研究开发。要深入开展大洋科学考察工作,开展深海远洋调查研究,提高深海勘探开发和运载能力。

（十七）维护极地安全

极地指位于地球南北两极极圈以内的陆地与海域,包括南极洲和北冰洋。极地安全指国家坚持和平探索和利用极地,增强安全进出、科学考察、开发利用的能力,加强国际合作,维护国家在极地的活动、资产和其他利益的安全。在地球的南北两极,深藏着关乎地球气候与环境变迁的自然密码,维系着全球能量循环、水循环和物质输送,是全球环境变化和地球系统科学研究的前沿阵地,同时也是全球治理以及国际合作的重要领域。极地的和平、稳定和可持续发展,是世界各国开展极地活动的重要保障,符合世界各国的根本利益。

极地在资源、军事等方面都具有重要的战略价值。极地是冰雪覆盖的高纬度地区,蕴藏着足以影响未来世界能源格局乃至经济力量对比的自然资源。北极地区从 2030 年起可能因大范围融冰出现西北、东北两条北极航道,这将成为欧亚、欧美之间最短、最便捷的水上运输要道,具有巨大的国际航运价值。极地地理位置特殊,关乎域内外各国军事安全。从北冰洋发射导弹几乎可以覆盖整个北半球国家。由于北冰洋的表面常年被较厚的冰层覆盖,是战略核潜艇等军事武器天然的隐蔽保护场地,具有极强的军事威慑力。北极和南极还是试验和研发空间天气、电磁、气象等前沿军事技术,以及训练军事人员和检验军事装备在极端条件下作战能力的极佳试验场所,也是各大国部署"全球到达、全球打击"战略的重要一环。

中国是北极理事会正式观察员国,2018 年发布的《中国的北极政策》白皮书,阐明中国愿与国际社会一道,共同认识北极、保护北极、利用北极和参与治理北极的鲜明立场。我们将深化与各方在北极科研、资源开发、地区环境保护等领域合作,维护并促进北极地区稳定和可持续发展。中国是《南极条约》协商国及其体系的维护者,2017 年发布的《中国的南极事业》白皮书,提出中国愿与世界各国共同推动建立更加公正合理的国际南极秩序,打造南极"人类命运共同体"。我们将积极参与南极治理,加强与相关各方在南极科考等领域合作,更好地认识南极、保护南极、利用南极,努力为南极治理提供更加有效的公共产品和服务。

 微视频

北极蕴藏丰富资源引发各国争夺

（十八）维护生物安全

生物安全指国家有效防范和应对危险生物因子及相关因素威胁,生物技术能够稳定健康发展,人民生命健康和生态系统相对处于没有危险和不受威胁的状态,生物领域具备维护国家安全和持续发展的能力。生物安全关乎人民生命安全和身体健康,关乎国家长治久安,关乎中华民族永续发展,是国家安全的重要组成部分,也是影响乃至重塑世界格局的重要力量。

在经济全球化深入发展的今天,传统生物安全问题和新型生物安全风险相互叠加,境外生物威胁和内部生物风险交织并存,全球范围内人、动物新发传染病呈现存量多、增速快、传播广、危害重等趋势。与此同时,我国生物防御能力尚不能满足国家安全需求,生物技术水平与世界先进水平相比还存在差距,生物安全治理体系在预防与保护、监测与探测、应对与恢复等方面也存在薄弱环节以及很多亟须改进和提升之处。

维护生物安全,要深刻认识新形势下加强生物安全建设的重要性和紧迫性,坚持以人为本、风险预防、分类管理、协同配合的原则,加强国家生物安全风险防控和治理体系建设,牢牢掌握国家生物安全主动权。要加强战略性、前瞻性研究谋划,健全国家生物安全法律法规体系和制度保障体系,加强生物安全法律法规和生物安全知识宣传教育,提高全社会生物安全风险防范意识。

三分钟了解生物安全

(十九) 维护人工智能安全

人工智能安全指通过采取必要措施,防范对人工智能系统的攻击、侵入、干扰、破坏和非法使用以及意外事故,使人工智能系统处于稳定可靠运行的状态,以及遵循人工智能以人为本、权责一致等安全原则,保障人工智能算法模型、数据、系统和产品应用的完整性、保密性、可用性、鲁棒性、透明性、公平性和隐私的能力。

人工智能是新一轮科技革命和产业变革的重要驱动力量,具有溢出带动性很强的"头雁"效应,正在对经济发展、社会进步、国际政治经济格局等方面产生重大而深远的影响。人工智能技术一方面能够赋能经济社会发展,另一方面也可能引发社会、道德和法律层面的风险。

发展新一代人工智能,是关系我国核心竞争力的战略问题,是必须紧紧抓住的战略制高点。要加强研判,统筹谋划,协同创新,稳步推进,把增强原创能力作为重点,以关键核心技术为主攻方向,构筑我国人工智能发展的先发优势,发挥人工智能对我国现代化产业体系建设的重要作用。要建立健全人工智能法律法规、伦理规范和政策体系,加强人工智能安全防范前沿技术研究,确保人工智能安全、可靠、可控。

(二十) 维护数据安全

数据安全指通过采取必要措施,确保数据处于有效保护和合法利用的状态,以及具备保障持续安全状态的能力。数据具有泛在性、流动性和可复制性,是新型生产要素,是国家基础性战略资源,深刻影响政治经济社会发展。

数据安全不仅关乎数据本身的开发利用问题,而且与国家主权、社会秩序、公共利益等休戚相关。当前,在数据对各领域重要性与日俱增的同时,数据窃取滥用、隐私泄露等数据安全问题也愈发突出,企业数据安全意识和保护能力短板凸显。

谁掌握了大数据技术,谁就掌握了发展的资源和主动权。要加强关键信息基础设施安全保护,强化国家关键数据资源保护能力,增强数据安全预警和溯源能力。要加强政策、监管、法律的统筹协调,加快法规制度建设。要制定数据资源确权、开放、流通、交易相关制度,完善数据产权保护制度。要加强数据安全管理,规范互联网企业和机构对个人信息的采集使用,特别是做好数据跨境流动的安全评估和监管。要加大对技术专利、数字版权、数字内容产品及个人隐私等的保护力度,维护广大人民群众利益、社会稳定、国家安全。

微视频

伸向数据的黑手

第三节　国际战略形势

国际战略形势是国家或政治集团之间矛盾关系在一定条件下形成的总的格局和态势。时代特征对国际战略形势的发展有决定性影响。只有站在时代的高度,从各主要国家和政治集团的战略利益及关系入手,系统考察在一个较长时期内国际战略形势的现状与发展趋势,综合分析影响国家安全和发展的各种国际条件,准确判断本国遭受威胁的可能、性质和程度,才能做出正确的战略决策。

一、国际战略形势现状与发展趋势

当今世界正经历百年未有之大变局,新一轮科技革命和产业变革深入发展,国际力量对比深刻调整,和平与发展仍然是时代主题,人类命运共同体理念深入人心,促和平、求稳定、谋发展已成为国际社会的普遍诉求。同时,国际环境日趋复杂,经济全球化遭遇逆流,单边主义、保护主义、霸权主义对世界和平与发展构成威胁,国际社会的未来走向充满变数。

(一)国际战略形势的发展现状

当下,世界之变、时代之变、历史之变正以前所未有的方式展开,国际战略格局正在发生深刻而复杂的变化,大国竞争日益加剧,全球性挑战愈加突出,地区热点起伏不定,传统安全问题和非传统安全问题相互交织,不稳定性不确定性明显增强。特别要看到,2022年初爆发的俄乌冲突,被视为冷战结束后发生的最大地缘政治事件,对大国关系、地区热点、安全环境、核战略稳定等产生重大影响,国际安全格局面临深刻调整。

1. 国际战略格局"东升西降"趋势明显

百年未有之大变局,概括起来说,就是当前国际格局和国际体系正在发生深刻调整,全球治理体系正在发生深刻变革,国际力量对比正在发生近代以来最具革命性的变化,世界范围呈现出影响人类历史进程和趋向的重大态势。15世纪至16世纪,新航路开辟和西方大航海时代到来,人类历史迈出向"世界历史"转变的第一步。17世纪,欧洲主要势力签订《威斯特伐利亚和约》,确立国家主权平等原则,搭建起一个有限的国际格局,形成了威斯特伐利亚体系。18世纪第一次工业革命后,人类社会迈上了加速发展的轨道,科技革命和工业革命呼唤出巨大生产力,深刻改变了世界发展的既有格局。从19世纪初的维也纳体系,到第一次世界大战后的凡尔赛-华盛顿体系,再到第二次世界大战后的雅尔塔体系,其背后反映了世界大变局的演进发展。东欧剧变、苏联解体后两极格局瓦解,美国成为唯一超级大国,但世界各种力量不断发展壮大,多极化趋势愈加清晰。

进入21世纪,世界大变局呈现出一系列前所未有的新特征新表现。其一、世界经济版图发生的深刻变化前所未有,发达国家和发展中国家在国际分工体系中的地位角色发生重大转变,发达国家经济增长乏力,新兴经济体和发展中国家在世界经济中占据越来越大的份额,世界经济重心加快"自西向东"位移。其二、国际力量对比发生的革命性变化前所未有,发达国家内部矛盾重重、实力相对下降,一大批发展中国家群体性崛起,成为影响国际政治经济格局的重要力量。其三、全球治理体系的不适应、不对称前所未有,西方发达国家主导的国际政治经济秩序越来越难以为继,发展中国家在国际事务中的代表性和发言权不断扩大,全球治理越来越向着更加公平合理的方向发展。

在世界大变局中,中国持续快速发展,成为世界格局演变背后的主要推动力量。中国从100多年前的半殖民地半封建社会,逐步发展成为世界第二大经济体、最大的社会主义国家,对世界经济增长的贡献率连续多年超过30%。面对动荡不安的国际局势,习近平主席先后提出了全球发展倡议、全球安全倡议和全球文明倡议。"三大倡议"丰富拓展了人类命运共同体理念的思想内涵、实践路径和价值意蕴,蕴含着不断崛起的东方大国积极贡献给世界的政治智慧与实践方案。2023年2月,中国外交部发布《关于政治解决乌克兰危机的中国立场》,其核心就是劝和促谈、政治解决。2023年3月,在中国推动下,沙特与伊朗实现历史性和解,为地区国家通过对话协商化解矛盾分歧、实现睦邻友好树立了典范。2023年11月,中国外交部发布《中国关于解决巴以冲突的立场文件》,提出推动全面停火止战、切实保护平民、确保人道救援、加大外交斡旋、落实"两国方案"等各方面建议。中国秉承合作共赢的理念,推进人类命运共同体建设,履行大国责任和担当,成为不确定世界中最大的确定性因素。

延伸阅读

中国发布《全球安全倡议概念文件》

2022年4月,习近平主席在博鳌亚洲论坛年会开幕式上首次提出全球安全倡议,并以"六个坚持"阐释要义。2023年2月,中国发布《全球安全倡议概念文件》,充实细化全球安全倡议内涵。弘扬全球安全观,推动构建人类安全共同体,充分彰显致力世界和平安宁的中国智慧与中国担当。

《全球安全倡议概念文件》包括背景、核心理念与原则、重点合作方向、合作平台和机制四部分。其中第二部分对彼此联系、相互呼应的"六个坚持"进行系统阐释,即坚持共同、综合、合作、可持续的安全观是理念指引,坚持尊重各国主权、领土完整是基本前提,坚持遵守联合国宪章宗旨和原则是根本遵循,坚持重视各国合理安全关切是重要原则,坚持通过对话协商以和平方式解决国家间的分歧和争端是必由之路,坚持统筹维护传统领域和非传统领域安全是应有之义。

中国提出全球安全倡议,回应了国际社会维护世界和平、防止冲突战争的迫切需要,呼应了绝大多数国家要求合作共赢、反对霸权霸道霸凌的普遍愿望,顺应了各国人民建设持久和平、普遍安全世界的共同追求,为消弭国际冲突根源、应对全球安全挑战、完善全球安全治理提供了新方案。截至2024年底,全球安全倡议得到119个国家和国际组织的支持赞赏,写入123份双多边政治文件。

2. 大国战略博弈全面加剧

面对百年变局,世界各主要力量加紧调整战略,力争在博弈和竞争中占据优势,维持其国际关系主导权。美国政府发布的新版《印太战略报告》《国家安全战略报告》《国防战略报告》等文件,继续将"大国竞争"作为美国安全战略第一要务,动用包括经济、政治、军事、外交、舆论等战略手段对中、俄进行遏制和打压。俄罗斯总统普京于2021年7月签署命令颁布新版《俄罗斯联邦国家安全战略》,对未来俄罗斯国家安全保障领域的重要利益、优先方向和政策目标作了详细规划。欧盟针对内部分化加强、英国"脱欧"、民粹主义抬头等不确定因素,在经济上力图强化欧元区统一财政预算、促进经济融合,提升欧元地位;在安全外交上进一步增强自主性,于2022年3月通过名为《安全与防务战略指南针》的行动计划。日本继续维护并强化美日同盟;与美英澳签署情报共享协议,谋求加入"奥库斯"联盟和"五眼联盟";寻求通过美澳印日"四边机制"来抗衡中国在印太地区与日俱增的影响力。新兴大国亦不断调整内外政策,努力寻找新的发展空间,国际经贸与安全秩序逐渐成为各大力量间的博弈焦点。

3. 传统安全问题日益突出

当今世界,由于民族、宗教、领土、资源等矛盾引发的各种武装冲突和局部战争不可避免,小战不断、冲突不止、危机频发仍是一些地区的常态。目前世界各地仍存在数十个重要的战争潜在热点,局部冲突动荡加剧,地区热点问题激化,风险不断上升。2022年初爆发的俄乌冲突,呈现出典型的混合战争的形态:大国直接介入和间接介入相配合,军事战、外交战、舆论战、经济战、金融战、认知战融为一体,全新的高科技手段与传统手段相结合。2023年10月爆发的新一轮巴以冲突持续时间长、规模强度大、伤亡人数多,并且产生了广泛的外溢效应。以色列同也门胡塞武装、黎巴嫩真主党、伊朗都直接发生了武装冲突。2024岁末,叙利亚反对派武装攻占首都大马士革,推翻原政权后组建叙利亚过渡政府。在朝鲜半岛,美国战略核潜艇抵达韩国,美韩扩大联合军演规模,半岛局势升温。在南亚,2025年印度对巴基斯坦境内及巴控克什米尔地区发动了代号为"朱砂行动"的军事打击,巴基斯坦随即展开反击。此次冲突是继2019年印巴空战后最严重的军事对抗,双方军事行动强度、技术装备表现及国际干预力度均引发了全球关注。

国际军控形势不容乐观。俄乌冲突爆发导致俄美双方暂停了在军控方面的进一步接触。美国延续了同俄罗斯在核领域竞争的内容。对于俄罗斯而言,核力量的作用远远超出威慑范畴,更成为维护其国家核心利益、争取对美斗争主动权的重要工具。为此,美俄等核强国加紧推进核武库的升级改造。少数国家也在积极为拥核进行各种准备,国际核军备控制和规范的约束力在下降,国际核安全战略态势进入不稳定阶段。地区军备竞赛升级,各国竞相采购军火,高超声速武器、太空武器、网络以及人工智能武器在军事领域的使用面临失控危险。

4. 非传统安全威胁持续蔓延

以国际恐怖主义、民族分离主义、宗教极端主义等为主体的非传统安全因素引发的动荡、冲突甚至战争,一波未平一波又起。特别是国际恐怖主义势力日趋猖獗,严重威胁着世界和平与稳定。恐怖主义仍对世界各国构成现实威胁,国际反恐斗争面临新的挑战,呈现新的特点。一是"基地"组织、"伊斯兰国"仍活跃在阿富汗、叙利亚、伊拉克等地,恐怖组织加速向非洲、东南亚等地渗透。恐怖势力利用高新技术散播暴恐思想、募集资金人员、遥控暴恐活动,加紧组建恐怖网络。二是个别国家打着反恐旗号,推行双重标准,奉行单边主义和霸凌行径,炮制所谓"人权"和"人道主义"问题,干涉他国内政,干扰国际反恐合作进程。三是世界经济复苏进程放缓,贫困和社会问题加剧,南北鸿沟拉大,极端思想蔓延,进一步助长恐怖主义滋生。恐怖主义是人类社会公敌,反恐是国际社会共同责任。面对新形势、新任务、新挑战,国际社会必须齐心协力,深化合作,共同打击恐怖主义。各国应树立命运共同体意识,充分发挥联合国在全球反恐领域的中心协调作用,构筑最广泛的反恐统一战线。各方应支持联合国相关反恐机构加强协作,推动在国际、区域和国家层面进一步凝聚共识、协调行动。

在恐怖主义对世界构成重大威胁的同时,全球生物安全问题也非常值得关注。2020年暴发的全球新冠疫情,其传染速度之快,覆盖面之广,给人类带来的伤亡之重,为冷战结束后所罕见。同时我们也要看到,新冠疫情带来的影响,远远超出公共卫生领域,覆盖人类社会生产生活各领域,波及人类生命、经济发展、政治稳定、资源运用等各方面。由于各国在疫情中的利益不同、战略谋划不同、采取措施不同,伴随出现的还有政治、经济、军事、科技、文化等各方面的斗争博弈。

5. 全球治理面临诸多挑战

当前国际战略形势充满不确定性。世界力量对比加速演变,大国之间竞争日趋激烈,全球性安全问题愈加突出,人类面临许多共同挑战,现存国际体系受到严重冲击。与此同时,新兴市场国家和一大批发展中国家快速崛起,国际影响力不断增强,成为近代以来国际力量对比中最具革命性的变化,全球治理体制变革正处于历史转折点。世界上的事情越来越需要各国共同应对,建立国际机制、遵守国际规则、追求国际正义成为多数国家的共识。

然而受冷战思维、零和博弈影响,一些国家和地区逆全球化思潮正在发酵;保护主义、单边主义抬头,世界经济增长动力不足,发展不平衡,贫富分化日益严重;因"双重标准"导致的地区矛盾日益突显,热点问题此起彼伏;恐怖主义、网络安全、重大传染性疾病、气候变化等非传统安全威胁持续蔓延,已成为全球治理面临的最突出问题。因此,要推动变革全球治理体制中不公正不合理的安排,坚定维护以联合国宪章宗旨和原则为核心的国际秩序和国际体系,推进全球治理规则的民主化、法治化,努力使全球治理体制更加均衡地反映大多数国家的意愿和利益。各国应树立共同、综合、合作、可持续的安全观,确保国际秩序公正合理、人类社会公平正义。

(二)国际战略形势的发展趋势

当今世界是一个变革的世界,是一个新机遇新挑战层出不穷的世界。国际战略形势正处于新的转折点,世界主要战略力量各自的内部治理改革和对外战略调整力度加大,互动的领域和方式持续变换,从而推动国际战略格局深刻演化,国际战略形势呈现以下四大趋势。

一是世界各主要战略力量将重新调整内外战略。面对复杂多变的世界,尤其是不断深化的多极化趋势,世界各主要战略力量越发紧迫地调整内外战略,努力明确定位和优势劣势,力图在未来可能出现的多极化格局中谋求比较有利的国际地位。美国维护霸权的战略在总统更替中既延续又变化,其他战略力量既为解决自身发展难题,也为顺应美国变化,加快展开各自内外战略的调整。

二是大国战略博弈将成全方位之势。随着世界主要力量的战略调整和政策实践持续展开,大国之间竞争与合作并存交织的关系形态将持续演化。特别是在全球性挑战日益突出的大背景下,大国之间增进合作的需求不减反增。与此同时,由于整个世界格局演进面临和平条件下前所未有的大变革大调整,混乱失序因素明显增多、不确定性和风险性持续高企,大国为了更好地因应变局、维护利益、确保安全,战略和政策的进取性普遍强势,这就导致大国之间的竞争、碰撞、摩擦不断上升。从国内经济结构调整转型、社会矛盾治理、政治模式创新,到国际定位的矫正确认、对外战略的设计谋划、实施路径选择和政策策略应用,再到地缘政治布局改变和军事力量部署调整,大国博弈渐成全方位展开态势。

三是中国发展对世界的影响将持续扩大。在主要大国为谋求相对有利的地位而纷纷调整内外战略并展开全方位竞争的背景下,中国地位和作用的快速攀升、中国战略展开所产生的影响尤为显著。这既得益于中国所处亚太这个重要地缘板块在全球地缘战略格局中快速隆起的托举效应,更由于中国自身经过40多年改革开放发展所累积起来的综合国力增长的基础支撑。同时,它也给中国带来了挑战,增加了中国运筹大国关系的难度,世界对中国在全球治理中承担更大责任和做出更大贡献的要求大幅上升。

四是民粹主义泛滥折射出的全球治理危机将进一步加剧。世界很多国家和地区因传统政治体制与主流政党解决经济与社会危机的能力明显削弱,为民粹主义的发展提供了机会。美欧民粹势力加速从社会政治边缘走向中心,欧洲成为民粹主义泛滥的"重灾区",美国也成为西方民粹主义的重要"震源"。民粹思潮在全球范围的回潮势头明显,导致各种全球性挑战凸显,治理需求倍增。

分析当前国际战略形势现状和未来发展趋势,要树立世界眼光、把握时代脉搏。既要充分估计国际战略格局发展演变的复杂性、世界经济调整的曲折性,更要看到政治多极化、经济全球化深入发展的不可逆转趋势;既要充分估计国际矛盾和斗争的尖锐性、国际秩序之争的长期性,更要看到和平与发展的时代主题、国际体系变革方向不会改变。

二、世界主要国家军事力量及其战略动向

军事力量是国家或政治集团拥有的用于遂行军事任务的各种组织、人员及其武器装备等的统称,由作战力量和保障力量等组成。军事战略动向是指各国家根据国际战略形势的发展状况、国家安全战略的现实需求和国家安全形势的深刻变化,主动调整和完善本国军事战略,从而确保在国际竞争中赢得战略主动。

(一) 美国军事力量及其战略动向

1. 美国军事力量概况

自1775年组建大陆军以来,美国军队已走过250年的历程。其间,美军经历了无数次战争,成为一支装备精良,号称世界最强大的军事力量。

美国总统兼任武装部队总司令,掌握最高指挥权。进攻性战略武器和核武器的使用权集中在总统手中。国家军事指挥系统由国防部和参谋长联席会议组成。国防部是总统领导与指挥全军的办事机构,也是向各联合司令部发布总统和国防部长命令的军事指挥机关。参谋长联席会议是总统和国防部长最高军事咨询机构,由主席、副主席、陆军和空军参谋长、海军作战部长及海军陆战队司令组成。

目前,美军在全球设有6个区域型的战区司令部,即北方司令部、印太司令部、中央司令部、欧洲司令部、南方司令部和非洲司令部,以及5个功能型的职能司令部,即战略司令部、运输司令部、特种作战司令部、网络司令部和太空司令部。

美国现役官兵人数约132.1万人,各类后备役部队约80万人。美国同世界上50多个国家和地区订有多边和双边军事条约,建有海外基地与设施800余个,向40个国家和地区提供军事援助,与90多个国家和地区订有援外军事训练计划。

美国现役部队包括陆军、海军、空军、太空军、海军陆战队和海岸警卫队。陆军编有8个集团军司令部、3个军司令部、10个师司令部。海军编有两洋舰队,即大西洋舰队和太平洋舰队,下辖6个作战舰队、11个航母战斗群、11个舰载机联队。空军编有14个航空队、54个飞行联队、5个航天联队、3个导弹联队。海军陆战队隶属海军部,编有3个陆战师、3个陆战航空联队和3个陆战后勤大队。海岸警卫队平时由国土安全部领导,战时归海军指挥。

2. 美国军事战略动向

近年来,美国政府将"大国竞争"作为国家安全战略的核心内容,推动军事战略转向大国军事对抗和博弈。从美国陆续发布的新版《印太战略报告》《国家安全战略报告》《国防战略报告》《导弹防御评估报告》《国防科技战略》《核态势审议报告》等文件来看,其军事战略动向主要体现在以下几个方面。

加紧推进"印太战略"。2017年11月,美国政府正式推出"印太战略"构想。2019年6月,美国国防部发布《印太战略报告》,阐述美国在"大国竞争"背景下的"印太战略"。2021年拜登政府上台后,加紧推进全球战略重心向亚太地区转移,实施所谓"太平洋威慑计划"。2022年2月,美国政府发布新版《印太战略报告》,通过炒作"中国威胁"、拉拢盟

友,试图构建封闭的结盟体系围堵遏制中国,以维护霸权、重振美国在亚太甚至全球的影响力。"印太战略"实际上延续了美国安全战略的传统以及亚太"再平衡"战略的精髓,是"冷战思维"和"零和博弈"的继续。其实质就是要进一步加强对中国的地缘战略遏制和围堵,阻滞中国的崛起进程,维持美国在"印太地区"乃至全球的霸主地位。

综合运用威慑手段。威慑始终是美国军事战略的重要手段。拜登政府执政后,调整了军事战略竞争的策略方法,特别强调"一体化威慑"。"一体化威慑"不仅是制定 2022 年版《国防战略报告》的主导思想,而且将作为"美国国防基石"长期发挥指导作用。"一体化威慑"主要包括四层含义。一是作战领域一体化,即发挥网络威慑、太空威慑、认知威慑的作用,使之充分融入传统作战域,塑造多域力量优势叠加的威慑态势。二是全球战区一体化,即打破各战区之间的地理界限,加强作战力量的动态部署和一体运用,达到全球一体化作战的威慑效应。三是国家力量一体化,即充分运用所有军事和非军事手段,深化国防部与国务院、商务部、能源部等政府机构的合作,形成资源集成的威慑合力。四是适用范围一体化,即将威慑应用到从"灰色地带"竞争、小规模武装冲突到大规模战争等各种场景,贯穿和平、危机和战争的全过程全时段,最大限度地发挥威慑功能。

强调发挥盟友作用。随着全球性"大国竞争"时代的到来,美国认为盟友变得比任何时候都更加重要,有必要在全球范围内巩固并加强其联盟及伙伴关系网,调动全部资源以获得"无可匹敌的不对称优势",这不仅包括欧洲地区盟友,也包括印度洋-太平洋地区盟友。2020 年 10 月,美国国防部发布了《联盟与伙伴关系发展指南》,为美国加强联盟和建立伙伴关系提供了全面路线图。近些年,美国积极构建各类军事安全机制。从强化美、英、澳、加、新"五眼联盟"的情报共享机制,频频在各类场合利用各种手段污蔑中国、干涉中国内政;到美、日、印、澳"四边机制",试图让南海、东海和台海地区成为亚太的"火药桶";再到组建美、英、澳三方安全伙伴关系,公然向澳大利亚援助核潜艇以加强亚太地区军事存在,并正在不断扩员。

加强新质作战力量建设。美军从 20 世纪 90 年代率先启动建设数字化部队,到 21 世纪以来的模块化部队建设,再到近年来组建网络、电磁、空天、无人等部队,美军建设新型作战力量的脚步从未停歇。美国《2025 财年国防授权法案》将美国军费支出提升至约 8 950 亿美元。该法案进一步体现出美军加强传统军种建设、扩编新质作战力量、加快推进高新技术武器装备研发等发展趋势。

综上所述,美国这一系列政策和举措,使得新一轮军备竞赛和大国对抗不可避免,世界战略安全与稳定将受到威胁,国际秩序和地缘政治环境也将遭到破坏。

(二)俄罗斯军事力量及其战略动向

1. 俄罗斯军事力量概况

冷战后期,苏联军队曾是世界上唯一一支能与美军匹敌的"超级军队"。1991 年 12 月,苏联解体。1992 年 5 月,俄罗斯成立国防部,开始组建自己的军队。

俄罗斯联邦总统是俄罗斯联邦武装力量的最高统帅,对武装力量和其他军事力量实施全面领导,并通过国防部长和总参谋长对武装力量实施作战指挥。国防部长通过国防部对联邦武装力量实施直接领导。总参谋部对武装力量进行作战指挥。俄罗斯联邦武装力量由管理机关、军团、兵团、部队、军事院校以及后勤部门组成。未编入武装力量的其他军事力量包括国民近卫军、联邦安全总局、联邦警卫总局所属部队、民防部队等。

俄军在组织编制上原先分为陆军、空军、海军3个军种和战略火箭兵、空降兵、空天防御兵3个独立兵种。2015年8月1日,在原空军、空天防御部队和军事航天部队的基础上,俄组建了空天军,实现了对航空兵部队、空天防御部队和航天部队的统一指挥。俄军原有4大军区,与此相对应设有4大联合战略司令部。即:西部军区(原莫斯科与列宁格勒军区合并而成,下辖北方舰队和波罗的海舰队)、南部军区(原北高加索军区、黑海舰队合并而成)、中央军区(原伏尔加河沿岸和乌拉尔军区与西伯利亚军区部分部队合并而成)、东部军区(原远东军区、西伯利亚军区部分部队以及太平洋舰队组成)。4大联合战略司令部对辖区内的各军兵种部队行使指挥权,具有联合指挥职能。2021年1月1日,俄罗斯宣布将北方舰队正式升级为"第五军区",升级后该军区将拥有跨军种及战略地区指挥的权限。2024年2月,俄罗斯撤销原西部军区,重新设立莫斯科军区和列宁格勒军区。

俄罗斯共有现役部队约90万人,预备役部队约200万人。其中,陆军编有4个军区、1个军队集群、8个集团军、30个师等。空天军由空军、太空军和防空反导部队组成。海军由北方舰队、太平洋舰队、黑海舰队、波罗的海舰队4大舰队和1个里海区舰队组成。战略火箭兵由战略潜艇部队、战略火箭部队、战略航空部队和战略防空部队组成。空降兵由空降师(团)、空中突击师(旅)、特种侦察团、独立通信团等组成。

2. 俄罗斯军事战略动向

进入新世纪,面对国际形势的深刻变化,俄罗斯认为在当前及今后一个时期,国家安全面临的挑战与威胁空前严峻:西方国家积极推进北约东扩,奉行双重标准,企图在国际社会孤立俄罗斯;对俄罗斯施加政治和经济压力,挑动并加剧俄罗斯国内矛盾,破坏俄内部团结;分化分裂俄罗斯与传统盟友的关系,挑唆独联体内部分裂进程。因此,俄罗斯对其军事战略进行了大幅度调整,把恢复强国地位作为其军事战略的长期目标。

更加注重国防在国家安全中的主导地位,强调军事手段的保底作用。高度重视国防对维护国家安全的关键作用,是俄罗斯国家安全战略一以贯之的做法。俄罗斯把"国防"定位为诸安全类型的"首位",在战略优先方向上坚持国防的关键支撑作用。2021年7月,俄罗斯颁布新版《俄联邦国家安全战略》,对世界军事政治局势特点进行概括,指出新的全球和地区权力中心正在形成,大国争夺势力范围的斗争加剧,军事力量的重要性正在增加。军事力量是俄罗斯维持大国地位、争取国家利益的可靠保证。

坚持核遏制战略,优先保障战略核武器的发展。俄罗斯核遏制战略的根本目标是遏制战争。对俄罗斯来说,核武器是遏制侵略、保障防务安全最重要、最可靠的手段。2020年6月,俄罗斯颁布《俄联邦核遏制领域国家基本政策》。该文件宣示了俄罗斯核武器使用原则,在增加军事透明度的同时,展示了俄罗斯强硬的核立场。文件明确指出,俄罗斯在本国及其盟友遭到入侵时必然会实施报复,并详细列出了俄罗斯使用核武器的四种情形,即:收到针对俄罗斯及其盟友发射弹道导弹的信息、在俄罗斯或其盟友领土范围内使用核武器、影响俄罗斯重要目标使其核反击能力受到破坏以及使用常规武器威胁俄罗斯国家生存。其中,后两种情形为首次提出。在核力量建设上,俄罗斯保持陆海空三位一体力量结构,并继续研发新型核武器。

提出非核遏制战略,重点发展远程快速精确打击武器,持续推进空天防御体系建设。2014版《俄罗斯联邦军事学说》强调非核遏制的重要意义,俄罗斯以"摧毁敌重要目标"为核心提出对敌方要害目标体系实施跨军种、多波次远程精确打击等论断,突出高超声速武器、无人机、电子对抗兵器等新质作战力量的作用。针对美国空天打击力量发展,俄罗斯把一体化空天防御体系置于武器装备发展的重要地位。

(三) 日本自卫队及其防卫政策动向

1. 日本自卫队概况

二战结束后,日本自卫队经历了一个解体、恢复和发展的复杂重建过程。自美国出于其自身利益需求在日本扶植并组建自卫队以来,经过70多年发展,日本自卫队现已成为一支规模中等、武备精良的正规军事力量。

日本自卫队的最高统帅是首相,最高军事决策机构是内阁会议。"安全保障会议"是内阁在军事上的最高审议机构,由首相、外务大臣、财务大臣、内阁官房长官、国家公安委员长、防卫大臣等内阁主要成员组成,负责审议国防方针、建军计划及处理各种突发事件等。防卫省相当于国防部。参谋长联席会议由主席和陆、海、空自卫队参谋长组成,负责拟定和调整自卫队作战、训练和后勤计划,搜集研究军事情报,统一指挥两个兵种以上的联合作战和演习。

日本自卫队现役编制员额约22.7万人,其中陆上自卫队约13.8万人,海上自卫队约4.3万人,航空自卫队约4.3万人,联合参谋本部、情报本部人员共3 700余人。另有即刻应变预备役自卫队员7 900余人,预备役自卫队员约47 900人,预备役自卫队员候补4 600余人。

陆上自卫队编有北部、东北部、东部、中部、西部5个方面队。海上自卫队编有1个联合舰队、5个地方队及练习舰队等。航空自卫队下辖7个航空群,编有航空总队、航空支援集团、航空教育集团等。

2. 日本防卫政策动向

长期以来,日本防卫政策的基本思路是:在和平宪法下,实行专守防卫;坚持日美安保体制;确保文官治军;遵守无核三原则;有节制地增强防卫力量。随着国际战略格局及地区安全形势的变化,特别是日本政治大国战略目标的进一步确立,其军事战略也在不断调整,防卫政策外向性、主动性、进攻性趋势明显加强。

2015年以来,日本全力推动"新安保法案"的通过和实施。所谓"新安保法案"是由《和平安全法制整备法案》《国际和平支持法案》两部分组成,一共涉及11部法律的修正案。2015年7月和9月,日本众议院和参议院分别表决通过了"新安保法案"。2016年3月29日,日本开始正式实施解禁集体自卫权的"新安保法案"。所谓集体自卫权,是在他国遭受武力攻击时,即使日本没有受到直接攻击,也可以一起反击的权利。这意味着日本"专守防卫"的安保政策发生重大变化,也使日本主动卷入战争的可能性增加。

2022年12月,日本内阁会议正式通过修改后的《国家安全保障战略》《国家防卫战略》《防卫力量整备计划》三份安保文件,明确提出日本将发展"反击能力",这是继允许行使"集体自卫权"之后,日本安保政策的又一重大转变。

一是认为日本周边安全形势日趋严峻。日本新版《国家安全保障战略》提出,日本所面临的安全环境日益复杂,不安定因素呈现多样化,围绕领土、主权、经济权益等问题发生冲突和摩擦的可能性大大增加,周边国家军事力量现代化以及军事行动活跃化的趋势十分显著,日本当前面临着二战以来最严峻的安全形势,并重点提及了朝鲜半岛、台湾、钓鱼岛、南海、北方领土等问题。日本2025年版《防卫白皮书》继续将中国定位为日本"前所未有的最大战略挑战",目的是为强军扩武制造借口。

二是继续推进日美军事一体化。三份文件都强调,将进一步强化日美同盟一体化"威慑力",以意识形态划线与所谓"志同道合"国家及北约等深化防务安全合作,更深度介入国际地区安全事务。目前正以"印太构想"为方针,强化以日美同盟为核心并辐射发展同韩国、澳大利亚、印度、东盟等国家和地区组织的军事合作。

三是强调提升"反击能力"和"新领域"作战能力。新版《国家安全保障战略》宣称日本应拥有可打击敌方导弹基地的"反击能力",为此将部署各类远程攻击型导弹,加快研发高超声速导弹和高速滑翔弹,采购攻击性无人机,与美军共用"综合防空导弹防御系统"。同时加强太空、网络、电磁等"新领域"作战能力。2023年6月,日本出台首份"太空安全保障构想",表示要扩大对太空的军事利用,加强与美国等国的太空军事合作。

四是强化"离岛夺还"以及海空作战能力。强调"作为海洋国家,确保海上交通与航空交通的安全是和平与繁荣的基础",并将"应对岛屿攻击"作为自卫队力量建设的主要内容之一。为此,日本加快推进"加贺""出云"号两艘直升机护卫舰的航母化改造和海试工作,提升远洋作战能力。

五是调整武器装备进出口及生产研发体制。自二战结束以来,日本因和平宪法制约,仅能拥有用于自卫的必要武器装备,出口更是被严厉禁止。2014年,安倍政府出台《防卫装备转移三原则》以代替《武器出口三原则》,开始尝试向部分国家转让武器和技术,走出了打破出口禁令的第一步。2022年年底日本修订《国家安全保障战略》,开始探讨进一步扩大武器出口范围,向部分签订合作协议的国家出口导弹、战斗机等致命性武器。俄乌冲突爆发后,日本修订《防卫装备转移三原则》,向乌克兰提供了防弹衣、头盔等装备,为今后进一步以类似形式干预国际冲突开启先例。

六是进一步拓展海外派兵范围。日本在战后确立了"专守防卫"基本方针,禁止自卫队向海外出动。但随着其"政治大国"目标的确立和安全政策的"外向型"转变,日本逐步踏上海外派兵之路。2015年通过"新安保法"后,日本为行使集体自卫权松绑,其遂行海外军事行动的范围和武器使用权限进一步拓宽。

综上所述,日本和平宪法的"专守防卫"理念已被逐步架空,日本自卫队活动范围的扩大以及日本在军事上加紧追随美国,势必会对日本与周边国家关系造成影响,加剧亚太地区局势紧张。日本军事战略调整不仅是对战后国际秩序的严重挑战,也是对亚太地区安全稳定与世界和平的严重威胁。

(四)印度军事力量及其战略动向

1. 印度军事力量概况

印军是在继承英印殖民军的基础上,经过多年发展和建设,逐步从一支殖民军发展壮大到一支规模庞大、具有一定现代化水平的军事力量。

印度总统是名义上的武装力量统帅,内阁为最高军事决策机构。国防部负责部队的指挥、管理和协调。各军种司令部负责拟定、实施作战计划,指挥作战行动。印度陆、海、空三军现役兵力约144.4万人,其中陆军约123.7万人,海军约6.7万人,空军约14万人。另有50多万预备役军人和100多万准军事部队。

印度陆军编有北部、西部、南部、东部、中部、西南6个军区和1个训练司令部。海军编有东部、西部、南部3个地区司令部和东部、西部2个海军舰队。空军编有西部、西南部、中部、东部和南部5个地区司令部和1个训练司令部、1个保养司令部。成立于2001年的安达曼-尼科巴司令部是印度唯一的三军联合司令部。

2. 印度军事战略动向

"称霸南亚,控制印度洋,争当世界一流强国"是印度长期追求的总目标。印度军事战略的制定和实施,都是围绕这一总目标,并根据其面临的国家安全环境的发展变化不断进行调整。进入21世纪,印度为适应安全形势的变化,对其军事战略作出了重大调整。

在目标定位上,由地区性军事大国向全球性军事大国迈进。随着国家利益的不断延伸,印度在确保南亚次大陆和印度洋地区战略优势的同时,积极向亚太地区拓展势力,并努力向世界性军事大国方向发展。莫迪政府非常重视"印太"理念,并大力推进"印太"外交。2022年5月,印度加入"印太经济框架",总理莫迪出席在东京举行的美、日、印、澳"四边机制"首脑会谈。与此同时,发展印俄、印中关系,维持大国平衡,加强与东盟、非洲的区域合作,强化周边外交主导,凸显战略自主性。

在战略指导上,由被动防御型向主动进攻型转变。进入21世纪,印度认为自身安全环境日益复杂。印军在坚持"地区威慑"战略的基础上,赋予其新的内涵,将被动防御型的"拒止威慑"思想调整为先发制人式的"惩戒威慑"思想,强调主动出击、先敌行动、有效控制,致力于打赢核威慑条件下的高技术"有限常规战争",从而实现战略指导由传统的"消极防御"向"攻势防御"质的转变。

在作战对象上,由过去强调"中巴并重"调整为"淡巴重中"。2017年《印度武装力量联合条令》指出,两线作战思想是2027年前军事战略的主要内容,要求审慎对待中、巴军事威胁变化,做好各种军事斗争准备。对巴基斯坦要形成惩罚性的威慑,对中国要形成可靠威慑。如果需要两线作战,就应在主要战线产生一个决定性的有利结果,在次要战线有效牵制敌人。

在战略部署上,稳定西线强化北线、由以陆地为重转向陆海并重。目前印军的部署态势形成西、北、南三大战略方向和中部战略机动的特定格局。其中,西部是部署重点,兵力占总数的45%左右,主要用于威慑巴基斯坦;北部是次重点,占总兵力的25%左右,主要用于威慑中国;南部主要配置海军力量,用于对付近海小国和来自海上的威胁;中部为印度的战略纵深地带,占总兵力的30%左右,用于对各战略方向实施快速机动支援。

在力量建设上,打造能遂行境外作战任务的跨区作战力量。印军重点突出海、空军建设,同时强化陆军快反部队,在增强军事实力上不惜投入,力争打造具有全球作战能力的军队。未来10年,印度计划投入1000亿美元推进实现军事大国目标,争当世界一等强国。

在边境问题上，印度在领土争议问题上不断制造纷争，几乎同时挑起了与中国、巴基斯坦、尼泊尔等邻国的边界冲突与争端。如在中印边界争端问题上所采取的手段就是不断推行"前进政策"或"攻势防御"。当前，印度与周边多国的边界纷争仍处于僵持状态。

在核战略问题上，印度在1998年进行了公开核武器试验，并在此后走上了发展核威慑战略之路。虽然印度的核战略奉行保持最低限度核威慑，且宣称不首先使用核武器和不对无核国家使用核武器，但目前印军陆、海、空"三位一体"的核打击能力建设已基本完成，其"大地"和"烈火"两个系列的弹道导弹，已成为印度保持核战略威慑的重要力量。

思考题

1. 什么是国家安全？维护国家安全的基本原则有哪些？
2. 总体国家安全观的重大意义是什么？
3. 当前我国地缘安全面临的主要挑战有哪些？
4. 当前国际战略形势的发展现状是什么？
5. 美国军事战略动向的主要内容有哪些？

第三章　军事思想

习近平指出,科学的军事理论就是战斗力,一支强大的军队必须有科学理论作指导。要坚持理论联系实际,既开阔视野又不跟在别人后面亦步亦趋,既开动脑筋又不脱离实际好高骛远,大力推进马克思主义军事理论创新,加快形成具有时代性、引领性、独特性的军事理论体系,为强军兴军实践提供科学理论支撑。新时代大学生要了解中外军事思想的主要内容及现实意义,理解习近平强军思想的重大意义和主要内容,树立正确的军事观、战争观,掌握认识当代军事问题的方法论。

第一节　军事思想概述

先进的军事思想,是战争的重要制胜因素。自有战争以来,人们以不同的方式去总结战争经验,探索战争特点规律,并用以指导战争实践,逐步形成了具有特定范畴、内容丰富的军事思想体系。

一、军事思想的内涵

军事思想是"关于军事领域基本问题的理性认识。通常包括战争观、军事问题方法论、战争指导思想、国防和军队建设思想等"①。军事思想按时代可分为古代军事思想、近代军事思想和现当代军事思想等;按阶级属性可分为奴隶主阶级军事思想、封建地主阶级军事思想、资产阶级军事思想和无产阶级军事思想等;按国别可分为外国军事思想和中国军事思想,外国军事思想又可分为美国军事思想、英国军事思想、德国军事思想、日本军事思想等;按人物区分,有孙武军事思想、克劳塞维茨军事思想、毛泽东军事思想等。

军事思想具有阶级性、实践性、时代性、继承性和超前性等基本特征。阶级性指任何一种军事思想都是一定阶级的利益在军事问题上的反映,不同阶级的军事思想,体现着各自阶级对战争的不同认识和立场。实践性指军事思想来源于军事实践,同时又对军事实践具有指导作用。时代性指任何一种军事思想都有它产生、形成和发展的时代背景,也必然要受到所处时代的影响和制约。军事思想的时代性,往往最能反映当时的社会制度、社

---

① 《中国人民解放军军语》(全本),军事科学出版社,2011年版,第1页。

会生产方式和生产力发展水平。继承性指军事思想是人类对军事实践活动认识成果的理论积累，它的每一次发展都离不开对以往军事思想的扬弃。超前性指军事思想具有理论先导功能，注重对战争和军事发展趋势的前瞻性研究。

二、军事思想的形成发展

随着社会生产力的发展，社会经济、政治制度的更替，人类认知水平的提高及思想观念的转变，尤其是战争形态的演变和作战样式的创新等，人们对军事问题的认识不断深化，军事思想不断发展演进。

（一）古代军事思想

古代军事思想是中外历史上的古代时期人们对军事领域基本问题的理性认识。在中国，1840年鸦片战争之前的历史时期称为古代；在西方，通常将17世纪中叶欧洲资产阶级革命之前的历史时期称为古代。

1. 中国古代军事思想

大约从公元前21世纪至公元前8世纪初的夏、商、西周时期，是中国古代军事思想的萌芽期。人们已开始探讨军队的多寡、武器的数量和质量与战争胜负的关系，产生了"攻""守""战术""统帅"等军事概念，但军事思想受"天命观"等意识形态的影响较大。

从公元前8世纪初到公元前3世纪，即春秋战国时期，是中国古代军事思想的成熟期。这一时期，中国社会处于由奴隶制向封建制过渡的大动荡、大变革和大发展之中，战争频繁而残酷，军事思想获得空前发展。成书于春秋末期的《孙子兵法》，是世界上现存最早的系统的军事理论著作，标志着中国古代军事思想的成熟。

从公元前3世纪初至公元10世纪中叶，是中国古代军事思想的充实提高期。这一时期，秦、汉、晋、隋、唐等王朝依次更迭，中国封建社会在统一与分裂之中发展到辉煌的顶峰。该时期的军事思想在继承先秦传统的基础上，侧重于实际运用，内容更加丰富，出现了许多总结军事斗争经验的兵书，主要有《三略》《将苑》《李卫公问对》《太白阴经》等。

从公元960年到1840年，是中国古代军事思想的系统完善期。这一时期，宋、元、明、清（前期）四个主要王朝相继统治中国，严重的民族矛盾和阶级矛盾导致了频繁的战争。火器的发明和使用，使战争进入冷、热兵器并用的时代。这些客观情况促进了军事思想的发展。北宋朝廷将《孙子兵法》《吴子兵法》《司马法》《六韬》《尉缭子》《三略》和《李卫公问对》7部兵书汇编为《武经七书》，并官定为武学教材，标志着中国古代军事思想体系日趋完善。

2. 外国古代军事思想

早在公元前40世纪，在埃及、两河流域、小亚细亚和伊朗高原等地区，军事思想已经获得了一定程度的发展。从公元前5世纪至公元476年，古希腊和古罗马军事思想对战争与政治和经济及军事技术的关系、军队纪律、军事训练、作战指挥等问题均有了较为深刻的认识。西罗马帝国

宋本《武经七书》

灭亡后,西欧封建割据的庄园经济、分散控制的军事组织和宗教思想的禁锢,限制了军事思想的发展;东方的拜占庭、阿拉伯、奥斯曼等帝国则在扩张过程中,形成了一些新军事思想。15世纪末至17世纪中叶,资本主义生产方式在欧洲产生,促进了生产力的快速发展。火绳枪、火炮等火器的逐渐完善及其在战场上的广泛运用,带来了战术革新,推动了军事思想的快速发展。

(二) 近代军事思想

近代军事思想是中外历史上的近代时期人们对军事领域基本问题的理性认识。

1. 中国近代军事思想

1840年鸦片战争之后,中国逐渐成为半殖民地半封建社会,在一次次的救亡图存过程中,中国军事思想缓慢地向近代化转型。鸦片战争后,以林则徐、魏源为代表的一些有识之士"开眼看世界",提出的"师夷长技以制夷"的思想,可视为中国军事思想向西方学习的开端。第二次鸦片战争结束后,洋务派官僚主持展开了一场以学习西方"长技"为主要内容的"自强"运动,兴办近代军事工业,仿造西式武器,为近代军事思想产生提供了物质基础。西式武器的陆续装备部队和军制的初步改革,促进了中国军队的战术和作战样式的发展变化。例如,步骑、步炮协同作战被普遍采用,战斗队形开始由密集向疏散发展等。甲午战败,使清政府认识到"仿用西法创练新兵为今日当务之急",开始编练新军。1900年抗击八国联军入侵战争失败后,清政府出于维护其统治的需要,开始进一步改革军制,并翻译出版西方和日本的军事学术著作,编写军事教材,介绍资本主义国家有关军事技术、军事制度和军事学术等方面的知识,促进了中国军事思想的近代化。

辛亥革命取得胜利后,在共产国际和中国共产党的帮助下,孙中山逐渐形成了军队必须与"国民相结合"并使之成为"国民之武力"的建军思想,在军队中建立党代表和政治工作制度,对军队进行"三民主义"教育。孙中山的建军思想,是中国近代资产阶级军事思想的代表性成果。

2. 外国近代军事思想

外国近代军事思想是17世纪中叶到1917年俄国十月革命时期欧美等国的政治家、军事家、思想家对军事领域基本问题的理性认识。从17世纪中叶至18世纪下半叶,资产阶级革命风起云涌,资本主义制度在英、美等国确立起来。英国资产阶级革命领导人克伦威尔、美国独立战争领导人华盛顿、俄国沙皇彼得一世等人的军事实践活动,以及俄国苏沃洛夫的《制胜的科学》等军事著作,大致反映了该时期的军事思想。从18世纪末至19世纪下半叶,资本主义生产方式在全球范围内得到确立、巩固和发展。两次工业革命带来的军事技术大发展和拿破仑战争、美国内战、普法战争等大量大规模战争实践,使外国军事思想获得革命性发展。克劳塞维茨《战争论》和若米尼《战争艺术概论》的问世,标志着外国近代资产阶级军事思想体系的基本确立。从19世纪末至1917年,帝国主义列强对世界霸权的争夺引发了连绵的战争。战争在给人类带来惨重灾难的同时也造就了众多杰出将帅和军事理论家,促进了军事思想的不断发展。

19世纪中后期,为适应工人运动发展需要和迎接即将到来的无产阶级革命,马克思和恩格斯运用辩证唯物主义和历史唯物主义,科学揭示出一系列军事规律,提供了研究军事问题的认识论和方法论,创立了马克思主义军事理论。这是人类军事思想发展史上一次划时代的伟大革命。

(三) 现当代军事思想

从1917年俄国十月革命至今,伴随军事技术的高速发展和大规模、高强度、高频次的战争,中外军事思想均迅速发展,诞生了许多重大军事理论成果。

1. 中国现当代军事思想

以毛泽东同志为核心的党的第一代中央领导集体在创建和领导人民军队的长期实践中,坚持把马克思主义基本原理同中国革命战争和人民军队建设实践相结合,在充分借鉴古今中外军事思想精华的基础上,创造了具有中国特色的马克思主义军事理论成果——毛泽东军事思想。毛泽东军事思想是由战争观与方法论、人民军队思想、人民战争思想、人民战争的战略战术思想和国防建设思想等5个部分组成的完整理论体系,是我军的建军之魂、立军之本、制胜之道,是我国国防和军队建设及军事斗争准备必须长期坚持的指导思想。

以邓小平同志为核心的党的第二代中央领导集体在继承毛泽东军事思想的基础上,系统回答了我国在实行改革开放的历史条件下,如何开创中国特色精兵之路,建设一支强大的现代化正规化革命军队的问题,形成了邓小平新时期军队建设思想。

以江泽民同志为核心的党的第三代中央领导集体科学阐明了在世界多极化曲折发展、新军事革命不断深入、我国实行改革开放和发展社会主义市场经济体制的历史条件下国防和军队建设的地位作用、目标任务、指导方针、总体思路、根本途径、战略步骤、发展动力和政治保证等,形成了江泽民国防和军队建设思想,把党的军事指导理论发展到了一个新的阶段。

以胡锦涛同志为总书记的党中央以新世纪新阶段军队历史使命为基石、以主题主线重大战略思想为核心,深刻揭示了新世纪新阶段军事力量建设与运用应遵循的基本指导规律,形成了胡锦涛国防和军队建设思想。

以习近平同志为核心的党中央,着眼于实现中华民族伟大复兴的中国梦,围绕新时代建设一支什么样的强大人民军队、怎样建设强大人民军队,作出一系列新的重大判断、新的理论概括、新的战略安排,在波澜壮阔的强军实践中,带领全军深入进行理论探索和实践创造,形成了习近平强军思想,开拓了当代中国马克思主义军事理论和军事实践发展新境界。习近平强军思想是习近平新时代中国特色社会主义思想的重要组成部分,是党的军事指导理论最新成果,是坚持走中国特色强军之路、加快国防和军队现代化的行动纲领。

2. 外国现当代军事思想

第一次世界大战结束后,一大批杰出的军事理论家根据"一战"经验教训提出了各自的战争理论。如:德国鲁登道夫的"总体战"理论,意大利杜黑的"制空权"理论,英国富勒的"机械化战争"理论,英国利德尔·哈特的"间接路线战略"理论,等等。这些理论在第二次世界大战中得到了不同程度的检验,至今仍具有重要理论价值。

从第二次世界大战结束至苏联解体的这一历史时期,美国、苏联长期对峙。美国先后提出核战争理论、威慑理论、有限战争理论、逐步升级理论、低强度冲突理论、太空战争理论、空地一体作战理论,以及遏制战略、大规模报复战略、灵活反应战略、现实威慑战略、联盟战略、竞争战略等影响较大的作战理论和战略思想。苏联于20世纪50年代打破美国核垄断后,提出火箭核突击理论,军队建设的重点是发展各种火箭核武器。英国提出"最低限度核威慑"理论,法国提出"有限核威慑"战略理论,都主张发展独立、有效的核力量。

从20世纪初起,列宁在领导俄国十月社会主义革命和保卫苏维埃政权的国内战争实践中,斯大林在领导苏联国防建设和夺取卫国战争伟大胜利的实践中,创造性地发展了马克思主义军事理论。

冷战结束以后,美国称霸世界的同时,经济全球化和政治多极化不可逆转地深入发展。军事信息技术高速发展,推动战争形态由机械化战争向信息化战争演变。近些年来,人工智能技术迅猛发展并日渐广泛深入地运用于军事领域,使战争日益明显地呈现出智能化、无人化特点。美、俄、日、印等当代主要国家根据国际形势发展、各自战略需求和能力实际,不断进行以作战理论为核心的军事理论创新,推动着外国当代军事思想的发展。

三、军事思想的地位作用

军事思想对军事实践具有宏观和根本的指导作用。它不仅是军事实践的行动指南,对其他社会实践也有着重要的借鉴意义。

(一)军事思想是军事实践的行动指南

军事思想揭示了军事领域的一般规律,对军事实践起指导作用。军事思想对军事领域的规律反映得愈深刻、愈正确,它对军事实践的指导作用也就愈大。在战争史上,每一次取得伟大胜利的战争,都有正确的军事思想作指导。拿破仑的军事思想,成功地指导了法国的资产阶级革命战争。毛泽东军事思想,在中国半殖民地半封建社会性质的条件下,指导人民军队以弱胜强,逐步壮大,取得了革命战争的伟大胜利。实践证明,在一定的客观物质基础之上,军事思想正确与否对战争胜败具有重要影响。

(二)军事思想是研究具体军事学科的理论指导

军事思想研究战争和军事领域的一般规律,各具体军事学科所研究的是各自领域的特殊规律。如果脱离一般规律的指导,就不能从总体上把握战争,也就不能真正认识和把握各门具体军事学科研究领域的特殊规律。军事思想为各门具体军事学科的研究提供认识论方法论。譬如,军事思想关于保存自己消灭敌人的论述,深刻揭示了战争的目的和本质,它是一切战争行动的根据,一切技术的、战术的、战役的、战略的原理原则,都要贯彻这个战争目的和本质。

(三)军事思想对其他社会实践有着重要的借鉴意义

先进的军事思想贯穿唯物论和辩证法。学习和研究军事思想,不仅可以学到正确观察和解决问题的立场、观点、方法,而且可以学到如何把军事的基本原理同实际情况相结合,正确运用这些原理来解决实际问题,增强我们工作中的原则性、系统性、预见性和创造性。譬如,孙子提出的"知彼知己,百战不殆"的战争指导规律,就普适于政治、外交、经济乃至体育竞赛等多个领域。又如"战略"概念的运用,早已超出军事范畴,继而出现了经济发展战略、农业发展战略,乃至人生战略等。这些都说明军事思想在非军事领域同样具有广泛的指导意义。

第二节　外国军事思想

在几千年的历史长河中,许多世界性强国交替称霸,众多著名军事人物各领风骚,众多经典军事著作历久弥新,众多军事学说层出不穷,这一切使得外国军事思想内容非常丰富。

一、外国军事思想的主要内容

外国军事思想与人类社会的历史发展和以战争为中心的军事实践活动紧密相联系,经历了古代、近代和现当代三个历史时期。

(一) 外国古代军事思想的主要内容

外国古代军事思想是在约公元前40世纪到17世纪中叶的奴隶社会和封建社会时期,世界各国各民族的政治家、军事家、思想家对军事领域基本问题的理性认识。

在杰出的古代文明之中,统治者对军事问题已经有了初步认识。古埃及法老图特摩斯三世强调建立精干的亲兵部队,在作战上强调从敌人意料不到的方向突然进攻。波斯帝国开创者居鲁士强调建立强大的骑兵和海军,重视政治、外交与军事手段相配合。

古希腊和古罗马相继兴起的过程中,形成了一系列军事思想。其主要观点有:为赢得战争胜利,必须政治、外交手段和军事打击并用;军事技术创新和武器装备发展是决定战争胜败的重要原因之一;军队的力量来源于严格的纪律和严酷的训练;战争艺术的基本原则是避免分散兵力和巧妙组织步骑兵协同等。

拜占廷、阿拉伯、奥斯曼等帝国普遍建立起以骑兵为主的庞大军队,并不断进行技战术的创新,推动了军事思想的发展。拜占廷强调利用宗教手段达到政治和军事目的;强调重甲骑兵和海军舰队建设;重视将帅的个人素质和指挥才能。阿拉伯帝国的创建者穆罕默德及其继承人奉行宗教与军事一体的方针,以"圣战"为旗帜,高度重视士气等精神因素的作用,主张充分利用沙漠地形对敌人进行出其不意的进攻。瑞典国王古斯塔夫二世·阿道夫主张实行义务兵役制,组建常备军;改进部队武器装备,组建团属炮兵;特别是发明并在战场上成功运用了线式战术,从根本上改变了冷兵器时代的方阵战术和作战方法。

(二) 外国近代军事思想的主要内容

17世纪中叶至俄国十月革命时期,世界各国著名的政治家、军事家、思想家对战争、国防和军队等问题提出了一系列思想观点,大致反映了工业时代的外国军事思想。

1. 外国近代资产阶级军事思想

资产阶级革命初期,各国军事思想均表现出积极向上的特点。英国的克伦威尔强调采取积极进攻、力争主动的战略，发挥骑兵快速机动的优势实施翼侧迂回、连续突击和远程奔袭。美国的华盛顿坚持文官治军原则，确保军队始终服从国家的政治领导等，作战中强调运用散兵战术。俄国的苏沃洛夫主张创建一套与战术相适应的军队教育训练的新方法，强调快速机动、积极进攻和集中兵力，提出观察、快速、猛攻三项基本战术原则。

随着自由资本主义快速发展，外国近代资产阶级军事思想体系基本确立。拿破仑强调在决定性的时间和地点集中优势兵力，以坚决的进攻歼敌有生力量；采用纵队与散兵相结合的战斗队形，组织步、骑、炮兵协同作战；重视建立强大的预备队。拿破仑战争实践直接催生了《战争论》和《战争艺术概论》两部经典军事著作。

资本主义发展到帝国主义阶段，武器装备向机械化方向不断发展，战争频繁，军事家辈出，外国军事思想进入全面繁荣和发展时期。美国的马汉提出海权论，主张建立并运用具有优势的海军和其他海上力量去控制海洋，通过夺取制海权控制世界。英国地缘政治学家麦金德提出"大陆心脏"说和"世界岛"理论。

2. 外国近代无产阶级军事思想

为指导无产阶级革命斗争，马克思、恩格斯对军事问题进行了深入研究，揭示出一系列军事领域基本规律，奠定了无产阶级军事思想的基础，对世界近现代无产阶级革命斗争起到了巨大理论指导作用。其重要观点主要包括：在战争根源和暴力革命方面，他们认为阶级社会的战争，是私有制和阶级剥削的产物。暴力是每一个孕育着新社会的旧社会的助产婆。无产阶级只有用暴力推翻全部现存的社会制度才能达到获取胜利并最终解放全人类的目的。在武装夺取政权和建立革命军队方面，他们认为武装起义是武装斗争的一种形式，是推翻旧政权的有效手段。军队是实现阶级统治的工具，无产阶级专政的首要条件就是无产阶级的军队。在人民战争和战略战术方面，认为无产阶级和被压迫民族为了自身解放，应有组织地武装自己，坚决地实行人民战争。在战略战术方面，应进行积极防御，善于集中兵力，必须慎重对待决战，进行统一指挥和协同作战。

（三）外国现当代军事思想的主要内容

第一次世界大战结束后，外国军事思想进入最活跃最繁荣的发展时期。在社会主义的苏联，列宁和斯大林继承和发展了马克思主义军事理论，指出现代战争产生于帝国主义，主张反对帝国主义战争，拥护解放的、反帝国主义的、革命的战争；强调暴力革命是无产阶级夺取政权的主要手段，要善于掌握运用武装起义艺术；革命军队是无产阶级专政的首要条件，要坚持党的领导，加强政治工作，加强军队建设；人民战争是无产阶级取得战争胜利的有效手段；在战略战术上要坚持积极防御、集中兵力和集中统一指挥。苏联军事家图哈切夫斯基提出集中步兵、坦克、炮兵和航空兵，迅速突破敌战术地幅，然后在空降兵和航空兵的协同下，以大量坦克打开突破口，迅速地将已取得的战术胜利发展为战役胜利的大纵深战役理论。

在资本主义国家，德国军事家鲁登道夫在《总体战》等著作中提出"总体战"理论，强调国家生活的各个方面在平时就要服从战争准备的需要，主张动员国家一切力量、使用一切手段进行战争。意大利军事理论家杜黑等人提出"制空权"理论，强调空中力量在现代战争中有决定性作用，主张建立并优先发展独立的空军。英国军事理论家富勒等人提出"机械化战争"理论,认为现代战争中的决定性制胜手段是高度装甲化机械化的机动突击力量。英国的利德尔·哈特提出"间接路线战略"理论,认为在战争指导上应尽量采取迂回打击的方式。上述理论大多被第二次世界大战及后来的局部战争实践所验证。第二次世界大战结束至今,军事上逐渐由机械化向信息化智能化迈进,局部战争连绵不断,世界各国军事思想不断发展。

1. 美国现当代军事思想的主要内容

在军事战略方面,"9·11"事件后,美国提出了"先发制人"军事战略,强调军事或战争行动由基于威胁向基于能力转变。奥巴马政府时期,美国提出了"亚太再平衡"战略,把美国的战略重心转移到亚太地区,以应对所谓的中国"威胁"。特朗普政府则把"亚太再平衡"战略调整为"印太战略",将中国定位为美国的"战略竞争对手"。拜登政府对中国的战略遏制有增无减,2022年版《国防战略报告》重申中国是美国"最重要的战略竞争对手",将"应对中国日益增长的多领域威胁"视为首要任务,其军事战略的针对性、挑衅性和冒险性均在增强。

美国认为"让美军再次强大"是"让美国再次强大"的重要前提,把建设"杀伤力更强、更灵敏的一体化联合部队"作为美国军事竞争优势的首要支柱。总的军队建设指导思想是:缩小军队规模,重点加强军队信息化建设。目标是塑造一支适合执行保卫美国本土、在前沿地区实施作战行动、迅速击败对手并取得决定性和持久的结果、遂行较小规模的应急行动等多种任务的军队。强调在保持军队适度规模的基础上,加快研发各类高技术新型武器系统,主张大力加强和扩充核武器,推动太空作战能力发展,将网络空间视为重要作战领域,推进网络与其他作战力量的融合。

美国十分重视作战理论的创新。冷战后,先后推出了联合作战、信息作战、非对称作战、非战争军事行动、多国作战、网络中心战、快速决定性作战、基于效果作战、行动中心战、感知和反应后勤、全维作战、全谱作战、空天作战、太空作战、海空一体战、网络空间作战、马赛克战、认知战等作战概念和作战理论。当前,美军将"全球一体化作战"作为联合作战的顶层概念和作战思想核心,其他作战概念都可以看作这一核心思想的拓展。基本作战形式是"联合全域作战"。

2. 俄罗斯现当代军事思想的主要内容

俄罗斯认为,引发战争的主要原因是社会、政治、领土、宗教、民族和其他方面存在的各种矛盾,以及一些国家和政治力量诉诸武力解决这些矛盾的企图。新的科技成果正在导致各国军事潜力对比发生变化,未来各国的军事实力主要取决于国家的科学技术潜力。在可预见的未来,爆发世界核大战或常规大战的可能性虽未完全消失,但已大大降低,对稳定与和平的主要威胁是局部战争和武装冲突。在一定条件下,武装冲突和局部战争可能发展成大规模战争,常规战争可能发展成核战争。

冷战后,俄罗斯战略思想经历了由纯防御原则向奉行以"现实遏制"为原则的"积极防御"战略方针的转变过程。俄罗斯并不追求在武器和武装力量的数量上与其他大国均等,而是奉行以坚决利用自己的武装力量反击侵略的"现实遏制"原则。"现实遏制"的主要目标是保障国家安全,维护大国地位,争夺欧洲事务的主导权。主要任务是遏制北约东扩,遏制各种级别的军事威胁。2022年2月俄乌冲突爆发以来,俄军事战略核心思想是在保证战略核力量随时处于应战状态的基础上,重视核打击之前一切可以用来遏制敌人的常规手段,特别是常规远程精确武器对敌实施威慑和打击。

在军队建设方面,俄罗斯主张削减员额和机构,质量建军,强调以常备部队为主,建立能够遂行从大规模战争到维和行动以及各种作战任务的21世纪部队,强调核威慑,重视核力量建设。

3. 日本现当代军事思想的主要内容

在军事战略方面,日本在坚持全方位防御的基础上,不断强化日美同盟,注重联合干预,奉行积极主动原则。日本政府不但提出了"前方阻止""洋上击破"等军事遏制原则,而且扩大"自卫权"的地理范围,宣称要保卫1000海里海上航线。主张向海外派兵,积极参与国际军事行动。

在力量建设方面,日本通过不断裁减员额,优化编制体制,做到机构简化、职责分明、指挥关系明确,努力建设一支更加"合理、高效、精干"的防卫力量。从当前情况看,日本将新建太空领域专属部队、扩充网络战部队,还将从美国购置多种先进武器装备,扩大自卫队职能和范围以及加强日美军事合作。日本正是以各种变通的办法使自己不仅拥有强大的自卫能力,而且具有较强的对外作战能力,事实上已经跻身于世界军事强国之列。

日本主要是通过制定《防卫计划大纲》对国防建设基本方针与自卫队体制改革进行战略性规划;制定《中期防卫力量整备计划》对未来5年自卫队力量建设进行具体规划。2018年12月18日,日本内阁决议通过了新版《防卫计划大纲》及《2019—2023年度中期防卫力量整备计划》,提出了所谓的"多次元统合防卫力"概念,要求日本自卫队在关注海陆空等传统作战领域的同时,增强在太空、网络、电磁等新领域的跨领域综合作战能力。2022年12月,日本政府出台新版《国家安全保障战略》《国家防卫战略》和《防卫力量整备计划》,并在《国家安全保障战略》中明确将中国定位为"最大战略挑战"。《防卫白皮书》是日本防卫省关于周边安全形势和防卫政策的年度报告。日本2025年版《防卫白皮书》,大肆渲染"中国威胁",粗暴干涉中国内政。

4. 印度现当代军事思想的主要内容

在战争观方面,印度认为,进行战争的目的是保卫国家领土完整和民族统一,维护民族利益,实现战略的总体目标;认为军事手段是实施安全战略的最重要手段,因此一直维持着庞大的武装力量;认为科技对战争结局有着重要影响,信息技术将决定未来战争的胜负。

在军事战略方面,印度认为5个安全利益相关地区,即南亚次大陆、海湾和西亚、中亚、东亚和印度洋地区,都可能发生威胁印度安全的局部战争。"来自中国的威胁"虽然并不迫在眉睫,却是战略性的、长远的和最为严重的。

在军队建设方面,贯彻"稳定数量,提高质量"的思想,重点增强军队的战略威慑能力、战略和战场机动能力、快速反应能力和突击能力。重视加强海军、空军和陆军的全面建设和均衡发展,增强电子战能力、远程打击能力、对军事潜在威胁的反应能力。加强国防科研和军工生产能力等方面的建设力度,采取自制、引进、改造等多种手段,大力加强武器装备建设。通过不断加大军事训练力度,频繁进行诸军兵种联合作战演习,着力提高部队的实战能力。

近年来,印度不断强化攻势作战思想,已经逐步完成从"区域威慑"到"惩戒威慑"的军事战略转变。近年来,印度与美国在"印太战略"框架下展开深度战略合作,对中国实施"积极威慑"战略,将军事斗争准备重点转变为应付中小规模边境武装冲突,立足打速战速决的高技术战争。

二、外国军事思想的主要特点

外国军事思想虽然因各国安全环境、战略目标、自身实力等因素不同而有所差异,但它作为军事思想的有机组成部分,除具备军事思想的共同特点外,还呈现出以下特点。

(一)严格服从服务于国家安全战略

军事服从政治,战略服从政略。在主权国家,国家安全是最大的政治,也是军事思想的指挥棒。冷战结束后,美国提出了"超越遏制"安全战略,根据其战略要求,老布什政府提出了"地区防务"军事战略和"联合作战""前沿存在"等作战思想,从军队建设、兵力部署、战争准备等方面强化美国军事力量,确保顺利达成美国安全战略目标。俄、日、印等国也都是在各自安全战略的指导下进行军事思想的创新与发展的。

(二)具备较强的规范性和可操作性

外国军事思想创新发展过程中,一旦某种思想、观点或术语经过严密论证被官方接受后,就以官方文件或法规的形式对其加以规范,要求必须遵照执行。这就使得外国军事思想的规范性和可操作性比较强。比如,美军作战思想主要体现在各类作战条令之中,联合作战条令居于最高层,规范并要求各军种根据联合作战的要求,逐步更新军种条令,使之由强调单一军种作用向重视联合作战方向转变。在军种作战条令与联合作战条令发生冲突时,要求以联合作战条令为准。

(三)高度重视技术创新引领

从历史上看,外国军事思想的发展总是同人类科学技术的发展紧密联系。蒸汽机的发明和广泛使用带动了外国近代军事思想发展,内燃机和电力的发明使用带动了外国现代军事思想发展,信息技术的发展又极大改变了外国当代军事思想的面貌。当前,西方军事强国又积极将人工智能、5G技术、信息栅格技术、数据链技术、遥感测绘技术、定位导航技术、大数据、云计算、物联网等新技术运用于军事领域,催生出多域战、分布式作战、马赛克战、认知战、决策中心战、系统战、有人无人协同作战等众多新的作战概念和作战理论。

(四)注重进行前瞻性研究

外国军事思想在作战理论、军队建设、教育训练等方面均非常重视着眼于"如何打赢下一场战争"进行理论创新。美军的作战构想创新一般前瞻15—20年,作战概念创新一般前瞻8—15年,军队建设一般前瞻30年。美军对可能出现的新作战样式十分敏感,一旦出现新的作战样式即开始组织人力物力进行前瞻性研究。俄军积极探索信息化时代作战理论,并依此设计未来军队结构和能力。日本的《防卫计划大纲》则为其自卫队未来

5—10年间的力量建设、军事部署和作战运用提供指导。

三、外国军事思想代表性著作

外国军事理论著作非常丰富,代表性的著作有克劳塞维茨的《战争论》、马汉的《海权对历史的影响(1660—1783)》、杜黑的《制空权》等。

(一)《战争论》

克劳塞维茨

《战争论》是19世纪资产阶级经典军事理论著作,作者卡尔·冯·克劳塞维茨(1780—1831),共3卷8篇124章,加上附录共69万余字。

克劳塞维茨在《战争论》中系统地揭示了战争的本质,形成了独树一帜的"三位一体"的战争观:一是战争原有的暴烈性;二是战争的盖然性和偶然性;三是作为政治工具的从属性。他认为政治引起战争,"是孕育战争的母体";政治支配战争,"政治是头脑,战争只不过是工具,不可能是相反的";政治也必须适应战争的特性,战争虽然是政治的一部分,但它是以剑代笔的政治,是流血的政治,"政治目的也不是因此就可以任意地决定一切,它必须适应手段的性质"。克劳塞维茨"三位一体"的战争观第一次比较正确全面地揭示了战争的本质,是人类军事思想史上一次重大进步。

克劳塞维茨提出了一些颇有特色的战略思想。他认为,战略是运用战斗的学问,"军队的使用无非是若干次战斗的决定和部署","这些战斗本身的部署和实施"是战术,而"为了达到战争的目的对这些战斗的运用"则是战略。战略必须考虑五方面要素:精神要素、物质要素、数学要素、地理要素和统计要素。研究战略问题时决不能局限于某一种要素,而要综合分析各要素的特点及作用。战略上最重要的准则是集中兵力。

在作战原则方面,克劳塞维茨认为消灭敌人军队是战争中的"长子",主力会战是决定战争胜负的关键,作战中应重点打击敌人重心,且不能超越"进攻的顶点"。

克劳塞维茨提倡民众战争。他认为"民众武装是一种巨大的防御力量",总结出民众武装的任务及其使用的一系列原则:一是民众武装不宜正面对抗敌军的主力,只能从外部和边缘蚕食敌军;二是民众武装不宜凝结成反抗的核心,但必要时可相对集中;三是民众武装的作战应与正规军的作战结合起来;四是民众武装适于战略防御,但不适于战术防御。

(二)《海权对历史的影响(1660—1783)》

《海权对历史的影响(1660—1783)》,美国军事历史学家、军事理论家A.T.马汉(1840—1914)著。马汉在该书及《海权对法国革命和帝国的影响(1793—1812)》《海权的影响与1812年战争的关系》三部著作中,对海洋权益、海军战略、海上作战及海上力量建设等问题进行了阐述,形成了他的海权论思想。

马汉认为海权是历史发展的决定因素,因而强调海洋的重要性和控制海洋的意义。海军战略的目标是保证国家获得平时和战时的海权。海上作战最重要的任务是掌握制海权,而掌握制海权有赖于强大的海军。集中的法则是海军战略的基础;威力的方程式是力量加位置(即占据便于随时向主要战略战役方向机动的中央位置),以便于舰队实施内线机动;海上交通线在战争中居于"统制战争"的地位,凌驾于其他要素之上。即使全局处于防御态势,海军舰队也必须积极出击,通过海上交战达到一定的结局。海上作战的主要手段是舰队决战,必要时可通过海上封锁来达成目的。海军舰队是海上野战军,机动性和进攻性是其基本特征;海军基地、要塞是舰队的

马汉

根据地,是海上进攻力量的依托和组成部分。主张美国应突破传统近岸防御思想的束缚,建设一支能够在海上积极进攻、机动作战的强大海军。

马汉的军事思想适应了 19 世纪末 20 世纪初美国垄断资本向海外扩张的需要,是美国政府制定对外政策和海洋战略的重要依据,对美国军事思想和其他许多国家的海军理论都产生了重要影响。

(三)《制空权》

朱利奥·杜黑

《制空权》,意大利军事理论家朱利奥·杜黑(1869—1930)著。在该书中,杜黑系统地提出了制空权理论,深刻影响了世界现代军事思想的发展及战争实践。

杜黑认为,飞机用于战争,彻底改变了战争面貌,是战争发展史上的转折点。战争将成为全民的、总体的、不分前方和后方、不分战斗人员和非战斗人员的战争。未来战争中,夺取制空权的斗争极端重要。掌握制空权就是胜利,丧失制空权就是战败。为夺取制空权必须建立与陆军、海军并列的独立空军,而空中战场将是未来战争的决定性战场,空军的重要性将进一步提高,陆军、海军的重要性将相应降低。空军是一支进攻性力量,不适用于防御;空中力量应当集中使用。通过集中空军最大力量对敌后方城市和居民中心实施战略轰炸,即可摧毁其物质和精神的抵抗,迅速赢得战争的胜利。杜黑主张建设强大的商业航空,作为空军的后备。

《制空权》之后,杜黑又撰写了《未来战争的可能面貌》《扼要的重述》《19××年的战争》(出版于杜黑去世之后)等著作,进一步阐释了他的制空权理论。杜黑的制空权理论是现代空军理论的奠基之作,至今仍对各国空军建设起着重要的指导作用。

第三节 中国古代军事思想

中国古代军事思想是中国奴隶社会、封建社会时期,各阶级、政治集团及其军事家和

军事理论研究者关于军事领域基本问题的理性认识。

一、中国古代军事思想的主要内容

中国古代军事思想内容非常丰富,主要体现在战争观、战略战术思想、建军治军思想、国防思想等方面。

(一)战争观

古人对战争的起因、性质、作用,对待战争的态度,战争与政治、经济等各种因素的关系等基本问题,从总体上提出了初步看法,形成了朴素却比较完整的战争观。

1. 战争起因

在战争起因问题上,奴隶社会时人们一般认为战争是由超自然力量引起的,把战争看作违反"天命"的惩罚。战国时期,人们对战争起因的思考日益深入。《吴子》认为,战争起因有五:争名、争利、积恶、内乱和因饥。《吕氏春秋》认为战争是私斗的扩大。以上观点虽然不尽正确,却完善了中国古代军事思想的内容体系,弥足珍贵。秦汉之际,《礼记·礼运》的作者第一次提出私有制度和私有观念引起战争的观点,认为远古时代"天下为公",社会没有争夺,也就没有战争;后来有了私有财产,也就有了争夺,产生了战争,从而在战争起因问题的认识上取得了重大突破。

2. 战争性质

在战争性质问题上,古人很早就将战争区分为正义和非正义两种不同的性质。《左传·僖公二十八年》说"师直为壮,曲为老",不仅从性质上把战争区分为"直"与"曲"两种类型,而且认识到战争性质会对战争胜负产生巨大影响。这种思想在战国时期获得了很大发展。儒家把战争区分为"义战"和"不义之战"两大类,"义战"就是救民于水火之中的战争。"义战"思想对于中国军事文化慎战、和平传统的形成有着深远影响,但也造成了中国传统军事文化重义轻利、重道轻器的弊端。战国许多论兵者将统一战争视为正义之举,在理论上予以支持。《吕氏春秋》把封建统一战争比作"救世良药",认为"兵苟义,攻伐亦可,救守亦可;兵不义,攻伐不可,救守不可"。这些思想为秦统一六国奠定了理论基础,其历史价值不可磨灭。

3. 战争与政治的关系

在战争与政治的关系问题上,古人认识到战争对于政治的从属性,认为战争是现象,政治是本质。《孙子兵法》认为决定战争胜负的基本因素有五个,即"道、天、地、将、法",其中最重要的是政治因素——"道",认为"主有道",并能"修道而保法",才能掌握胜利的主动权。《司马法·仁本》的"正不获意则权"、《荀子》的"德胜"、《商君书》的"政不若者勿与战"、《淮南子·兵略训》的"兵之胜败,本在于政"等思想,都强调了政治在战争中的重要作用。

4. 战争与经济的关系

在战争与经济的关系问题上,古人已经认识到战争对经济的依赖性。战争中从粮秣的生产储备,武器装备的供给,到运输、医药、抚恤等军事勤务保障,无不需要消耗大量物质财富,因此提出了"财不盖天下,不能正天下"的思想。古人把富国看作强兵之本,认为

"甲兵之本,必先于田宅"。强调将农、战二事作为"国之所急",采取种种措施鼓励农战;强调战后须注意休养生息,恢复经济。

(二)战略战术思想

战略战术思想,即古人常说的"制胜之道""用兵之法",是中国古代军事思想中最为丰富和精彩的部分。

1. 先胜

先胜思想强调先塑造制胜优势,再与敌交战。如何塑造制胜条件,形成对敌优势呢?古人大致是从"知""积形""庙算"三个方面入手的。"知"包括"先知"和"尽知"两个范畴。"先知"是指"知"的时间方面,指在军事行动之前,就须掌握有关情报,认识军事发展规律,对军事行动结果作出预测。"尽知"是指"知"的内容方面,包括知"道"和知"情"两个范畴。知"道"指要了解和掌握战争规律及战争指导规律。知"情",指掌握敌情、我情和战场环境等与战争相关的各种情况。其中最重要也最难做到的是"知彼",即了解敌情。"积形"即军事实力的积蓄储备。古人认识到,军事实力与"道""财""天""地""将""法""卒""兵"等多种因素密切相关,因而要求不断地在这些方面积聚力量,形成对敌的绝对优势。古代战争之前,往往要到庙堂之中进行祭祀活动,祈求祖先和神灵的保佑,同时进行讨论分析战前形势、制定战略决策、定下行动决心等活动,称之为"庙算"。"庙算"大概相当于今天的作战会议,是先胜思想的一个重要组成部分,对战争的胜负有着重要影响。

2. 全胜

全胜,即"不战而屈人之兵",是中国古代军事思想中的重要战略战术原则,极具中国特色。实现"不战而屈人之兵"是以能够打赢战争为前提和基础的。首先,要具备一定的实力基础,这个基础即上文所述的"先胜"。当实力优势足够明显,才能迫使敌"不战而屈"。其次,要善于综合运用政治、经济、外交等非战争手段克敌制胜。孙子"上兵伐谋,其次伐交"说的就是这个意思。再次,要具备战而胜之的强大军事能力。当非战争手段不能达到目的时,就要用战争手段解决问题,"战胜"始终是全胜的保底手段。需要注意的是,全胜思想将不经战斗就使敌人屈服视为用兵的最高境界,但同时并不强求绝对的"全",而是主张通过尽可能小的战斗换取尽可能大的胜利,追求一种相对的"全"。从这个角度说,全胜也是一种注重战争效益的思维方式。

3. 致人

"致人而不致于人"简称"致人",意思是控制、调动敌人而不被敌人所控制和调动,讲的是关于战争的主动权问题。军事斗争中的一切谋略,诸如速战速决、隐真示假、避实击虚、攻心夺气、先发制人、出其不意、攻其不备、以逸待劳、攻其必救、利而诱之、卑而骄之,等等,都是围绕争夺主动权展开的。如果说,先胜反映的是战争制胜的物质基础问题,全胜反映的是战争制胜的思维方式方法问题,致人则反映了战争制胜的根本途径问题。

4. 任势

"势"的基本含义是态势。任势,就是运用军事力量,因势施谋,借势成事,最终达到高效益地取胜目的。任势,首先要善于造势。一方面形成对敌综合优势;另一方面通过巧妙合理的调动部署,使己方占据时间、空间等方面的有利态势。其次,要运用高明的指挥艺术,充分利用有利态势,充分发挥优势力量的打击效能,如选择正确的发起进攻的时间、及时调整作战部署等。再次,要正确分析形势,巧妙借助客观态势以达成我方目的。历史上,项羽在巨鹿之战中破釜沉舟,韩信在破赵之战中背水列阵,都是借势成事的典型战例。

5. 奇正

奇正理论是中国古代兵学理论体系中的重要范畴。可以从两个角度理解奇正:一是兵力的主次,主力为正,其余为奇;二是战法的常变,常规战法为正,创新的、出敌不意的战法为奇。奇正理论首先强调奇正结合,战争中只有正兵而没有奇兵,即使正兵实力强大、阵容严整,也难以发挥全部威力;而只有奇兵没有正兵,即使奇兵很精锐,却没有雄厚的力量依托,也难以控制战局。奇正理论的精髓在于奇正相生,强调从客观实际出发,灵活变换奇正,或以正为奇,或以奇为正,变化无穷,使敌莫测。正如《李卫公问对》所言:"善用兵者,无不正,无不奇,使敌莫测,故正亦胜,奇亦胜。"

6. 虚实

孙子最早提出了"避实而击虚"的思想,经历代兵家的继承发扬,成为古代兵学的重要内容之一。虚实内涵广泛,如兵力多者为实、少者为虚,士气高者为实、低者为虚,纪律严整者为实、散乱者为虚,等等。总的来看,虚实就是敌对双方力量对比状况的本质概括。虚实理论主要包括三方面内容:一是用各种方法察明敌之虚实。二是转化敌我虚实态势。虚实之势是相对的,不是一成不变的,指挥员要善于通过主观努力,促使虚实矛盾向有利于自己的方向转化。三是善于打击敌人弱点。

(三)建军治军思想

中国古人认为能否取得战争胜利不完全在于军队数量的众寡,更在于军队质量的好坏,即所谓"以治为胜"。因此,中国古人非常重视军队建设和管理,进而形成了内容丰富的建军治军思想。

1. 制必先定

古人认识到制度建设是建军治军的首要问题,也是最重要的问题。古人一般把有关军队编制、管理、训练、储备、征募等方面的法规制度统称为"法""制"等。孙子把"法"作为决定战争胜负的五大要素之一。《尉缭子·制谈》中指出"凡兵,制必先定。制先定则士不乱,士不乱则刑乃明",可谓一语中的。古人认为,军制的确立,必须保证国家的集中统一,必须有利于战斗力的充分发挥,必须保证最大限度地发挥武器装备的作战效能。

2. 教戒为先

"教戒"指教育训练,古人对军事训练极为重视。孙子把"士卒孰练"提高到战略高度,视为预判胜负的重要依据。古人强调军事训练要从实战出发,注重训以致用,反对摆花架子。训练的内容主要包括技巧训练和阵法训练,即技术训练和战术训练,要求通过训练使士卒能够熟练使用武器装备,具备一定的格斗技能,熟练掌握各种战术队形(阵)之间的转换。训练方法上提倡"教得其道",提出了循序渐进,由浅入深;逐级施训,分工教练;因材施训,突出重点等训练原则。

3. 信赏明罚

赏罚被古代兵家视为贯彻军法军纪、管理军队的重要手段。比如孙子就将"赏罚孰明"作为预测战争胜负的七个要素之一。古代赏罚理论首先强调公正性,"当赏者,虽仇怨必录;当罚者,虽父子不舍"。其次强调及时,要"赏不踰时,罚不迁列",不论赏罚都要就地执行。古人在重视赏罚的同时,还强调爱兵。《百战奇略》中的"爱战"、《兵经百篇》中的"辑""结""恤"等都是关于爱兵的专篇。吴起、李广、岳飞、戚继光等历代兵家名将也都留下了感人的爱兵故事。

4. 将者,国之辅也

将帅在军事活动中具有举足轻重的地位作用,对此古人有着清醒的认识。孙子在《作战篇》说:"故知兵之将,生民之司命,国家安危之主也。"《三略·上略》说:"夫将者,国之命也。"如此等等,不胜枚举。基于这种认识,古人对将帅的综合素质提出了德才兼备、有勇有谋的极高要求。为了选拔优秀指挥员,古人主张打破地域、门第观念和世袭制度,任人唯贤,反对任人唯亲,重视从富有实践经验的基层指挥员中选拔高级将领。主张选拔将帅应用其所长,避免求全责备。主张通过实战考核将帅,淘汰那些纸上谈兵的不合格者。

(四) 国防思想

中国古人重视维护政权安全和巩固既有领土,形成了具有鲜明农耕文化特点的国防思想。

1. 安不忘战的国防指导思想

"安不忘战"思想源远流长,早在《周易·系辞》中就有"安而不忘危,存而不忘亡,治而不忘乱"的论述。其内涵十分丰富。首先,它强调思想上要高度重视国防问题,反对那种认为天下太平便可偃武息兵的思想。其次,基于对战争与政治关系的深刻认识,强调加强国防建设的根本在修明政治,赢得民心,正如康熙所言:"守国之道,惟在修德安民;民心悦则邦本得,而边境自固,所谓众志成城是也。"第三,强调加强国防建设的基础在富国,主张由国家(君王)统一掌握、组织国家经济的发展、储存和使用,认为这样才能无敌于天下。第四,强调建设一支强大的军队,作为巩固国防的支柱。第五,强调亲仁善邻,合纵连横,通过外交方面的结盟与反结盟,争取有利的国际环境,从而保障国家安全。

2. 边防建设思想

中国古代,中原政权长期面临北部游牧民族的威胁,因而形成了丰富的边防建设思想。一是用制险塞,以墙制骑。秦始皇统一中国后,开始大规模修筑长城,希望借以阻止匈奴骑兵大举南下。之后,用制险塞、以墙制骑就成为中原政权边防问题上的首选方略。历代修缮、增筑长城的记载不绝于书。二是以骑制骑,积极防御。汉武帝组建了大规模骑兵集团,以卫青、霍去病等人为将领,开始对匈奴展开攻势并取得了一系列胜利,有效巩固了边防。隋、唐、明、清等朝代也都注重骑兵建设,在不同程度上继承了以骑制骑思想。三是屯田实边,开发边疆。古人主张向边疆地区移民,以边境军民实施屯田。屯田的特点是军民结合、农战结合,可以起到熔军事价值与经济效益于一炉的重要作用。自汉以后,各朝多采取屯田实边政策,均取得了较好效果。屯田实边使得中原先进的政治、经济、文化、思想传播到广大边疆地区,从而加快了边疆地区的发展进步,促进了中原民族与边疆少数民族的融合。

二、中国古代军事思想的鲜明特征

世界上每一种文明传统都包含有关于战争等军事方面的思想,而每一种军事思想又有其传统文化的烙印。几千年来,经过漫长历史的积淀与升华,中国古代军事思想独具特色。

(一)历史悠久,著作丰富

中国古代军事思想发端于约 5 000 年前的远古时代。我国有史可查的最早的兵书《军志》大约出现于西周,距今已有 3 000 多年。中国军事思想的有关著述浩如烟海,蔚为壮观。据不完全统计,从先秦至晚清,中国历代兵书多达 3 380 部 23 500 卷。目前尚存兵书仍然多达 2 308 部 18 567 卷,比较有价值的有 100 多部,被选入百科全书的有 39 部,为世界之最。正因如此,中国历来有"兵书王国"之美誉。

(二)舍事言理,哲理深刻

中国古代军事思想对战争等军事问题的观察分析,宏观上具有一览群山的博大气概、纵横联络的系统思想,言兵但不限于兵,而是将军事与政治、经济、人文、自然、心理、艺术等有关因素融合在一起,通盘考虑。微观上的分析往往入木三分,深刻独到,发人深省。在战争观、安全观、建军思想、作战准则、方法与谋略等方面,充满哲理和真知灼见。

(三)崇尚道义,追求和平

中国军事思想历来把崇尚道义与追求和平作为研究军事问题的价值取向。早在先秦时期,兵家就把"止戈为武"作为思考战争问题的逻辑起点。公元 15 世纪初叶,明朝郑和作为友好使者七下西洋,促进了中国与亚非各国的经济和文化交流,而没有带去战争,就是最好的例证。日本历史学家浅野佑吾在深入研究中国军事历史之后得出这样的结论:中国军事思想的"第一个特点是以非战主义为原则,尽量通过外交和谋略活动,求得政治解决"。"中国兵学的价值是以政略性和道义性为主要内容的";中国"兵家的得意之处在于外交和谋略,其着眼点是极力避免诉诸武力","他们主要是以用兵的方略和讲究道义而闻名于世的"。[①]

(四)注重谋略,力争智胜

在中国古代军事思想宝库中,丰富多彩的军事谋略最引人注目。中国军事谋略思想的产生与运用可以溯源到远古时代。黄帝、炎帝联盟与蚩尤的涿鹿之战,炎帝与黄帝的阪泉之战,已经孕育着军事谋略思想的萌芽。从孙膑首创的"围魏救赵",到韩信的"背水列阵",中国军事历史上运用奇妙方略的经典战例不胜枚举。《孙子兵法》中的"诡道十二法",《百战奇法》中所概括的诸多用兵法则,都是熔炼中国传统谋略思想而形成的精华。

---

① 浅野佑吾:《军事思想入门》,解放军出版社,1988 年版,第 181、195、200 页。

三、中国古代军事思想代表性著作

中国古代兵学发达,代表性著作不胜枚举,此章重点介绍孙武的《孙子兵法》、吴起的《吴子兵法》和戚继光的《纪效新书》。

(一)《孙子兵法》

《孙子兵法》亦称《孙武兵法》《吴孙子兵法》,简称《孙子》,成书于春秋末期,是我国历史上最伟大的军事著作。作者孙武,字长卿,春秋末期齐国人,大约出生于公元前545年,与孔子(公元前551年—前479年)同时代而略晚。公元前512年,孙武以兵法十三篇觐见吴王阖闾,得到吴王赏识,任为将军,帮助吴王经国治军,功绩卓著。史载,吴国"西破强楚,入郢;北威齐晋,显名诸侯,孙子与有力焉"。

孙武

今存《孙子兵法》约5 900余字,共13篇:第一《计篇》,主要论述研究和谋划战争的重要性,通过战略运筹和主观指导能力的分析,以求得对战争胜负的预见,提出了"五事""七计""兵者,诡道也""攻其无备,出其不意"等军事原则;第二《作战篇》,主要讨论物力、财力、人力与战争的关系,提出了"兵贵胜,不贵久"的速胜思想和"因粮于敌"的原则;第三《谋攻篇》,主要论述"不战而屈人之兵"的"全胜"思想,揭示了"知彼知己,百战不殆"的著名军事规律;第四《形篇》,主要论述战争必须具备客观物质力量即军事实力,重点讲"先为不可胜,以待敌之可胜";第五《势篇》,主要论述在军事实力的基础上,如何正确实行作战指挥问题,主张通过灵活地变换战术和正确地使用兵力,造成锐不可当的有利态势;第六《虚实篇》,主要论述作战指挥中要"避实击虚""攻其必救""因敌而制胜",重点讲用"示形"欺骗敌人,调动敌人而不被敌人所调动;第七《军争篇》,主要论述争取战场主动权的问题,提出了"兵以诈立,以利动,以分合为变""避其锐气,击其惰归"等军事原则;第八《九变篇》,主要论述根据各种战场情况灵活运用军事原则的问题,提出了"必杂于利害""君命有所不受"等思想;第九《行军篇》,主要论述行军、宿营和作战的组织指挥及利用地形地物、侦察判断敌情的问题;第十《地形篇》,主要论述地形的种类与作战的关系及在不同地形条件下的行动原则,还提出了"视卒如爱子"的观点;第十一《九地篇》,主要论述九种不同作战地区及其用兵原则,提出了"兵之情主速,乘人之不及,由不虞之道,攻其所不戒"的突然袭击的作战思想;第十二《火攻篇》,主要论述火攻的种类、条件和实施方法;第十三《用间篇》,从战略的高度论述了使用间谍的重要性及各种间谍的使用方法,提出先知敌情"不可取于鬼神""必取于人"的朴素唯物主义观点。

《孙子兵法》词约义丰,内容博大精深,提出了战争的一些一般规律,构建起人类历史上第一个具有丰富内容的军事理论体系。在军事哲理方面,具有朴素的唯物论和辩证法思想,它十分强调政治、经济在战争中的作用;贯穿于全书始终的"知彼知己,百战不殆"的思想,至今仍是科学真理;它重视人事,反对天命,不信鬼神;它含有弱生于强、强生于弱的矛盾转化思想、"杂于利害"的辩证分析的思想、"兵无常势"的发展变化思想等。在战略战术方面,它重视战略谋划,反对轻易用兵,主张"慎战""全胜""不战而屈人之兵";它把战略的内容归纳为"道、天、地、将、法"五个要素,并指出将帅只有深刻了解、确实掌握这五个战略要素,才能够打胜仗;它强调战术的灵活性,提出"兵无常势""践墨随敌,以决战事""因敌而制胜",要根据不同的时间、地点、作战对象而采取不同的战法;要"致人而不致于人"等。在军队建设方面,重视将帅的地位与作用,把具有"智、信、仁、勇、严"等"五德"的指挥员看作决定战争胜负的五个战略要素之一;主张"令文齐武"①,刑赏并重,以法制原则治理军队等。

2 500多年以来,《孙子兵法》影响无处不在,明代军事理论家茅元仪曾说"前孙子者,孙子不遗;后孙子者,不能遗孙子",精当评价了《孙子兵法》的崇高历史地位。从20世纪中期开始,《孙子兵法》日益引起世界各国政治家、军事家和军事理论家的重视,成为他们启迪思维、创新理论的重要灵感源泉。

微视频

《孙子兵法》

(二)《吴子兵法》

吴起

《吴子兵法》又称《吴子》《吴起兵法》,作者吴起(约公元前440年—前381年),战国时期卫国左氏(今山东定陶西)人,我国古代著名军事家,后世常将他与孙子并称为"孙吴"。

吴子继承孙子思想,对战争持重战、备战、慎战的基本态度,认为战争是维护国家安全和发展利益的重要手段,同时又能看到"是以数胜得天下者稀,以亡者众",反对穷兵黩武。吴起认为战争起因有五种:"一曰争名,二曰争利,三曰积恶,四曰内乱,五曰因饥";战争性质也有五种:"一曰义兵,二曰强兵,三曰刚兵,四曰暴兵,五曰逆兵"。这种认识是超越前人的。

吴子提出了"内修文德,外治武备"的战略思想。"文德"即"道""义""礼""仁"四德。他认为,用四德"教百姓而亲万民",就能使民众"皆是吾君而非邻国",在战争中就能举国一心,同仇敌忾,战无不胜。与此同时还要"外治武备",即加强军队建设,做好战备工作。"内修文德,外治武备"思想是一种经国治军的大战略思想,它吸收融合了儒、法、兵等学术流派的思想精华,达到了时人在国家战略问题认识上所能达到的最高水平。

吴子治军思想的核心是"以治为胜",内容丰富而深刻。主张以选募方法组建精锐常备军作为克敌制胜的主力,并给予官兵优厚的待遇。主张将军队的教育和训练放在首位,强调以"礼""义"等伦理道德观念教育官兵,提出应按照由浅入深,循序渐进,先技术后战

---

① "令文齐武"语出《孙子兵法·行军篇》:"故令之以文,齐之以武,是谓必取。"以《孙子校释》为代表的一些版本,此句作"合之以文,齐之以武",亦简称为"合文齐武"。两说皆可。

术,先分队战术后全军战术的方法步骤"教成三军"。主张各级指挥员应具备"总文武""兼刚柔"的能力素质。

《吴子兵法》内容丰富,见解深刻,在我国古代军事思想史和军事学术史上均有重要影响。

(三)《纪效新书》

《纪效新书》是明代著名军事家、抗倭名将戚继光(1528年—1587年)在东南沿海平倭战争期间练兵和治军经验的总结,有十八卷本和十四卷本传世。

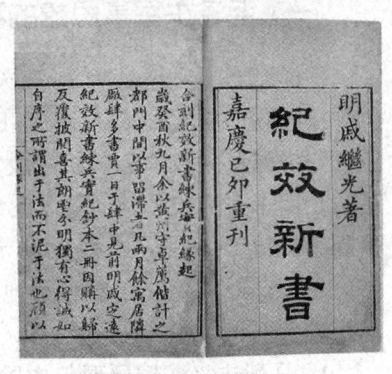

《纪效新书》

《纪效新书》"乃集所练士卒条目"汇辑而成,类似军中各种条例条令的汇编。在这些条款中,比较充分地反映了戚继光在东南沿海抗倭时练兵、作战的思想。戚继光在《纪效新书》中强调要从严治军,提出了创立兵营、选兵、练兵的三部曲,并制定了整顿军队的相应措施。认为"兵之贵选",而选兵最重要的标准是"必精神力貌兼收"。强调按实战要求从难从严训练,反对只图好看的花架子。重视号令训练,要求将士"耳只听金鼓,眼只看旗帜""大家共作一个眼,共作一个耳,共作一个心"。重视平时养成训练,认为"操兵之道,不独执旗走阵于场肆,而后谓之操,虽闲居坐睡嬉戏亦操也"。要求将帅不仅要有带兵制敌的文韬武略,而且要精通各种技艺,战时与士卒患难与共,平时也要处处与士卒同甘共苦。强调赏罚在治军中的作用,主张赏罚要公正,赏不避仇,罚不避亲,同时制定了严格的民众纪律,侵害百姓利益者均会遭到重罚。重视兵器在战争中的作用,并以大量篇幅记述了各种兵器的制造、形制、样式、作用、习法等。

《纪效新书》语言通俗,"其词率如口语,不复润饰"[①],结合士卒实际讲道理,情深意切,易学易记。所述内容具体实用,既是抗倭中练兵实战的经验总结,又反映了明代训练和作战的特点,尤其是反映了火器发展到一定阶段时作战形式的变化,具有鲜明的学术特色和较高的军事学术价值。

第四节　中国现当代军事思想

毛泽东军事思想、邓小平新时期军队建设思想、江泽民国防和军队建设思想、胡锦涛国防和军队建设思想以及习近平强军思想构成了中国现当代军事思想的主要内容。这些思想既一脉相承又与时俱进,是各个历史时期我党军事斗争和建军治军经验的凝练升华,是我国进行国防建设、军队建设和军事斗争准备的科学理论指导,是我军打赢具有智能化特征的信息化战争的根本遵循。

---

① 《四库全书总目提要》。

一、毛泽东军事思想

毛泽东军事思想主要回答了在中国处于半殖民地半封建社会的历史条件下,如何建设一支无产阶级新型人民军队和夺取武装斗争胜利,以及在取得全国政权后如何建立现代国防的问题。

(一)毛泽东军事思想的科学涵义

毛泽东军事思想是"毛泽东关于中国革命战争、人民军队和国防建设以及军事领域一般规律问题的科学理论体系,是毛泽东思想的重要组成部分。它是马克思列宁主义普遍原理与中国革命战争和国防建设实际相结合的产物,是中国共产党领导的中国人民及其军队长期军事实践经验的科学总结和集体智慧的结晶,同时也多方面汲取了古今中外军事思想的精华,是中国共产党领导中国革命战争、军队建设、国防建设和反侵略战争的指导思想"[①]。这一定义不仅科学地揭示了毛泽东军事思想的基本内涵,而且充分反映了毛泽东军事思想的本质特征。

1. 马列主义普遍原理与中国革命战争和国防建设实际相结合的产物

毛泽东军事思想的基本原理告诉我们:一方面必须坚持马列主义基本原理,用马列主义的立场、观点、方法去观察分析战争;另一方面必须从中国革命战争实际出发,运用马列主义基本原理,实事求是地指导战争,坚持理论与实践相统一的原则。毛泽东军事思想正是在同生搬硬套马列主义、脱离中国革命战争实践的教条主义、把局部经验误认为普遍真理的经验主义的斗争中,在不断总结历史经验教训的基础上形成发展起来的。

2. 中国共产党人长期军事实践经验的科学总结

中国共产党在领导中国革命武装斗争中,经历了土地革命战争、抗日战争和解放战争,推翻了帝国主义、封建主义和官僚资本主义的反动统治,建立了中华人民共和国。中国革命武装斗争,其时间之长、规模之大、情况之复杂、道路之曲折、内容之丰富、形式之多样、胜利之辉煌、影响之深远,是中外战争史上所罕见的。中华人民共和国成立后,我军又进行了抗美援朝战争、边境自卫反击战等作战行动,开展以现代化为中心的国防和军队建设。毛泽东军事思想就是在以上中国革命武装斗争、国防与军队建设实践经验基础之上的科学概括。毛泽东凭借对马列主义的深刻理解和对中国实际的深入研究,不仅及时将战争实践经验上升为理论,而且善于运用这些理论去指导战争实践,并在实践中反复检验这些理论,丰富发展这些理论,使之成为科学的理论体系。

3. 中国共产党人集体智慧的结晶

毛泽东军事思想不是一般的个人学说,而是我军的根本指导思想。毛泽东作为中国共产党军事理论的奠基人和集大成者,对这一理论体系的创立和发展起了主导作用,这一理论以他的名字命名是恰当的,也是当之无愧的。但毛泽东只是这一思想的主要代表,这一思想从整体上说,是全党集体智慧的结晶。毛泽东军事思想是中国革命战争实践经验

[①] 军事科学院战争理论和战略研究部:《中国军事百科全书·毛泽东军事思想》,中国大百科全书出版社,2007年版,第1页。

的总结,进行这一实践的,是一个革命群体。朱德、周恩来等无产阶级军事家都为我党军事思想的创立和发展做出了卓越的贡献。中国共产党实行集体领导,党和军队关于战争问题的许多重大决策和重要理论的形成,都是领袖集团集体智慧的体现。正如毛泽东自己所言:"这不是我一个人的思想,是千万先烈用鲜血写出来的,是党和人民的集体智慧。"①

4. 毛泽东思想的重要组成部分

毛泽东军事思想在整个毛泽东思想体系中占有极为重要的地位。我党在中华人民共和国成立前的历史,实际上就是一部武装斗争史。毛泽东的军事实践活动,是他一生中最光辉、最成功的部分,因而在他的全部理论研究中,军事理论的创造和论著占有重要的地位。

(二) 毛泽东军事思想的主要内容

毛泽东军事思想的主要内容包括战争观和方法论、人民军队思想、人民战争思想、人民战争的战略战术思想和国防建设思想等五个方面。战争观和方法论是理论基础,人民军队思想反映我军的性质、宗旨,体现建军治军的原则,人民战争思想是核心内容,人民战争的战略战术思想是对我军战略战术指导的科学总结,国防建设思想是毛泽东军事思想在新的历史条件下的发展。

1. 战争观和方法论

毛泽东结合中国革命战争实践,在充分借鉴古今中外军事思想精华的基础上,运用马克思主义的基本原理,第一次明确提出了"军事辩证法"概念,系统地阐述了马克思主义的战争观,丰富和发展了马克思主义的战争认识论、方法论,为正确地看待战争,恰当地解决军事领域的各种矛盾,提供了立场、观点和方法。

(1) 战争观。战争是阶级社会的特有现象,这是毛泽东在全面考察古今中外战争史的基础上,对战争起源和战争根源问题所作的回答。1936年12月,毛泽东在《中国革命战争的战略问题》一文中指出:"战争——从有私有财产和有阶级以来就开始了的,用以解决阶级和阶级、民族和民族、国家和国家、政治集团和政治集团之间,在一定发展阶段上的矛盾的一种最高的斗争形式。"这一论断,为正确认识战争的根源、本质和发展进程提供了科学依据。它表明,私有财产和私有制的出现是战争得以产生的决定性因素,没有私有制和阶级社会的出现,就不会有真正意义上的战争。

战争是流血的政治,这是毛泽东关于战争与政治关系的基本观点。毛泽东结合抗日战争的实际,以"战争和政治"为题,对战争与政治的关系做了进一步的深刻阐述:"'战争是政治的继续',在这点上说,战争就是政治,战争本身就是政治性质的行动。从古以来,没有不带政治性质的战争。""但是战争有其特殊性,在这点上说,战争不即等于一般的政治。""政治是不流血的战争,战争是流血的政治。"

战争是经济的竞赛,这是毛泽东关于战争与经济之间关系的重要观点。经济是人类社会发展最基本的动因,也是战争最基本的动因。1933年8月,毛泽东在《必须注意经济工作》一文中指出:"如果不进行经济建设,革命战争的物质条件就不能有保障。""只有开

---

① 刘继贤:《论毛泽东军事思想体系》,解放军出版社,2014年版,第19页。

展经济战线方面的工作,发展红色区域的经济,才能使革命战争得到相当的物质基础。"毛泽东关于战争是经济竞赛的观点,丰富和发展了马克思主义战争观,对于在新时代坚持国防实力与经济实力同步提升具有深远的指导意义。

拥护正义战争,反对非正义战争,是毛泽东关于共产党人对待战争的根本立场和态度的论断。1936年12月,毛泽东在《中国革命战争的战略问题》一文中明确提出:"历史上的战争,只有正义的和非正义的两类。我们是拥护正义战争反对非正义战争的。"在1938年5月撰写的《论持久战》一文中,他进一步指出:"我们共产党人反对一切阻碍进步的非正义战争,但是不反对进步的正义的战争。对于后一类战争,我们共产党人不但不反对,而且积极地参加。"毛泽东关于拥护正义战争、反对非正义战争的观点,是对马克思主义战争观的继承和运用,是毛泽东战争观的重要内容,对当前维护国家主权安全发展利益、做好军事斗争准备,仍具有重要指导意义。

(2) 研究军事问题的方法论。把握战争规律,正确指导战争。毛泽东研究和指导战争方法论的核心,就是认识和把握战争规律,用以正确地指导战争。毛泽东指出,我们研究在各个不同历史阶段、各个不同性质、不同地域和民族的战争的指导规律,应该着眼其特点和着眼其发展,反对战争问题上的机械论。他既反对照搬照套外国经验来指导中国革命战争,也反对把中国革命战争的经验看成是适用于一切国家和一切战争的普遍原则,而是强调马克思主义普遍真理应当与各国革命具体实践相结合。

关照全局,把握关节。关照全局是战争指导者的首要问题,把握关节是推动全局发展的重要方法。毛泽东说:"战争的胜败的主要和首先的问题,是对于全局和各阶段的关照得好或关照得不好","指挥全局的人,最要紧的,是把自己的注意力摆在照顾战争的全局上面"。

着眼特点,着眼发展。毛泽东提出,研究战争规律要着眼特点、着眼发展。他说:"一切战争指导规律,依照历史的发展而发展,依照战争的发展而发展;一成不变的东西是没有的。"这就要求人们要着眼特点、着眼发展来考察和认识战争规律。

主观指导符合客观实际。战争指导至关紧要的问题,就在于能否解决主观指导与客观实际的矛盾。毛泽东指出,多打胜仗、少打败仗的关键,"就在于把主观和客观二者之间好好地符合起来",战争指导不符合实际就必然要打败仗。

2. 人民军队思想

人民军队思想,是以毛泽东为代表的老一辈无产阶级军事家,作为进行武装革命的首要问题提出来的。毛泽东把马列主义的建军学说与中国实际相结合,创造性地提出了一整套建军理论和原则。主要包括:人民军队是执行革命政治任务的武装集团;全心全意为人民服务是人民军队的唯一宗旨;人民军队必须置于中国共产党的绝对领导之下;建立健全军队政治工作制度,开展强有力的政治工作;执行战斗队、工作队、生产队三大任务;坚持官兵一致、军民一致、瓦解敌军的三大原则;贯彻群众路线,实行政治、经济、军事三大民主;加强军队革命化、现代化、正规化建设等。

3. 人民战争思想

人民战争思想是毛泽东军事思想的核心,是我们党必须遵循的战争指导路线。以毛泽东为主要代表的中国共产党人,把马克思列宁主义关于人民群众的历史能动作用原理创造性地运用于中国革命战争实践,形成了一套完整的人民战争思想。它的基本内容是:

革命战争是群众的战争,人民群众是战争伟力之最深厚的根源;兵民是胜利之本;人是战争胜负的决定因素,只有依靠、动员、武装人民群众,才能实行全面、彻底的人民战争;坚持党的绝对领导,是实行人民战争的根本保证;强大的人民军队,是实行人民战争的骨干力量;坚持"三结合、一配合"是实行人民战争的正确组织形式和斗争形式等。

延伸阅读

淮海战役的胜利是人民群众用小车推出来的

淮海战役中支前架子车队

淮海战役规模空前,作战时间长,战区面积大,军用物资的供应量和伤员的运送量都很大。淮海战役发起之前,毛泽东和中共中央就一再指示要充分发动群众,做好战役的后勤准备工作。

在气势恢宏的淮海决战前线和广大后方,各解放区人民掀起了一场轰轰烈烈的支前运动,其规模之巨大、任务之浩繁、动员人力物力之众多,为古今中外战争史上所罕见。地方各级党组织和人民群众积极响应中央的号召,将一针一线、一块铜板、一粒粮食节省下来,集中起来,送往前线,人民群众提出了"一切为了支援前线""倾家荡产,支援前方"的豪迈口号。各地涌现出许多父子争着上前线、妻子送郎去前方的动人场面。据统计,淮海战役中,华东、中原、冀鲁豫、华中四个解放区前后共出动民工543万人。"最后一碗米,送去做军粮,最后一尺布,送去做军装,最后一件老棉袄盖在担架上,最后一个亲骨肉送去上战场。"老百姓正是唱着这样的歌谣,推着小推车勇往直前冲向战场。

淮海战役胜利后,华东野战军司令员陈毅曾深情地说:"淮海战役的胜利,是人民群众用小车推出来的。"

 微视频

习近平讲述的故事|制胜法宝

4. 人民战争的战略战术思想

毛泽东在指导中国革命战争的长期实践中,创立了一整套具有中国特色的人民战争的战略战术,成为人民军队在战争力量敌强我弱、武器装备敌优我劣的情况下克敌制胜的法宝。其主要内容包括:保存自己,消灭敌人;战略上藐视敌人,战术上重视敌人;承认积极防御,反对消极防御;以歼灭敌人有生力量作为作战的主要目标;歼灭敌人有生力量,必须贯彻集中优势兵力,各个歼灭敌人的原则;实现歼灭战,必须审慎地选择打击方向和攻

歼目标,先打分散孤立之敌,后打集中强大之敌;采取恰当的作战形式,实行运动战、阵地战、游击战相结合;力求主动,力避被动,执行有利决战,避免不利决战,慎重初战;发扬勇敢战斗、不怕牺牲、不怕疲劳、连续作战、勇于近战夜战的优良战斗作风;立足现有装备战胜敌人,同时注重从作战缴获中不断充实和改善自己的装备;把对敌军事打击与政治瓦解结合起来;大力组织支援前线,搞好后勤保障等。

5. 国防建设思想

中华人民共和国成立后,毛泽东从军事斗争的实际情况出发,适应新的形势和任务需要,不断总结巩固国防和建设国防的实践经验,创立了国防建设思想。其主要内容有:要在中国共产党的统一领导下,动员和依靠广大军民共建国防;必须建立强大的国防,以保卫国家主权、领土完整和合法权益不受侵犯,保卫人民民主专政,维护世界和平与地区和平,为国内进行社会主义建设提供安全保障;实行积极防御的战略方针,对外永远不称霸,决不侵犯别人,也决不允许别人侵犯中国;必须建设一支强大的现代化、正规化的革命军队;正确处理国防建设与经济建设的关系,把国家经济建设放在首位;中国的国防现代化要走适合本国国情的发展道路,坚持独立自主、自力更生、艰苦奋斗、勤俭建国的方针;建立完整的国防科研和国防工业体系,实行平战结合、军民结合的方针,根据国情军情的特点发展武器装备,尤其要重视发展尖端武器和技术装备;普遍实行民兵制度,完善国防动员体制,加强国防后备力量建设等。

(三)毛泽东军事思想的地位作用

毛泽东军事思想是具有中国特色的军事思想。它创造性地发展了马克思主义军事理论,指导中国革命战争取得了巨大胜利。在中华人民共和国成立后又继续指导了中国的国防和军队建设、抗美援朝战争和边境自卫反击作战,也是国防和军队现代化建设和未来反侵略战争的科学指南。它不仅在中国军事思想发展史上占有极为重要的地位,而且在世界军事思想史上也具有重要影响。

1. 中国革命胜利的科学指南

毛泽东军事思想是在中国革命战争和国防建设的沃土中形成并发展起来的,它指导我军以劣势装备战胜了优势装备的敌人,取得了土地革命战争、抗日战争、解放战争共400余次重大战役的胜利,以及中华人民共和国成立后的几场边境自卫反击作战的胜利。事实雄辩地证明,毛泽东军事思想是被实践证明了的先进的军事思想,适合我国国情和军情。它不仅适用于技术落后的昨天,而且适用于技术进步的今天和明天。它的精髓,就是一切从实际出发,实事求是地研究和指导战争。

2. 创造性地丰富和发展了马克思主义军事理论

以毛泽东为代表的老一辈无产阶级革命家,在领导中国人民进行长期革命战争和国防建设的实践中,创造性地把马列主义普遍原理与中国革命战争和国防、军队建设具体实践相结合,继承发展了古代、近代和现代的中外优秀军事理论,极大地丰富了马克思主义军事理论宝库。美国前国务卿基辛格博士在《核子武器与外交政策》一书中写道:"值得注意的是,关于共产党军事思想的最好阐述,不见诸苏联的著作,而见诸中国的著作。"

3. 在世界上有广泛而深远的影响

毛泽东军事思想的理论和实践价值得到举世公认。第三世界许多国家在进行民族的或人民的解放战争时,十分重视吸取和运用毛泽东军事思想。《巴基斯坦时报》曾指出:"毛泽东作为军事战略家是一位开路先锋,他的人民战争学说,对亚洲和非洲的历史发展的影响是不可估量的。"越南人民在反抗法国殖民主义者和美国侵略者的战争中,曾结合自己的斗争实际,广泛地采用了毛泽东人民战争的战略战术。

资本主义国家的一些军事理论著作家、评论家对毛泽东军事思想也极为重视。基辛格在《核子武器与外交政策》一书中指出,"毛泽东基于大家熟悉的列宁主义学说,即战争是斗争的最高形式,研究出一套军事理论","这套军事理论表现出高度的分析能力,罕有的洞察力"。美国前总统肯尼迪也非常重视毛泽东的游击战著作,他率先进行研究,并要求三军参谋长拿出对付的办法。

毛泽东军事思想是人类军事史上光彩夺目的一页,体现出鲜明的人格魅力、民族气派、中国特色和时代精神,对我国的国防和军队建设具有长远的指导意义。

二、邓小平新时期军队建设思想

邓小平新时期军队建设思想,是邓小平关于新时期国防和军队建设及有关军事问题的科学理论体系。主要回答了在和平与发展成为时代主题,国家实行改革开放的历史条件下,如何开创中国特色精兵之路,建设一支强大的现代化正规化革命军队的问题。

(一) 当代战争与和平理论

战争与和平理论是邓小平新时期军队建设思想的立足点,只有对战争与和平问题做出科学的判断,才能正确确立我国国防和军队建设的指导思想,制定我国的军事战略。邓小平十分重视从战略全局上考察和把握国际格局中的基本关系,深刻指出:"现在世界上真正大的问题,带全球性的战略问题,一个是和平问题,一个是经济问题或者说发展问题。和平问题是东西问题,发展问题是南北问题。"邓小平根据国际形势的发展,正确指出和平与发展是当今时代的主题,战争的威胁依然存在,但推迟或制止世界战争的爆发已成为可能,对于采取什么手段才能赢得和平的问题,邓小平做出了富有创新性的论述,提出了稳定世界局势的新途径和新办法,这就是以发展避免战争、实现和平。

(二) 军事战略思想

军事战略是军事斗争实践的客观反映,是基于对战略环境的科学分析而做出的判断和指导。战略环境发生变化,必然要求战略指导的变化。20世纪80年代后,邓小平对国际战略格局和世界战略形势的发展趋势做出了正确判断,提出了一整套适应当时世界发展的军事战略思想。主要包括:实行积极防御战略方针,把立足点放在遏制战争的爆发上;注重研究现代战争,把着眼点放在打赢局部战争上;军事战略要从维护国家安全利益出发,创造和平方式解决对抗性争端和矛盾;注重发展综合国力,从根本上增强军事实力,提高威慑能力。

在新的历史时期,邓小平根据国际形势和敌我双方政治、经济、军事、地理多方面的情况,科学预见现代战争的发生、发展,并深刻揭示了其特点和规律,提出了我国在和平时期和战争条件下的许多新的军事战略指导,赋予军事战略新的内涵,充实和完善了军事战略理论体系,为我军建设指导思想实行战略性转变和国防建设指明了方向。

(三) 军队建设思想

加强军队建设是邓小平新时期军队建设思想的重要内容。它总结了党的十一届三中全会以来军队建设的新经验,创造性地回答了新时期军队建设亟待解决的重大问题,成为新时期我军建设的纲领。邓小平新时期军队建设思想的内容十分丰富,主要包括:关于以革命化为前提、现代化为中心、正规化为重点,全面建设军队的思想;关于把教育训练摆到战略地位,努力提高部队战斗力的思想;关于搞好体制改革和精简整编,建立科学的体制编制的思想;关于实现军队正规化,依法治军,科学化管理的思想;关于注重质量建设,坚持走中国特色精兵之路的思想;关于实现干部队伍革命化、年轻化、知识化、专业化的思想;关于加强和改进新时期军队政治工作,保证党对军队的绝对领导,保证军队高度稳定和集中统一的思想,等等。

(四) 国防建设思想

正确处理现代化建设各方面的关系,把国防建设摆在一个恰当位置上,有计划、有步骤地实现国防现代化的宏伟目标,这是邓小平新时期军队建设思想体系中的一个重要内容。国防现代化是国家现代化不可或缺的组成部分,也是实现其他领域现代化的重要保证。党的十一届三中全会以后,随着全党工作重点的转移,邓小平全面分析了当时的国际环境和我国经济建设所面临的矛盾和问题,逐步形成了建设有中国特色社会主义现代化国防的思想。这一思想内容主要包括:一是国防建设指导思想从立足于"早打、大打、打核战争"的临战状态,转到和平时期现代化建设的轨道上来;二是正确处理国防建设和经济建设的关系;三是国防建设要与经济建设协调发展。

三、江泽民国防和军队建设思想

江泽民国防和军队建设思想是江泽民关于国防及有关军事问题的科学理论体系。主要回答了在世界多极化曲折发展,新军事变革不断深入,我国实行改革开放和发展社会主义市场经济体制的历史条件下,如何积极推进中国特色军事变革,解决好人民军队打得赢、不变质两个历史性课题,为建设中国特色社会主义提供安全保障的问题。

(一) 历史性课题

20世纪90年代以来,国际国内环境发生前所未有的重大变化,给我军建设带来的影响十分深刻,提出的挑战十分严峻。一是军事高新技术迅猛发展,带来武器装备体系、军队体制编制、作战方式、战场环境等方面的深刻变化,高技术战争成为现代战争的基本形态。我军打现代战争能力不足的问题更加突出,履行维护国家主权和安全利益职能面临着更大的压力和挑战。二是国内社会主义市场经济迅速发展,新的社会环境,在给我军建设注入生机和活力的同时,各种腐朽思潮影响和侵蚀官兵思想的现象不断出现,对军队的优良传统、官兵的价值观念和理想追求造成冲击,坚持人民军队的性质、本色和作风,面临更为复杂和严峻的考验。

江泽民立足新的历史条件,把解决好"打得赢、不变质"两个历史性课题郑重提到全军面前。他指出:"对于新时期的军队建设,有两个最重要的问题是我始终加以关注的:一个是在复杂的国际环境中,我军能不能跟上世界军事发展的趋势,打赢未来可能发生的高技术战争;一个是在社会主义市场经济和对外开放条件下,我军能不能保持人民军队的性质、本色和作风,始终成为党绝对领导下的革命军队。"①两个历史性课题的提出,是对新时期我军建设主要矛盾和任务的深刻洞察与准确把握,抓住了军队建设带根本性和全局性的问题,确立了新形势下军队建设的大思路。可以说,江泽民国防和军队建设思想的全部内容,都是围绕着两个历史性课题展开的;江泽民领导国防和军队建设的全部实践,都是以解决两个历史性课题为根本出发点和归宿的。

(二)根本性指针

我军虽然经过20世纪80年代较大幅度的精简整编,但由于历史的原因,规模大、人数多的问题仍然比较突出,制约军队现代化建设的发展。江泽民洞察世界主要国家军队体制编制的发展趋势后指出,必须坚定不移地走中国特色的精兵之路。

压缩军队规模,不单纯是减少数量,还要优化结构、提高质量。江泽民指出,军队体制编制调整改革必须贯彻精兵、合成、高效的原则,立足于我军的根本职能,着重解决领导指挥和管理体制以及部队编成中存在的矛盾和问题,建立具有我军特色的体制编制和领导指挥体制。在走精兵之路思想的指引下,我军体制编制进行了重大调整改革:1997年9月,江泽民在党的第十五次全国代表大会上庄严宣布,我军在80年代裁军百万的基础上再裁减员额50万。1998年4月,中央军委制定了"九五"期间军队体制编制调整改革方案,决定对我军领导指挥体制、保障体制、部队编成、院校体制进行重大调整改革。2003年,再次宣布裁减军队员额20万。以质量建设为目标的体制编制调整改革,使我军不断朝着规模适度、结构合理、机构精干、指挥灵便、战斗力强的方向迈进,为加速军队现代化建设创造了条件。

(三)主导性思想

江泽民敏锐洞察、准确把握世界新军事革命发展趋势和我国军事安全态势,高瞻远瞩地提出要积极推进中国特色的军事变革。中国特色的军事变革,就是适应世界新军事革命发展趋势,从我国的国情和军情出发,走以信息化带动机械化、以机械化促进信息化的跨越式发展道路,通过深化改革,实现军队建设的整体转型,建设一支能够打赢未来信息化战争的强大的现代化正规化革命军队。推进中国特色的军事变革,是一场深刻的革命,是实现军队建设总目标,解决好打得赢、不变质两个历史性课题的必由之路。

推进中国特色的军事变革,按照打赢信息化战争要求建设信息化军队,必须走跨越式发展道路。20世纪90年代以来,信息化成为军队现代化的本质规定性,信息化战争取代机械化战争已经成为必然趋势。我军应该在加强机械化建设的同时,加快军队信息化建设的步伐,走跨越式发展道路。坚持以机械化为基础,以信息化为主导,以信息化带动机

---

① 《江泽民文选》第一卷,人民出版社,2006年版,第286页。

械化,以机械化促进信息化,努力推进机械化和信息化复合式发展。

按照"三步走"的战略构想,实现以信息化为核心的军队现代化建设目标,加强国防和军队现代化建设必须具有前瞻性思维。1997年,在江泽民主持下,中央军委提出国防和军队现代化建设跨世纪发展"三步走"的发展战略。第一步,用十几年时间,到2010年,努力实现新时期军事战略方针提出的各项要求,为国防和军队现代化打下坚实的基础。第二步,再用10年时间,到2020年,随着国家经济实力的增长和军费的增加,加快军队质量建设的步伐,使国防和军队现代化建设有一个较大的发展。第三步,再经过30年的努力,到21世纪中叶,基本实现国防和军队现代化。

四、胡锦涛国防和军队建设思想

胡锦涛国防和军队建设思想是胡锦涛关于国防和军队建设及有关军事问题的科学理论体系。主要回答了在世界大发展大变革大调整、我国全面建设小康社会的历史条件下,如何推进国防和军队建设科学发展、全面履行新世纪新阶段军队历史使命的问题。

(一)坚持实现富国和强军的统一

胡锦涛指出,富国和强军,是发展中国特色社会主义、实现中华民族伟大复兴的重要基石。[①] 在全面建设小康社会的进程中,坚持以科学发展观为指导,统筹国家经济建设与国防建设,通过推进国家经济社会发展,为国防和军队现代化建设提供更加充裕的物质和技术条件;通过加强军队现代化建设,为国家发展提供更加坚强的安全保障和战略支撑,使富国和强军相互促进、共同发展。

实现富国和强军的统一,关键是科学统筹经济建设和国防建设。坚持经济建设和国防建设协调发展的方针,既是强国之策,也是强军之道。胡锦涛强调,坚持和落实科学发展观,统筹好、协调好经济社会发展的各项重大关系,其中就包括统筹好、协调好经济建设和国防建设的关系。科学统筹经济建设和国防建设,一方面要坚持以经济建设为中心,另一方面必须在经济发展的基础上努力推进国防建设。21世纪头20年,既是国家经济社会加快发展的重要战略机遇期,也是国防和军队现代化建设加快发展的重要时机。必须站在国家发展战略的高度考虑和设计国防及军队发展战略,合理确定国防和军队建设布局,使国防和军队现代化进程与国家现代化进程相一致。要走出一条中国特色军民融合式发展路子,把经济建设和国防建设融合发展提升到国家战略层面,把军民结合、寓军于民拓展到各个领域,在更广范围、更高层次、更深程度上实现经济建设和国防建设协调发展。

(二)新世纪新阶段军队历史使命

军队历史使命必须和党的历史任务及国家利益发展相适应。胡锦涛着眼维护国家和民族的根本利益,提出:军队要为党巩固执政地位提供重要的力量保证,为维护国家发展的重要战略机遇期提供坚强的安全保障,为维护国家利益提供有力的战略支撑,为维护世界和平与促进共同发展发挥重要作用。

---

① 《胡锦涛国防和军队建设思想学习纲要》,解放军出版社,2013年版,第14页。

为党巩固执政地位提供重要的力量保证。我军是党绝对领导下的人民军队,在巩固党的执政地位、保证社会主义红色江山永不变色、维护人民群众的根本利益中,肩负神圣使命,具有重要作用。胡锦涛强调,只要我们党紧紧依靠全国人民、牢牢掌握人民军队,国家就出不了什么大的乱子。这就必须把坚持党对军队绝对领导的根本原则和制度、加强军队的革命化现代化正规化建设作为一项重要战略任务抓紧抓好,确保我军始终成为党巩固执政地位的中坚力量。

为维护国家发展的重要战略机遇期提供坚强的安全保障。我国仍处于可以大有作为的重要战略机遇期,胡锦涛指出,能不能抓住和用好机遇对党和国家事业发展具有决定性意义。综合来看,影响战略机遇期的因素仍然不少,国家主权面临的威胁、祖国统一面临的挑战和社会稳定面临的问题,哪一方面防范不好、斗争不力、处置不当,都有可能影响和冲击国家发展的重要战略机遇期。强大的军队是国家主权、安全、领土完整的坚强后盾,在维护我国发展的重要战略机遇期中肩负重大使命。

为维护国家利益提供有力的战略支撑。时代的进步和我国的发展,使国家安全利益逐渐超出传统的领土、领海、领空范围,不断向海洋、太空、网络电磁空间扩展和延伸。海洋是国际交往的大通道和人类可持续发展的战略资源宝库;太空是当代国际合作、竞争的新领域;网络电磁空间安全直接关系到掌握战争的主动权。国家利益的延伸和扩展,要求军队拓展安全战略的视野,不仅要关注和维护国家生存利益,还要关注和维护国家发展利益;不仅要应对传统安全威胁,还要应对非传统安全威胁;不仅要关注和维护领土、领海、领空安全,还要关注和维护海洋、太空、网络电磁空间安全。

为维护世界和平与促进共同发展发挥重要作用。中国作为社会主义国家和负责任大国,始终不渝地走和平发展道路,既通过维护世界和平发展自己,又通过自身发展更好地维护世界和平、促进共同发展。实现和平发展,维护世界和平与促进共同发展,必须有强大的军事实力作后盾。中国军队始终是维护世界和平的坚定力量。只有大力加强军队建设,提高应对危机、维护和平、遏制战争、打赢战争的能力,才能更好地履行维护国家安全、捍卫国家主权和领土完整的职责,发挥维护世界和平的积极作用。

胡锦涛关于"三个提供、一个发挥"历史使命的新概括,反映了中华民族伟大复兴征程的客观要求,进一步拓宽了安全战略和军事战略的视野,明确了我军在国家政治生活和社会经济发展中的地位与作用,提出了军队现代化建设、军事斗争准备、军事力量运用的新要求,是新世纪新阶段谋划国防和军队建设的根本着眼点。

(三) 主题主线战略思想

胡锦涛着眼解决我军现代化水平与打赢信息化条件下局部战争的要求不相适应、军事能力与履行我军新历史使命的要求不相适应的主要矛盾,提出了"以推动国防和军队建设科学发展为主题,以加快转变战斗力生成模式为主线"的战略思想。

以推动国防和军队建设科学发展为主题,就是要把全面贯彻落实科学发展观作为推进国防和军队建设科学发展的指导方针,强调国防和军队建设一要发展、二要科学发展。胡锦涛科学回答了在中国国际地位不断提升、国家利益日益扩展的新情况下,如何把我军建设成为一支同国家安全和发展利益相适应的军事力量,推动军队建设又好又快发展的问题。他强调,以推动国防和军队建设科学发展为主题,是时代的要求,是统领国防和军队建设全局的总纲。这充分表明,"主题"是胡锦涛推进新形势下国防和军队建设极为关注的重要问题,也是贯穿始终的根本问题,是科学发展观在国防和军队建设领域的具体贯彻及生动展开。

以加快转变战斗力生成模式为主线,是关系国防和军队建设全局的重大战略任务,是解决军队建设"两个不相适应"主要矛盾的内在要求,是推动国防和军队建设科学发展的必由之路。早在2005年底,胡锦涛就提出了加快转变战斗力生成模式的重要思想。2010年底,他又把加快转变战斗力生成模式上升到国防和军队发展主线的高度。加快转变战斗力生成模式,必须以科学发展观为指导,切实把战斗力生成模式转到以信息为主导、以新型作战力量建设为增长点、提高基于信息系统的体系作战能力上来,转到依靠科技进步、官兵素质提高和管理创新上来,转到走军民融合式发展路子上来。同时,要坚持把拓展和深化军事斗争准备作为军队各项建设的龙头;坚持把全面提高军队信息化水平作为发展方向;坚持把提高基于信息系统的体系作战能力作为出发点和落脚点;坚持把发展新型作战力量作为战略重点;坚持把深入推进军民融合式发展作为重要途径。

国防和军队建设的主题主线源于科学发展观,统一于国防和军队建设科学发展的实践,是科学发展观在国防和军队建设中的进一步应用与展开。主题主线战略思想,明确了新世纪新阶段国防和军队建设的"总纲"与"必由之路",是对新形势下国防和军队建设发展规律的深刻揭示,是推进国防和军队改革发展的基本依据。

五、习近平强军思想

党的十八大以来,以习近平同志为核心的党中央,着眼于实现中华民族伟大复兴的中国梦,深刻把握强国对强军的战略需求,围绕新时代建设一支什么样的强大人民军队、怎样建设强大人民军队,带领全军深入进行理论探索和实践创造,形成习近平强军思想并不断丰富和发展,引领人民军队在中国特色强军之路上续写新的时代篇章。

(一)习近平强军思想的重大意义

人民军队之所以不断发展壮大,关键在于始终坚持先进军事理论的指导。习近平强军思想是习近平新时代中国特色社会主义思想的重要组成部分,是我们党不懈探索中国特色强军之路形成的宝贵思想结晶,是加快国防和军队现代化、全面建设世界一流军队的根本遵循和行动纲领。

开辟了马克思主义军事理论中国化时代化的新境界。勇于推进军事实践基础上的军事理论创新,是我们党建军治军的重要优势。习近平强军思想一系列新的重大判断、新的理论概括、新的战略安排,阐明了新时代人民军队如何赓续传统、保持本色,锚定什么目标奋进、沿着什么道路前行,如何赢得军事斗争主动、怎样打赢现代战争等带根本性、方向性、全局性的重大问题,揭示了人民军队的强军胜战之道,为指导军事实践提供了锐利思想武器。习近平强军思想以体系性创新,把我们党对国防和军队建设规律、军事斗争准备规律、战争指导规律的认识提升到新高度,使马克思主义军事理论在强军实践中彰显出强大真理力量。

擘画了全面建成世界一流军队的宏伟蓝图。习近平主席把国防和军队建设放在实现中华民族伟大复兴的战略全局下来运筹,提出党在新时代的强军目标,确立新时代军事战略方针,明确国防和军队现代化新"三步走"战略,推进政治建军、改革强军、科技强军、人才强军、依法治军,加快军事理论、军队组织形态、军事人员、武器装备现代化,确定和实施建设强大人民军队的目标图、路线图、施工图;深刻洞察我国发展由大向强的安全挑战,提出新时代人民军队使命任务,与时俱进创新军事战略指导,要求我军坚持边斗争、边备战、边建设,加快提高打赢能力,指明了我军建设的根本指向和能力标准;着眼牢牢把握军事竞争主动权,强调加快机械化信息化智能化融合发展,加强新兴领域军事布局,确保抓住窗口期、跑出加速度、建出高质量,明确了推动我军建设发展的战略路径和着力重点。习近平强军思想立足中国、放眼世界,贯通当前和长远,既有目标上的顶层设计、任务上的战略部署,也有推进中的指导原则、落实上的思路举措,使中国特色强军之路越走越宽广。

引领了新时代人民军队的伟大变革。党的十八大以来,习近平主席带领全军直面问题、勇于变革、攻坚克难,在新时代挽救、重塑、发展了人民军队,强军事业取得历史性成就、发生历史性变革。牢牢扭住坚持党对人民军队绝对领导,坚定不移推进政治整训,召开古田全军政治工作会议,我军政治生态根本好转,新风正气不断上扬。全面加强练兵备战,积极主动开辟军事斗争新格局,归正备战打仗工作重心,构建完善联合作战指挥体系,大抓实战化军事训练,坚定灵活开展军事斗争,有效应对外部军事挑衅。大刀阔斧深化国防和军队改革,打好领导指挥体制改革、规模结构和力量编成改革、军事政策制度改革三大战役,我军体制一新、结构一新、格局一新、面貌一新,实现整体性革命性重塑。创新加强国防和军队现代化建设,推动我军高质量发展,我军现代化水平和实战能力上了一个大台阶。正是在习近平强军思想科学指引下,我们这支党领导的人民军队守住了根和魂,走开了快速发展的步伐,赢得了迈向世界一流的主动。

强固了全军官兵奋斗强军的精神支柱。唯有精神上站得住、站得稳,一个民族、一支军队才能在历史洪流中挺立潮头。习近平强军思想立起坚定的信仰信念,坚守不忘初心、牢记使命的价值追求,彰显爱党、忧党、护党、兴党的忠诚品格,激励广大官兵向党看齐、向心凝聚,当好红色血脉的时代传人;饱含强烈的历史担当,满怀为人民扛枪、为人民打仗的为民情怀,宣示坚决捍卫国家主权、安全、发展利益的决心意志,激励广大官兵厚植家国情怀、矢志奋斗强军,真抓实干、埋头苦干,不负时代、不负人民;贯穿无畏的斗争精神,彰显越是艰险越向前的坚韧勇毅,激励广大官兵面对风险挑战和强敌对手敢于斗争、敢于胜利。坚持用习近平强军思想铸魂育人,人民军队就能团结成"一块坚硬的钢铁",战胜一切艰难险阻、打败一切来犯之敌。

微视频

习近平的强军之道

（二）习近平强军思想的主要内容

习近平强军思想,立足新时代强军兴军实践,提出一系列标志性引领性的新理念新思想新战略,形成一个内涵丰富、思想深邃、与时俱进的科学军事理论体系。这一思想的主要内容,集中体现在"十一个明确"的新概括,充分彰显了党的军事指导理论的时代性、开放性和创造性。

明确党对人民军队的绝对领导是人民军队建军之本、强军之魂,必须全面加强军队党的领导和党的建设,贯彻党领导军队的一系列根本原则和制度,确保部队绝对忠诚、绝对纯洁、绝对可靠。坚持党指挥枪、建设自己的人民军队,是党在血与火的斗争中得出的颠扑不破的真理,关系我军性质和宗旨、关系社会主义前途命运、关系党和国家长治久安。坚持党对人民军队的绝对领导,首先全军对党要绝对忠诚。必须从思想上政治上建设和掌握部队,全面深入贯彻军委主席负责制,深化党的创新理论武装,锻造坚强有力的党组织,推进政治整训常态化制度化,充分发挥政治工作对强军兴军的生命线作用,培养"四有"新时代革命军人,锻造"四铁"过硬部队,确保枪杆子永远听党指挥。

 微视频

习近平强军思想解读|党对军队绝对领导是人民军队建军之本、强军之魂

明确强国必须强军,巩固国防和强大人民军队是新时代坚持和发展中国特色社会主义、实现中华民族伟大复兴的战略支撑,人民军队必须有效履行新时代使命任务。没有一支强大的人民军队,就不可能有强大的祖国。我们捍卫和平、维护安全、慑止战争的手段和选择有多种多样,但军事手段始终是保底手段,必须对战争危险保持清醒头脑。在全面建成社会主义现代化强国、实现第二个百年奋斗目标的历史进程中,必须把国防和军队建设摆在更加重要的位置,加快国防和军队现代化,为巩固中国共产党领导和我国社会主义制度提供战略支撑,为捍卫国家主权、统一、领土完整提供战略支撑,为维护我国海外利益提供战略支撑,为促进世界和平与发展提供战略支撑。

 微视频

习近平强军思想解读|强国必须强军

明确党在新时代的强军目标是建设一支听党指挥、能打胜仗、作风优良的人民军队,到 2027 年实现建军一百年奋斗目标,到 2035 年基本实现国防和军队现代化,到本世纪中叶把人民军队建成世界一流军队。听党指挥、能打胜仗、作风优良是建军治军的要害,决定着军队发展方向,也决定着军队生死存亡。实现强军目标,必须同国家现代化进程相一致。到 2027 年实现建军一百年奋斗目标,全面提高捍卫国家主权、安全、发展利益战略能力,是未来几年我军建设的中心任务,必须全力以赴、务期必成;到 2035 年基本实现国防和军队现代化,机械化高度发达,信息化基本实现,智能化取得重大进展,基于网络信息体

系的联合作战能力、全域作战能力全面提高；到本世纪中叶全面实现国防和军队现代化，把人民军队全面建成同我国强国地位相称、能够全面有效维护国家安全、具备强大国际影响力的世界一流军队。

 微视频

习近平强军思想解读｜全面贯彻落实党在新时代的强军目标

明确军队是要准备打仗的，必须聚焦能打仗、打胜仗，扭住强敌对手，创新军事战略指导，发展人民战争战略战术，全面加强练兵备战，坚定灵活开展军事斗争，有效塑造态势、管控危机、遏制战争、打赢战争。能打胜仗是党和人民对人民军队的根本要求。必须深入贯彻新时代军事战略方针，坚持战斗力这个唯一的根本的标准，全部精力向打仗聚焦，全部工作向打仗用劲。深化战争和作战筹划，研究掌握信息化智能化战争特点规律，打造强大战略威慑力量体系，增加新域新质作战力量比重，优化联合作战指挥体系。深入推进实战化军事训练，大力培育战斗精神，扎实做好军事斗争准备，加强军事力量常态化多样化运用，确保召之即来、来之能战、战之必胜。

 微视频

习近平强军思想解读｜军队是要准备打仗的

明确推进强军事业必须坚持政治建军、改革强军、科技强军、人才强军、依法治军，坚持边斗争、边备战、边建设，更加注重聚焦实战、创新驱动、体系建设、集约高效、军民融合，加强军事治理，推动高质量发展，全面提高革命化现代化正规化水平。国防和军队现代化建设是一项系统工程，必须坚持用全面的观点抓建设。边斗争、边备战、边建设是今后一个时期的突出特点，要坚持以战领建、抓建为战，形成战建备一体推进的良好局面。我军建设进入提质增效的关键阶段，必须牢牢把握军队建设发展战略指导，转变发展理念、创新发展模式、增强发展动能，实现更高质量、更高效益、更可持续的发展；必须全面加强军事治理，着力构建现代军事治理体系，以高水平治理推动我军高质量发展，改进战略管理，提高军事系统运行效能和国防资源使用效益。

明确改革是强军的必由之路，必须推进军队组织形态现代化，构建中国特色现代军事力量体系，完善中国特色社会主义军事制度。深化国防和军队改革是为了设计和塑造军队未来。要坚持改革正确方向这个根本、能打仗打胜仗这个聚焦点、军队组织形态现代化这个指向、积极稳妥这个总要求，着力解决制约国防和军队建设的体制性障碍、结构性矛盾、政策性问题，进一步解放和发展战斗力，进一步解放和增强军队活力。这一轮国防和军队改革任务基本完成，要巩固拓展改革成果，推进改革既定任务落实，搞好后续改革筹

划论证、完善军事力量结构编成、体系优化军事政策制度,奋力开创改革强军新局面,为实现建军一百年奋斗目标提供强大动力。

明确科技是核心战斗力,必须坚持自主创新战略基点,推进高水平科技自立自强,统筹推进军事理论、技术、组织、管理、文化等各方面创新,建设创新型人民军队。科技是军事发展中最活跃最具革命性的因素。赢得军事竞争主动,必须充分发挥科技创新对我军建设战略支撑作用,加快关键核心技术攻关,加强科技创新管理机制和运行模式探索,增强科技认知力、创新力、运用力,加速科技向战斗力转化。全面实施创新驱动发展战略,加强军事理论创新,大力弘扬创新文化,推动我军建设发展质量变革、效能变革、动力变革。

明确强军之道要在得人,必须贯彻新时代军事教育方针,推动军事人员能力素质、结构布局、开发管理全面转型升级,锻造德才兼备的高素质、专业化新型军事人才。人才是第一资源,是推动我军高质量发展、赢得军事竞争和未来战争主动的关键因素。要坚持党管干部、党管人才、组织选人,坚持从政治上培养、考察、使用人才。坚持为战争准备人才,把能打仗、打胜仗作为人才工作出发点和落脚点,提高备战打仗人才供给能力和水平。坚持走好人才自主培养之路,落实院校优先发展战略,建强新型军事人才培养体系。创新军事人力资源管理,形成激励担当作为的工作导向、政策导向、舆论导向,充分调动广大官兵积极性、主动性、创造性,把优秀人才集聚到强军事业中来。

明确依法治军是我们党建军治军基本方式,必须构建中国特色军事法治体系,推动治军方式根本性转变,提高国防和军队建设法治化水平。军队越是现代化,越是信息化,越要法治化。要把依法治军着力点放在服务备战打仗上,形成系统完备、严密高效的军事法规制度体系、军事法治实施体系、军事法治监督体系、军事法治保障体系,实现从单纯依靠行政命令的做法向依法行政的根本性转变,从单纯靠习惯和经验开展工作的方式向依靠法规和制度开展工作的根本性转变,从突击式、运动式抓工作的方式向按条令条例办事的根本性转变。强化全军法治信仰和法治思维,突出依法治官、依法治权,依靠官兵共同建设法治、厉行法治、维护法治。

明确军民融合发展是兴国之举、强军之策,必须巩固提高一体化国家战略体系和能力。随着科学技术快速发展,国家战略竞争力、社会生产力、军队战斗力的耦合关联越来越紧,国防和军队现代化必须融入国家现代化。加强军地战略规划统筹、政策制度衔接、资源要素共享,促进国防实力和经济实力同步提升。我们的国防是全民的国防,要深化全民国防教育,加强国防动员和后备力量建设,推进现代边海空防建设。大力弘扬军爱民、民拥军的光荣传统,深入做好双拥工作,巩固发展军政军民团结。

明确作风优良是我军鲜明特色和政治优势,必须全面从严治党、全面从严治军,全面锻造过硬基层,坚定不移正风肃纪反腐,大力弘扬我党我军光荣传统和优良作风,永葆人民军队性质、宗旨、本色。作风优良才能塑造英雄部队,作风松散可以搞垮常胜之师。要自觉弘扬伟大建党精神,牢记初心使命,加强党史军史和光荣传统教育,推进红色基因代代传工程。勇于自我革命,持续深化纠治"四风"特别是形式主义、官僚主义,一体推进不敢腐、不能腐、不想腐,坚决打赢反腐败斗争攻坚战持久战。坚持严的基调不动摇,严字当头、全面从严、一严到底,用铁的纪律凝聚铁的意志、锤炼铁的作风、锻造铁的队伍,全面锻造听党话、跟党走,能打仗、打胜仗,法纪严、风气正的过硬基层。

这"十一个明确",既有政治上的高瞻远瞩和理论上的深邃思考,也有目标上的科学设定和工作上的战略部署,深刻回答了强军兴军的根本保证、时代要求、奋斗目标、根本指向等重大问题,涵盖新时代军队建设、改革和军事斗争准备各领域各方面,贯通军事力量建设和运用全过程,以体系性创新、创造性升华丰富发展了党的军事指导理论。

(三)习近平强军思想蕴含的当代中国马克思主义军事观和方法论

习近平强军思想坚持用马克思主义的立场观点和方法审视新时代军事问题,科学把握军事领域基本矛盾,为强军胜战提供了"伟大的认识工具"。"五个坚持"深刻阐发军事与政治、战争与和平、发展与安全、稳局与塑势、威慑与实战、人与武器等重大关系,深化了我们党对军事领域一些基本问题的规律性认识,是新时代人民军队的强军胜战之道。

坚持政治引领。习近平指出,军事服从政治,政治性是军队的本质属性。当今时代,军事和政治联系更加紧密,在战略层面上的相关性和整体性日益增强,政治因素对战争的影响和制约愈发突出,军事斗争的政治性、政策性、敏感性显著增强。我军是执行党的政治任务的武装集团,坚持党指挥枪是人民军队的方向所在、力量所在、优势所在。新时代人民军队坚持政治引领,就是要毫不动摇坚持党对人民军队的绝对领导,全心全意为人民服务,始终从政治高度思考和处理军事问题,忠实履行党和人民赋予的使命任务,永远听党话、跟党走,永远做人民子弟兵。

坚持以武止戈。习近平通过对古今中外战争与和平规律的总结,特别是近代以后我国遭受列强战争蹂躏的历史教训,深刻指出能战方能止战,准备打才可能不必打,越不能打越可能挨打,这就是战争与和平的辩证法。当前,世界又一次站在历史的十字路口,冷战思维和强权政治阴霾不散,实力政治、丛林法则依然大行其道,我国安全形势不稳定性不确定性增大。天下并不太平,和平需要保卫,面对可能强加到我们头上的战争,必须用敌人听得懂的语言同他们对话,用胜利赢得和平、赢得尊重。新时代人民军队坚持以武止戈,就是要对可能发生的战争风险始终保持战略清醒,随时准备打仗,立足现有条件打仗,不打无准备无把握之仗,有力慑止战争,坚决打赢战争。

坚持积极进取。习近平强调,军事领域是竞争最为激烈的领域,积极进取才能掌握先机和主动。当前,新一轮科技革命和军事革命日新月异,战争制胜观念、制胜要素、制胜方式都在发生重大变化,科技之变、战争之变、对手之变愈发凸显。今后一个时期,是我国国家安全的高风险期,也是我军跨越式发展的关键窗口期,机遇和挑战前所未有,必须准确识变、科学应变、主动求变。新时代人民军队坚持积极进取,就是要坚持以我为主,从实际出发,充分发挥自觉能动性,因势而谋、应势而动、顺势而为,善于下先手棋、打主动仗,善于危中寻机、化危为机,力争主动、力避被动,在稳当可靠基础上争取一切可能的胜利。

坚持统筹兼顾。习近平在领导强军事业中,始终坚持和运用系统观念观察形势、分析问题、推动工作,把国防和军队现代化放在国家现代化进程中来运筹,在强国复兴全局下形成了强军兴军的战略设计。在推进我军现代化建设上,加强全局统筹、系统抓建、体系治理,既注重牵住牛鼻子,又注重全面建设;在深化国防和军队改革上,扭住牵一发而动全身的改革任务紧抓不放,把握好各项改革任务的关联性和耦合性;在军事斗争准备上,整体运筹各方向各领域军事斗争,维护战略全局稳定;等等。新时代人民军队坚持统筹兼顾,就是要贯彻总体国家安全观,统筹经济建设和国防建设,统筹军事斗争和其他方面斗争,统筹战建备重大任务,以重点突破带动整体推进,以协调联动提高综合效能。

坚持敢打必胜。习近平指出,战争是物质的较量,也是精神的比拼。敢于斗争、敢于胜利始终是我军血性胆魄的生动写照,过去我们钢少气多,现在钢多了,气要更多,骨头要更硬。这些年,在一系列重大斗争中,广大官兵坚持有理有利有节,敢于斗争、善于斗争,以赤胆忠诚和铮铮铁骨誓死捍卫国家主权、安全、发展利益,谱写了荡气回肠的英雄壮歌。胜利的信念是在斗争中取得的,强军事业是在斗争中前进的。新时代人民军队坚持敢打必胜,就是要发扬一不怕苦、二不怕死的战斗精神,敢于战胜一切困难,敢于压倒一切敌人,善于根据斗争目的选择合理斗争方式,把握好斗争的时、度、效,依靠顽强斗争打开新天地。

习近平强军思想贯穿的鲜明主题是强军兴军,根本着眼是以强军支撑强国复兴伟业,核心要求是实现党在新时代的强军目标、把人民军队全面建成世界一流军队,实践指向是走中国特色强军之路。习近平强军思想,体现了理论与实际相结合、战略和战术相一致、认识论和方法论相统一,把我们党对国防和军队建设规律、军事斗争准备规律、战争指导规律的认识提升到新高度,谱写了马克思主义军事理论的新篇章。

思考题

1. 军事思想的地位作用有哪些?
2. 中国古代军事思想的鲜明特征有哪些?
3. 《孙子兵法》的主要内容有哪些?
4. 毛泽东军事思想的主要内容有哪些?如何理解其历史地位和现实意义?
5. 习近平强军思想的主要内容有哪些?

第四章 现代战争

习近平指出,要本着对历史负责、对国家和民族负责的精神,加强对战争问题的研究和筹划,努力提高战争指导水平。新时代大学生应高度关注现代战争基本问题,了解新军事革命的内涵与发展演变过程,跟踪前沿技术对现代战争的深刻影响,努力学习研究现代战争特点和制胜规律,为建设现代化国防、打赢未来战争做出贡献。

第一节 战争概述

战争是人类社会发展到一定历史阶段的产物。人类最早的战争可以追溯到原始社会后期,随着生产力的发展,武器从劳动工具中分离出来,战争也从部落间的矛盾冲突扩大到部落联盟和国家之间的暴力对抗,出现了专门从事战争的军队。人类战争在经过了冷兵器战争、热兵器战争、机械化战争等几个阶段后,正走进具有智能化特征的信息化战争阶段。

一、战争的内涵

战争是"国家或政治集团之间为了一定的政治、经济等目的,使用武装力量进行的大规模激烈交战的军事斗争。是解决国家、政治集团、阶级、民族、宗教之间矛盾冲突的最高形式"①。

马克思主义战争观认为,战争并不是与人类相伴而生的永恒现象,而是人类社会发展到一定阶段的产物,是随着私有制和阶级的产生而产生的。毛泽东继承了马克思主义关于战争起源问题的科学论断,并给战争下了一个更为科学完整的定义,指出"战争——从有私有财产和有阶级以来就开始了的,用以解决阶级和阶级、民族和民族、国家和国家、政治集团和政治集团之间,在一定发展阶段上的矛盾的一种最高的斗争形式",从而对战争的起源、本质、类型和历史发展作出科学阐述,也为人们拨开战争的"迷雾"指明了方向。西方近代资产阶级军事理论家克劳塞维茨认为:"战争无非是政治通过另一种手段的继续。""战争是迫使敌人服从我们意志的一种暴力行为。"克劳塞维茨关于"战争是政治的继

---

① 《中国人民解放军军语》(全本),军事科学出版社,2011年版,第45页。

续"的观点将战争研究的视野拓展到政治领域,实现了人们对战争认识的重大突破。

尽管战争的内涵在世界新军事革命浪潮的冲击下发生了很大变化,但战争的基本要素和本质特征没有改变。古往今来,战争都具有明确的政治目的,现代战争仍然是政治的继续,都是由国家统治集团为了各自的政治、经济利益而引发的,都是解决难以调和的政治矛盾的最高手段。海湾战争、科索沃战争、阿富汗战争、伊拉克战争、利比亚战争、叙利亚战争以及正在进行中的俄乌冲突、巴以冲突等都是政治矛盾斗争的结果,都是与政治紧密联系的。总之,在现代科技发展到信息时代的今天,战争仍然是国家和社会集团为达到政治、经济目的,使用暴力与非暴力手段迫使敌方服从己方意志的军事对抗行为。

延伸阅读

战争与和平的辩证法

正确认识和处理好战争与和平的关系,是攸关国家安全和发展战略全局的重大问题,是思考筹划国防和军队建设的逻辑起点。

习近平指出:"能战方能止战,准备打才可能不必打,越不能打越可能挨打,这就是战争与和平的辩证法。"这科学揭示了战争与和平相互联系、相互转化的矛盾特征,是对马克思主义战争观的丰富和发展,为我们认识新的时代条件下战争问题提供了方法论指导。

历史经验表明,和平必须以强大实力为后盾,能打赢才能有力遏制战争,才能确保和平。中华民族是爱好和平的民族。走和平发展道路,是中国共产党根据时代发展潮流和我国根本利益作出的战略抉择。我们渴望和平,但决不会因此而放弃我们的正当权益,决不会拿国家的核心利益做交易;我们决不干称王称霸的事,决不会搞侵略扩张,但如果有人要把战争强加到我们头上,我们必须能决战决胜。

"有文事者,必有武备。"在国际较量中,政治运筹很重要,但说到底还是要看有没有实力、会不会运用实力。有足够的实力,政治运筹才有强大后盾。现在,虽然维护国家安全的手段和选择增多了,我们可以灵活运用、纵横捭阖,但千万不能忘记,军事斗争是国家政治和外交斗争的坚强后盾,军事手段始终是保底的手段。

在战争制胜问题上,人始终是决定因素。无论时代条件如何发展、战争形态如何演变,这一条永远不会变。同时要看到,随着军事技术的快速发展,武器因素的重要性不断提高。因此,必须有"防身利器",必须有威慑对手的"杀手锏",这样才能更好地做到以武止戈。

二、现代战争的特点

人类战争在历史发展的不同阶段有着不同的特点。现代战争主要呈现出以下特点。

(一)政治因素对现代战争的影响愈发突出

战争是阶级社会的产物,它的阶级本质必然要通过政治本质集中地表现出来。克劳塞维茨的"战争无非是政治通过另一种手段的继续"的深刻阐述,揭示了战争的政治本质。马克思恩格斯在批判继承克劳塞维茨战争观的基础上,运用唯物史观阐明了政治与战争的辩证关系。认为政治是经济的集中体现并服从服务于经济,政治是实现经济利益的手段。政治手段是多样的,概括起来就是非战争手段和战争手段。当非战争手段无法满足经济利益诉求时,便开始诉诸战争手段,因而战争是政治的继续。而经济利益又是具体的,不同的阶级、民族、国家和利益集团在不同时期有不同的利益诉求。服务于不同利益的政治,其性质不同,所制约的战争性质也是不同的。毛泽东在指导中国革命战争的丰富实践中,继承和发展了"战争是政治的特殊手段的继续"的思想,并对战争与政治的关系作了进一步的深刻阐述。毛泽东指出,"战争是政治的继续",自古以来没有不带政治性的战争。但是战争有其特殊性,战争不等于一般的政治,政治是不流血的战争,战争是流血的政治。

当今世界,政治和战争的关系呈现很多新的时代特点,但无论怎么变,马克思主义关于"战争是政治的继续"的基本观点始终成立。分析21世纪以来发生的多场现代局部战争,无不具有明确的政治目的和政治考量,霸权主义和强权政治仍然是现代战争产生的主要根源,政治因素对现代战争的影响和制约愈发突出,军事斗争的政治性、政策性、敏感性显著增强。习近平指出:"筹划和指导战争,必须深刻认识战争的政治属性,坚持军事服从政治、战略服从政略,从政治高度思考战争问题。"这一重要论述,深刻揭示了军事与政治的本质联系,科学阐明了战争的政治属性,明确提出了强军胜战的政治要求。

(二)现代战争的目的有限,进程可控

从第二次世界大战结束以来的战争实践看,现代战争是有限战争,又是局部战争,战争的发生发展、目的企图、规模形式、范围烈度等均受到多种因素的影响和制约。战争目的的有限性以及战争的范围和使用手段的可控性是现代局部战争的两个重要特征。战争一般不以占领敌国全部领土为目标,而是通过军事行动,达成有节制的政治、经济目的。战争目的的有限性,决定了战争规模、手段的有限性,交战双方都必须充分考虑到对方的潜在力量和世界舆论,对作战行动的地理界限、投入作战的兵力兵器和种类及数量都有一定的限度。双方都注重对整个战争进程的控制,一般不危及对方国家、民族的生存,尽量控制战争的升级。如美国入侵越南战争,考虑到中国的可能干预,美国政府决定对越南北方只使用海、空军,陆军不得越过北纬17°线;不得轰炸越南北方与中国毗邻的地带。这些都反映了局部战争规模的有限性以及进程的可控性。

(三)现代战争的暴力性没有改变

战争是人世间最暴烈的行为。从原始社会的战争到现代战争,尽管战争目的、战争动因、战争形态都发生了极大变化,但战争作为敌对双方进行的有组织的暴力对抗这一本质始终没有改变。诚如克劳塞维茨所言,"文明程度的提高丝毫没有妨碍或改变战争概念所固有的消灭敌人的倾向"。无论是信息化战争抑或智能化战争,暴力性本质依然未变,战争依然是用暴力消灭敌人的极端方式。只不过在现代条件下,战争暴力性的表现发生了明显变化。一方面,暴力性的内涵在缩小,传统的实体式破坏性有所降低,强制式的控制

性增强。另一方面,暴力性的外延在扩大:一是暴力实现的领域从传统的物质性领域扩展到物质和精神两大领域,战争从传统的物质破坏拓展到物质破坏与精神摧残并重,有时更加重视精神打击。二是暴力运行的方式,从能量流形式拓展为能量流和信息流两大形式,由注重能量打击拓展至能量打击和信息攻防并重,同时更加重视信息攻防。三是从传统的硬暴力拓展至硬暴力和软暴力并存,软暴力内容逐渐增多。四是暴力的直接主体由传统的军事组织拓展至军事组织和非军事组织两个方面,非军事组织作为主体的地位日益提升。五是暴力的特征由集约性拓展为集约性和效能性并举,战争的暴力性更多地体现为注重效能的精确性打击。

三、战争发展的历程

人们从不同角度对人类历史上战争发展的历程进行了划分。例如,从社会形态角度,可将战争划分为原始社会的战争、奴隶社会的战争、封建社会的战争和资本主义社会的战争。美国著名未来学家阿尔文·托夫勒(Alvin Toffler)从战争同社会技术革命相适应的角度,将战争划分为第一次浪潮战争、第二次浪潮战争和第三次浪潮战争。更多的学者以主战兵器的使用作为战争形态划分的主要标准,将战争划分为冷兵器战争、热兵器战争、机械化战争和信息化战争。

(一)冷兵器战争

冷兵器战争是指主要使用依赖人的体能效应发挥杀伤作用的兵器及相应作战方法进行的战争。它是人类社会自战争产生后的第一个战争形态,也是人类军事斗争史上时间跨度最长的一个战争形态。

冷兵器战争大致开始于原始社会晚期,迄于公元10世纪。可分为三个阶段,即石器时代战争、青铜器时代战争和铁器时代战争。石器时代的战争,主战兵器以磨制的石兵器为代表,同时大量使用木、骨、蚌、角制作的兵器,石片武器的重量、锋利程度及投掷的准确性成为武器的主要性能。约从公元前40世纪初到公元前21世纪,西亚、欧洲爱琴海沿海岛屿国家、印度和中国相继进入青铜时代。青铜工具使兵器的品种和质量都发生了较大变化,出现了金属的刀、剑、矛、矢等兵器,杀伤效能大为提高。公元前13世纪后,铁器逐渐普及于欧亚大陆。钢铁兵器远比青铜兵器锋利且有良好的韧性,兵器的种类更多,质量更佳。铁器时代的到来标志着冷兵器战争进入了成熟阶段。

原始社会后期,随着冶炼业的发展,武器从劳动工具中脱颖而出。战争不仅在部落之间进行,而且扩展到部落联盟以及国家之间,战争规模不断扩大。战争不再是全体部族人员参加,而是产生了从事战争的专门社会群体——军队。至公元前8世纪,亚述军队已大量装备铁制兵器,将常备军分为战车兵、攻城兵、骑兵、重装和轻装步兵、辎重兵、工兵等兵种。公元前6世纪,波斯国王大流士一世将全国划分为若干军区,并建成一支拥有近千艘战船的舰队。随着作战规模的不断扩大,作战双方从简单的个人搏斗发展到密集队形的攻防,士兵组成密集的多达数万人的方阵、长阵等各种阵形与敌交战,兵力数量构成了敌对双方作战能力的主导因素。在后续的战争中,作战形式和战略战术得以创造、发展,野战与城战、陆战与海战已分别创造和形成了适应当时军事技术条件的战法。

然而,冷兵器毕竟是一种传递人的体能的器械,是对人肢体的直接延长或增强。这就决定了当时的作战方式只能是集团布阵、短兵相接的肉搏战。当时的指挥手段也只是靠摇旗、鸣金、击鼓、举火等视听信号。

(二) 热兵器战争

热兵器战争是指主要使用通过火药发生燃烧、爆炸或发射弹丸发挥杀伤破坏作用的兵器及相应作战方法进行的战争。热兵器战争实现了从以人力搏杀转为火力杀伤的变革,在人类战争史上具有非凡意义。其持续的时间,大体从公元11世纪到公元20世纪初期。

热兵器战争的主要标志,是火药兵器成为军队的主战兵器。火药的发明并应用于军事是军事技术的重大革命。中国使用火药较早,公元10世纪就有记载。当时的热兵器主要包括三类:第一类为燃烧性火器,如火箭、火枪、火球、喷筒、火禽等;第二类为爆炸性火器,如炸弹、地雷、水雷等;第三类为抛射性火器,主要利用火药爆炸后产生的热能抛射武器的弹头。13世纪中期中国创制的突火枪,是世界上最早自发运用射击原理的管形射击火器。当时的主要作战形式是骑战和步战,快速机动、远程奔袭、迂回包围等战法都有很大发展。明代后期的《武备志》记载了火药、火炮、火铳、火箭、火器战车、水战火器、地雷等类火器共200多种,并绘有大量图片。

中国发明的火药和火器通过阿拉伯人传入欧洲。欧洲有了火药和火器以后,以步枪为主要武器的步兵逐渐成为欧洲各国军队的基本力量,同时出现了独立炮兵。作战方式也从冷兵器时代的白刃格斗逐步过渡到火力对抗。14世纪至15世纪,随着火绳枪炮杀伤力的不断提高,骑兵逐渐失去优势,新型步兵成为主要兵种。火器应用于舰船,引起了舰船兵器和水上作战方式的变革。14世纪中叶以后,舰船已逐渐使用火炮。海战方式也从接舷战逐步过渡到舰炮战。15世纪以后,随着枪炮性能的改进,火药广泛用于爆破,地雷应用于实战,这些变革促使军事工程进入了一个新的发展时期。16世纪,欧洲一些国家的军队中出现了架桥、筑路专业队,此后,法国出现新的专业技术兵种——工程兵。

17世纪,滑膛枪、带刺刀的燧发枪取代长矛成为军队的制式兵器,"手枪战胜利剑"成为战场的主要法则。手榴弹在"三十年战争"中已得到广泛使用。18世纪,欧洲军队普遍实行雇佣兵制,出现了军、师编制,装备连发枪,热兵器的火力作用超过士兵的突击冲锋,火炮帆船成为西方强国扩大版图、争霸海洋、开拓殖民地的主要工具。拿破仑战争体现了这一时期武器装备、组织体制和军事理论三者的统一。19世纪初,燧发枪和后装线膛枪的出现,结束了冷兵器与热兵器近800余年的较量。此后,蒸汽机车、铁路、电报用于军事,枪膛线、火帽、圆锥形子弹、无烟火药、高爆炸药的发明使火枪火炮进一步改进,军队的机动速度和枪炮的射速杀伤力都有大幅度提高。欧洲国家比较普遍地实行了征兵制和预备兵役制,建立了庞大的正规陆军、海军,陆军中有步兵、骑兵、炮兵、工兵和辎重兵等。军队还建立了各级司令部,采用正规的军、师、旅、团、营、连的编制,制定了统一的操典、教范和条令。管形火器的运用,蒸汽机的发明,大工业的出现,为军队装备了大量的火枪火炮。武器装备和军队构成的变化,也给热兵器战争的遂行方式带来了巨大变化。火力的增强促使线式队形发展为散兵战斗队形和散兵与纵队相结合的纵深战斗队形,火力准备、火力突袭、火力打击成为重要作战样式。英国资产阶级革命、美国独立战争、法国大革命和拿破仑战争的实践，进一步引发了军队性质、组织编制、作战方式和兵役制度的变革。

（三）机械化战争

19世纪末20世纪初，速射机枪、坦克、飞机、潜艇、航空母舰、无线电设备等一大批自动化、机械化武器装备相继问世，战场面貌发生了彻底变化，人类步入了机械化战争时代。

第一次世界大战参战国之多、作战部队之众、作战地域之广和交战之激烈，均属空前。机关枪和火炮的大规模集中使用，使地面火力空前提高。英国首先创制了将火力、装甲防护能力和机动能力结合为一体的坦克，使战车以全新的面貌出现于战场。飞机被用于配合陆军作战，出现了侦察机、轰炸机、歼击机和强击机。海军采用蒸汽机、螺旋桨和装甲技术装备战舰，作战中使用战列舰、巡洋舰、布雷舰、扫雷舰等水面舰只，同时，还出现了潜艇和水上飞机。第一次世界大战使各国的军事组织与指挥体系也得到发展。随着军队规模的扩大，出现了集团军、集团军群、方面军等大军团编组。兵种的增加和作战行动速度的提高，使军队指挥体系获得改进。飞机、无线电报等新的侦察通信工具的运用，使指挥系统的工作效率大为提高。

到第二次世界大战期间，欧美军事强国的陆、海、空军作战装备多数实现了机械化和摩托化，军队成为陆军、海军、空军、空降兵、防化兵等多军兵种合成的较为复杂的系统组织。现代化的陆军、海军、空军武器装备大量涌现战场，使过去仅限于陆地、海上的平面战争发展为陆海空一体的大纵深立体战争。作战方式也实现了由线式作战向纵深作战的转变。

1945年8月，美国在日本投下了两颗原子弹，宣告核战争时代的到来。随后几年，苏联、英国、法国等工业强国也分别发展了核武器。随着原子弹、导弹的大量涌现，机械化战争进入了新的阶段。

（四）信息化战争

信息化战争是信息社会或信息时代的主要战争形态，它是在机械化战争进入成熟期，随着信息社会的到来而逐渐形成的。跟任何事物的发展都会经历一个从低级到高级、从不成熟到成熟的过程一样，信息化战争形态的形成和发展也将经历一个长期的过程。军事理论界普遍认为，信息化战争形态源于20世纪中期计算机的出现并应用于军事领域，预计持续时间可能达数十年乃至近百年，发展过程大体上将经历由低级到高级的数字化、网络化、智能化三个阶段。

信息化战争问世后的几十年时间，信息化装备就发展成为战场上的主战武器装备，并且主宰着现代战场和作战行动。20世纪90年代初爆发的海湾战争是机械化战争向信息化战争过渡的一个重要转折点，在信息化战争进程中具有里程碑意义。20世纪末，以美国为首的北约对南联盟发动了科索沃战争，高度信息化的空中精确打击成为主要作战样式展示在世人面前。21世纪初，美国以反恐之名发起阿富汗战争，对信息化战争这种崭新的战争形态进行了再次确认并有了新的发展。紧随其后的伊拉克战争，信息化战争形态已经基本成形，战争中的快速闪击、精确斩首、空地一体、全维多域等典型信息化特征得到突出展现。伊拉克战争在多个层面对世界各国尤其是大国军队建设和战争形态演变产生了深远影响。

随着人工智能的迅猛发展,作为战略性前沿技术,人工智能技术在人类社会各个领域都得到了创新性应用,并成为当前不断深入、交织演进的新一轮科技革命、产业革命和军事革命的重要推动力。人类社会正经受着前所未有的智能化浪潮冲击,人工智能已经展现出极大的军事应用潜力和前景。当前,信息化战争正步入其发展的高级阶段,即具有智能化特征的信息化战争阶段。近年来相继爆发的叙利亚战争、纳卡冲突以及正在进行的俄乌冲突、巴以冲突等均清晰显示出智能化作战的雏形,人工智能在战场的态势感知、信息处理、指挥控制、辅助决策、无人作战系统、人体机能增强等军事领域发挥着越来越重要的作用。可以预测,未来战争中,智能化将成为战争的制胜要素,智能化武器装备将成为陆、海、空、天、网络、电磁等所有战场空间的主战武器装备,智能化水平将成为衡量一支军队现代化水平的重要标志和评价其战斗力的核心标准。信息化战争必将向智能化战争加速演进。

第二节 新军事革命

20 世纪 80 年代以来,世界军事领域兴起了一场新的革命。这场革命具有划时代的意义,实质是信息化革命在军事领域的反映。深入推进中国特色军事变革,是贯彻科技强军战略、夺取 21 世纪战略竞争主动权的需要,更是新时代我军建设世界一流军队、打赢具有智能化特征的信息化战争的必然要求。

一、新军事革命的内涵

要全面认识和把握新军事革命的理论与实践,首先应从军事革命的概念着手,加强对新军事革命本质的认识,正确理解新军事革命给军事领域带来的全新变化。

(一)军事革命

最早提出"新军事技术革命"概念的苏联军事理论界认为,军事上的革命是科学技术进步和武装斗争工具的发展,在军队建设和训练以及进行战争和实施作战行动的方法上发生的根本变化。美国未来学家阿尔文·托夫勒认为,武装部队从技术到编制、战略、战术、训练、条令和后勤等各个层次都同时发生变化,即是军事革命。美国新军事革命倡导者之一安德鲁·马歇尔认为,军事革命是作战概念和战争发生重大变化的一个特殊历史时期。中国军事理论界认为,军事革命是与社会发展相联系,在军事领域发生的带根本性的、具有重大影响的变革。通常又称之为军事变革。由于各个国家的军事发展、文化背景及各自思维方式的不同,对军事革命的界定会产生差异,但有一点却是一致的,都认为军事革命是军事领域各方面发生根本性变化的社会现象。

鉴于人们对军事革命涵义理解的不同,因而得出的结论也往往有所不同。从严格意义上讲,军事革命乃是随着武器装备的断代性发展,由此引发军事理论、军队编成、作战方式等方面的根本性变革,从而导致整个军事形态发生质变的特殊社会活动。

(二)新军事革命

"新军事革命"是由英文 Revolution in Military Affairs(RMA)翻译而来,美国官方于海湾战争结束后逐步使用。所谓新军事革命是特指在工业社会走向信息社会的时代,以信息技术为核心并得以广泛应用,从而引起军事领域军事理论、武器装备、组织体制、作战样式等一系列的根本变革。新军事革命涉及军事领域的方方面面,是一场内涵极为丰富的全面变革。

军事学术界普遍认为,新军事革命实质上是一场信息化军事革命。从新军事革命的发生和发展过程看,"信息化"是这场军事革命的技术基础,但并非是它的全部。知识化是新军事革命的人才要求,系统化是其方法原则,智能化是新军事革命的远期目标。只有建立了一支智能型军队,才能适应未来战争在知识、智力上较量的需要。知识含量高的军队不仅在未来对抗中占有明显优势,而且知识、智慧将成为衡量一支军队战斗力强弱的首要标志和决定战争胜负的关键因素,仅有武器装备的信息化智能化,而没有军人的知识化和军队编成的系统化,就不可能产生智能化军事革命。因此从更广泛的意义上说,处于深入发展阶段的世界新军事革命,不仅是一场信息化军事革命,而且还将是一场智能化的军事革命。

二、新军事革命的发展演变

新军事革命的发展经历了从概念提出,到广泛讨论被军方高层接受,再到蓬勃兴起、深入发展几个阶段。

(一)新军事革命的提出

早在 1946 年,美国研制出世界上第一台电子计算机,它标志着人类社会生活面貌由此发生深刻的变化,拉开了数字计算机和数字化时代的帷幕。正如任何一种新的科学技术往往首先应用于军事领域一样,电子数字计算机及其技术同样首先使用于军事领域。美军从 1947 年开始,不断将电子数字计算机技术应用于军队指挥、控制及情报系统,逐步研制出第一套 C^3I 系统。20 世纪 70 年代,美、苏等军事强国基于战略需求,基本实现了军队指挥的自动化。

在越南战争后期,美军在战争中率先使用了精确制导炸弹并产生显著的作战效能。在这场战争中,美军曾采用"地毯式"轰炸方式,企图截断被称为"胡志明小道"的交通运输线,位于河内附近的清化大桥是重点轰炸目标。为此,美军出动飞机 600 余架次,投弹 5 000 余吨,并损失飞机 18 架,也未能将大桥摧毁。直到 1972 年 5 月,美军首次使用"宝石路"激光制导炸弹,仅一次攻击即达成目的。此后,各军事大国纷纷投入巨资开始研制并生产精确制导武器,精确制导武器的研制和生产逐步进入高潮。

指挥自动化系统与精确制导武器的研制和发展,为新军事革命的孕育和形成提供了最基本的物质技术条件。1979 年,苏军总参谋长奥加尔科夫元帅率先提出了"新军事技术革命"这一概念。他认为:新兴技术将使军事学说、作战概念、训练、兵力结构、国防工业和研制重点发生革命性变化,即出现新的军事技术革命。20世纪80年代初,美国未来学家托夫勒在《第三次浪潮》一书中认为,人类发展进程中共发生过三次军事革命,即由农业革命引发的第一次浪潮战争革命、由工业革命引发的第二次浪潮战争革命,以及当前正在进行的由信息革命引发的第三次浪潮战争革命。而第三次浪潮战争革命必将对人类社会各个领域引发根本性变革,从而给军事领域带来一场深刻的革命。

在上述观点的影响下,美国军方组成专门班子,研究和评估奥加尔科夫提出的新军事技术革命问题。美国前国防部长佩里、前参联会副主席欧文和前国防部基本评估办公室主任马歇尔等人,对美国进行新军事革命的必要性和可能性进行了较为系统的研究。在广泛深入的理论研究和信息技术进一步发展的大背景下,美军于1982年提出了"空地一体战"理论,同时开始着手重点发展精确制导武器,调整军队体制编制,以适应第三次浪潮战争形态的变化。一些主要国家先后掀起新技术革命研究的热潮,产生了一大批研究成果,一系列高技术发展战略决策相继问世。比如1983年美国提出"星球大战计划"、日本制定"科技振兴基本对策"、西欧确立"尤里卡"计划等,中国也于1984年制定了《迎接新技术革命挑战和机遇的对策》,并于1986年11月推出了"863计划",这些都是对新技术革命做出的积极应对。

(二) 新军事革命的蓬勃兴起

20世纪90年代初,海湾战争爆发,美国通过这场战争全面检验了十多年军事理论和技术革命的成果,从而明确了进一步推动新军事革命的方向和步骤。受海湾战争的冲击,世界各国也纷纷加大推进本国新军事革命的力度,使得世界范围内新军事革命进入到全面展开与蓬勃兴起阶段。

1993年,美国战略和国际问题研究中心出版了第一部研究军事革命的理论著作——《军事技术革命》。8月,时任美国国防部基本评估办公室主任马歇尔对"新军事技术革命"概念提出异议,他认为:"对军事革命的含义常有误解,我们打算不用早些时候的军事技术革命这一术语,因为它把重点放在了技术上。技术使得革命有可能出现,但只有制订了新的作战概念,在许多情况下,建立了新的军事组织的时候才会发生革命。"为此,美军正式提出了"新军事革命"的概念。1994年1月,美国国防部正式组建"军事革命高级指导委员会"进行官方研究。1995年年底,美军在深化理论研究的基础上开始采取实际步骤来推动新军事革命的全面展开。

20世纪末的科索沃战争和21世纪初的阿富汗战争充分展示了美国推进新军事革命的成果,特别是信息化武器装备的作战能力突显、信息化进入实战以及高效的一体化作战体系,使人们对新型战争、新型军队有了进一步认识,极大地加快了世界新军事革命的进程。

(三) 新军事革命的深入发展

2003年发生的伊拉克战争,成为世界新军事革命转向深入发展阶段的一大标志。美军在这场战争中全面检验了当时新军事革命取得的重大成果,美军运用"快速决定性作战""网络中心战"等新的作战理论,采取精确闪击、空地一体、长驱直入等作战形式,精确制导弹药所占比例为历次战争之最,使现代战争的面貌再次发生根本性变化。

随着新军事革命的深入发展,世界主要发达国家和新兴发展中国家纷纷制定和调整军队建设的目标规划,成为世界新军事革命深入发展的又一标志。美军提出了"二次转型"建设发展目标,提出建设更精干、更灵敏、更先进、战备程度更高的新型联合部队;俄军推出"新面貌"改革并不断调整完善,力求充分体现"精干高效、机动灵活、装备精良、训练有素"的建军方针;日本提出了"机动防卫力量"构想,目标是建设一支"快反、机动、灵活、持续"的多能型自卫队;欧盟主要国家提出了"建立一支规模小、装备精、轻型化、机动灵活、快速反应能力较强的实战型军队"的建军方针。

从目前情况来看,世界主要发达国家和新兴发展中国家都已先后启动了新军事革命。除美国之外,英国、法国、日本、意大利、加拿大、澳大利亚、韩国、印度、中国等很多国家相继走上了新军事革命的道路。其中一些国家结合伊拉克战争、叙利亚战争及俄乌冲突的经验教训,出台了一系列加快推进新军事革命的新举措,推动新军事革命在更高的层次、更广的领域、更大的范围加速发展。

三、新军事革命的主要内容

新军事革命涉及军事领域的方方面面,是一场内涵极为丰富的全面变革。近年来,世界范围新军事革命的内容主要体现在以下五个方面。

(一)创新军事理论

军事创新主要包括军事理论创新、军事技术创新和军事制度创新等方面。其中,军事理论创新是其他军事创新的基础。军事理论创新特别是战争和作战理论创新,对军事技术、军事制度创新有巨大的牵引和带动作用。在新军事革命浪潮的冲击下,世界各国掀起了一场经久不衰的军事理论创新热潮,提出了很多新概念、新观点。

当前,军事理论创新成为大国军事竞争"没有硝烟的战场"。自20世纪80年代以来,美国不断加大军事理论创新力度,牵引推动以信息化为核心的军事变革步伐。从海湾战争的"空地一体作战"到科索沃战争的"非对称、非接触作战",从阿富汗战争的"网络中心战"到伊拉克战争的"快速决定性作战",用不同的军事理论指导了四场不同战争。近年来,又提出非正规战争、网络空间战争、混合战争、全球公域进入与机动联合作战等概念,并在军种层面推出"多域作战""分布式作战""云作战"等概念。俄军结合自身情况打造新军事学说,提出"核力量战略性战役""空天战略性战役""战区战略性战役"等一系列新概念新理论,力求在大国博弈中保持均势、稳定态势。

📖 **延伸阅读**

"混合战争"理论

2005年,美国海军中将詹姆斯·马蒂斯和军事学者弗兰克·霍夫曼就在美国《海军杂志》上撰文,提出"混合战争"理论。2007年,霍夫曼撰写的《21世纪冲突:混合战争的兴起》一书,对"混合战争"进行了系统探讨,他认为现代战争的形态正在发生变化,即从传统的"大规模正规战争"或"小规模的非正规战争"向界限更加模糊、作战样式更为融合的形态发展。"混合战争"的表现形态复杂、作战行动模糊,需要统筹国家战略资源和手段,采取综合措施才能有效应对。

"混合战争"理论逐渐为美俄等主要国家军方接受并在战争实践中发展完善。2022年2月爆发的俄乌冲突再次印证,现代战争的形态和手段已经远远超出军事范畴,大国之间仅仅通过直接的军事战一决胜负的时代一去不复返了,取而代之的是综合运用政治、经济、外交、金融、科技、舆论、文化等手段发动混合战争。与传统战争形态相比,综合了军事和非军事手段、常规与非常规手段的混合战争有着更强的适应性和生命力,正在成为大国塑造有利战略态势、对冲大国战略竞争,乃至创造和运用多种战略优势促成"不战而屈人之兵"效果的首选战略工具。

(二) 升级武器装备

当前,世界新军事革命深入发展,军事技术形态正向着智能化、网络化、微型化、高能化等方向发展。世界主要国家以大力发展信息化智能化武器装备作为军事现代化的重点。美军信息化程度居世界领先地位,计划到2030年全面实现武器装备的信息化;俄罗斯武器装备信息化发展很快,目前信息化武器装备达到武器装备总量的70%;英法等发达国家紧随其后,预计2025年前后,其数字化部队的比例可达到50%左右;中国军队的现代化建设也取得了重大进展,根据发展规划,2035年基本实现武器装备的现代化。

在现代化武器装备建设中,除核武器、常规主战装备外,重点发展的是新型武器装备:一是完善一体化联合作战指挥系统。美军计划到2030年全面完成C^4KISR系统建设,实现指挥、侦察、决策、杀伤、评估系统的一体化。俄军计划建成全军统一的具有人工智能的指挥自动化系统,基本实现信息传输实时化、战场要素数字化、指挥控制智能化和作战行动精确化的建设目标。二是发展人工智能作战系统。美、英、法、俄等国都在研制人工智能作战系统,包括无人飞行器、地面机器人、水面和水下机器人作战系统。不久的将来,人工智能机器人装备将大量列编,成为未来战场上的主战装备。三是研发网络攻防武器。美、俄等国重点研发网络侦察、网络防御和网络进攻等武器系统并取得突破性进展。四是加紧试验反导和反卫星武器。美国已进行上百次的导弹拦截试验及电磁轨道炮的试射,正在研制可攻击敌方卫星的微型卫星和空天飞机。俄罗斯也拥有相当规模的太空武器,正加紧研制空天飞行器。

(三) 重塑军队组织形态

军队组织形态是军队组成结构和行为方式的表现形式。一场军事革命的完成,是以军队组织形态调整的最终实现为标志。一般来说,在一场全面军事革命中,最先发生变化的是军事技术和武器装备,最后完成革命的是军事组织形态。世界各国为适应新军事革命的发展,提出了很多设想,采取了很多措施,使军队的组织形态向着精干、高效、小型、多能的方向发展。一是缩小军队规模,打造精干高效的职业化军队。压缩常备军规模,裁减一般部队,增编高技术军兵种部队,提高高素质职业军人在整个军队员额中的占比。如法国已经完全取消实行了近百年的义务兵役制,着力建立一支高科技、信息化、小而精、能在境外实施干预作战的职业化军队。英国也改变了以数量取胜的传统作战观念,对部队结构进行调整和重组,提出建设一支规模小、装备精、具有快速反应和联合作战能力的军队。二是重点建设小型基本作战单元,实行模块化编组。从未来发展趋势看,将重点发展旅—营一级基本作战单元;逐步减少重型部队数量,加强中型和轻型部队建设;基本作战单元模块化,根据多样化的任务灵活编组、快速行动。

(四)培养高素质新型军事人才

人永远是战争胜负的决定因素,新军事革命对军事人才的培养提出了新的要求。信息化、智能化战场上,虽然科技因素的影响力逐渐上升,但武器只是人的智慧和能力的物化,并没有改变人是决定性因素的主体地位。无人机并非真的无人,智能化也不是武器变成人,而是武器在前台、人员在后台,是人和武器的高度一体化。"无人"的背后,拼的还是人,拼算法、拼智慧、拼速度,拼谁的创新能力更强大。从近几场局部战争可以看出,信息化武器非但没能取代人的主导作用,反而强化了人的主导作用。因此,世界各国都在加快高素质军事人才队伍建设。美国着眼军队转型推出《综合人力资源战略计划》,以技术和人才领先为两大核心支柱,积极抢占新型军事人才战略竞争制高点;俄军按照精干化、职业化和现代化要求加强军事人才建设,强调具有创新力的人才培养开发,着力打造新型现代化军队。

(五)革新作战样式

随着新军事革命的深入发展,战争形态正步入信息化战争的高级阶段——具有智能化特征的信息化战争,在传统作战样式的基础上新型作战样式不断涌现。突出体现在:一是无人化作战已成趋势。俄乌冲突、巴以冲突中,无人作战平台得到迅速和广泛的运用。无人机、无人舰、无人战车、地面和水下机器人等从单个应用、零散应用向集群运用、规模运用转变,成建制地走上战场前线,实现了火力打击的高效化和人员伤亡最小化。二是网络攻防行动更加普遍。各主要大国强国纷纷组建网络作战司令部和网络作战力量,网络战已成为一种全新的作战行动样式。三是新型特种作战作用增大。新型特种作战在规模数量、职能任务、作战样式上均发生了很大变化。四是空天作战行动正酝酿形成。美军计划其太空力量可实施反导弹、反卫星等太空攻防作战行动,可直接使用天基武器,在1—2小时内快速打击全球任何地面、海上和空中目标。俄军明确将空天战略性战役规定为在未来战争中首先实施的战略性战役之一。其他一些大国也纷纷组建太空力量和太空司令部,积极准备实施空天作战行动。

四、深入推进中国特色军事变革

深入推进中国特色军事变革是实现建军百年奋斗目标,加快建成世界一流军队的时代要求,也是决定我军未来的关键一招。加速推进中国特色军事变革,重点应把握好以下五个方面。

第一，始终坚持以正确的理论指导军事变革。要把习近平强军思想作为全面推进中国特色军事变革的强大思想武器和行动指南。把深化国防和军队改革作为实现中国梦、强军梦的时代要求，作为强军兴军的必由之路。把现代战争的制胜机理搞透，强化信息主导、体系支撑、精兵作战、联合制胜的观念，发展具有我军特色的作战理论和作战思想。

第二，始终坚持以开拓精神推动军事变革。习近平指出："在这场新军事革命的大潮中，谁思想保守、故步自封，谁就会错失宝贵机遇，陷于战略被动。"在推进中国特色军事变革过程中，针对涌现出来的新矛盾、新问题，要求我们不断开拓创新，在军事理论创新、军队结构转型、军队制度完善等方面，提出新理论，拿出新思路，走出新路子，创造新成果。

第三，始终坚持以科技创新推动军事变革。习近平指出："科技是核心战斗力。"习近平站在时代发展和战略全局的高度，深刻揭示了世界军事科技发展规律，吹响了科技强军的时代号角。实现强军兴军，必须要有强大的科技作支撑。要在激烈的国际军事竞争中掌握主动，必须大力推进科技进步和创新，大幅提高国防科技自主创新能力。

第四，始终坚持走中国特色强军之路。中国特色军事变革是世界新军事革命滚滚潮流中的一部分。每个国家都有自己的特殊国情，每支军队都有自己的特殊军情，但凡改革成功的军队，都是善于在学习他人之长的同时注重保持自身特色。为此，我们既要借鉴军事强国的建军经验，又要保持自身传统优势，走出一条具有中国特色的强军之路。

第五，始终聚焦打造新域新质作战力量。党的二十大报告提出，打造强大的战略威慑力量体系，增加新域新质作战力量比重，加快无人智能作战力量发展，统筹网络信息体系建设运用。给新时代国防和军队建设指明了目标方向和发展重点。2024年4月19日，信息支援部队正式成立，这是构建新型军兵种结构布局，完善中国特色现代军事力量体系的战略举措。信息支援部队是全新打造的战略性兵种，是统筹网络信息体系建设运用的关键支撑，与军事航天部队、网络空间部队一起将成为我军重点建设的新域新质作战力量，对加快国防和军队现代化、有效履行新时代人民军队使命任务具有重大而深远的意义。

第三节　机械化战争

战争形态的演变总是与人类社会发展相联系。当人类社会从农业社会形态向工业社会形态过渡时，科学技术迅猛发展并广泛运用于战争领域，战场面貌发生了深刻变化，人类步入了机械化战争时代。

一、机械化战争的内涵

机械化战争是人类战争在继冷兵器战争、热兵器战争两种形态后，进入的一种新的战争形态。机械化战争是指主要使用机械化武器装备及相应作战方法进行的战争。具有机动速度快、火力毁伤强、战场范围广、战争消耗大等特点。是工业时代战争的基本形态。①

机械化战争理论与实践产生于第一次世界大战,至第二次世界大战其理论趋于成熟,并将机械化战争实践推向高潮。机械化战争理论的核心是坦克制胜论,即主张以坦克为主体的机械化陆军在航空兵配合下主宰战场和决定战争结局的理论。这一理论是近代资产阶级军事思想在战争问题上颇具代表性的学说之一。结合世界大战的实践,1920年,英国的富勒出版了《大战中的坦克》一书;1937年,德国的古德里安出版了代表作《注意!坦克!》。这些著作系统阐述了关于机械化军队将在未来战争中发挥决定性作用的主张,也从不同角度阐述了坦克和机械化部队在未来战争中的作用以及机械化部队的组建、使用原则等问题,从而使机械化战争理论作为一种军事理论趋于成熟。

机械化战争的核心是军队实现机械化。军队机械化主要包括两个方面：一是补给方式的机械化,用汽车代替畜力;二是战斗机械化,以机械力代替人力。实现机械化后,军队的编成一改过去以步兵、骑兵、炮兵为主的观念,坦克取代骑兵成为陆军的主体;兵役制度出现重大变革,由过去的短期兵役制改变为职业化军队的终身兵役制;战略战术上强调大纵深作战,重点打击对方首脑机关,摧毁其通信、补给系统,歼灭敌重兵集团,强调坦克部队和航空兵协同,先敌发起进攻和突然袭击。

二、机械化战争的基本特征

机械化战争是工业时代战争的基本形态,充分体现了工业社会的时代特征。

(一) 相对分散独立的"单元式"战场较量

机械化战争通常是在陆、海、空"三维"战场,以相应的军兵种和不同的武器装备进行的"单元式"战场较量,也就是通过在不同战场和不同军兵种间相对独立进行的会战、决战来达成战争目的。因此,机械化建设注重围绕各个军兵种的发展需要,以谋求各自武器装备的"单元式"更新换代为主要目标。

(二) 战争力量得到空前增长

从机械化战争的基础来看,社会化的大工业使战争力量得到空前增长。军队拥有了性能先进的坦克、军舰和飞机,甚至得到了包括核武器在内的大规模杀伤性武器。从有形的物质形态上说,社会生产力的发展已经将战争力量推向一个全新的高度,甚至达到了极限;从战争力量的构成来看,是陆、海、空军三大军种界限分明的战争,战争力量主要依据武器装备的功能而不是依据作战功能来划分。

(三) "物能"成为战场对抗的主导能量

机械化战争借助于大工业为其提供的"钢铁"和"炸药",大规模地释放摧毁性的能量,"物能"的拥有和释放在战争胜负上始终占据主导地位。充斥战场的坦克、装甲车、火炮及难以计数的弹药、油料所产生的动能、机械能、化学能的对抗,成为战场上对抗的焦点,交

---

① 《中国人民解放军军语》(全本),军事科学出版社,2011年版,第48页。

战方式主要表现为"摧毁与反摧毁"。战争围绕"物质和能量"进行对抗,沿火力、机动力和突击力三大轴线展开。战争的主要手段,就是使用坦克、军舰、飞机等机械化的作战平台,通过突破、迂回和围歼,大量消灭对方的有生力量,破坏对方的战争设施,达成战争的目的。新的作战方式方法不断涌现。出现了大纵深的"闪击战"、大规模空机降作战、制空制海权争夺战、航空母舰编队之间的海空大战和登陆与反登陆作战等。

(四)战争持续时间长,战场范围广

机械化战争通常持续时间长,少则数月,多则数年;战场覆盖范围广,少则波及数个国家,多则波及整个世界。这是因为,工业社会的生产力水平虽然能够为军队提供成千上万的作战工具,但这些作战工具的能力仍局限于战役、战术的范围,战争双方的能量必须通过长时间和大规模的"局部"释放,才能获得战略性的结果。这时候,战争双方的生产能力越强,战争潜力越大,战争就越持久,战争的范围就越广。战争力量大面积和长时期的接触并在接触中抵消,成为机械化战争的显著特征。

三、机械化战争的发展演变

人类历史上战争形态的演变从来不是一蹴而就的,都要经历一个从量变到质变,从部分质变到整体质变的漫长过程。机械化战争的发展演变同样经历了孕育形成、快速发展,再进入成熟衰微期并逐步发展过渡到高技术战争和信息化战争的新阶段。

(一)机械化战争孕育形成期

从18世纪至第一次世界大战结束是机械化战争的孕育形成期。它是与特定的历史条件相联系的。从17世纪中叶人类社会技术形态开始由农业时代向工业时代过渡、政治社会形态开始由封建社会向资本主义社会转变,战争形态也随之开始由冷兵器战争形态向热兵器战争形态发展。自14世纪起,火药兵器与冷兵器并用,以冷兵器为主。到16世纪,由于前滑膛枪炮改进为后装燧发枪炮,其射击速度和杀伤力都有显著提高。火炮的威力可使冷兵器时代坚不可摧的城堡顷刻间土崩瓦解,掘壕筑城成为主要防御手段,战斗队形由密集走向疏散。17世纪,欧洲国家军队开始大量装备滑膛枪、带刺刀的燧发枪等热兵器。18世纪,欧洲军队逐步完成了由冷兵器向热兵器的转变,开始了向机械化装备的过渡,机械化战争进入孕育形成期。

18世纪中期爆发的第一次工业革命——蒸汽机革命,对军事装备的发展产生了巨大影响,特别是蒸汽动力船的出现,造就了现代海军;蒸汽机车和铁路的实际运营,增强了军队后勤补给和战略机动能力,使战争规模明显扩大,预示着机械化战争时代的到来。19世纪下半叶,以近代科学炼钢法的发明与应用为起点,以电能及内燃机的广泛应用为标志,人类又开始了以重工业为重点,以大机器生产为特征的第二次工业革命。在科技革命的推动下,19世纪末20世纪初,速射机枪、坦克、飞机、潜艇、航母等一大批自动化、机械化武器装备相继问世,不仅使战场面貌发生了彻底变化,也使军事领域开始了一次新的革命,人类真正步入了机械化战争时代。

(二) 机械化战争快速发展期

从第一次世界大战结束至第二次世界大战结束是机械化战争的快速发展期。这一阶段是机械化战争理论与实践发展最快的时期。第一次世界大战后,各国军队大量装备新式武器,机械化程度迅速提高;涌现了很多军事理论家,机械化战争理论空前繁荣;进行体制编制改革,适于打机械化战争的军事组织得以确立;第二次世界大战爆发,大规模机械化战争得到实践。在这次战争中,各主要军事强国将现代化的陆、海、空军及其具有高度机动力、突击力的机械化作战平台大量运用于战争,推动了机械化战争的高速发展和普遍运用,战争进入真正的全面机械化时代。

在武器装备发展上,随着现代工业和科技的进步,"一战"中崭露头角的坦克、飞机、电讯等技术装备进一步改进并大量装备部队,轻武器普遍实现了自动化、半自动化,雷达、电引信、瞄准器、火箭筒、无后坐力炮、自行火炮、登陆舰艇等新式武器大量涌现,火箭弹和原子弹也相继问世。在军队编制体制改革上,装甲兵成为陆军的主要突击力量,步兵也发展为机械(摩托)化部队,并组建了强大的战役机械化军团。海军大量装备了航空母舰,由战前的 30 艘发展到大战期间的 140 余艘,潜艇由 350 艘发展到 1 500 余艘;舰载航空兵和潜艇在大战中显示出强大的突击威力,使海军成为能在水下、水面、空中进行立体作战的合成军种。空军是这一时期发展最快的军种。第二次世界大战期间,交战国生产的军用飞机多达 70 余万架。这一时期,欧美日等军事强国的陆、海、空作战装备多数实现了机械化和摩托化。在战争形式上,由于现代化的陆、海、空军武器装备大量出现于战场,使过去仅限于陆地、海上的平面战争,发展为陆海空一体、陆空一体、海空一体的大纵深立体战争。在作战方式上,实现了由线式作战向纵深作战发展。

(三) 机械化战争成熟衰微期

从第二次世界大战结束至 20 世纪 80 年代初是机械化战争的成熟衰微期。这一时期,机械化战争走向成熟,并随着核武器的出现发展到一个新时期。但是,由于核武器破坏力巨大难以用于实战,机械化战争逐渐走向衰微。第二次世界大战结束以后,以雅尔塔体系形成新的国际政治格局,人类进入了长达半个世纪的冷战时期。1945 年 8 月,美国在日本投下两颗原子弹,宣告核时代的到来。随后几年,苏联、英国、法国等工业强国也分别发展了核武器。原子弹、导弹的大量涌现,使机械化战争又发展到一个新的阶段。

在机械化战争走向成熟的同时,由于诸多高技术群特别是信息技术群的飞速发展,一些国家的军队开始建设和逐步完善综合电子信息系统,着手研制与装备信息化武器,信息在作战力量诸要素中的地位日益突出,在战争中的作用开始显现,工业时代的机械化战争形态日渐衰微。战争形态逐步由机械化战争向信息化战争过渡。

四、机械化战争的代表性战例

从 18 世纪到 20 世纪 80 年代,多场机械化战争在世界范围内爆发,斯大林格勒战役、第四次中东战争是其中比较有代表性的战例。

（一）斯大林格勒战役

斯大林格勒战役，又称斯大林格勒保卫战，是第二次世界大战中苏德战场上的一次决定性战役，也是第二次世界大战的主要转折点。参战主要国家为苏联和纳粹德国。战役从1942年7月17日开始至1943年2月2日结束，历时六个半月。

1942年7月，德国法西斯利用英美拖延开辟第二战场的机会，调集了25万人，700多辆坦克和1 000多架飞机，向斯大林格勒方向发动了大规模的进攻，企图自此沿伏尔加河北上，从东面包围莫斯科。

7月17日开始，苏军进行了艰苦、激烈的斯大林格勒保卫战。德军每天出动上千架飞机，1 000多门大炮，进行狂轰滥炸。8月25日，德军渡过顿河，开始向斯大林格勒发起全面进攻。9月15日，德军曾一度攻入城西北部的工业区。但是，具有保卫察里津光荣传统的斯大林格勒军民，在斯大林"不让敌人前进一步，用一切力量消灭敌人"的号召下，浴血奋战，每天打退敌人一二十次冲锋，在大量消耗敌军的有生力量后，于11月19日转入反攻，1943年2月2日被围敌军全部被歼灭，德军元帅鲍利斯率领24个将军、9万残兵向苏军投降。

斯大林格勒战役，以苏联人民的完全胜利宣告结束。德军在顿河、伏尔加河、斯大林格勒地区总共损失了约150万人、3 000多辆坦克和3 000多架飞机。斯大林格勒战役是机械化战争发展到成熟阶段的一场典型战争。

（二）第四次中东战争

第四次中东战争，又称"十月战争"。战争发生于1973年10月，是埃及、叙利亚为收复失地和摆脱美、苏造成的"不战不和"被动局面，向以色列发起的一场战争。

1973年10月6日，埃及军队隐蔽在苏伊士运河西岸的2 000门大炮和叙利亚军队在戈兰高地上的1 500门大炮同时向以色列阵地开火，第四次中东战争爆发。

在这之前的三次中东战争，以色列夺取了约旦河西岸、耶路撒冷、加沙地带、西奈半岛及戈兰高地等大片阿拉伯领土，以色列军队成了战无不胜、攻无不克的象征。以色列人的胜利极大地刺痛了阿拉伯人，埃及总统萨达特和叙利亚总统阿萨德决心联合起来，把失去的土地夺回来。

为了隐蔽炮兵和坦克集结调动，埃及耗资400万美元在运河西岸修建了一条巨大的河堤。为了迷惑以色列人，从1973年年初开始，埃及军队进行了一次又一次的军事演习。白天，埃及军队开往运河的是一个旅，但晚上归去时则悄悄地把一个营留了下来，埃及人就是用这种方法将渡河的精锐之师一个营、一个营地集结到了运河岸边。对于这一切，以色列都一无所知。

1973年10月6日，在猛烈的炮火和飞机的掩护下，埃及由8 000名官兵组成的突击队率先渡过运河，他们用爆破筒和高压水龙头在河堤上打开了60多个缺口；与此同时，叙利亚军队在戈兰高地向以色列发起了进攻。战争进行到10月10日，埃及军队攻占了运河东岸的部分土地，摧毁了"巴列夫防线"，实现了预期的目的。此后，埃及并没有乘胜追击，而是以守为攻，这给了以色列一个喘息的机会。在大量美国军援的支持下，以色列发起猛烈攻势,战局发生了逆转。在这种不利的形势下,埃及总统萨达特和叙利亚总统阿萨德接受了国际社会的调停,于24日正式宣布停火,第四次中东战争结束。

第四次中东战争是一场覆盖陆、海、空、电磁领域的战争,既具有典型机械化战争特征,同时由于大量导弹的使用并发挥出了极大作战效能,使得战争又具备了高技术战争的特点。

第四节 信息化战争

信息化战争是人类社会由工业社会步入信息社会的产物。从冷战结束至今世界发生的几场较大规模局部战争中,我们可以清楚地看出,战争形态开始由机械化战争向信息化战争加速演变,信息化战争正逐步取代工业时代的机械化战争,成为信息时代战争的基本形态。

一、信息化战争的内涵

中外学者对信息化战争的内涵有着不同的解读。美国未来学家托夫勒从人类社会文明演进发展的角度,将信息化战争称为"第三次浪潮战争";俄罗斯著名军事理论家斯里普琴科从战争所使用的武器装备发展的角度,将信息化战争称为"第六代战争"。国内学者的认知也各有不同,一般认为,战争形态的演变与人类社会的时代发展紧密相连。

自20世纪80年代以来,人类社会开始由工业时代向信息时代转变,世界范围内新军事革命浪潮蓬勃兴起并不断向纵深发展,战争形态随着军事领域的深刻变革也在发生重大变化,并历经海湾战争、科索沃战争、阿富汗战争、伊拉克战争、利比亚战争以及叙利亚战争等较大规模局部战争的验证,战争形态的信息化特征越来越突出,并正走向带有显著智能化特征的信息化战争的高级阶段。《中国人民解放军军语》将信息化战争定义为:"依托网络化信息系统,使用信息化武器装备及相应作战方法,在陆、海、空、天和网络电磁等空间及认知领域进行的以体系对抗为主要形式的战争,是信息时代战争的基本形态。"[①]

信息化战争的这一定义可以从以下几个方面来理解。

一是信息化战争的交战主体是信息化军队。信息化军队是以知识武装起来的智能型军队,是科技素质、文化素质、体能素质极高的军队,是人与信息化武器装备紧密结合的军队,军人之间能够最广泛地联系起来,用自己的知识和协调一致的行动,创造性地运用信息化武器装备达成作战目的。

二是信息化战争的物质基础是信息化武器装备。信息化武器装备成为信息化战争的主导兵器,没有大量使用信息化武器装备的战争绝对不会是信息化战争。

三是信息化战争战场空间具有全维性。除了在传统的陆、海、空领域的较量外,交战空间更是广泛渗透到了太空、网络电磁以及人的认知领域,而且太空、网络电磁和认知领域的较量成了主要战场,并对战争胜负起到关键作用。

四是信息化战争因信息系统的广泛连接作用,成为体系与体系的对抗。一体化联合作战成为信息化战争的基本作战形式。

[①] 《中国人民解放军军语》(全本),军事科学出版社,2011年版,第48页。

二、信息化战争的主要特征

信息化战争的主要特征体现在以下四个方面。

（一）信息优势成为战争的最大胜势

信息优势，即战争中在信息获取、处理、利用以及信息对抗等方面所处的有利地位。在信息化战争中，信息优势取代火力、机动力成为衡量双方力量优劣的首要标志，成为整体作战、高效作战的前提和制胜基础，从信息优势中谋求整体对抗优势，成为信息化战争制胜的根本途径。信息化战场上，军队信息化程度成为体现其作战能力的主要标志，信息能力构成了敌对双方作战能力的主导因素，实现优劣转化突出表现为夺取信息优势。

信息优势对战争进程产生重要影响：一是全面准确实时的情报信息成为战争制胜的核心和前提。比如，掌握了信息优势可使战争持续时间缩短、进程加快、决策更加科学有序；可使军队作战行动和各种武器使用更加协调同步；可使己方比对手更快地作出决策，使自己处于更加有利的对抗地位，等等。二是夺取和保持信息优势成为战争制胜的关键行动。打赢信息化战争，首先要求军队在信息域要具备有效收集、获取、处理、共享和保护信息的能力；具有快速准确了解指挥员意图、部队士气、凝聚力、经验水平和社会舆论的能力；具备产生与共享高质量信息和战场态势感知的能力。三是实现资源的最优配置和高效运用是战争制胜的根本保证。信息优势可使资源使用更加精确，确保对敌人的要害部位实施更有效的攻击，促进战争资源的最优化使用。如果说，机械化战争达成战略目标，必然伴随着大量的流血牺牲，那么，信息化战争则能充分借助信息优势提高作战效益，实施高效益、低风险、低成本的作战。

（二）信息化武器装备成为战场主导

信息化武器装备主要由信息化作战平台和信息化弹药构成。信息化作战平台主要指控制、制导、打击等功能自动化、精确化和一体化的作战平台。过去30多年来的信息化局部战争实践表明，信息化作战平台为远离战场的远程精确打击提供了有利条件，极大地提高了作战效能。信息化弹药是指战争中普遍使用的智能型精确制导弹药。在战场武器系统自动完成对目标的探测、分析、攻击和评估的基础上，信息化弹药具有"发射后不管"，自主识别和攻击目标的能力。

武器装备发展史上的革命性变化是武器系统的信息化。突出体现在武器装备的信息化智能化上，使武器装备具有了类似人脑的部分功能，能自动侦测和识别目标，掌握最佳攻击时机，精确打击目标。据美军统计，带自卫电子战设备的轰炸机生存率可达75%—95%，反之则不到25%；水面舰艇不装备电子战设备，被导弹击中的概率为加装电子战设备的20倍。从某种意义上讲，信息左右着武器装备战斗力的释放效能。如果说机械化战争中武器系统的作战效能主要取决于武器装备的"数量规模"，在信息化战争中武器装备的作战效能则主要是由"信息主导"。对于军队而言，在以往的战争中军队数量规模始终都是制胜的重要条件，"多兵之旅必胜"。然而信息化战争中军队的作战效能则主要取决于军队的信息化程度。

(三）体系较量成为信息化战争的主要对抗方式

与机械化战争相比，信息化战争最突出的特点就是体系与体系的对抗。战斗力的生成不再是兵力和火器在空间上简单地集中和位移，而是运用信息系统，把各种作战力量、作战单元、作战要素融合成为一个整体，形成体系作战能力。随着"信息化"最终取代"机械化"的主导地位，战争将由以平台为中心转向以体系为中心。

信息化战争中的体系较量主要体现在"三大系统"的对抗上，即战场认知系统、战场通信系统和指挥控制系统。战场认知系统主要指各种陆基、海基、空基和天基战场监视、探测、侦察和定位导航系统以及人工侦察系统等，它是获取战场情报和收集战场信息的关键系统，是实施决策、指挥的基础，被称为战场的"眼睛"和"耳朵"；战场通信系统主要是指战场信息传输系统，它是战场的"神经中枢"，也是进行正确决策、指挥、控制的保障；指挥控制系统主要由战场上的各级作战指挥机构组成，它是战场的"大脑"。"三大系统"构成信息化战场的三根主要支柱，在战场上具有十分重要的地位，攻防双方因而把它们作为战场打击的"重心"。

（四）信息与认知空间成为信息化战争的新焦点

随着科学技术和武器装备的发展及战场应用，作战空间日益向全维多域拓展。20世纪初，飞机的问世和航空技术的发展，作战空间发生了第一次革命性变化，由陆、海平面战场发展为陆、海、空三维一体的立体战场；20世纪80年代以来，随着航天技术特别是以计算机技术为核心的信息技术在战争中的应用，战场空间随之发生了新的变化，不仅从陆、海、空三维物理空间扩展到了外层空间，而且一种新的作战空间——信息空间正在悄然形成。信息空间是一个全新的概念，它包括电磁空间、网络空间和心理空间三个方面，渗透于陆、海、空、天各个战场领域。由于信息和信息流"无疆无界"，使得信息作战的领域大大突破了传统的战场界线，成为一个超大无形、领域广阔的作战空间。

随着现代战争加速向具有智能化特征的信息化战争演进，作战空间逐渐由物理域、信息域拓展至认知域，从有形战场扩展到无形战场，由人的精神和心理活动构成的认知空间已成为新的作战空间。战争将更加注重削弱敌方的士气，瓦解敌方的意志，摧毁敌方的认知。通过智能分析对手的性格偏好、心理特征、决策习惯，可有针对性地"量身定制"威慑信息，利用人工智能等前沿技术优势，以形象逼真的方式向对手展现强大实力，使焦虑、猜疑、恐慌等情绪在其内部不断发酵，最终导致其不攻自破。通过对大数据进行加工处理，并刻意"泄露"给对手，将给其制造新的"战争迷雾"，使其陷入认知迷茫的境地。在未来战争中，围绕攻心夺志所展开的斗争博弈将更加激烈，而占据认知优势的一方将比对方先胜一筹，更加容易掌握主动和先机。

微视频

信息化战争

三、信息化战争的基本作战形式和主要作战样式

随着后信息时代的到来,人工智能技术的日益成熟,推动人类社会由信息化社会逐步进入智能化社会,人类战争加速向信息化、智能化战争过渡。未来战争,各种信息化智能化武器、装备、设施构成了战场的新要素,从而带来了作战形式和样式的深刻变革。

(一) 信息化战争的基本作战形式

作战形式是一种战争形态下各种作战行动的最普遍形式,也是对各种作战样式共性的抽象概括。作战形式是作战行动整体或基本的表现形态。在长期的中国革命战争过程中,由于敌强我弱的客观实际,我军采取的基本作战形式是运动战、阵地战、游击战。这三种作战形式灵活运用、紧密配合,反映了人民战争战场作战的全部内容。三种作战形式中,运动战和阵地战属于正规作战形式,游击战属于非正规作战形式。毛泽东曾经指出,三种作战形式在战争中的作用是不同的,"大抵运动战是执行歼灭任务的,阵地战是执行消耗任务的,游击战是执行消耗任务同时又执行歼灭任务的,三者互有区别"[①]。因此,三种作战形式在中国革命战争中都是不可或缺的。

随着科学技术在军事领域的广泛应用和军种作战能力的不断提高,各军种在作战中能够相互支援、优势互补,作战效能呈指数级增长,多军种联合制胜成为必然,联合作战成为信息化条件下局部战争的基本作战形式。

联合作战是两个以上军兵种或两支以上军队的作战力量,在联合指挥机构统一指挥下共同实施的作战。联合作战是战争发展到一定阶段的产物,随着其在战争实践中的广泛运用,人们对它的认识也在不断深化。在信息化条件下,联合作战已发展成为一种具有普遍意义的作战理念,成为诸军兵种部队作战的基本形式。

20 世纪 80 年代开始,随着工业时代的机械化战争通过高技术战争向信息时代的信息化战争过渡,联合作战有了飞速发展并产生质的飞跃。20 世纪 90 年代以来,美、俄等国军队相继颁发了多种联合作战条例条令,建立健全了联合作战理论体系,规范了各军种部队的联合作战行动;通过海湾战争、科索沃战争、阿富汗战争、伊拉克战争、利比亚战争等信息化局部战争,进一步丰富和发展了联合作战的理论与实践。当联合作战理论发展到信息时代,显然战争已经不是简单的多个军种共同作战的问题,而是实现了联合作战新的质变,即把各种力量、各种作战方式高度融合起来的一体化联合作战。

一体化联合作战,是依托网络化信息系统,使用信息化武器装备及相应作战方法,在陆、海、空、天和网络电磁等空间及认知领域进行整体联动的作战,是与信息化战争相适应的基本作战形式。一体化联合作战以信息化的武器装备和数字化部队为骨干力量,其他作战力量广泛参与;综合采取指挥控制战、心理战、情报战、电子战、网络战等手段,运用信息威慑、信息遮断、信息渗透、信息欺骗、信息封锁等主要战法,与其他作战行动密切配合,通过夺取制信息权,以较小的损耗和代价达成作战目的。

未来的信息化联合作战将是带有典型智能化特征的高度融合的一体化作战,更加强

[①] 刘继贤:《毛泽东军事思想原理》,解放军出版社,2007 年版,第 577—578 页。

调作战空间的多维性和立体性、作战力量的多元性和实用性、作战行动的整体性和快速性、作战指挥的统一性和可控性、作战保障的实时性和精准性。全面实现信息、力量、战场、指挥、行动和保障的融合,从而形成强大的作战能力,以总体威力克敌制胜。

(二) 信息化战争的主要作战样式

作战样式是按敌情、战场环境等不同情况,对作战类型的具体划分。带有智能化特征的信息化战争的作战样式主要包括以下五种。

1. 精确打击战

精确打击战,是在综合电子信息系统提供的信息支援下,使用信息化、智能化的高精度武器装备实施的攻击行动。这种作战样式开始于高技术战争,成熟于信息化战争。它要求对作战目标实施精确的侦察与定位,对作战决策实施精确的运筹,对兵力投送实施精确的计划,对作战行动实施精确的准备,对部队作战实施精确的保障,对打击效果实施精确的评估,最终实现用最低的代价达成最佳的作战效果。

实施精确打击战的物质基础是信息化高精度打击兵器,以及与之配套的高效指挥信息系统。目前,西方发达国家军队已装备了第二代、第三代高精度打击兵器,正在开发第四代、第五代。使用第一代精确制导武器,在发射时射手必须跟踪瞄准目标,进行不间断的控制直至命中目标。第二代精确制导武器被称为"发射后不管"的兵器,能自动瞄准目标,发射后自动寻的命中目标。第三代精确制导武器,只要确定特定目标,不必瞄准,导弹发射后就自动探测、识别、跟踪,直至命中目标。美国采用人工智能技术研制的第四代、第五代精确制导武器,是目前世界上智能化程度最高的信息化武器装备。除能自动寻的攻击目标外,还有一定的逻辑判断、对比和识别能力,在实施攻击时,不仅可以进行威胁判断、多目标选择和自动适应抗干扰,还能自动选择最佳命中点,自动寻找目标最易损、最薄弱、最关键的部位,以获取最高作战效能。先进的精确打击兵器还必须有指挥信息系统为其提供信息保障。美军研发的 C^4KISR 系统,使战场综合电子信息系统和所有武器系统实现了一体化。

2. 太空战

太空是指距离地球表面 100 千米以外的外层空间。太空战亦称天战或外层空间战,是敌对双方以军事航天力量为主,在太空或利用太空进行的军事对抗活动。具体包括外层空间的攻防行动,以及外层空间与空中、地面、海上之间的攻防行动。

要实施真正意义上的太空战,必须拥有太空战武器系统和太空战部队。当前,美、俄等国正在研制或设想中的太空战武器主要有以下几种:一是用于干扰、破坏敌方航天器的反卫星武器,包括地基与海基反卫星武器、机载反卫星武器和天基反卫星武器等。二是反导武器,主要有天基反导武器和地基、海基、空基反导武器。这是当前美国发展反导系统的重点,特别是地基、海基、空基反导武器已逐渐成熟,已经部分用于实战部署。三是太空作战飞行器。这种可多次使用的飞行器,由自身的动力系统或航天飞机送入轨道,在轨道上停留数周至一年的时间,能执行多种作战任务。四是空天飞机,它快速进入外层空间后,既能充当战时空间指挥所,又能遂行侦察预警及对陆、海、空、天重要目标进行快速打击任务。

太空战的作战样式主要包括以下四种：一是导弹拦截战。属于太空战范畴的导弹拦截战，既包括使用天基激光武器和动能武器摧毁敌方的导弹，也包括利用空间信息系统指挥并引导空基、海基、陆基反导武器系统攻击敌导弹和导弹系统。二是卫星攻击战。其主要作战行动有：使用天基、空基、海基和陆基作战平台向卫星发射激光或动能武器，迅速将敌卫星摧毁或致盲；使用电子干扰、涂料喷涂迷盲等方式，使敌卫星暂时失能；用航天飞机、空天飞机或空间站的机械臂捕获敌卫星。三是天对地攻击战。这种作战是利用天基平台投送激光、粒子束和动能武器等战略打击能量，攻击地面、海上和空中目标。空间站和空天飞机是理想的太空武器发射平台与轨道轰炸器，可遂行各种对地攻击任务。四是太空作战平台攻防战。这种典型的太空战样式是交战双方运用具有攻击能力的太空作战平台所进行的"天—天作战行动"，主要目的是争夺制天权或控制某些空间区域。

延伸阅读

"星链"升级为"星盾"

2022年12月2日，美国太空探索技术公司（Space X）正式在其官网主页发布了专门为政府、国防和情报部门服务的"星盾"卫星项目。"星盾"将利用"星链"卫星的技术和发射能力，为政府客户提供太空与地面服务，初步合作项目包括地球观测、安全通信和有效载荷托管。这不仅意味着Space X彻底撕掉了"民用"外衣，露出"军用"实质，也让美国维护全球霸权、谋求成为太空"霸主"的野心再次昭然若揭。

"星盾"计划在近地轨道上部署超过1.5万颗卫星，用3年时间完成全部卫星的发射和组网。这些卫星具备通信、导航、遥感等基础功能，同时可提供数据加密传输、战场信息感知等多项服务。美国还与多国及有关实体签订了太空态势感知共享协议，与日韩等盟友分别签署了遥感侦察、导弹预警等协议，图谋打造"太空北约"。考虑到"星盾"的服务对象并不局限于美军，届时北约其他国家以及日本、韩国、澳大利亚等盟友的太空力量，或将可以连接到"星盾"网络。

模块化设计是Space X强调的"星盾"拥有的重要优势之一。未来，"星盾"卫星可以搭载航天侦察、导弹跟踪、军事通信、天域感知等多种载荷，在增强美太空体系弹性能力的同时，提升对抗条件下的多样化太空军事应用能力。

脱胎于"星链"之上的"星盾"项目，更加彰显了美国图谋太空霸权的野心，将使太空军事化程度进一步加剧，值得国际社会高度警惕。

3. 网络战

网络战亦称网络对抗，是在信息网络空间，为破坏敌方网络系统和网络信息，削弱其使用效能，保护己方网络系统和网络信息而实施的作战行动。未来的网络战将是信息化战争的核心作战样式之一，对战争的制胜作用越来越明显。

信息化战争中的网络战将分为两大类：一类是战略网络战；另一类是战场网络战。

战略网络战又分为平时和战时两种。平时战略网络战是在双方不发生有火力杀伤破坏的战争的情况下,一方对另一方的金融信息系统、交通信息系统、电力信息系统等民用信息设施及军事信息系统,以计算机病毒、逻辑炸弹、黑客等手段实施的攻击。这种战略网络战是否是战争或战争的一部分,学术界仍有不同观点。俄罗斯军事专家认为,这就是战争。美、欧的很多学者则说,这要看网络战的规模与破坏程度。零星的、规模小、破坏轻的计算机网络攻击不是战争,有组织的、大规模的、破坏严重的网络攻击可以被视为战争;而在发生有火力杀伤破坏的战争的大背景下,任何规模的战略网络战都是战争的一部分。

战场网络战也可分为狭义和广义两种。狭义战场网络战是攻击、破坏、干扰敌军战场信息网络和防护己方信息网络的作战行动,其主要方式或途径有:利用敌接受路径和各种"后门",将病毒送入目标计算机系统;让黑客利用计算机开放结构的缺陷和计算操作程序中的漏洞,使用专门的破译软件,在系统内破译超级用户的口令;将病毒植入计算机芯片,需要时利用无线遥控等手段将其激活;采用各种管理和技术手段,对己方信息网络系统严加防护。广义战场网络战类似于美军1998年提出的"网络中心战",它是将军队的所有侦察探测系统、通信联络系统、指挥控制系统和各种武器装备组成一个以计算机为中心的网络体系,各级部队与人员利用该网络体系了解战场态势、交流作战信息、指挥与实施作战行动的作战样式。通过战场各作战单元的网络化,能把信息优势变为作战行动优势,使各分散配置的部队共同感知战场态势,从而协调行动,发挥出最大的作战效能。

4. 无人化作战

无人化作战,是指在信息网络技术支撑下,作战人员以无人作战系统作为遂行任务的主要手段,通过遥控指挥无人化兵器,与敌展开远程、精确的非接触作战行动。无人化作战已成为后信息化战争时代一种重要的作战样式,引起世界各军事强国的高度重视,正不断加强无人作战兵器的研制及应用方面研究。无人化作战并不是无人作战,也无法完全替代有人作战,它仍离不开人的参与,只是人参与作战的方式发生了极大改变。通过人与无人平台的高度融合,使人的知识和智能转变成现实的战斗力。

无人化作战的发展是一个随着现代科技和无人化装备的发展而不断演进的过程。初期的无人化作战主要是运用遥控平台或半自主无人系统执行作战任务,虽然控制手段很原始,人员与无人作战系统主从交互明显,但在战场上发挥了有效作用。在中期阶段,无人作战系统具备自主控制功能,能实现对各种环境的感知和适应,具有较高的生存能力。能够自主理解、分析和传递信息,执行作战任务时对人的依赖大大减少,指挥操作人员对系统运行情况实施监控,任务重大变化或者作战情况突变时,指挥控制人员做出相应的干预。在高级阶段,无人作战系统具有自主协同、智能决策以及仿生功能,只要赋予一定的任务目的,无人作战系统就能够结合战场环境,与友邻主动配合,自主做出判断决策,直至任务完成。

无人化作战正逐渐成为信息化战争的一种重要作战形式,并对传统的作战思想、作战方式方法产生深刻影响。美国霍普金斯大学教授科恩认为:"在不久的将来,战场上将会活跃着数不清的无人化兵器,形成真正意义上的'无人军',并占领未来战争的制高点"。

微视频

俄乌冲突中的无人机大战

5. 信息心理战

信息心理战是机械化战争中传统心理战的继承和发展,是信息化战争中一种重要的作战样式。这种作战样式的实质是,以各种高新军事技术为心理信息载体,以心理信息能为主要作用手段,重点攻击敌认知与意志,特别是敌军领导人的认知与意志,迫使敌方放弃抵抗意志,最终停止对抗,结束战争。

在任何形态的战争中,心理战的最终目标都是攻击敌方领导人、部队官兵、民众的认知和意志。但是,在信息化战争中,对敌认知和意志的心理攻击更直接、作用更大。信息心理战常用的技术手段有:一是运用卫星电视、广播等先进通信手段。在信息化局部战争中,进行心理战宣传的卫星将更多、更先进,并使用各种先进的有线、无线广播器材、电视发射设备、彩色印刷设备和音响处理设备等。二是运用各种先进的飞行器。美军心理战部队已装备了能传输无线电广播和电视信号、能快速制作广播电视节目的EC-130J广播电视飞机。另外,MC-130、HC-130、E-16等飞机也都有投撒传单的能力。美军还在研制能自动制作和投放智能传单的特种无人飞行器,以便在未来的信息化战争中更有效地进行心理作战。三是运用智能传单。在海湾战争中,美军就使用过这种集视、听、说于一身的传单。伊拉克官兵拣到这种传单一打开,不仅看到了精美的图画与文字,还立即听到了用本民族语言表达的亲切劝降声。在信息化战争中,各种多功能智能传单和智能录放机将广泛用于战场。四是运用因特网。在信息化局部战争中,一些国家非常重视利用国际互联网进行宣传和反宣传,开展网络心理战。在未来的信息化战争中,通过因特网实施的心理宣传战不仅规模会更大,还将伴随战争的全过程。五是虚拟现实技术手段。在未来的信息化战争中,虚拟现实技术手段将会广泛应用于心理战。例如,在战争进行过程中,利用虚拟现实技术和计算机成像技术,制作出敌国最高统帅的影像,让他向部队下达停战命令。又如,用虚拟现实技术制造"虚拟部队""虚拟机群"和"虚拟舰队",让敌人从雷达上观察到这些作战力量来自东方,而实际上来自西方的一支真实部队正准备发起攻击。

四、信息化战争的代表性战例

20世纪90年代以来,世界范围内相继爆发了多场信息化局部战争,战争形态由机械化战争加速向信息化战争转变。

(一)海湾战争

1990年8月,伊拉克举兵入侵科威特,引发了一场由多国部队共同参加的局部战争。许多军事观察家把它列为人类"第三次浪潮"时期的开篇之战。

伊拉克入侵科威特后,以美国为首的西方国家,经过五个半月的全方位战争准备,于

1991年1月17日凌晨发起了代号为"沙漠风暴"的空袭行动。多国部队出动电子战飞机、预警机、侦察机、攻击机、轰炸机、空中加油机等各型飞机共9.4万架次,分四个阶段对伊拉克12个目标群,进行了38天的高速度、高精度、全纵深、全天候的大规模持续空袭。通过"沙漠风暴"空袭行动,多国部队彻底破坏了伊拉克军队的指挥中心和通信枢纽,使伊拉克空军和防空系统基本瘫痪,并摧毁了伊方的核、生、化武器生产能力,重创了其战争潜力和以"共和国卫队"为核心的战略反击能力。空袭之后,完全占据主动的多国部队立即实施了"沙漠军刀"地面作战行动,只用了短短的100个小时,就重创伊军40余个师,整个战争即告结束,历时42天。

海湾战争的信息化特征主要体现在以下方面:一是信息化的精确制导武器,成为战场火力硬摧毁的主要手段。在海湾战争中,多国部队和伊方都大量使用了精确制导弹药,极大地提高了火力摧毁效果,从一个侧面改变了传统的作战方式。"战斧""飞毛腿""爱国者""哈姆""海尔法""响尾蛇""霍克"等导弹,几乎将海湾战场变成了导弹的格斗场。二是C^4I系统将陆、海、空、天、电多维空间的作战行动凝聚为一体,开创了多维空间力量一体化联合作战的成功先例。在空袭阶段,多国部队平均每天出动飞机2 000多架次,这些飞机从不同的基地起飞,袭击不同的目标,而指挥控制非常协调,这归功于信息技术革命带来的强有力的战场自动化指挥控制系统。三是以电子战为主要表现形式的战场信息对抗,成为战争中与物质摧毁和反摧毁同等重要的较量内容,直接关系战争的胜负。为确保夺取战场主动权,多国部队在"沙漠风暴"行动前5个小时,动用了EF-111A、EC-130、TR-A、F-4G、EH-60等各型电子战飞机及其他电子战设备,进行了代号为"白雪"的作战行动,大面积、长时间地干扰伊方的C^3I系统,致使伊方的指挥控制系统瘫痪,通信系统失灵,雷达屏幕一片雪花,广播电台也一度完全失常。空袭开始时,伊军不知空袭来自何方,飞机无法升空迎战,导弹、高炮找不到打击目标。在空袭过程中,多国部队使用AGM-88A反辐射导弹准确地摧毁伊军防空雷达。多国部队以电子战为主要形式的战场信息对抗优势,是夺得战场主动权的关键。

(二)科索沃战争

与海湾战争相比,1999年发生的科索沃战争,其信息化程度又有新的提高。科索沃战争是北约在战区外指挥的规模较大的局部战争,以远距离非接触精确作战为主要交战方式。在78天的空袭过程中,美军凭借其强大的空中优势和电子战优势,频繁使用精确制导武器对南联盟几乎所有的战略目标实施毁灭性精确打击。据统计,整个战争期间,北约使用的精确制导弹药占总弹药量的35%,而战争初期高达98%。北约正是利用了它们的信息化优势,对南联盟实施了全程性的非接触精确作战。这种非接触精确作战方式不仅大大减少了北约一方的危险性和战损率,而且作战效果显著,直接达成了战争目的。南联盟尽管也积极抗争,采取了大量的伪装、隐藏、抗击等手段,也取得了击落F-117A隐形战斗机的重大战果,但是北约以信息化为核心的军事优势不可动摇,战争的结局无法逆转。

同时,科索沃战争交战双方在信息领域对抗的激烈程度空前增加。在每一次空袭行动中,北约军队都是先以EA-6B电子战飞机对南联盟军队预警雷达和火控雷达实施"致盲"干扰,再以EC-130电子干扰飞机对南联盟军队指挥通信系统实施"致聋"干扰,为空中突防提供掩护。担任空中掩护任务的 F-15 等战斗机也使用了大量机载干扰器材,迷盲了南联盟军队雷达。整个战争期间,北约军队电子战飞机出动的架次占飞机出动总量的 40% 以上。此外,北约军队还广泛使用了许多新概念电子攻击武器对南联盟的信息系统和电力系统实施毁灭性打击,多次使用的常规电磁脉冲弹,导致南联盟的电子信息系统"大面积"瘫痪;首次使用的碳纤维石墨炸弹,大范围瘫痪了南联盟电力系统。在基本丧失制电磁权的情况下,南联盟军队仍然积极抗争,有效地保存了军力。南联盟军队在电磁领域实施的一系列对抗措施非常有效,据俄罗斯军事专家估计,这些措施使北约空袭打击命中概率不超过 30%。计算机网络战在科索沃战争中有了广泛运用。战争一开始,北约就利用因特网进行大量宣传。与此同时,南联盟为了反击北约的宣传战,也利用互联网向全世界不断地传送着自己的声音。为了发挥己方的技术优势,北约利用信息重构技术,秘密地侵入南联盟信息系统窃取情报,同时虚构自己的战场信息实施网上欺骗。南联盟军方则充分利用北约丰富的信息资源,在网上搜集所有关于北约国家实施空袭作战武器装备的信息资料,为其反空袭作战提供了有力支援。

以非接触精确作战和信息作战为主要形式的科索沃战争,更加显现出信息化战争的诸多特征,标志着战争的信息化程度得到进一步提升。

(三) 阿富汗战争

2001 年发生的阿富汗战争,又在机械化战争向信息化战争的演变中向前跨进了一步,其精确制导炸弹运用已经超过了常规弹药,约占总炸弹量的 60%。一些特制的智能化的"延时炸弹""拉登炸弹"都广泛地运用在这次战争之中。美军地面部队的数字化程度进一步增加,特种士兵和坦克上都装有大量的数字化设备,为他们了解战场态势、实现信息共享创造了条件。与海湾战争和科索沃战争相比,阿富汗战争交战双方的不对称性更大,交战地区的地理环境更为复杂,塔利班的作战方式也更为原始,但阿富汗战争一直在美军的控制和主导下进行,美军单方面把这场战争演绎成了一场极具信息化特征的局部战争。

阿富汗战争是一场力量差别极为悬殊的非对称战争。开战之前,人们普遍认为,这场战争将没有信息作战可言。然而战争进程及结局告诉我们,美军为了达成战场的完全透明,彻底摧毁对手的反击能力,不仅投入了大量的信息作战力量,而且自始至终运用了信息作战。大量的侦察设备长期不间断地监视塔利班及基地组织的通信联络。美军强大的电子进攻能力尽管没有在实战中发挥,但给了塔利班和基地组织强大威慑,造成他们不敢使用电子设备,也使得他们自身的作战能力大大下降。阿富汗战争中,塔利班武装没有太多计算机网络设备可供美军进行攻击,美国的黑客们主要采用拒绝服务式攻击方式对一些伊斯兰的网站实施了攻击,并在一些网页上发布对拉登的通缉令。此外,美军还大量使用了心理战,6 架 EC-130 飞机不间断地对阿富汗实施空中广播,开辟了 13 个栏目。美军飞机在扔下大量炸弹的同时,还扔下了大量的传单和食品。扔下的传单上历数拉登及其基地组织的罪状,并许诺重金酬谢那些提供恐怖分子行踪的举报者。这些心理战行动,有效地促使了塔利班内部的分化和瓦解,配合了正面的军事行动,加快了战争的进程。

(四)伊拉克战争

2003年发生的伊拉克战争,信息化程度又向前跨进了一大步。战争中,美陆、海、空军武器装备的信息化程度分别达到了50%、60%和70%。空地一体化的非线式作战特征已非常明显,特别是数字化部队首次投入到地面作战中,标志着继海、空、天高度信息化之后,地面力量的信息化进程正在加快,多维一体的信息化战场基本形成。

伊拉克战争开始之前,美军就有针对性地发射了多颗卫星,总共有包括70多颗军用卫星在内的100多颗卫星参与到伊拉克战争之中,这些卫星担负了大部分的信息侦察、信息传输和导航等任务,成为信息化战场的主要节点。美军80%以上的情报是靠卫星获取的,90%以上的通信是靠卫星来完成的,80%以上的精确制导武器是靠卫星来制导的。伊拉克战争中,美英联军以太空卫星为依托,构成了一张覆盖全球的信息网络,一个适应信息化战争需要的信息化战场已初步形成。

伊拉克战争中的电子战主要表现为GPS干扰和电磁脉冲武器攻击。美军的许多常规炸弹,加上GPS引导设备后,就成为极为精确的智能炸弹,美军80%以上的精确制导武器都离不开GPS制导,伊军有限的GPS干扰手段在一定程度上削弱了美英联军精确打击的效能。从这次战争情况看,GPS对抗将成为电子战中越来越重要的一个领域。另外,美军还使用了电磁脉冲武器攻击伊拉克电视台和其他电子设备。心理战是这场战争中信息战的重头戏,运用传媒对伊拉克高层及民众的心理实施攻击,确实起到了重要作用。美军在需要决战的区域几乎实现了不战而胜,与心理战的成功运用有很大关系。

现代局部战争表明,由于海空力量的信息化程度较高,空中、海上作战方式已经发生了很大的变化,电子战、导弹战等超视距的远距离多维力量联合攻击已成为基本的行动方式。也正是这些信息化程度很高的空中、海上作战为主导的局部战争,让人们感受到了战争形态的变化,信息化战争扑面而来。相对而言,地面作战力量的信息化步伐比较缓慢。一旦地面力量实现了数字化,那么,陆、海、空、天等多维战争力量就全面实现了信息化,这也就标志着全面信息化战争时代的到来。伊拉克战争中,当时世界唯一的数字化部队——美军第4机械化步兵师,开赴伊拉克战场,尽管没有进行大规模作战,但数字化地面部队投入实战的时代已经到来。

微视频

数字化士兵

(五)利比亚战争

利比亚战争是继阿富汗和伊拉克战争之后美国主导的一场规模不大但信息化程度很高的局部战争,战争的准备、发起和进展过程,以侦察情报、导航定位、通信保障为核心的太空力量,有效支持了多国部队的战略与战役决策,保障了精细任务筹划和实时指挥控制。

战前,以美国为首的北约在对军事行动需要进行充分评估的基础上,对既有的太空力量体系进行了充实调整,构建起了由成像及电子侦察、海洋监视及导弹预警、指挥通信、导航定位、气象观测等卫星系统构成的太空支援体系,并利用民用卫星系统在个别领域进行功能性补充。此外,根据作战的需要,利用快速进入太空能力补充发射数颗卫星。

在战场信息获取方面,多国部队通过航天成像侦察、航天电子侦察手段,辅之以特种侦察和网络侦察手段,对利比亚境内的战略目标体系结构、重要目标分布、防空体系构成及部署、指挥控制关系、通信手段及频率分布情况进行全面的侦察。在战场信息分发方面,多国部队的作战行动在正面宽1 100余千米、纵深600余千米的广阔区域内展开;空中力量分别部署在距战区700—2 800余千米范围内近20个机场及航空母舰上,指挥控制的各种信息通过大范围、高速度、大容量、高保密性的卫星通信系统实时分发,在多国部队内部实现数据共享,为各种作战力量及攻防作战行动的整体联动提供有力支持。

整个利比亚战争中,太空力量为多国部队提供了80%的情报信息,帮助其实现战场单向透明,牢牢掌握战场主动。在有预先情报准备的区域内,美军掌握战场动态情况并完成属性识别的时间小于5分钟。太空力量高效支持了从发现、识别到打击、评估的空中精确打击链。

(六) 叙利亚战争

叙利亚战争,表面上是叙利亚的巴沙尔政府和反对派武装之间的冲突,但是放在全球大背景下,叙利亚战争其实是美俄在中东博弈的一部分。叙利亚战争因为美俄等军事大国的介入,俨然成为人们审视现代战争的一扇窗口。在这场战争中,新的武器装备、新的作战理论、新的战术手段被广泛应用,现代战争面貌不断刷新,信息化战争形态由"数字化+网络化"的初级阶段向"智能化+类人化"的高级阶段加速演进。

美俄高新武器的公开试验场。作为全球首款隐身战斗机,F-22从2005年服役以来从未参加过实战。2014年9月22日,美军动用F-22隐身战斗机打击了"伊斯兰国"在叙利亚北部城市拉卡、代尔祖尔等地的军事设施,这是F-22战斗机首次参加实战。俄陆军的T-90主战坦克、战斗机器人部队也加入叙利亚战场;海军的里海区舰队自苏联解体后首次参加实战,执行远程打击任务;空天军刚成立不久即投入战场。

远程精确打击震撼各方。2014年9月22日,美军动用F-22打击"伊斯兰国"的同时,其在红海和海湾北部的导弹驱逐舰和导弹巡洋舰共发射了47枚"战斧"导弹。2015年10月7日深夜,俄罗斯海军里海舰队从4艘轻型护卫舰上发射了26枚"神剑"巡航导弹,准确命中叙利亚境内"伊斯兰国"的重要军事目标。这也是俄海军首次在实战中使用舰射巡航导弹攻击远距离地面目标。同年12月8日,俄罗斯"顿河畔罗斯托夫"号柴电动力潜艇从地中海向叙利亚境内"伊斯兰国"目标发射了"口径"巡航导弹,摧毁了所有打击目标。

无人化、智能化作战引领未来战争潮流。2015年12月,在俄罗斯作战机器人和陆战队的支援下,叙利亚军队成功攻占"伊斯兰国"控制的叙利亚拉塔基亚754.5高地。战斗中,俄罗斯投入了一个机器人作战连,这应该是世界上第一次投入成建制机器人作战,包

俄罗斯"平台-M"型履带式战斗机器人

括6部"平台-M"型履带式战斗机器人、4部"暗语"型轮式战斗机器人、1个"洋槐"自行火炮群、数架无人机和1套"仙女座-D"指挥控制系统。这些行动自如、不畏生死、射击精准的装甲怪物,让"伊斯兰国"武装分子吃惊不已,战斗仅持续20分钟,反政府武装就放弃阵地,70多名武装分子被消灭。

情报系统得到检验。叙利亚战争中,俄军情报系统主要由特战部队、侦察小组、当地特工及军事侦察卫星组成。当俄军展开作战行动时,其情报侦察工作也在同步实施之中,尤其是俄无人机以及拥有合成孔径雷达的图-214R电子侦察机与卫星系统等,都在行动中广泛使用。俄军事专家穆拉霍夫斯基这样评估俄军情报系统:"对于每个目标,俄军都要绘图纪录,标明数据来源、数据的可靠性等。通过侦察,多方确认,并在可靠的情报指导下攻击目标。这些数据不仅需要航空兵集群,还需要海军协助。为了使用精确导引武器,需要有准确情报、导航与测量数据。"①

从海湾战争之后发生的几场局部战争和武装冲突的实践看,战争的信息化程度不断提高,战争形态由机械化加速向全面信息化演进。全面信息化战争的场景必将更快地呈现在人们面前。

五、信息化战争发展的高级阶段——智能化战争

随着人工智能、大数据、云计算、无人系统等智能科技的迅速发展和在军事领域的探索运用,军事智能化正成为继机械化、信息化之后推动新一轮军事变革的强大动力,深刻影响着战争制胜机理、作战规则及作战样式的发展变化,加速推进战争形态向智能化战争演变。

(一)智能化战争的演变动因

从历史上看,战争形态先后经历了从冷兵器战争、热兵器战争、机械化战争到信息化战争的若干次演变,目前正在向信息化战争的高级阶段——智能化战争演进。战争形态的演变是政治、经济、军事、科技、文化等多种因素共同作用的结果。

新一轮科技革命是推动智能化战争演变的物质基础。科技是第一生产力,也是现代战争的核心战斗力。科学技术的发展直接推动了战争形态的转变。黑火药的发明使人类战争进化到热兵器时代;蒸汽机在军事上的运用使人类战争进化到机械化时代;计算机和网络的使用使人类战争进化到信息化时代;人工智能技术将计算机由运算、存储、传递、执行命令转向思维和推理,由信息处理转向知识处理,由代替和延伸人的手功能转向代替和延伸人的脑功能。拥有人工智能的武器系统,可以以类人甚至超越人类的方式行动和战斗,指挥决策也因智能辅助决策系统的应用进入智能阶段。这相对此前主要通过拓展作战人员信息能力、赋予武器弹药初级智能提升战斗力的信息化,是一次质变和飞跃。

---

① 罗山爱:《叙利亚战争如何影响俄武装力量建设》,载于《坦克装甲车辆·新军事》2018年第5期,第66页。

大国战略竞争是推动智能化战争演变的关键因素。大国战略竞争以及由此产生的军事需求,是推动战争形态演变的关键因素。美国先后发布《国家人工智能研究和发展战略计划》《人工智能与国家安全》等研究报告,计划构建以军事技术和军事应用为支撑的智能化军事体系,拟于2035年前初步建成智能化作战体系,对主要对手形成新的军事代差,到2050年前美军的作战平台、信息系统、指挥控制系统全面智能化。俄罗斯出台了《2030年前人工智能国家发展战略》《2018—2025年国家武器发展纲要》等战略规划,明确提出人工智能发展目标,将人工智能技术、无人自主技术作为俄罗斯军事技术在短期和中期的发展重点。英、法、印、日等其他大国也不甘落后,纷纷加大军事智能化投入和布局力度。激烈的大国战略竞争推动着智能化战争的演变和发展。

军事理论创新是推动智能化战争演变的思想先导。人类战争史表明,前沿科技及其物化的武器装备要想真正形成实战能力,必须有先进的军事理论作指导。美俄等国军队,高度重视军事智能化作战的理论研究,"蜂群作战"、人机协同、基于无人作战的分布式杀伤等新作战理论层出不穷。美国国防科学委员会在《智能化夏季研究报告》中强调美军必须强化对智能化的作战牵引,由此产生的美军智能算法理论,可在战争中发挥验证新战法、寻找制胜策略的作用,将强力支撑未来全维立体式智能化作战。俄军在演练中使用新研发的智能化武器装备,并开展各种复杂作战环境下的兵棋推演,研究人工智能对战略、战役和战术等各层面的影响。与此同时,各国对反无人系统集群相关理论研究已提上日程。

近几场局部战争是智能化战争演变的检验平台。与信息化战争相比,智能化战争迄今为止还没有完整、典型的战争实践样本。但是,近几场局部战争的实践正在推动智能化战争从孕育向萌芽、从低级向高级发展。2015年,俄罗斯在叙利亚战争中第一次成建制使用战斗机器人,以及无人侦察机和"仙女座-D"自动化指挥系统,开创了以战斗机器人为主力的地面作战行动。纳卡冲突中,无人机作为空中打击力量主体,被大规模用于战场,阿塞拜疆军队对亚美尼亚军队的攻击75%以上由无人机完成,对冲突结局产生了重要影响。俄乌冲突爆发以来,俄乌双方频繁将无人机装备投入战场,并在侦察监视、目标指示、精确打击、电子战、认知战、舆论战等方面发挥了显著效果。战争的实践是推动智能化战争发展的"催化剂",世界各国均深刻认识到智能化战争的优越性,自觉地研究智能化战争,设计智能化战争,准备打赢智能化战争。

微视频

AI技术在俄乌冲突中发挥了巨大作用

(二)智能化战争的基本特征

近年来,以人工智能为代表的颠覆性技术发展迅猛,并广泛应用于军事领域,使战争形态加速向智能化演变。准确把握智能化战争的基本特征,及时发现变化、主动应对变化、积极适应变化,才能在未来战争中立于不败之地。

一是制胜机理发生嬗变。习近平主席明确指出:"如果不把现代战争的制胜机理搞清楚,那就'只能是看西洋镜,不得要领'。"什么样的战争形态孕育什么样的制胜机理,战争制权的发展与战争形态演变脉络相一致。火力和机动力是机械化战争制胜的主导要素,"制陆权""制海权""制空权"成为战争制权争夺的核心;信息力是信息化战争制胜的主导要素,"制信息权""制天权"成为战争制权争夺的核心;智能优势是智能化战争制胜的主导要素,"制智权"成为战争制权争夺的核心。智能优势实质是信息优势、认知优势、决策优势和行动优势的高度统一,夺控的关键是在算法对抗上取得优势。尽管战争历来都是"智"的比拼,但智能化战争中,"智"的权重较以往战争更大——人的部分智能"移植"到了武器上,人与武器系统结合越来越紧密,并趋于高度一体化。智能化的基石是机械化、依托是信息化,智能对抗不能否认传统物理域的实体对抗、能量域的火力对抗、信息域的信息对抗,但围绕智能化战争形态下人、机器而展开的智能优势争夺,必将在迥异于传统对抗的新战场、新领域催生新战法、新手段。"制智权"的作用域虽不是实在的物理空间,却涉及其他各个空间,对其他空间制权产生重要影响,能将智能优势转化为作战胜势。智能化战争中,失去了智能优势,即使具有信息优势和能量优势,也会因为人机协同失调、自主决策失灵,而导致整体作战效能的大幅降低。

二是作战力量整体重塑。作战力量是人、武器装备及作战方式构成的力量体系的整体描述。随着智能化技术的快速发展,智能化水平的不断提升,人的因素越来越多地转移或物化到武器装备上。武器平台和作战体系也可以在某种程度上发挥出人的意识作用,甚至可根据特定程序自主地、创造性地完成作战任务,智能技术赋能改变最基础的作战要素,作战力量组成发生结构性变化,人逐渐退出对抗一线,智能化装备将大量、成建制地走上战场,传统意义上"人对人"的战争将变为"机器对人"或"机器对决"的战争。智能化武器装备正逐渐成为战场"主角",在群体智能技术的支撑下,各智能作战单元能够根据不同作战任务需求和战场态势变化,通过泛在网络、随遇接入、自主适应、弹性编组、动态调整,组成人机混合或自主无人作战集群,具备多样化作战能力,实施群体自主协同作战,人在作战中更多地是充当"计划员""管理员""指挥员"的角色。一些新型作战力量从分散化、配属化的组织形态向增加比重、融合成军、独立成军方向发展,军事力量体系发生革命性重塑。

三是作战样式颠覆传统。恩格斯指出:"人类以什么样的方式生产,就以什么样的方式作战。"智能技术向作战领域的快速渗透,必将颠覆战斗力的表现形式。智能化战争在大数据、超级计算、智能通讯、脑科学等新理论、新技术推动下,将以"意想不到"的新方式和"无所不能"的新面貌,颠覆人们固有的对传统作战样式的认知。一是作战空间和领域拓展。未来智能化作战是立体、全维、全领域作战,战争空间将从传统的空间领域,向极地、深海、太空等领域拓展,特别是向认知域、信息域渗透并贯穿其他领域。二是作战进程加快。无人自主作战大幅压缩"观察—判断—决策—行动"周期,从信息化战争的"瞬时摧毁"发展为智能化战争的"即时摧毁"。智能化战争的胜利,是通过预警时间提前、决策时间缩短,作战行动向前延伸,达到先手布局、先发制人的效果。三是作战行动更加灵活。智能化战争中,人工智能能够提出极为丰富的作战方案,加之无人作战平台,能够在不同功能角色之间快速切换,作战行动更为大胆冒险,战术战法更为出乎意料。即使作战要素中的某一个丧失功能,"去中心化"的功能也会确保群体功能不受影响。

四是战争主体永在回路。"平台无人、系统有人,前线无人、后方有人,行动无人、指控有人"是智能化作战系统的基本特征。智能化无人作战力量虽然正在成长为智能化战争的重要力量,作为战争主体的人依然是智能化战争回路中的主体性和决定性因素。人是战争决定者。毛主席认为:"武器是战争的重要的因素,但不是决定的因素,决定的因素是人不是物。"战争的发起时机、规模层次、样式烈度、结束时机等需要人来精心掌控。智能武器虽具有自主侦察、定位、识别、打击等功能,但在战场上如何摆兵布阵、如何选定作战方向、如何聚集体系作战能力等,最终仍然依靠人定下决心。人是战争设计者。智能化战争中,人不再主要以战场前沿对抗力量的形式存在,而是更多地将作战思想以预存数据、逻辑算法、辅助软件的形式提前物化到智能武器中,将其作战意图交由智能武器来贯彻执行,以此达成预定作战目的。人是战争指挥者。人作为"观察—判断—决策—行动"这一决策循环中最具主观能动的主体,始终居于核心主导地位。在组织、计划、控制、协调和谋略运用等活动中,人能够综合和权衡各种因素实施指挥。

值得注意的是,智能化并未改变战争的本质属性。一方面,智能化战争的政治决定性没有改变,仍然是政治的工具。当今时代,霸权主义和强权政治仍然是主要战争根源,民族宗教矛盾、能源资源争夺、领土主权和海洋权益争端等仍将是诱发战争的直接动因。另一方面,智能化战争制胜的政治因素没有改变,仍然由战争的性质所决定。正义战争必胜、兵民为胜利之本仍将是智能化战争时代的制胜铁律。因此,必须辩证、全面地考察智能化战争,认清智能化战争的"变"与"不变",以此探寻智能化战争的制胜之道。

思考题

1. 什么是战争?现代战争有哪些特点?
2. 新军事革命的主要内容是什么?
3. 信息化战争的主要特征是什么?
4. 信息化战争代表性战例对我国的国防和军队建设有哪些启示?
5. 智能化战争有哪些基本特征?

第五章　信息化装备

习近平指出,武器装备是军队现代化的重要标志,是国家安全和民族复兴的重要支撑。必须把装备建设放在国际战略格局和国家安全形势深刻变化的大背景下来认识和筹划,放在国防和军队现代化建设优先发展的战略位置来抓。新时代大学生要了解信息化装备,掌握其对现代作战的影响,关注新质战斗力发展建设,熟悉世界主要国家信息化装备的发展情况,进一步激发学习与研究现代科技的积极性。

第一节　信息化装备概述

随着云计算、大数据、物联网、人工智能、区块链、5G 等信息技术的迅猛发展,人类社会技术形态由工业时代进入了信息时代,以科学技术为重要推动力的武器装备也实现了由机械化向信息化转型、向智能化迈进。

一、信息化装备发展概况

战争作为人类社会重要的对抗活动,对信息的依赖程度远远超出了其他活动。冷兵器战争中,信息需求量小,传递信息的手段十分简单,如人工情报和烽火、灯光、号角、旌旗、金鼓等。战争对快捷信息传输的要求越来越高,19 世纪当科学家发明了电报、电话等,就马上装备部队,用于信息获取与传输,信息化装备这一概念也应运而生。

1904 年爆发的日俄战争,敌对双方第一次都使用无线电进行通信联络,并首次运用无线电干扰,标志着电子战正式登上历史舞台,无线电侦察设备成为了战争中高价值武器。

第一次世界大战期间,无线电台大量装备部队,以电子战装备为代表的信息化装备初现端倪。第二次世界大战初期,雷达作为电子战重要装备投入作战使用,成为防空探测和火炮控制的有力武器。

1965 年,美军在越南战争中首次使用了以电磁信号为导引的"百舌鸟"空对地反辐射导弹毁伤雷达,开创了信息对抗的"硬杀伤"时代。

1982 年,以色列对叙利亚部署在黎巴嫩贝卡谷地的防空导弹阵地进行突击并速战速决,使人们第一次认识到 C^3I 系统和电子战对于空战的巨大作用,成功演绎了经典"电子战"战例。

1991年爆发的海湾战争,成为信息化装备全面走上战争舞台的标志。作战中,多国部队利用数量庞大、技术先进的信息化装备,对伊拉克展开了人类战争史上前所未有的信息战。伊拉克军队之所以在短短的42天内被击败,一个非常重要的原因,就是其雷达、指控等系统基本被破坏,变成了"聋子"、"瞎子"和"哑巴"。

2003年伊拉克战争中,美英联军能够在很短时间内,以极小的代价取得决定性胜利,其中一个重要原因就是广泛使用了信息化武器装备,从而牢牢掌握了战场的制信息权,并最终赢得战场主动权。

2011年爆发的叙利亚战争,新的信息化装备被广泛应用,战斗机器人开始进入战场,现代战争面貌不断刷新。信息化战争形态由"数字化+网络化"的初级阶段,向"智能化+类人化"的高级阶段演进。2020年9月,亚美尼亚和阿塞拜疆在纳戈尔诺—卡拉巴赫地区(纳卡地区)爆发冲突,无人机在冲突中扮演了重要角色,正在重新定义现代战场。

2022年2月,俄乌爆发军事冲突。在物理战场之外,以俄乌为主的多方势力在网络空间这个看不见硝烟的战场上展开激烈较量。多层次、多主题的网络战深度融入物理域、认知域和社会域,漫天的炮火与没有硝烟的网络战同时影响着战争的进程。

2023年10月,以色列和巴勒斯坦爆发新一轮军事冲突。以军使用先进信息收集技术、分析算法和人工智能主导的决策支援系统,综合卫星成像、监控摄像和人力情报等多种数据,发现、筛选和分发目标情报,并使用多种武器平台对加沙地区目标实施精准打击。

二、信息化装备的内涵和分类

世界新军事革命加速发展,一场由信息技术引发的变革冲击着军事领域各个方面。军队信息化建设的重点之一是发展信息化武器装备,从而构建打赢具有智能化特征的信息化局部战争的武器装备体系。

信息化装备是采用现代信息技术,具有单一或多种信息功能的装备。如精确制导武器、综合电子信息系统及加装数据链和相关信息系统的飞机、舰艇等。[①] 信息化装备是现代信息技术与装备深度融合的复杂技术系统,与机械化装备的区别在于,前者是网络信息体系中的武器装备,而后者是单个武器或武器平台。信息化建设的重点是网络信息体系,各类武器装备通过信息系统的融合,不但能使单个武器装备具备更加强大的作战能力,更重要的是促进武器装备体系作战能力的整体跃升。

信息化战争是交战双方体系与体系的对抗,单件信息化武器装备或单一武器系统独自使用不能充分地发挥其作战效能,这就要求各类武器装备之间紧密联系,配套使用。信息化装备体系主要由六大类武器装备或系统构成:一是信息化弹药,是装有各种制导系统的炮弹、炸弹、导弹、鱼雷等火力打击兵器;二是信息化作战平台,是装有大量电子设备并与军事信息系统联网的装甲车辆、作战飞机、作战舰艇以及军用无人智能系统,主要包括地面战斗机器人、无人舰艇、无人潜航器、无人机等;三是单兵数字化系统,主要由防护系统、信息处理系统和作战系统等组成;四是新概念武器系统,包括定向能武器和动能武器

---

① 《中国人民解放军军语》(全本),军事科学出版社,2011年版,第526页。

在内的各种新概念武器;五是军事信息系统,是能把军事力量各要素、各作战单元及各类武器系统和保障装备充分融合为一个整体的综合信息系统;六是国防信息基础设施,这是整个信息化武器装备体系的基础或依托。

信息化装备可以从杀伤效果、作战功能、搭载平台等不同的角度进行分类。按杀伤效果的不同,信息化装备可分为非杀伤性信息化装备、软杀伤性信息化装备和硬杀伤性信息化装备等;按作战功能的不同,信息化装备可分为信息化探测装备、信息化进攻装备和信息化防御装备等;按搭载平台的不同,信息化装备可分为陆上信息化装备、海上信息化装备、空中信息化装备和太空信息化装备等。

三、信息化装备对现代作战的影响

随着信息网络、无人自主、人工智能、新材料等技术的飞速发展和广泛应用,引发军事领域一系列变革,其中最直接、最突出的变化,是大量具有智能化特征的信息化装备登上了现代战争舞台,并对作战行动产生了巨大影响。

(一)侦察监视多维立体化

随着侦察监视技术的升级发展和广泛应用,从大洋深处到茫茫太空,从有形空间到无形空间,陆、海、空、天、电、网多维立体的侦察监视网络已经形成,太空有侦察卫星,空中有侦察飞机,陆上有侦察雷达,水面有侦测平台,水下有声呐,网络电磁空间有各种技术侦测手段。俄乌冲突中,美 RC-135V 等电子侦察机不间断地抵近俄乌边境上空对俄军进行长时间侦察活动;数百颗由美国控制的卫星支持乌军的军事行动;美国国家安全局在华盛顿、纽约、旧金山、西雅图等 8 个城市秘密建设了网络监听中心,俄乌冲突爆发后,美国的黑客组织也再次活跃起来,对俄罗斯发动了一轮又一轮的网络攻击。美构建了多维的立体侦察体系,为乌军军事行动提供情报支持。

(二)指挥控制快捷高效化

现代战争充分利用网络技术、通信技术和计算机技术的最新成果,构成信息化指挥控制体系,将各作战要素、平台融为一体,真正做到了侦察快、决策快、行动快。武器装备从发现目标到攻击目标的反应时间大为缩短。计算机控制的火控系统,能在 96 秒内操纵 4 门火炮摧毁 35 个分离目标。俄罗斯新一代防空反导利器 S-500 的系统反应时间只有 3—4 秒。随着人工智能的快速发展及向军事领域的加速渗透,信息处理、指挥控制能力将得到质的跃升,从发现目标到实施打击将更加快速高效。

(三)打击方式高速精确化

机械化装备由于对能量的释放缺乏有效的控制,精准度不高。随着精确制导武器的日臻完善和在战争中的广泛运用,精确打击的手段和方式也在不断发展变化,并呈现出打击精度高、速度快等特点。例如,海湾战争中,美军投掷的精确制导弹药只占总投弹量的 8%,却摧毁了 80% 的打击目标。随着超声速和高超声速技术的广泛应用,用于执行精确打击任务的武器系统速度越来越快,有些已经超过 10 马赫,从而获得更好的突防效果。

俄罗斯针对乌克兰的军事行动就是以远程精确打击为开端,从空中、地面和海上发射俄军远程高精度火力,对乌克兰的舰艇、飞机和地面军事设施实施了全方位打击。

(四) 防护手段全维综合化

现代战争是体系与体系的对抗,其侦察、监视和探测手段具有全方位、全频谱、全天候的特点,进攻一方如果不能有效地保护自己,就可能出现"发难者先遭难"的结局。实施全维防护是应对全维侦察、全维打击的有效措施。现代装备借助伪装技术、隐身技术、新材料技术等综合化的防护手段,处处体现着"能藏才能打"的作战特点,不断提高战场生存能力。俄乌冲突中,俄罗斯苏-57战斗机轻松撕破乌克兰的防空网对其军事目标进行精确打击,主要依赖于机身流线设计和雷达吸波材料,有效实现了隐身。

苏-57战斗机

针对关键目标,打破以往单调的防护策略,对来自陆、海、空、天电等不同维度空间的软硬打击或侦测进行全维防护,如防电子干扰、防精确打击、防侦察监视、防特种破坏等,产生综合的防护效果。

(五) 力量体系无人智能化

信息化战争的作战力量包括陆上作战力量、海上作战力量、空中作战力量、太空作战力量和信息作战力量等。随着军事智能化的发展,通过加装智能化软硬件,让传统武器装备"长眼睛""有耳朵""会判断""能自主",大幅增强其战场生存力、突防力和毁伤力;大量无人自主作战装备出现在现代战争中,无人与有人、无人与无人间的协同作战成为重要作战样式。新兴技术的发展与局部战争实践使俄美紧锣密鼓研发各自无人系统武器。俄罗斯先后推出两版《国家人工智能发展战略》,将无人机、机器人、无人潜航器等作为俄作战力量建设的重点。2023年5月,美国发布了新版《国家人工智能研究和发展战略计划》,将人工智能提升至国家战略地位,致力于无人智能力量的体系化发展。从整个世界军事力量建设情况来看,作战力量无人智能化愈发明显。

四、信息化装备的发展趋势

当前,世界新军事革命加速发展,武器装备体系化、高速化、隐身化、无人化、智能化趋势明显,太空和网络空间成为各方战略竞争新的制高点,战争形态加速向智能化战争演变。

(一) 体系化

20世纪90年代以来发生的几场局部战争充分表明,单件武器性能再好,若不能形成系统或体系,也难以在对抗中取胜。联合作战中,以信息网络为基础,通过综合电子信息系统将战场上各军兵种装备深度融合,集战场侦测、指挥控制、战场机动、火力打击、勤务保障等作战功能为一体,使多种作战行动能够高度协同甚至实时同步。如美军击毙拉登的"海神之矛"行动,前端是24名海豹突击队潜入开展突击行动,后端是近万人利用各种装备成体系进行侦察、保障、防护、远程火力等全域支援。近年来美军提出的"马赛克战"就是用类似搭积木的方式,将低成本、低复杂度的系统以多种方式链接在一起,建成一个类似"马赛克块"的作战体系。这个体系中的某个部分、部分组合被敌方摧毁时,能自动快速反应,形成虽功能降级但仍能相互链接、适应战场情境和作战需求的作战体系。

(二)高速化

由于空袭与反空袭作战和反舰作战的需要,未来的作战飞行器或远程打击系统(包括作战飞机、航天飞行器、各类飞航式导弹等)与传统飞行器相比,航程和速度都将获得突破性提高。如美国正在研制的下一代战略轰炸机B-21采用的是一种"快速全球打击"系统,可以对全球范围的突发事件作出快速反应。美国空军在研的高超声速无人机SR-72将具有10马赫的飞行速度,现有的防空导弹和战斗机都很难对其进行拦截。俄乌冲突中,俄罗斯多次使用"匕首"高超声速导弹攻击乌军重要目标。"匕首"高超声速导弹的最大飞行速度可以达到10马赫以上,最大射程可达2 000千米。

(三)隐身化

在现代战争中,大量使用精确制导武器,使得武器装备的战场损伤率大为提高。为了提高武器装备的战场生存能力,武器装备正在向具有高隐身性方向发展。所谓高隐身性就是通过大量采用隐身技术降低武器装备的雷达、可见光、红外、电磁、声波等目标信号特征,使敌方难以发现、跟踪、识别和攻击。目前,隐身飞机是应用隐身技术手段最多、发展最快、应用最成熟的武器装备。自从1983年美国研制出了全球第一款隐形飞机F-117以来,美军就开始垄断隐身航空工业,直到中国歼-20问世,打破了这一格局。隐身技术也被应用在海军装备上。美国研制的"朱姆沃尔特"级驱逐舰以隐身能力强著称,虽然是庞然大物,但斜角式船

"朱姆沃尔特"级驱逐舰

舷设计使它的雷达散射截面积只有传统驱逐舰的五十分之一。此外,陆战平台也在追求更佳的隐身性能。俄罗斯T-14"阿玛塔"主战坦克,车身覆盖隐身涂层,采取措施减弱坦克雷达和红外装置的信号特征,隐身性能明显提升。

(四)无人化

当前,无人化作战以其零伤亡、非接触、可远程作战等特点,正越来越深地嵌入战场,涌现出无人作战飞机、无人作战舰艇、地面战斗机器人和军用卫星等五花八门的无人作战平台。以无人机为例,其功能逐渐由最初的战场监视侦察、通信中继向攻击、察打一体方向拓展,其小型化、智能化、集群化特征更加凸显,带动现代战争呈现出许多新的特点。新一轮巴以冲突中,一辆以色列陆军最先进的"梅卡瓦4M"主战坦克被哈马斯武装组织的无人机投下的反坦克弹药击毁。面对现代乃至未来战场上无处不在的各类无人机,包括主战坦克在内的地面重型装备的生存力愈发堪忧。近年来,美国国防部一直在按照《2017—

2042年无人系统综合路线图》加紧研制和生产无人机,特别是无人作战飞机。无人装备大量登上战争舞台,必将对传统的军事思想、作战理论、作战样式、军事组织结构和武器装备等发展带来一系列新的变革和挑战。

(五) 智能化

随着大数据、机器学习和云计算等技术的发展,人工智能技术迎来第三次高潮,并加速向军事领域渗透,各种各样的智能化作战平台纷纷涌现。这些作战平台的共同之处是具有"类人、仿人"的某些功能,如分析、判断、筛选、评估、综合的思维能力和自主攻击、操纵武器平台的行动能力等。世界各军事强国都在围绕军事智能化进行战略布局,加强军事智能化建设,研发各种用途的智能化作战平台。美军在无人系统、信息处理、指挥控制、网络攻防、装备维修等领域全面发展;俄军以军用机器人为优先发展方向,努力抢占未来军事竞争战略主动权。值得注意的是,人始终是智能活动的主体,智能化作战平台只能在人事先安排的程序下动作,按照人赋予的思维功能对战场上的情况作出反应,智能化作战平台归根结底仍然是人的行为的延伸和发展。

第二节　信息化作战平台

信息技术的飞速发展和广泛应用,正在引发军事领域一系列变革,其中最直接、最显著的变化,便是诸多信息化作战平台登上了现代战争舞台,继而对作战行动产生巨大影响。信息化作战平台是综合运用现代信息技术的最新成果改进或研制的作战平台,是军队战斗力构成的重要因素,也是现代战争制胜的核心要素。信息化作战平台一般分为陆上信息化作战平台、海上信息化作战平台、空中信息化作战平台和太空信息化作战平台等。

一、陆上信息化作战平台

陆上作战平台是地面武器系统的基础,其质量和数量状况左右着陆上作战的结果。陆上信息化作战平台是陆军装备现代化的重要标志。当前,世界主要国家的陆上作战平台信息化程度不断提高,信息化装备不断列装部队,构成了以第三代为主、多代并存、高中低档相结合的陆上主战装备体系。

(一) 陆上作战平台发展概况

两千多年以前,就有了陆上作战的军队及其相应的武器装备。冷兵器时代,军队装备的大型攻城器械,如用于破坏城墙、城门的搭车,攻守兼备的石砲(抛石机)等,都属于陆战平台的原型。

19世纪末,出现了几种将机枪装在机动车辆上的机枪火力车,是将火力、机动性、防护力汇于一身的初步尝试。20世纪初,世界上第一辆装备旋转炮塔的装甲车问世。1915年,英军为突破德军绵延千里的阵地防线,制成了世界上第一辆坦克,从此陆战之王走入人类战争。法国人于1917年发明了自行火炮,经过不断的改进与发展,现代自行火炮已成为重要的火力突击与支援装备。

20世纪80年代以来,陆上作战平台的发展进入了信息化时期。融入了能够进行精确火力打击的火控系统,能够提供目标信息的感知系统,具有足够的信息处理和联网能力的综合信息系统。无人化、智能化平台不断出现,使作战效率发生了质的飞跃。如步兵正在由携带单兵武器的战士,向配备各种防护装备、战斗装备和信息装备的智能化"超级战士"转变。

(二)陆上信息化作战平台的主要类型

陆上信息化作战平台主要包括坦克、步兵战车、装甲输送车、自行火炮、导弹输送和发射车及指挥控制车辆等。本节重点介绍四类作战平台:陆上突击作战平台——主战坦克;陆上机动作战平台——步兵战车;陆上火力支援平台——自行火炮;陆战力量倍增器——地面无人系统。

1. 主战坦克

坦克由武器系统、防护系统、信息系统和越野机动平台等组成,具有强大的直射火力、高度的越野机动性、良好的装甲防护力,主要用于遂行地面突击和两栖突击任务。分为主战坦克和特种坦克。主战坦克是主要遂行地面突击任务的坦克,是现代陆战的主要突击兵器。特种坦克是装有特殊设备,担负特定任务的坦克,包括侦察坦克、扫雷坦克等。

坦克被称为"陆战之王",主要用于与敌方坦克和其他装甲车辆作战,也可以压制、消灭反坦克武器,摧毁野战工事,歼灭有生力量。坦克是陆军装备中技术最复杂、最能反映当代科学技术成果、涉及面最广的机动作战平台。火力、机动力、防护力、信息力是现代坦克战斗力的四大衡量指标。

主战坦克已经发展了三代,世界主要军事强国正在发展第四代。所谓的第四代主战坦克,其技术特征是"全部或大部分"使用新一代的车体、火炮、火控、信息、动力、传动系统,而在使用了这些系统之后,坦克在火力、防护、机动、信息等四大要素上与第三代主战坦克形成代差,且不能有明显的短板。如在信息化方面,第四代主战坦克将主要在战场态势感知、人工智能辅助驾驶/作战系统等方面继续提升性能。俄罗斯T-14"阿玛塔"坦克在行驶过程中可以基于车载信息系统,自动侦察搜索目标、评估打击效果,与其他车辆进行信息交互等。

2. 步兵战车

步兵战车由武器系统、防护系统、信息系统等组成,具有较强的火力和较好的装甲防护力,主要用于承载步兵以乘车作战的方式遂行地面突击和两栖突击任务的装甲战斗车辆,简称步战车,包括履带式步兵战车、轮式步兵战车。履带式步兵战车越野性能好,生存能力较强;轮式步兵战车公路行驶速度快,使用维修简便。

步兵战车主要用于协同坦克作战,也可独立执行战斗任务。步兵既可乘步兵战车战斗,也可以下车战斗,非常灵活。步兵下车战斗时,留在车上的乘员可以利用车上的武器支援作战。步兵战车的任务是搭载快速机动步兵分队,消灭敌方轻型装甲车辆、步兵反坦克火力点、有生力量和低空飞行目标等。

步兵战车作为陆军重要的装甲突击力量,在作战中能提供较强的防护能力、机动能力和杀伤力,其发展趋势是火力更强、防护性能更优、智能化程度更高。以美军下一代步战车发展为例,能够在战车没有人员操控的情况下进行远程控制操作;将装备全天时全天候火力系统,采用可扩展口径的机关炮,配备定向能武器和导弹,能够在机动(静止)中对移动(静止)目标进行打击;将使用灵活的分级防护理念,根据实际情况配备附加装甲,满足车辆对战场防护的要求。

3. 自行火炮

自行火炮是同车辆底盘构成一体,靠自身动力运动的火炮。有轮式和履带式两种。自行火炮将装甲防护、火力和机动力有机统一起来,在战斗中用于对坦克和机械化步兵进行掩护和火力支援。自行火炮越野性能好,行军与战斗转换速度快,多数有装甲防护,战场生存力强,有些还可浮渡。

自行火炮主要由武器系统、底盘部分和装甲车体组成。现代自行火炮克服了牵引火炮机动性差、自动化程度低、生存能力弱等缺点。自行火炮的机动性与坦克相似;自动化程度高,广泛采用火控系统,可实施半自动或自动操瞄;火力及持续作战能力强,发射速较高,射程较远,能实施全方位、大纵深、快速高效的火力突击;防护能力强,多数自行火炮具有密封型炮塔、集体三防装置、自动灭火抑爆装置和烟幕发射装置等。

针对未来陆战需要,自行火炮呈现出新的发展趋势。射程进一步增加,通过研制新的高能量装药和炮弹来实现,如增程弹和底排弹;随着信息技术尤其是人工智能的融合嵌入,自动化装填系统、新控制系统的结合应用,自行火炮的信息化、智能化水平大幅跃升,高射速、强突袭能力大大增强,提高了在战场上的作战效能。

4. 地面无人系统

地面无人系统是指在陆上遂行作战任务的各类地面无人车辆、机器人等。它具有伴随性好、使用灵活的特点,能够在复杂、恶劣和高危战场环境下执行任务。地面无人系统,按机动方式,分为轮式、履带式、仿生式和球形滚动式;按战斗全重,分为微型(小于20千克)、小型(20—200千克)、轻型(200—800千克)、中型(800—8 000千克)、重型(大于8 000千克);按工作模式,分为遥控指令型、程序控制型、智能自主型;按任务领域,分为侦察探测型、排爆清障型、攻击型、信息对抗型、工程作业型、运输保障型、医疗救护型和多功能型等。

世界主要军事强国为了能够继续掌控信息化战场主动权,持续加强对地面无人作战系统的研发、测试和列装,特别是随着全新作战概念及人工智能技术的发展,地面无人系统发展将呈现以下趋势:瞄准未来作战形态,提高地面无人作战系统全域融合能力;开发人工智能技术,提升地面无人作战系统自主行动能力;优化部队组织编成,构建系统完整地面无人作战力量体系。

 微视频

中国陆军"硬核"武器重装亮相

(三)典型陆上信息化作战平台

1. 典型主战坦克

(1) 中国99A式主战坦克。99A式坦克是我军最先进的主战坦克,实现了火力、机动力、防护力和信息力的有效融合。该型坦克战斗全重约55吨,最大公路速度每小时80千米,最大越野速度每小时60千米。99A式坦克配备125毫米主炮,威力强大、精度高,而且兼容多个弹种,可毁伤具有不同特性的目标。在被动防护方面,99A坦克不但在车体周围加装先进的复合装甲,而且顶部也装有新型复合装甲,能全方位抵挡来自敌方坦克、反坦克导弹以及武装直升机的火力打击。在主动防护方面,拥有主动激光自卫武器系统及激光告警装置,能在压制敌方坦克观瞄仪器的同时提供来袭武器的预警信息,提醒车内乘员采取反制措施。

99A 主战坦克

(2) 美国M1A2 SEP"艾布拉姆斯"主战坦克。M1A2 SEP坦克是美国陆军主战坦克中最先进的型号。该坦克战斗全重62.5吨,最大公路速度每小时67千米,行程465千米。该坦克在M1A2的基础上新增指挥员显示器、第二代前视红外热像仪等电子设备,提高了数据存储能力。在火力打击上,主炮为120毫米M256滑膛炮,辅以先进的火控系统,确保了高精度的目标捕捉和打击能力。在通信手段上,装备有强大的通信系统,可实现与其他作战平台的信息无缝交互,极大提升了网络战中的运用效果。

M1A2 SEP 主战坦克

T-14 主战坦克

(3) 俄罗斯T-14"阿玛塔"主战坦克。T-14坦克是俄罗斯研发的新一代主战坦克,2015年5月9日红场胜利日阅兵式上首次公开。该坦克最大公路速度可达每小时80千米,配备了一门全新设计的125毫米2A82-1M滑膛炮,采用无人炮塔,并配有全自动炮弹装填系统。在打击目标时,无需手动校对瞄准,车载人工智能系统可准确定位目标并开火。该坦克具备无人驾驶功能,大大提高了乘员在战斗中的生存能力。

2. 典型步兵战车

(1) 中国ZBL-09步兵战车。ZBL-09步兵战车是中国陆军的主力装备之一,中华人民共和国成立60周年国庆阅兵上首次公开亮相。ZBL-09步兵战车具有良好

ZBL-09 步兵战车

的机动性能,在公路上最大速度达每小时 100 千米,越野平均速度每小时 40 千米,公路最大行程 800 千米。该车还具备水上浮渡能力,无需准备就可以通过风浪不大于三级的内陆江湖。ZBL-09 步兵战车采用"基体装甲+复合装甲"的形式,加装陶瓷披挂装甲,以满足车辆的装甲防护要求。此外,炮塔两侧各装 1 组 3 具抛射式烟幕弹发射器,车上装有三防装置和自动灭火装置,有效地提高了战场生存能力。

(2) 美国 M2 步兵战车。M2"布雷德利"步兵战车是以美国陆军上将布雷德利的名字命名的。M2 步兵战车主要有 M2A1/A2/A3 等多个改进型号,其中 M2A1 型步兵战车采用了"陶"式反坦克导弹,并改进了导弹发射架和火控系统。M2A2 型步兵战车在车体和炮塔上安装有反应装甲以及附加的 25 毫米钢装甲。M2A3 型步兵战车与以往相比加装了诸多的电子装置。在其车长独立观察仪和改进型"布雷德利"捕获子系统中,安装了 2 个二代前视红外传感器,

M2A3 步兵战车

通过弹道火控系统为战车提供猎歼目标的能力,同时还装有综合作战指挥与控制系统,可与"艾布拉姆斯"坦克、"阿帕奇"直升机上的通信设备相连,形成立体的作战体系。

3. 典型自行火炮

155 毫米车载加榴炮

(1) 中国 155 毫米车载加榴炮。PCL-181 型 155 毫米车载加榴炮是我国自主研发的武器装备,配备了全新数字化控制系统,能够完成一键开架、自动调炮、半自动装填,使用了新一代高性能越野卡车底盘,重量更轻。这款车载加榴炮是我军最新锐的大口径压制火炮,具有机动性强、火力反应快、打击精度高、信息化水平高等特点,可担负陆军地面攻防战中火力突击、火力支援、火力封控等多种作战任务。

(2) 美国 M142"海马斯"火箭炮。美国现役的 M142"海马斯"自行火箭炮,是当今世界上最先进的火箭炮系统之一。该火箭炮具有机动性能高、火力性能强、通用性能好等特点,与 M270 自行火箭炮相比最大区别是底盘由履带式改为轮式,采用 6×6 的 5 吨卡车底盘,车重减轻到 10 吨左右,最高时速可达每小时 85 千米,最大行程 480 千米,能为部队提供 24 小时全天候的支援火力,可由 C-130 中型运输机运输。"海马斯"可发射 GMLRS 制导型火箭弹,为作战部队提供火力支

"海马斯"火箭炮

援的范围从 32 千米扩展至 70 千米,使用陆军战术导弹系统(ATACMS),具备打击 300 千米以外目标的能力。

4. 典型地面无人系统

美国"粗锯齿"无人防空坦克，由莱茵金属弹药公司与德事隆系统公司共同研发，主要用于防空作战。"粗锯齿"无人防空坦克全重10.5吨，载重4吨，采用混合电力推进动力系统为该车提供了"安静"运行模式，标准配置下能以每小时40千米的速度行驶。该坦克搭载的主要武器是一门30毫米自动加农炮，备弹250发，主要打击小型目标，尤其对无人机的命中率较高，主炮前还装置两个内置式烟幕弹发射器，必要时可帮助车体实现隐蔽，具有较强的机动性、隐蔽性和远程操控能力。

"粗锯齿"无人防空坦克

（四）陆上信息化作战平台的发展趋势

近年来，世界各国优化调整了陆上作战平台的发展战略，加快了对陆战装备性能的改进和提升，陆上信息化作战平台呈现出新的发展趋势。

1. 小型化、轻量化

作战平台的小型化和轻量化是陆上装备的重要发展趋势之一。各军事强国根据快速反应作战的需要及现役装备庞大笨重、难以空运的情况，非常重视小型化和轻量化作战平台的研制。例如美国通用动力公司为美国陆军开发的"格里芬Ⅱ"轻型坦克，战斗全重仅为35吨，一架C-17运输机可运载2辆。英国BAE公司为美陆军研制的M777超轻型155毫米榴弹炮，大量使用铝、钛合金材料，火炮质量仅3.8吨，为相同口径和性能火炮质量的一半。

2. 快速化、隐身化

陆上平台快速化是提高其战斗力和生存能力的必由之路。作战行动的快速化，是在战争中抢占先机、克敌制胜的重要手段，对坦克和装甲战车而言，将致力于缩小发动机体积以及采用电传动系统。例如，世界主要军事强国都在致力于"全电坦克"的研制工作。随着战场侦察和精确打击能力的提高，隐身已经成为提高陆上装备作战和生存能力的重要手段。陆军平台的隐身波段应该覆盖声、雷达、红外和可见光波段。以坦克为例，在声波段，应该降低发动机噪声；在雷达波段，采用合适的外形、复合材料和涂层来吸收雷达波；在红外波段，应采用隔热发动机并对高温部位进行遮挡和冷却；在可见光波段，应采用迷彩涂料进行伪装。

3. 系列化、通用化

系列化是根据某类产品或装备的使用需求和发展规律，按一定序列排列其主要性能参数和结构形式，有计划地指导产品的研发，以满足广泛需求的一种标准化方法。如美陆军的M系列坦克装甲车，俄罗斯的T系列坦克等都是系列化的地面主战装备。通用化是将现有的或正在研制的具有互换性特征的通用单元用于新研制武器系统的一种标准化方法。如将导弹和火炮综合在同一辆装甲车上，便构成弹炮一体化武器系统。"新型装甲作战平台(NGP)"装上不同的武器,就可以使之成为主战坦克、步兵战车或防空系统。

4. 无人化、智能化

当前无人智能技术发展迅猛,智能技术跨域集成无人装备、赋能传统作战平台,成为未来战斗力建设的重要方向。有美国专家断言"20世纪地面作战的核心武器是坦克,21世纪则将是无人作战平台"。经过多年的探索,无人运输、无人侦察甚至无人打击装备开始陆续走上陆上战场。无人化装备的进一步发展将是采用智能算法,利用人工智能技术研制能自动寻找识别目标、自主执行打击任务并自动进行杀伤评估的"会思考"的武器系统。目前,世界主要军事强国都在为陆军研制新型无人侦察机、无人作战飞机和无人车辆等。

二、海上信息化作战平台

海上信息化作战平台是在海洋进行战斗活动的舰艇,主要用于海上机动,进行战略核突袭,保护己方或破坏敌方的海上交通线,进行封锁或反封锁,参加登陆或抗登陆作战等。[①] 海上信息化作战平台的技术复杂、知识密集,能集中反映一个国家的工业水平和科技最新成就。

(一)海上作战平台发展概况

桨帆时代。早期的海军并没有专门的舰船,以商船代之。随着海上贸易的发展,开始设计专门的船舶来保护海上商船,这就是专门用于作战的长体船,或称桨帆战船。后来,雅典人将帆船改进为三层桨帆船,代表了当时海军最先进的装备技术。

风帆时代。1650年至1850年,船舶由木材制成,由麻绳或者粗索控制风帆进行驱动。大型战舰一般采用三桅装置,每根桅上挂上横帆。舰船的火炮都是前膛滑膛炮,炮弹主要有葡萄弹、链弹和杠弹等,主要依靠炮弹的速度对船体、桅杆和索具等进行撞击破坏。

铁甲舰时代。技术的进步主要体现在舰体的设计和构造、动力系统以及所搭载的武器等三个方面,将风帆时代的木头、风帆和球状弹丸的组合演进到了钢铁、蒸汽机和现代炮弹的组合。

多兵种时代。1905年,第一艘超级战列舰"无畏"号下水,开创了"巨舰大炮"时代。第一次世界大战期间,潜艇大量运用,海上作战向水下发展。第二次世界大战期间,航空母舰广泛运用,海上作战向立体作战迈进。二战结束后,新式武器不断出现,最突出的是核武器和核动力舰艇的产生,导弹登上了海战的历史舞台。

信息化时代。进入21世纪后,海军武器装备得到了进一步发展,尤其是人工智能和无人技术的应用,提升了舰艇的适用范围,呈现出信息化、智能化、无人化的发展趋势,信息互联互通实时共享,远程攻击能力大大增强,精确打击程度空前提高,破坏杀伤威力成倍增长。海军作战不再以海上作战平台为中心,而是以信息网络为中心,作战形式逐步演化为体系作战。

---

① 宋华文,耿艳栋:《信息化武器装备及其运用》,国防工业出版社,2010年版,第50页。

（二）海上信息化作战平台的主要类型

海上信息化作战平台主要包括水面舰艇和潜艇在内的各种作战舰艇，是现代海军最主要、最核心的装备。本节重点介绍五类作战平台：水面大型作战平台——航空母舰；水面作战平台——驱逐舰；两栖突击作战平台——登陆作战舰艇；水下作战平台——潜艇；海战力量倍增器——海上无人系统。

1. 航空母舰

航空母舰是以舰载机为主要武器并作为其海上活动基地的大型水面战斗舰艇。它舰机结合、海空立体、攻防兼备，能遂行多种作战任务，是现代海军水面舰艇中排水量最大，作战能力最强，最具威慑力的舰种，素有"海上巨无霸"之称。现代航空母舰及舰载机是高技术密集的军事系统工程，是一个国家科技、工业、军事与综合国力的象征。

从1918年英国"百眼巨人"号直通甲板航母服役到现在已有百年历史。航空母舰通常有两种分类方法：一是按动力分为常规动力航空母舰和核动力航空母舰，核动力航空母舰续航力高达40万—100万海里，而常规动力航空母舰续航力一般在1万海里左右；二是按排水量分为大型航空母舰（6万吨以上）、中型航空母舰（3万—6万吨）和小型航空母舰（3万吨以下）。作为"海上浮动机场"，航空母舰上一般搭载有歼击机、攻击机、预警机、侦察机、反潜机、电子干扰机、空中加油机以及直升机等多种飞行器。航母在实施作战时通常与数艘巡洋舰、驱逐舰、综合补给舰和潜艇组成航母战斗群，成为海上突击威力最强大的舰艇编队。

新一代航母主要呈现以下发展趋势：向大型化发展，各国新研制的航母因任务需求的增加，排水量均有不同程度的提高，大型化趋势明显；广泛采用新技术和新装备，航母装备电磁弹射装置、阻拦装置、新一代核动力装置、全舰电力推进系统、高能武器等，多项高新技术和装备推动新一代航母作战能力迈上新的台阶；舰载机作战能力大幅提升，美国、英国新一代航母将搭载舰载隐身战斗机；信息化程度大幅提升，全新的电子信息装备在各国航母上广泛应用，实现编队警戒探测系统、指挥控制系统、武器系统等装备的有机整合，进一步提高了海上攻防作战能力。

2. 驱逐舰

驱逐舰是装有导弹、舰炮、鱼雷、深水炸弹和直升机等武器系统，具有多种作战能力，能在中远海机动作战的中型水面战斗舰艇，具有续航力长、适航性能好、生存能力强、综合作战效能高等特点，被各国海军视为主要作战舰种。

现代驱逐舰装备有对海、对空和反潜等多种武器，具有较强的海上作战能力，可执行舰艇编队和运输船队的反潜和防空等护航任务，支持两栖部队作战，还可担任巡逻、侦察、警戒和封锁海区等作战任务。目前在役的驱逐舰都以导弹为主要武器，故称为导弹驱逐舰。驱逐舰一般都装载1—2架直升机，用于远程反潜、反水雷、超视距探测和武器引导以及对海攻击等。驱逐舰按功能用途可以分为防空型驱逐舰、反潜型驱逐舰和多用途型驱逐舰等。

当前，大力发展驱逐舰仍是世界各军事强国建设强大海军的重要抓手，驱逐舰的发展呈现出以下趋势：向大型化和多用途化发展，其吨位不断增大，并具备更多任务能力，成为海战场上的"多面手";舰载系统向一体化与高效化发展,未来大型驱逐舰舰载系统将高度集成,舰艇的操作效率明显提高,大幅降低人力成本;提升信息化水平,加强指控通信系统联网建设,不仅成为海上攻防作战的主要平台,在需要时可作为指挥中心;嵌入更多新型武器,如电磁轨道炮、舰载激光武器等,提高海上综合作战能力。

3. 登陆作战舰艇

登陆作战舰艇是专门用于输送登陆兵员、武器装备、登陆工具和物资,实施由岸到岸或由舰到岸的登陆作战舰艇,亦称两栖作战舰艇。主要包括登陆舰艇、登陆运输舰、船坞登陆运输舰、登陆指挥舰、两栖攻击舰等。登陆作战舰艇由于输送方式的不同可分为两大类:一类是舰艇自身能直接在无码头的滩头抢滩登陆,一般称之为登陆舰艇;另一类是舰艇本身没有抢滩登陆的特性,而是通过舰艇的运输工具,如直升飞机、小型登陆艇、气垫艇等作为换乘工具,这类舰多为大型两栖舰艇。

登陆舰艇是指输送登陆兵及其武器装备、物资到敌方岸滩实施直接登陆的登陆作战舰艇。包括坦克登陆舰艇、步兵登陆舰艇等。比如,坦克登陆舰艇是以运送坦克为主的登陆舰艇,它能够依靠自身力量登上和退下岸滩。

船坞登陆运输舰是指设有船坞、装载大舱、登陆兵舱,用于运载登陆兵、登陆艇、两栖装甲车辆、武器装备和物资,实施由舰到岸登陆的大型登陆作战舰艇。具有坦克登陆舰、船坞登陆舰、两栖货船、武装运输舰的综合功能。有的还设有直升机平台,载运直升机数架,可实施机降登陆作战。

两栖攻击舰是一种用来在敌方沿海地区进行两栖作战时,在战线后方提供空中与水面支援的军舰,不仅可以释放水陆两栖装备,还可以提供舰载机的起飞和降落。以两栖攻击舰为核心的两栖舰队,承担一定的海空防卫和对地打击任务,同时担负海上移动基地的重任。这样一来,两栖攻击舰就不再是简单的两栖登陆舰艇,而是具备一定制空制海和对陆攻击能力的作战舰艇。

传统的两栖战舰往往着重发展两栖登陆能力,而未来的两栖攻击舰将重点发展立体登陆作战能力。一是朝着大型化和多用途方向发展,新一代两栖攻击舰,将不断增加排水量,加大甲板和机库面积,以携带更多更先进的舰载机,不断强化多用途作战能力。二是信息化和自动化程度更高,通过装备新一代雷达、数据处理以及通信装备,使舰与舰之间、舰与舰载机之间、舰与陆地指挥中心之间的联系更加顺畅。

4. 潜艇

潜艇是用于水下活动和作战的战斗舰艇,是潜水艇的简称。按动力装置,分为常规动力潜艇和核动力潜艇;按作战任务,分为战略导弹潜艇和攻击潜艇。常规动力潜艇是以柴油机、电动机为推进动力的潜艇。通常在水面状态航行时使用柴油机推进;在水下状态航行时使用电动机推进,或利用通气管装置使用柴油机推进,或利用加装的不依赖空气推进系统(AIP系统)推进。核潜艇,核动力潜艇的简称,是以核能为推进动力的潜艇。分为核动力战略导弹潜艇和核动力攻击潜艇。战略导弹潜艇亦称弹道导弹潜艇,是以核能为推进动力,潜地弹道导弹为主要武器,用于对敌方陆上军事、政治、经济中心等战略目标实施核突击的潜艇,是国家战略力量和核打击力量的重要组成部分。攻击潜艇以鱼雷、反舰导弹和巡航导弹为主要武器,用于攻击敌水面舰船、潜艇,以及陆上重要目标的潜艇。分为常规动力攻击潜艇和核动力攻击潜艇。

潜艇主要由艇体、操纵系统、动力装置、武器系统、导航系统、探测系统、通信设备、水声对抗设备、救生设备和居住生活设施等构成。它利用调节压载水舱的水来改变浮力,从而既可在水面又可在水下航行。潜艇最大的特点是隐蔽性好,这是其他任何兵器无法比拟的;第二个特点是有较强的突击威力,可远离基地,在较长时间和较大海域以至深入敌方海区独立作战;潜艇还具有机动灵活、自给力与续航力较强等特点。

随着科学技术的发展和反潜作战能力的不断提高,潜艇的战术技术性能将进一步提高。潜艇将大力发展艇体"隐身""降噪"技术,提高隐蔽性;研制高强度耐压材料,增大潜艇下潜深度;核动力潜艇发展大功率核反应堆,提高水下航速,延长堆芯使用寿命,提高在航时间;常规动力潜艇主要通过增大电池容量,研制性能良好的氢氧燃料电池、钠硫电池和超导电机,提高水下机动性。

5. 海上无人系统

海上无人系统,指在水中遂行作战任务的各类无人水面舰艇、无人潜航器等。它具有续航力长、目标小、隐蔽性好、使用灵活、风险性低等特点,可在水面舰艇、潜艇难以进入或危险性大的区域执行任务,特别是无人潜航器能在特定或敏感海域长期潜伏待机。随着未来海战向着智能化、无人化的方向发展,海上无人作战系统建设倍受重视,加强海上无人作战系统建设、形成海上无人作战体系能力,已成为打赢未来海上战争的关键支撑。

(三)典型海上信息化作战平台

1. 典型航空母舰

(1)中国"山东号"航空母舰。2019年12月17日,中国首艘国产航母山东舰在海南省三亚军港正式交付。公开资料显示,山东舰长约315米、宽约75米,满载排水量超过6万吨,采用滑跃式短程起飞/拦阻索回收方式来进行固定翼飞机的起降,外形与辽宁舰基本相似,但与辽宁舰相比,在舰岛的设计、甲板布局、机库等方面均有了一定程度的优化,作战能力有了较大程度的跃升。"山东号"航

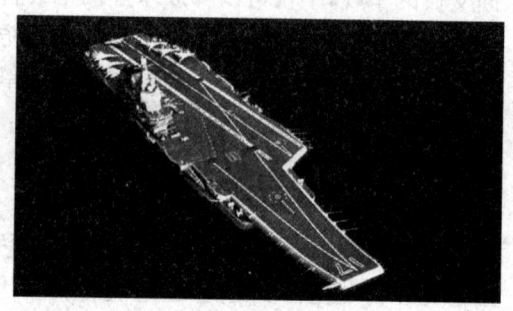

"山东号"航空母舰

空母舰装备红旗-10防空导弹发射系统、1130近防火炮系统、某型12管反潜火箭系统。可搭载大于40架舰载机数量,其中包括歼-15战斗机、直-9多用途直升机、直-18预警直升机等。舰载雷达方面,主要装备有346A型相控阵雷达、多型对空对海搜索雷达等。

 微视频

双航母编队演练现场

(2) 美国"福特"级核动力航空母舰。"福特"级航空母舰,是美军第三代核动力航空母舰,是目前全世界最大的航空母舰,全长超过330米,排水量11.2万吨,可搭载70到80架飞机,采用了大量的先进电子系统。"福特"级首艘航母"福特"号于2017年7月22日列装,2023年5月2日开始实战化部署。美海军计划在2058年之前建造10艘同级舰以取代现有的"尼米兹"级航空母舰。"福特"级航母可搭载F-35战斗机、F/A-18E/F战斗机、EA-18G电子战飞机、E-2D预警机、MH-60R/S多用途直升机,还将搭载X-47B隐身无人机等,是典型的以攻为主、攻防兼备、空海一体化航母。与"尼米兹"级相比,"福特"级的优势主要体现在全舰隐身化设计、五代机与无人作战飞机上舰、信息化程度更高、大量新概念武器上舰等四个方面,作战效能大幅提升。

"福特"级核动力航空母舰

 **作战运用**

阿富汗战争中的美国航母战斗群

由于美国在阿富汗周边国家没有大型的军事基地和固定设施,印度洋上的核心基地迪戈加西亚距阿富汗战场远达5 000千米,美军不得不主要依靠海上作战力量。在作战中,航母战斗群第一个到达战场,成为遂行作战行动的主要基地;航母战斗群发起第一波攻击,进行巡航导弹突击、电子战和对地攻击;充当特种部队和陆战队的输送平台,两栖部队实施"超地平线"垂直登陆作战;利用先进的C^4ISR系统,加强与地面侦察和空军参战兵力的协调,成功实施了陆、海、空、天、电磁的一体化联合作战。"持久自由"行动开始后,航母战斗群参与了空袭作战。在第一阶段,美空军主要出动远程战略轰炸机,而战术飞机主要是舰载机。F-14和F/A-18舰载机完成了约90%的攻击任务。在第二阶段结束时,美军共出动作战飞机4 700架次,其中舰载机出动3 300架次,约占70%。

2. 典型驱逐舰

(1) 中国055型驱逐舰。055型驱逐舰是我国完全自主研制的新型万吨级驱逐舰,2020年1月12日首舰"南昌"号入列海军。055型驱逐舰先后突破了大型舰艇总体设计、信息集成、总装建造等一系列关键技术,装备有新型防空、反导、反舰、反潜武器,具有较强的信息感知、防空反导和对海打击能力,总共112个垂直发射单元,在数量上也刷新了中国海军驱逐舰的纪录,配有我国自主研制的单管130毫米舰炮,可发射普通、精确制导等多种类型弹药,火力密度接近052D导弹驱逐舰的2倍,是海军实现战略转型发展的标志性战舰。在未来我军航母编

055型驱逐舰

队和大型海上编队中,055型驱逐舰将是保驾护航舰艇中吨位最大的舰艇。目前,我海军已入列055型万吨驱逐舰8艘。

"阿利·伯克"级导弹驱逐舰

(2)美国"阿利·伯克"级导弹驱逐舰。"阿利·伯克"级导弹驱逐舰是以防空为主的多用途驱逐舰,其首舰"阿利·伯克"号1991年开始服役。"阿利·伯克"级导弹驱逐舰长142米,宽18.3米,吃水深度7.6米,满载排水量9 200吨,最大航速32节。舰体为全钢结构,生存能力强,大量运用舰艇隐身技术。舰上主要武器装备包括一套"宙斯盾"作战指挥系统,两座MK-41型垂直发射系统,载有"战斧"巡航导弹和"标准"导弹90枚。它还装备两座6管20毫米"密集阵"近防武器系统,两座MK-32三联装鱼雷发射管、两座四联装"鱼叉"反舰导弹。"阿利·伯克"级导弹驱逐舰装备了大量的雷达、通信、声呐、电子战、导航、敌我识别系统等电子信息设备。

3. 典型登陆作战舰艇

(1)中国075型两栖攻击舰。2021年4月23日,国产075型两栖攻击舰首舰海南舰(舷号31)正式入列,该舰入列标志着中国海军两栖作战舰艇完成更新换代。公开资料显示,海南舰舰长230米,宽35米,满载排水量4万吨,采用4台柴油机驱动,航速22—24节,续航力8 000海里(航速18节)。全舰拥有3 000平方米的机库,能携带35架包括直-9C、武直-10、直-8/18、武侦-19、直-20等在内的舰载

075型两栖攻击舰

直升机。此舰最底层的坞舱内,能携带2—3艘气垫登陆艇,车辆舱内能携带10辆主战坦克、20辆步兵战车、50辆武装轮式越野机动车辆等,以及拥有能携带1 000人规模的海军陆战队员或是武装登陆步兵的舱室。此舰具备较为强悍的空中和海面立体登陆作战能力。

"美国"级两栖攻击舰

(2)美国"美国"级两栖攻击舰。"美国"级两栖攻击舰是美国研制的新一代大甲板两栖攻击舰。该级舰满载排水量5万吨,全长280米,宽34.8米,最大航速22节,舰员编制为1 000人。"美国"级两栖攻击舰可有效搭载38架舰载机,包括:12架MV-22鱼鹰运输机、4架CH-53K"海上种马"直升机、8架AH-1W"超眼镜蛇"武装直升机、4架MH-60S直升机以及10架F-35B战斗机。该级舰具有强大的空中作战能力和兵力投送能力。舰上还设有两栖特混舰队指挥控制中心、战术空中协调中心等指挥与控制战位,配有先进的指挥控制与通信系统。

4. 典型潜艇

(1)俄罗斯"北风之神"级弹道导弹核潜艇。"北风之神"级弹道导弹核潜艇属于俄罗斯第4代战略核潜艇。该艇长170米,宽13米,吃水深度10.5米,排水量17 000吨,水下

最高航速26节。艇身背部装有16个导弹发射筒,内装16枚"布拉瓦"(又称"圆锤")潜射洲际导弹,最大射程超过8 000千米。2018年5月22日,首艇"尤里·多尔戈鲁基"号在白海水下齐射4枚"布拉瓦"潜射洲际导弹,成功命中8 000千米外的远东库拉靶场目标,标志着此种核导弹正式形成战斗力,也标志着俄军新一代水下核威慑体系建成。升级后的"北风之神"- A级弹道导弹核潜艇噪声进一步降低,通信设备信息化水平进一步提高。

"北风之神"级弹道导弹核潜艇

(2)美国"弗吉尼亚"级攻击型核潜艇。"弗吉尼亚"级攻击型核潜艇是美国海军最新一级攻击性核潜艇,可在近海海域执行多种作战任务的多用途攻击核潜艇,用于取代先前的"海狼"级。首艇"弗吉尼亚"号于2004年开始服役。该艇长149米,宽10.4米,最大潜深600米,水下排水量7 800吨。静音能力具有与"海狼"级相同的超高水平。其武器配备包括12具"战斧"式巡航导弹垂直发射筒、MK-48型鱼雷、"鱼叉"式反舰导弹、MK-67先进自航水雷,以及小型水

"弗吉尼亚"级攻击核潜艇

下无人潜航遥控艇和无人空中飞行器。

5. 典型海上无人系统

(1)中国HSU001水下无人潜航器。HSU001水下无人潜航器是中国自主创新研制的新型水下无人装备,国庆70周年阅兵首次对外展示。HSU001无人潜航器属于AUV无人潜航器。AUV无人潜航器是世界各国研发的重点。参考国外无人潜航器的使用情况,国产HSU001可以执行水下侦察、扫雷、反潜、海底地形和水文情况勘察等任务,可在海底重点布防设伏,形成网络化作战体系的新边疆,大大强化我军水下战场态势感知能力。

HSU001水下无人潜航器

"波塞冬"水下无人潜航器

(2)俄罗斯"波塞冬"水下无人潜航器。"波塞冬"水下无人潜航器是一种全新的洲际核动力水下武器,直径达到了1.5米,长度为24米,重量大约为100吨,水下巡航航速可达33节,最快航速可达100节左右。"波塞冬"可携带常规弹药和核弹头,作战距离达10 000千米,下潜深度约1 000米,能够摧毁包括潜艇、海军基地、航母战斗群在内的各类目标。

(四)海上信息化作战平台的发展趋势

从未来发展来看,随着人工智能、云计算、无人自主与仿生技术的发展及广泛运用,海

上信息化作战平台的机动能力、隐身能力、集成能力、打击能力、适应能力都将大大提高。

1. 提高机动能力

动力装置是水面舰艇的"心脏",其性能决定了水面舰艇的机动能力。采用新型动力装置,提高水面舰艇的机动能力,是水面舰艇的重要发展方向。目前,水面舰艇采用的动力装置有核动力装置、蒸汽轮机动力装置、内燃机(主要是柴油机)动力装置和燃气轮机动力装置。其中,燃气轮机动力装置是一种新型常规动力装置,具有体积小,重量轻,单机功率大,启动迅速,加速性能好,便于维修,易于自动操纵等优点,越来越多地在各型水面舰艇上采用。当前,各军事强国致力于将综合全电力推进系统应用于各型舰艇,对提升舰船机动性能意义重大。

2. 提高隐身能力

对于大型水面舰艇来说,一方面通过简化舱面设施、优化甲板总体布局、在一些关键部位敷设和使用隐身涂料和材料,以减小雷达散射截面积来提升舰船雷达隐身性能;另一方面,优化舰体水下部位设计,以降低阻力、减少噪声来提升舰船声隐身性能。对于潜艇来说,采用新型的动力装置(如 AIP),用非磁性材料制造艇体,加装具有吸声、隔声、抑振等多种功能的消声瓦,都可有效降低潜艇自噪声和声目标信号强度,提高潜艇的隐身性能。

3. 提高集成能力

随着智能技术广泛赋能,舰载装备种类日趋增多,未来大型舰艇将更加重视系统综合集成建设,通过功能整合和结构优化,使各种相关舰载系统成为互联、互通、互操作的一体化系统,最终完成分布式态势感知和自适应的智能决策与控制,实现从"平台为中心"向"网络为中心"的转变。

4. 提高打击能力

随着舰载垂直发射技术的研制成功,未来将继续扩展其通用能力,支持更多型号导弹实现共架发射,不断提高大型舰艇的单舰打击能力。随着舰载机技术的突破性进展,第五代舰载飞机已逐渐上舰部署,作战效能更高、打击能力更强。随着武器平台的自主控制水平不断提高,包括可独自或协同在高威胁海区执行任务的海上无人作战平台的发展,在减少载人平台数量和人员危险性的同时,对于提高海军复杂环境下的打击能力具有倍增器作用。

5. 提高适应能力

随着智能技术与感知、判断、决策、行动的高效融合,海上信息化作战平台的适应性不断提升。如航空母舰将形成大型、中型、小型齐头并进的发展趋势。大型航空母舰搭载机种全、数量多,执行任务广,作战效能高,效费比高;中小型航空母舰造价低,进出港口方便,海上作战时机动灵活。

三、空中信息化作战平台

空中信息化作战平台是空军最主要、最核心的装备,也是海军和陆军的主要装备之一,可以装载各种导弹、机炮、制导炸弹和电子战装备。[①] 空中信息化作战平台的机动性能好,突防能力强,其数量和质量将对现代战争各个方面产生重大的影响。

---

① 宋华文,耿艳栋:《信息化武器装备及其运用》,国防工业出版社,2010 年版,第 90 页。

(一)空中作战平台发展概况

1903年12月17日,第一架有人驾驶飞机上天,而飞机用于战争则出现在1911年意土战争。从1915年第一架专门用于空中格斗的战斗机问世以来,战斗机的发展大致可分为两个阶段:第一阶段主要是使用活塞式发动机的战斗机;第二阶段为20世纪50年代初至今,主要是使用喷气式发动机的战斗机。从第一代实用性超音速战斗机开始到现在,使用喷气式发动机的超声速飞机已经发展到第五代。

在空中作战平台发展历程中,战斗机出现之后,轰炸机、运输机、预警机、无人机等重要的机种也陆续出现,发展迅速。

第二次世界大战结束至今的80年里,战略轰炸机经历了三个发展阶段:20世纪40年代后期至50年代,轰炸机的推进动力全部改为涡轮喷气发动机,出现了以美国B-47和B-52、苏联图-95和图-16以及英国"火神"为代表的第一代战略轰炸机;20世纪60年代至80年代,美国和苏联分别相继研制成功FB-111、B-1B和图-22M、图-160等为代表的超声速战略轰炸机;20世纪90年代,美国率先研制成功的B-2隐身轰炸机,是世界上最先进的战略轰炸机,也是目前唯一的第三代轰炸机。

第二次世界大战结束后,美苏(俄)成为军事运输机制造领域的领头羊。美军先后列装了C-74"环球霸王"、C-130"大力士"、C-124"环球霸王Ⅱ"、C-5A"银河"等军用运输机,20世纪90年代又推出了属于第五代的C-17"环球霸王Ⅲ"型战略军用运输机。20世纪70年代以来,苏联/俄罗斯运输航空兵形成了由安-22、安-26、安-124、伊尔-76、伊尔-112等组成的主力阵容。

自1945年以来,预警机的发展大致经历了三代。第一代预警机就是陆基雷达升空,仅具备初步的陆上下视能力;第二代预警机从简单的空中预警演变成"机载预警与控制系统(AWACS)",功能由"情报探测"转向"情报探测和指挥控制";第三代预警机正在发展之中,将具备高探测能力、高识别能力和高信息交换能力,网络化、多元化、一体化和轻型化的技术特征将更加明显。

在越南战争中,无人机首次正式被派往战场执行任务,美军无人机主要配合载人侦察机执行侦察和目标指引任务。20世纪90年代以来,西方各国认识到军用无人机的巨大应用前景,开始竞相研发无人机,由此促进了无人机技术的迅猛发展。如今,无人机可完成情报侦察、中继通信、电子对抗、防空、制空、精确打击等多种任务,已成为影响作战进程的重要力量。

(二)空中信息化作战平台的主要类型

空中信息化作战平台主要有战斗机、轰炸机、强击机、反潜巡逻机、侦察机、军用运输机、预警机、武装直升机、电子对抗机和空中加油机等。本节重点介绍五类作战平台:空中格斗平台——战斗机;空中轰炸平台——轰炸机;空中预警指挥平台——预警机;低空作战平台——武装直升机;空战力量倍增器——空中无人系统。

1. 战斗机

战斗机又称歼击机,即用于歼灭空中敌机和飞航式空袭兵器,从而夺取制空权的军用飞机。歼击机一般带有机炮、空空导弹等攻击性武器进行空中格斗,其特点是机动性好、速度快、火力强。

从世界主要军事强国推出的下一代战斗机概念可以看出其发展趋势,更加侧重于全天候全天时、超声速巡航、隐身性能和无人化作战能力,不断推进空中作战平台的互融互联互通,提高武器系统的智能化和自主化水平。第五代战斗机是基于信息系统,而第六代战斗机可能是基于物联网,实现真正意义上的陆、海、空、天、电、网一体化和基于物联网的互联互通互操作。

2. 轰炸机

轰炸机是以空地导弹、航空鱼雷为基本武器,具有轰炸能力的作战飞机。分为战略轰炸机和战术轰炸机。战术轰炸机因其自卫能力和机动性能差,从20世纪50年代中期起,被歼击轰炸机所取代。歼击轰炸机是以空空导弹、空地导弹、航空炸弹、航炮和航空火箭弹为基本武器,兼有空战和轰炸能力的作战飞机。它优点突出,飞行速度快、机动性能高、打击精度高。

战略轰炸机具有突击力强、航程远、载弹量大等特点,是航空兵实施空中突击的主要机种。现代轰炸机装备的机载武器主要包括各种炸弹、航弹、空地导弹、巡航导弹、鱼雷、航空机关炮等,可在敌防空火力圈外实施轰炸突击;机上装备先进的电子系统,包括自动驾驶仪、地形跟踪雷达、领航设备、电子干扰系统和全向警戒雷达等,用以保障其远程飞行和低空突防;机上装备先进的火力控制系统,以保证轰炸机具有全天候轰炸能力和较高的命中精度;现代轰炸机还装有受油设备,可进行空中加油。

战略轰炸机作为"三位一体"战略核力量的空中部分,肩负着战略核威慑的重要职能使命,是大国军事战略力量的重要组成。目前,美、俄等大国都在加紧发展下一代战略轰炸机,不断增强隐身能力、提升续航能力、加大作战载荷、强化信息传输和融合,全面提升轰炸机技战术指标,更好地担负起战略威慑任务。

3. 预警机

预警机是装有机载预警雷达和电子侦察设备,专门用于搜索、监视空中、地面或海上目标,并可指挥引导己方飞机遂行作战任务的作战飞机,亦称预警指挥机。现代预警机主要由任务系统和载机两大部分组成。任务系统包含监视雷达、数据处理与显控、任务软件、导航、通信与数据链、敌我识别、自卫电子和电子支援测量等八个分系统,组建成空中机动综合信息系统,具备预警、指挥、控制、通信和情报等多种功能。

预警机按作战任务分为战略预警机和战术预警机。战略预警机续航能力强,系统复杂,造价和使用费用高,可担负国土战略防御任务,具有高级空中指挥和控制功能,如E-3、空警-2000等。战术预警机续航能力较弱,控制功能较小,造价和使用费用低,在局部战争中探测空中特别是超低空入侵的目标,指挥引导己方防空和空中力量,如E-2C、空警-200等。预警机按载机类型分为固定翼预警机和直升机预警机。固定翼预警机载机一般选择大、中型民用客机或军用运输机,内部可用空间大,能够安装大量电子与维持运作的电力与冷却设备,并能容纳数位雷达操作人员,如E-8、"费尔康"等。直升机预警机载机选择直升机,轻便灵活,但载机性能和空间有限,多用于海军舰队的早期预警,是目前大多数装备航母国家的重要早期预警手段,如俄制卡-31等。

预警机实际上是把预警雷达及相应的数据处理设备搬到高空,以克服地面预警雷达的盲区,从而有效地扩大预警范围。虽然预警机进入战争领域的历史并不长,但是由于它集指挥、情报、通信和控制等系统功能于一身,能够有效降低敌机低空突防概率,成为军事装备的新宠。为了适应未来战争的需要,世界各军事强国在完善、加强预警机建设方面都不遗余力。从雷达系统的升级、机载电子设备的改进到智能技术的应用,雷达共形化、软件化、智能化发展趋势明显,提升信息采集、处理和使用的质量和效率;预警平台多样化、无人化发展趋势明显,提升了预警机研制的通用性和适用性。

4. 武装直升机

武装直升机是装有机载武器系统,主要用于攻击空中、地面、水面及水下目标的直升机,包括攻击直升机、反舰直升机和反潜直升机等。武装直升机机动性能好、生存力强、杀伤威力大,可以完成攻击坦克、支援登陆、掩护机降、火力支援等作战任务。武装直升机实质上是一种超低空火力平台,其特殊机动能力与强大火力的有机结合,最能适应现代战争"主动、纵深、灵敏、协调"的作战原则,可有效地对各种地面目标和超低空目标实施精确打击,武装直升机成为继火炮、坦克、飞机和导弹之后又一种重要的常规武器,在现代战争中具有不可取代的地位与作用。

武装直升机的发展趋势主要表现在三个方面:一是高速化。由于受空气动力的影响,直升机的最高飞行时速一般不超过 330 千米,飞行速度慢是武装直升机被击落的重要原因。为此,发达国家一直致力于提高武装直升机的飞行速度,以此提升武装直升机的性能和使用价值。二是隐身化。武装直升机主要是在低空飞行,既要应对地面、海面的雷达系统,还要应对上空的预警机和固定翼飞机的下视雷达侦测,要求做到全方位隐身,在提高战场生存力的同时,追求达成作战行动的突然性。三是智能化。采用综合化、数字化、智能化航电系统的武装直升机将成为飞行的"信息节点",有人武装直升机可能会成为小型无人机、智能巡飞弹和无人机"蜂群"的发射、控制和指挥平台,并以此进一步提升战场控制能力和生存能力。

5. 空中无人系统

空中无人系统,指在空中遂行作战任务的各类无人机、无人飞艇等。它具有长时间巡航、活动范围广、高强度出动、隐身突防、可遂行多样化任务等特点,能够配合陆、海、空等作战力量行动。

21世纪以来,军用无人机在世界范围内迅速发展,频繁出现在阿富汗战争、利比亚战争、叙利亚战争、纳卡冲突、俄乌冲突等战场上,由执行情报侦察等支援性作战任务向火力打击等主战任务转变,应用潜力不断提升。当前,无人机装备技术发展迅速,人工智能等新兴技术应用日益广泛,新质无人机系统不断涌现,有人无人协同能力持续提升,实战化和主战化趋势十分明显,逐渐发展成为航空装备体系的重要组成部分。

 微视频

起舞在云霄——第15届中国航展甄选镜头集锦

（三）典型空中信息化作战平台

1. 典型战斗机

歼-20战斗机

（1）中国歼-20战斗机。歼-20战斗机是中国空军装备的单座双发鸭式气动式布局第五代重型隐身战斗机。歼-20战斗机作为中国首款第五代战斗机，具备很强的隐身性能、机动性能和近距格斗能力。歼-20战斗机采用局部等离子体隐身技术、反无源探测涂料，其隐身性能与美国F-22"猛禽"战斗机相当。歼-20战斗机的侧弹仓各携带1枚导弹，主弹舱可携带4枚导弹。歼-20战斗机装有外挂点，可在牺牲隐身能力的情况下加大带弹量。该机使用了综合射频管理系统，搭载的相控阵雷达还具有电子对抗等多种用途，加之先进、完善的大屏幕液晶信息显示系统，可向飞行员提供实时战场态势感知和空战战术辅助决策，再配合头盔上的显示系统，智能化操作程度更高，极大地提高了飞机的近距格斗能力。

 微视频

歼-20成功首飞14周年

（2）美国F-22战斗机。F-22战斗机是世界上第一款服役的五代战机。因其具备全面隐身、超声速巡航、高机动性、高度信息化等性能特点，被公认为第五代战斗机的典型代表。F-22战斗机最大起飞重量38吨，巡航速度每小时1 963千米，实用升限18 000米，最大航程3 000千米。机载武器有1门20毫米M61-A2机炮，3个内置弹舱，2个侧武器舱可各挂1枚AIM-9近距空空导弹，主武器舱可带4枚AIM-120A或6枚AIM-120C先进中距

F-22战斗机

空空导弹或2枚AIM-120C和2枚GBU-32JDAM联合直接攻击炸弹。F-22战斗机采用了"合成传感器"技术，机上装有可远距探测的AN/APG-77多功能有源相控阵雷达、射频和光电无源探测系统以及电子战设备，探测距离达250千米，探测隐身目标的距离在70—80千米左右，可以同时跟踪24个目标并指挥导弹对其中的8个目标进行攻击。

2. 典型轰炸机

（1）中国轰-6K轰炸机。轰-6K轰炸机，又称"战神轰炸机"，是我国自主研发的新一代中远程轰炸机，具备远程奔袭、大区域巡逻、防区外打击能力，由于改进了发动机和武器、雷达系统，因此飞得更

轰-6K轰炸机

远,打击范围更大,打击精度更高。轰-6K轰炸机的作战半径可达3 500千米,加上携带射程为1 500—2 000千米的战略巡航导弹,对战略目标的攻击距离达到了4 000—5 000千米。轰-6K轰炸机加装了先进的航电系统,安装了新型光学瞄准设备和数据链系统,座舱采用6个彩色数字式多功能显示器;采用了新型火控雷达和搜索雷达,加装了前视红外探测装置;使用北斗卫星和GPS导航系统;采用了电传操纵、隐身涂料等目前较为成熟的技术。

(2) 美国B-2轰炸机。B-2"幽灵"隐身轰炸机是美国空军装备的具有隐身能力的远程战略轰炸机。B-2轰炸机采用扁平无尾式飞镖外形,最大起飞重量170吨,最大速度每小时764千米,最大航程10 400千米,最大升限15 000米,作战半径近10 000千米,美国空军称其具有"全球到达"和"全球摧毁"能力。该型飞机采用多种先进技术和材料来达到隐身效果,飞机雷达散射截面积仅为0.1平方米,堪称

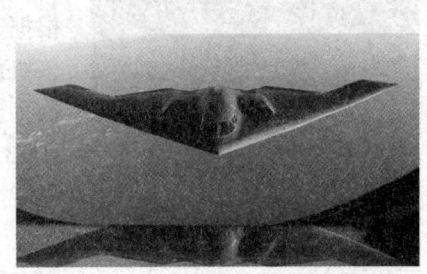

B-2轰炸机

世界上第一种完全隐身的现役战略轰炸机。B-2轰炸机所有机载武器均藏在机腹内。执行核攻击时,机载武器为8枚巡航导弹和18枚核炸弹;执行常规轰炸时,机载武器为80枚MK-82炸弹或16枚联合直接攻击弹药。B-2轰炸机机载雷达为AN/APQ-181型相控阵雷达,有21种工作模式,极大提升了对地、对海目标的识别和捕捉能力。

作战运用

远程奔袭的B-2轰炸机

B-2轰炸机自服役以后参加了多次战争。1999年3月24日,2架B-2轰炸机从怀特曼空军基地起飞,经过30小时连续飞行、两次空中加油后,向南联盟的目标投放了32枚重908千克联合直接攻击弹药,这是B-2轰炸机首次参加实战。在整个科索沃战争中,6架B-2轰炸机共飞行了45个架次,对南联盟的重要目标投放了656枚联合直接攻击弹药,其飞行出动不到战争中飞机总出动量的1%,投弹量却达到总投弹量的11%,摧毁了南联盟近33%的目标。

在伊拉克战争中,B-2轰炸机共出动49架次。其中,27架次以本土怀特曼为起降基地,飞越大西洋航线,实施远程奔袭,飞行时间约35小时。另外22架次是以一个前沿基地为起降基地,对伊拉克的指挥、控制、通信等设施进行了精确打击。

空警-2000预警机

3. 典型预警机

(1) 中国空警-2000预警机。空警-2000预警机是中国自主研制的大型、全天候、多传感器的空中预警与指挥控制飞机,已装备中国空军部队,主要用于担负空中巡逻警戒、监视、识别、跟踪空中和海上目标,指挥引导战机和地面防空武器系统作战等任务,也能配合陆军和海军协同作战。空警-2000装备了有源相控阵

三坐标雷达,可以同时跟踪60—100个目标,引导十几个作战单位进行全天候的作战行动,探测性能、角分辨性能等居于世界领先地位。空警-2000装备了先进的通信和数据传输系统,可保障预警机与作战飞机、其他兵种自动化指挥系统的计算机交换数据。空警-2000可以将不同方位、不同高度、不同距离的多批次空中目标信息,同时分发给陆、海、空作战平台,其依据预警机的指示,实施精确打击。

E-3预警机

（2）美国E-3预警机。E-3预警机是美国波音公司根据美国空军计划研制的全天候远程空中预警和控制机。该机最大起飞重量147吨,最大平飞速度每小时853千米,执勤巡航高度9 140米,持续时间24小时(空中加油)。E-3装备的雷达系统能够提供对空、地面、水面的雷达监视能力,作为指挥和控制中心可同时处理600个目标,引导己方100架战机进行截击引导,具备远程目标攻击指挥能力。对低空飞行目标,其探测距离达到320千米以上,对中空、高空目标探测距离更远。机载设备可分成搜索雷达、敌我识别器、数据处理、通信、导航与导引、数据显示与控制等六个部分。

4. 典型武装直升机

（1）中国直-10武装直升机。直-10武装直升机是我国自行研制的第一款中型武装直升机,可以携带空对空及空对地导弹,战场生存能力强。直-10武装直升机光电仪的配置与美国AH-64"阿帕奇"武装直升机类似,分为两个各自独立的旋转塔,机鼻上方为飞行员使用的独立热像仪夜视装置,机鼻中央的旋转塔体积较大,左右各有一组光电观测窗,内有红外热成像仪、激光

直-10武装直升机

测距仪、电视摄像机等装备,供炮手瞄准与火控之用。直-10武装直升机的航电系统非常先进,座舱采用先进的玻璃化设计,大量使用液晶平面显示器,并装备先进飞行和火控系统,导航系统采用了北斗卫星和GPS导航定位系统。直-10武装直升机配备了能显示感测与火控数据并连动机炮和导弹进行瞄准的双眼头盔显示和瞄准系统,与机炮、空对空导弹等武器连接。直-10武装直升机上还装有多个突出的天线,为电子截收预警装置、大气探测装置与敌我识别装置等。

"阿帕奇"武装直升机

（2）美国AH-64武装直升机。AH-64"阿帕奇"武装直升机是一款全天候、双引擎反坦克武装直升机。强大的搜索、攻击和生存能力使得"阿帕奇"成为美军的主力武装直升机。"阿帕奇"除装有一般的通信、导航和救生设备外,还装有目标截获系统、目标识别系统和飞行员夜视系统,使它在复杂气象条件下和夜间的作战能力大大提高。"阿帕奇"机载武器包括1门30毫米链式机关炮,两侧短翼下共有4个外挂架,可携带16枚"海尔法"激光半主动制导反坦克导弹,如果选装70毫米火箭弹,每个挂架下可挂一个19枚火箭发射器,能同时向多个地面目标进行攻击。

海湾战争之后,美军给"阿帕奇"装上了"长弓"毫米波雷达,其作战不受雨雾天气条件影响,作战效能进一步提升。

作战运用

"阿帕奇"武装直升机充当海湾战争开路先锋

1991年1月17日,8架美国陆军"阿帕奇"武装直升机超低空侵入伊拉克雷达阵地仅800米的上空,打掉伊军雷达站,打响了海湾战争地面战的第一枪。在海湾战争的100个小时地面战中,277架美军"阿帕奇"武装直升机,发射了5 000枚"地狱火"反坦克导弹,摧毁了500余辆伊拉克的主战坦克,以及大量地面车辆和火炮,杀伤了大量伊军。"阿帕奇"直升机的战绩证明武装直升机相对于地面坦克,优势是全方位的。如美军第三装甲师与伊军共和国卫队装甲师作战时,美装甲师所有直升机和5个火炮营对9千米战线上的伊军进行猛烈的炮击,伊军火炮在战斗中基本没有发挥作用,所有火炮一旦开炮立即遭到"阿帕奇"武装直升机的打击,装备红外夜视仪的美军坦克在超出伊军坦克射程距离开火,仅用4小时就歼灭了伊军共和国卫队装甲师,美军将空地一体战的优势发挥得淋漓尽致。

5. 典型空中无人系统

(1) 中国"九天"无人机。在2024年的第十五届中国航展上,"九天"察打一体无人机首次亮相就备受关注。"九天"无人机翼展达25米,最大起飞重量16吨,最大载重6吨,最大飞行高度可达1.5万米,最大飞行速度可达每小时700千米,最大航程7 000千米。"九天"无人机的8个外挂点既可以挂载1 000千克级的制导炸弹,也可以挂载空空导弹、空地导弹、反舰导弹和巡飞弹。"九天"无人机采用

"九天"无人机

开放式架构,配备可快速更换的任务舱,通过换装不同的模块化任务载荷,能在两小时内快速切换任务类型,满足空运空投、信息支援与对抗、火力打击与支援等任务需求。"九天"无人机的另一大亮点是在机腹内集成了神秘的"异构蜂巢任务舱"。这个任务舱可容纳上百枚巡飞弹或小型无人机,所以"九天"无人机也有"空中无人机航母"之称。

微视频

"九天"无人机

(2) 美国MQ-9无人机。MQ-9无人机(代号:Reaper,"死神"),其翼展为20米,最大起飞重量4 760千克,最大速度约为每小时480千米,巡航速度为每小时280—310千米,最大有效载荷为1 700千克,可以装备多种武器,包括"地狱火"导弹和500磅(约227

千克)激光制导炸弹。MQ-9无人机系长航时中高空大型"察打一体"无人机,在对空中和地面目标进行火力打击的同时,兼具卓越的侦察和监视能力。未来,多架MQ-9无人机在网络互联、智能赋能下,将不断提高自主感知和决策能力,实现集群作战。

MQ-9无人机

(四)空中信息化作战平台发展趋势

随着信息技术的不断发展,空中作战平台的信息化水平进一步提高,其发展趋势主要表现在以下几个方面。

1. 飞得更快更远

为了实现更快的打击速度和更强的突防能力,高超声速技术将成为作战飞机的重要发展方向。采用超燃冲压发动机或混合动力发动机,使飞机能够以高超音速飞行,缩短到达目标的时间,增加敌方防御的难度。为了满足远程作战和长时间巡逻的需求,未来空中信息化作战平台将不断提高续航能力和航程,使得飞机能够飞得更远,能够在远离基地的区域执行任务。

2. 隐身性能进一步提升

未来空中信息化作战平台将追求全频谱、全方向隐身。即在现有的雷达隐身基础上,实现无线电波段、可见光波段、红外光谱和紫外波段等多频谱隐身,以更好地对抗各种探测手段。新一代直升机将采用现代化的传感器和先进的复合材料技术以及各种吸波材料涂层,使其雷达散射截面积、红外特征值减小,提高其隐身性能。

3. 进一步提高电子对抗能力

除专用的电子对抗飞机外,一般作战飞机的自卫电子对抗设备将进一步发展。除进一步扩大频宽、增大有效辐射功率外,还将发展以电子计算机为核心的自适应系统。这种系统能在复杂的电磁环境中截获、分析和处理各种电磁信号,并根据这些信号反映出的威胁类型和程度自动选择对抗措施。

4. 大力发展无人作战平台

无人机的造价低,隐蔽性能好,生存能力强,而且不受人的生理条件限制,在现代战争中有广泛的用途。未来无人机智能化、小型化、多能化特征将更加凸显,集群攻防、跨域协同能力将更加突出。未来战场,或将出现以无人战斗机、无人轰炸机、无人电子战飞机和无人预警机等构成的无人作战体系,这不仅颠覆人们对现有空战模式的认识,而且必然会引起未来作战方式发生根本性改变。

5. 智能化水平不断提高

借助人工智能、机器学习等技术,空中信息化作战平台将具备更高的自主飞行、决策和协同能力,能够自主判断战场态势,做出合理的作战决策。有人机和无人机的协同将更加紧密和高效,形成有人机与无人"忠诚僚机"混编的作战模式,在某些任务中,无人机将成为主战力量。

四、太空信息化作战平台

由于各种军用航天器的大量部署和广泛应用,太空的重要性日益突出,催生了太空作战平台的概念。一般认为,航天器由有效载荷和平台两大部分组成。有效载荷是航天器上直接用于完成特定作战任务的仪器、设备或系统,平台是承载并保障有效载荷正常工作的服务系统。从这个意义上理解,太空信息化作战平台是在太空驻留运行,通过搭载的仪器或武器等有效载荷来完成作战任务的各种军用航天器。

(一) 太空作战平台发展概况

1957年10月4日,苏联把世界上第一颗人造地球卫星送入地球近地轨道;1960年8月,美国间谍卫星"发现者"13号回收成功,标志着人类开始利用太空进行军事活动。1991年的海湾战争期间,美军动用了几乎全部军用卫星系统,同时还征用了部分在轨商业卫星,完全掌握了战争的制信息权,保证了战争迅速胜利。战后,美军在总结海湾战争经验时认为,海湾战争是人类历史上第一次太空战争,太空武器系统无论在战略行动还是在战术行动上,都已经成为现代作战中不可缺少的一部分。其后发生的科索沃战争、阿富汗战争、伊拉克战争和叙利亚战争中,各类军用卫星都发挥了重要作用。

随着航天技术的迅速发展,外层空间成为继陆海空之后的第四维作战空间,各军事大国在此领域展开新一轮的竞争。美国在新的"星球大战"战略指引下,紧锣密鼓地制定和推行新的太空作战计划。新计划要求美国空军要具备能在几分钟内部署、加强、保持和重新部署天基力量,具有从太空打击地面任何目标的能力。2019年2月19日,美国总统特朗普签署"第4号航天政策指令"(SPD-4),旨在创建美军第六个军种——太空部队。2019年8月29日,特朗普宣布正式成立太空司令部,这是美国国防部第11个联合作战司令部。同年12月20日,美国总统签署《2020财年国防授权法案》,正式建立美国太空军。俄罗斯1993年就着手筹建太空作战、预警和侦察系统,1997年合并完成了火箭部队、军事航天部队和导弹防御部队建设,2001年创建了"天军"——航天部队。2015年8月1日,俄正式成立"空天军",实现对航空、防空和反导防御、太空部队的统一指挥,使其空天攻防体系更趋完善。欧洲各国及印度、日本等国也都跃跃欲试,积极发展航天技术,以求在未来太空竞争中占据一席之地。

(二) 太空信息化作战平台的主要类型

太空信息化作战平台是执行太空军事和作战任务的武器装备,主要包括军用卫星、载人航天器、天基武器系统等。这是信息化程度很高的一类信息化作战平台。随着航天技术和信息技术的进一步发展,太空作战平台在未来战争中的应用领域会越来越广泛,作用越来越大。

1. 军用卫星

军用卫星是用于军事目的的人造地球卫星。包括侦察卫星、预警卫星、军用通信卫星、军用导航卫星、军用气象卫星、军用测地卫星等。20世纪70年代以来,随着现代战争对战场信息时效性、精确性和全域性要求越来越高,军用卫星的作用更加明显,成为现代战争不可缺少的支撑系统。

当前,军事卫星的发展由单一业务系统向综合业务系统转变。为满足未来战场高分辨率、高重访率、连续监视等军事应用需求,主要航天国家普遍提出发展综合对地观测体系，重视一星多用，军事卫星体系正逐步由成像、电子、环境等单一业务系统，向单星多能、多星组网的综合业务发展过渡。采用平战统筹、多轨道结合、多体制并存的发展模式。世界主要航天大国致力于构建光学、雷达、电子结合，高中低轨相补充，全球区域兼顾，军民融合的综合卫星体系。

2. 载人航天器

载人航天器是由运载器发射进入宇宙空间，供人驾驶和乘坐并从事空间活动的航天器。主要包括载人飞船、空间站、航天飞机、空天飞机等。

载人飞船是由运载火箭发射进入宇宙空间，供人驾驶和乘坐并进行航天活动后返回地面的无翼载人航天器。载人飞船具有用途广泛，运载能力大，可重复使用等特点。载人飞船在军事上有广泛的用途，可充当地面与空间站的运输工具、试验新的军用航天设备、用于对特定目标的侦察与监视等。

空间站又称航天站、太空站或者轨道站，是一种在近地轨道长时间运行、可供多名航天员巡访、长期工作和生活的载人航天器。与载人飞船相比，空间站具有容积大、载人多、寿命长和可综合利用的优点。空间站可作为空间指挥所或空间驻军的基地；空间站可以部署、组装、维修和回收各种军用航天器，并可试验、部署和使用空间武器等；空间站是可以俯瞰全球的理想侦察基地，能够直接参与跟踪、监视、捕获和拦截敌方航天器和洲际弹道导弹的作战行动。

航天飞机是垂直发射进入宇宙空间，靠机翼滑翔水平着陆，可部分重复使用的航天器，是一种兼具航空和航天特性的飞行器，主要用于天地往返运输、释放航天器、在轨服务和用作空间实验室、空间武器平台等。航天飞机在军事上应用广泛，可以发射、维修、回收卫星，执行反卫星任务，对地面目标进行侦察，还可作为空间武器发射平台和战时的空间预备指挥所。

空天飞机是既能航空又能航天的新型飞行器。它像普通飞机一样水平起飞，以高超声速在大气层内飞行，在30千米—100千米高空的飞行速度为12—25倍声速，并直接加速进入地球轨道，返回大气层后，像飞机一样在机场着陆。空天飞机具有重要的军事价值，可作为战略轰炸机、战略侦察机和远程截击机使用，这对进一步发挥战略空军的作用具有重要意义。

3. 天基武器系统

天基武器系统是部署在太空，用于攻击和摧毁太空飞行目标（包括卫星、空间站等）以及从太空中攻击陆地、海洋、空中重要目标的武器。天基武器系统主要包括反卫星武器、反导弹武器等。

（三）典型太空信息化作战平台

1. 典型军用卫星

（1）美国"锁眼"（KH-12）侦察卫星。"锁眼"（KH-12）是美国第六代光学成像侦察卫星。KH-12卫星重16.9—18吨，直径4.5米，外加一台提供机动变轨的大型火箭发动机，总长超过15米。KH-12卫星装有数字摄像机和电子信号接收机，可覆盖地球表面80%的区域，并拍摄出清晰照片。KH-12卫星采用了数字式图像传输技术，大大提高了情报获取的时效性,并延长了卫星的工作寿命。由于采用了最尖端的电子设备,其图像质量可与返回型卫星的图片相媲美,分辨率接近0.1米。美国中央情报局曾动用KH-12卫星来查找藏匿在阿富汗山区的本·拉登。

(2) 美国"长曲棍球"侦察卫星。为了弥补KH系列卫星的侦察效果受气象影响的缺点,1988年12月,美国用航天飞机首次发射1颗"长曲棍球"雷达成像侦察卫星。该卫星采用了合成孔径雷达技术,其分辨力与可见光照相侦察卫星相当。"长曲棍球"卫星具有全天候、全天时侦察能力,选用合适频率可探测一定厚度的植被和干燥地表以下目标。"长曲棍球"卫星还具备一定的伪装识别能力、动目标显示功能。

(3) 美国"大酒瓶"侦察卫星。"大酒瓶"卫星是美国的静止轨道电子侦察卫星,也是美国目前空间电子侦察的主力之一。"大酒瓶"卫星具有宽频谱、大范围的电子侦察能力。前向大型碟形天线用以截获100 MHz—20 GHz范围内的所有信号;后向碟形天线用于将所截获的信号转发给地面站。"大酒瓶"卫星位于地球静止轨道,不易受反卫星武器的攻击。"大酒瓶"卫星既能用航天飞机发射,又能用"大力神"火箭发射;既可单星工作,又可多星配合,具有较强的应急发射能力和适应能力。

(4) 美国"军事星"通信卫星。"军事星"通信卫星是美军最重要、投入最多的军事卫星通信系统。"军事星"通信卫星从开始设计便考虑到要适应未来战争需求,具有极强的抗干扰、抗摧毁能力。比如卫星采用超高轨道备份星,可在需要时机动到静止轨道替代被摧毁的卫星。另外,卫星在设计上考虑到了对抗反卫星武器攻击的能力,卫星具有轨道机动能力,当感测到敌方攻击意图后,可采用变轨技术躲避敌方袭击。该卫星安装有"眨眼"装置,要害部位的"百叶窗"装置可根据需要关闭,以保护卫星要害部位等。

在轨的"军事星"通信卫星

(5) 美国"导航星"全球定位系统(GPS)。"导航星"全球定位系统(GPS)是美国军民两用导航定位卫星系统,在军事上的应用十分广泛,已成为现代战争不可或缺的空间支援力量。GPS具有全天候、全天时、全球覆盖的导航定位能力。GPS可提供三维位置、三维速度和时间的高精度信息。GPS采用"选择使用性"原则,军方定位精度比民用高,并能在保证己方军用和民用的同时,抑制、破坏敌方使用GPS信息。GPS的用户接收机轻便实用,可装在各种武器平台上,也可以加装在巡航导弹、灵巧弹药的制导系统中,甚至可以由单兵手持。

(6) 美国"星链"卫星。"星链"作为当今建设规模最大、服务能力最强、应用范围最广的商业低轨通信星座,目前正成为美国与其盟友开展联合作战的通信和信息共享平台。俄乌冲突爆发以来,SpaceX公司"星链"系统在战场通信、指挥控制、情报传输等方面发挥了重要作用,体现了在现代战争中的军事应用潜力。美国太空探索技术公司2022年12月发布"星链"升级为"星盾"计划并付诸实施,首批"星盾"卫星于2023年第一季度发射,成为直接服务于美国军事情报侦察、空间态势感知和天基防御打击的间谍卫星网络。

微视频

"星链"变成"星盾" 一字之差意味着什么

2. 典型载人航天器

（1）美国"阿波罗"飞船。"阿波罗"飞船是举世闻名的载人登月飞船，它由指挥舱、服务舱和登月舱组成。指挥舱是宇航员在飞行中生活和工作的座舱，服务舱是为指挥舱和宇航员服务的舱室，登月舱用于把两名宇航员从月球轨道下降到月球表面，任务完成后再把宇航员送回月球轨道上运行的舱室。"阿波罗"载人登月飞船耗资250亿美元，历时近12年，1969年7月"阿波罗"11号飞船将两名宇航员首次送上月球。

（2）美国X-37B空天飞机。2010年4月22日，美国空军花费10年时间研制的空天飞机X-37B进行了首次飞行，在轨飞行时间为224天，此后X37B空天飞机又执行了5次太空飞行，5次在轨飞行时间分别为468天、674天、718天、780天、908天。2023年12月28日，X37B开启了第7次试验飞行。这种外形和功能都酷似小型航天飞机的飞行器通过火箭送入轨道环绕地球飞行，然后再以滑翔方式返回地面。X-37B具有较强的机动能力，能够执行长期的太空任务。在战时，有能力对敌国卫星和其他航天器进行军事行动，包括控制、捕获和摧毁敌国航天器，对敌国进行军事侦察等。

X-37B空天飞机

3. 典型天基武器系统

目前，由于受国际空间法和技术能力的限制，天基武器系统仅以实验或部分构想性实验的形式出现，尚无成熟的武器系统生产列装。如美国实验构想了"智能卵石"反卫星系统。用火箭一次发射数百枚小型智能化动能拦截弹，这些像散布于太空的一堆"鹅卵石"，实际上是微小卫星，可拦截低轨道上的卫星和弹道导弹，它可以发现数千米内的目标，在火箭助推下高速冲撞目标并同归于尽。

（四）太空信息化作战平台发展趋势

在未来的战争中，陆、海、空军的军事行动与太空军事力量将越来越紧密地联系在一起，太空将成为未来信息化智能化战争新的制高点和敌对双方争夺的新焦点。可以预见，太空信息化作战平台未来将会得到更加迅速的发展。

1. 太空作战平台将从有限信息支援向攻防兼备的方向发展

目前，太空作战平台在战争中的作用主要是进行信息支援。如军事卫星所提供的侦察、通信、导航、测地、气象等服务。总的来说，这些行动基本上局限于信息支援作战，是有限的太空信息作战。未来战争中，一旦太空军事化的大门打开，太空必将展开攻防兼备的信息化智能化作战。军用卫星除了为各战场提供信息支援外,本身也将成为信息作战对象。作战双方将尽一切力量争夺太空的制信息权,对敌方的军用卫星装备进行攻击。正在探索、研制中的电磁轨道炮、"上帝之杖"等动能武器,以及高能激光束、粒子束、高功率微波等定向能武器,将逐渐步入实用和部署阶段;高性能、高精度的反导弹导弹,也将随着遥控、遥测、预警等高新技术的发展而不断发展;一些新型天基武器系统也将步入探索、论证、试验性研究阶段。

2. 太空作战平台将与空中作战平台一体化发展

未来战争,作战空间全域多维,太空与天空之间无缝链接。太空作战平台具有高边疆、无国界的特点,能提供更加广阔的视野、更快的通信速度。空中作战平台的机动性能好,突防能力强,能出敌不意地发起攻击,给敌人以毁灭性的打击。空天一体化发展,可以发挥优势互补作用,实现强强联合。空天一体的侦察预警、指挥控制、精确打击和信息对抗,促使空天作战平台上的各种作战力量紧密结合起来,为作战提供了强大支撑,从而夺取未来战争的主动权。

3. 太空作战平台将向微型化、巨型化、网络化发展

微型化可以降低被敌方探测的概率,可以降低武器的成本,也可以使发射变得更为容易,做到按需入轨。卫星的小型化可以做到一箭百星,小卫星组成的卫星群既能完成大型卫星所承担的工作,又能大大提高生存能力和战场的应用能力。与此同时,一些高轨道卫星正向巨型化方向发展,从而可以提供更大的功率和更多的信道,使地面接收天线减小,易于机动作战。太空信息化作战平台在空间不是单一的个体,而是通过空间链路构成复杂的天基网络,各个平台各个系统之间通过网络互联互通,当一个节点出现问题,其他的平台系统将担当替补完成任务。如卫星组网技术不仅使卫星获得的情报信息更加完善,一旦卫星部分通道被干扰,仍能借助其他卫星继续执行任务。

第三节 综合电子信息系统

当前,战争形态加速向信息化智能化战争演变,信息成为战争制胜的主导因素,而综合电子信息系统则是信息在战争中发挥效用的关键物质基础,是基于网络信息体系联合作战的支撑平台。就近几场局部战争来看,综合电子信息系统在战争中发挥了举足轻重的作用,极大提高了各作战单元的作战效能,实现了军队作战能力质的飞跃。

一、综合电子信息系统概述

综合电子信息系统是对各军种所共用的信息系统进行综合设计、综合集成和综合运用,是保障陆、海、空、天和战略导弹部队等各军种遂行一体化联合作战指挥和信息战的主要手段,是作战要素的"粘合剂"、作战指挥的"神经中枢"和作战效能的"倍增器"。综合电子信息系统和精确打击武器一起构成的"探测——打击系统"是信息化军队建设的核心和标志,依靠这种系统可以实现"发现即摧毁"的目标。

综合电子信息系统是实施一体化联合作战的重要支撑,被我军称为指挥自动化系统、指挥信息系统等，主要包括预警探测、情报侦察、电子对抗、导航定位、通信系统、指挥控制、综合保障等方面。美军对应的是 C⁴KISR 系统，即英文 Command（指挥）、Control（指挥）、Communication（指挥）、Computer（指挥）、Killing（指挥）、Intelligence（指挥报）、Surveillance（监视）和 Reconnaissance（侦察）首字母的缩写，其发展历史反映了综合电子信息系统要素不断增加、内涵不断扩大、功能不断完善的过程。

随着综合电子信息系统不断发展完善，现代战争在指挥效能、组织模式等方面发生了深刻变化。指挥员运用综合电子信息系统实现对敌情和战场态势的快速掌控，并通过技术手段对侦察情报进行自动分析、处理，为指挥员决策节省大量时间，最后通过综合电子信息系统下达作战指令，指挥效能得到明显提高。

二、综合电子信息系统的构成

综合电子信息系统通常由以下七部分构成。

（一）预警探测系统

预警探测系统是综合电子信息系统的重要信息传感系统，其探测信息实时用于指挥和控制。按照信息系统功能区分主要包括传感器系统、指挥处理系统和通信系统。其主要任务是全天候全天时监视任务区域或目标，对目标进行精确定位、测定作战参数，为指挥决策系统提供尽可能多的作战数据和预警时间，以便有效地展开作战行动。如，美军建立了多层次、全方位、世界最先进的预警探测系统，由天基预警卫星、空中预警机、陆基和海上预警系统组成。

预警探测系统通常具备以下功能：一是探测各种目标。主要包括：战略、战役和战术目标，如地面目标、水面目标、空中目标和太空目标等。二是识别目标。测量目标的位置、速度、轨迹，识别目标的属性，包括国籍、类型和真假战斗部等。三是预测评估目标。对有规律的运动目标进行轨迹预测或发落点位置的预测，对敌我部署的多个目标和对象进行态势评估或者对敌方部署进行威胁评估。

（二）情报侦察系统

情报侦察系统是用于搜集敌方的兵力部署、武器配备、作战环境等情报，进行综合分析、处理形成综合情报的电子侦察系统，主要包括情报获取、情报处理、情报传输和情报分析及应用。目前，美军已建立了航天、航空、地面、海上、水下侦察的立体配置和手段齐全的情报侦察系统，其侦察领域主要包括目标和信号侦察。

情报侦察系统通常具备以下功能：一是多维领域搜集情报信息；二是情报侦察、识别、定位和侦听；三是情报信息智能融合和综合处理；四是安全、可靠、灵活、高效的情报传输能力；五是支持部队联合作战、防空反导作战、信息对抗的情报保障。

（三）电子对抗系统

电子对抗系统又称电子战系统，是为完成特定的电子对抗任务，将若干不同功能的电子对抗设备有机地联合起来，组成协调一致工作的电子系统。电子对抗系统主要由侦察传感、信号处理、显示控制、干扰执行和系统通信等部分组成。电子对抗系统按运载平台主要区分为地面电子战系统、舰载电子战系统、机载电子战系统和星载电子战系统等。如美军具有世界上最先进的电子战技术和装备,目前已在各种作战平台上共装备了 600 多种电子战系统,拥有近千架专用电子战飞机。

(四)导航系统

导航是引导陆地、海洋、空中和太空载体从一地向另一地运动及其技术的统称。通常通过测定载体的位置和速度相关信息实现。完成导航任务的系统称为导航系统。实时位置是运载体重要的导航信息,它是保证军用和民用运载体沿着规定的航路或航道安全、有序行驶和准确到达目的地或返回基地的基础。

导航系统有多种,装在运载体上的设备单独能产生导航信息,称为自主式导航系统,如惯性导航系统。除了装在运载体上的导航设备(常称用户设备)之外,还需要设在其他地方的一套设备(称为导航台)与之配合工作才能产生导航信息,称为他备式导航系统,如卫星导航。不同导航系统之间,可以有机地结合在一起,形成一个优点更为突出的导航系统,这种系统称为组合导航系统。

(五)通信系统

通信系统是为军队指挥自动化、电信业务、武器平台的电子信息系统以及其他军事电子信息系统互联互通提供信息传输、信息服务的网络系统,主要由战略通信系统、战役战术通信系统和网络支撑保障系统组成,是综合电子信息系统的基础支撑系统,起到保障各个电子信息系统的通信联络、安全保密、网络管理、频率管理的作用。如美军现行通信系统可分为战略通信系统和战术通信系统,主要通信传输手段为卫星和光缆,组成自动电话网、自动密话网和自动数据网等 3 个公用网。

(六)指挥控制系统

指挥控制系统是军队各级各类指挥所内的自动化系统,它是实现指挥所各项作战业务和指挥控制手段自动化的信息系统,是综合电子信息系统的核心,在作战过程中辅助指挥员对部队和主战装备实施指挥控制。指挥控制系统的基本功能包括:情报接收与处理功能、辅助决策功能、作战业务计算功能、作战模拟功能、作战指挥功能、指挥控制作战功能、模拟训练功能、防护功能等。

指挥控制系统按照系统层级主要区分为国家作战指挥中心、军兵种级作战指挥中心、战区联合作战指挥系统和战役战术级指挥自动化系统。

(七)综合保障系统

综合保障信息系统是采用先进的数据处理技术、网络技术和数据库技术,实现指挥控制功能与信息管理功能的有机结合,为指挥机构、作战部队和武器平台提供信息管理功能,提供物资、装备、运输、工程保障能力和战场环境保障能力的军事信息系统。主要包括军事测绘保障信息系统、军事气象保障信息系统、后勤保障信息系统、装备保障信息系统、工程保障信息系统、防化保障信息系统、运输保障信息系统和无线电频谱管理系统等。

综合保障信息系统按照保障级别、保障范围主要区分为战备级综合保障信息系统、战区级综合保障信息系统和战役战术级综合保障信息系统。

三、综合电子信息系统的发展趋势

综合电子信息系统的发展趋势主要体现在以下几个方面。

(一) 信息系统一体化

一方面是系统向集成化发展，诸军兵种的各类系统趋于集成，而基于互联、互通、互操作联合作战体系趋于成熟，功能也更强大，如美军 C^4KISR 一体化作战系统。另一方面是信息系统向多功能综合化方向发展，不仅体现在指挥、控制、通信和情报向指挥、控制、通信、计算机、情报、监视和侦察等功能扩展，而且体现在同种功能的系统的数据融合，有效提高获取目标信息的实时性和精确度。

(二) 信息获取全维化

随着信息范围不断向极限空间、认知等领域拓展，综合电子信息系统由单一的信息感知系统向天基、空基、海基、陆基一体化发展，信息感知装备体系将从全球范围内收集作战信息，形成全天候、高分辨、全覆盖侦察能力，通过远程、高速、大容量、大范围的通信手段，实现指挥控制端的信息全掌控。例如美军研发的全球信息栅格系统，一改大多数指挥控制系统纵向一条线组网或横向一个面组网的链接模式，按照联合作战体系结构，建立全球栅格状的信息网络体系，实现能够从结构上任意点或不同需求之间的信息沟通的作战需求，它为美军作战人员和决策层提供全球的数据信息服务。

(三) 信息处理智能化

人工智能技术的发展，促进综合电子信息处理系统正逐步由"谋求信息优势"向"谋求决策优势"转化。作战中，具备人工智能技术的决策支持系统，通过高效的战场信息分析和科学的算法分析，能够为决策者快速、灵活、直观地呈现可供选择的决策方案，比如智能决策支持系统，结合人工智能和决策支持系统(DSS)，充分应用专家系统，能够代替人实现情报收集分析、拟订方案计划、模拟评估等过程，决策人员还可提供不同的数据资料快速获取不同的方案计划，极大地提高了决策效能。而模拟人类大脑结构而提出的人工神经网络系统逐步向 DSS 研究应用，促使未来的指挥决策系统具有学习能力、推理能力、计算能力，实现高效、精准指挥，将更深刻地改变未来战争作战样式。

第四节 信息化杀伤武器

信息化杀伤武器可分为软杀伤性武器和硬杀伤性武器。软杀伤性武器是对敌方物质实体不具有直接的杀伤、摧毁、破坏作用，而对其功能起干扰、削弱和压制作用的武器。硬杀伤性武器则是对敌方目标及其功能具有直接的杀伤、摧毁、破坏作用的武器。信息化杀伤武器主要包括新概念武器、精确制导武器和核生化武器。

一、新概念武器

新概念武器是继高技术兵器之后出现的新一代武器的统称,其中除了少数武器已经初具战斗能力之外,大部分武器尚处于研究和原理探索阶段。

(一)新概念武器概述

新概念武器是工作原理、毁伤机理和作战运用方式与传统武器有显著不同的各类高技术武器的统称。新概念武器种类繁多,依据杀伤原理,主要分为以下几类:一是新概念能量武器。主要有动能武器和定向能武器。动能武器是利用具有巨大动能的非爆炸性战斗部,直接碰撞并摧毁目标的武器,其典型代表是电磁轨道炮。定向能武器是利用定向发射的电磁波束、高能激光束、高能粒子束直接攻击目标的武器。包括激光武器、高功率微波武器和粒子束武器等。二是新概念信息武器。主要有无人作战平台、计算机网络攻防武器和微型武器等。三是新概念生化武器。主要有基因武器和新概念化学武器等。四是新概念环境武器。主要有地震武器、气象武器等。地震武器可在一系列断层地带采用核爆方式诱发地震、海啸灾难,以破坏敌方的重要军事基地或战略设施。气象武器如人工造雾、降雨、引导台风和诱发闪电等,可以限制和阻碍敌方行动,以达到自己的战略目的。

(二)典型新概念武器

1. 激光武器

激光武器是利用激光束直接毁伤目标或使目标失效的定向能武器。激光武器的基本原理是用高能量的激光束照射,在目标表面上产生极高的功率密度,使其受热、燃烧、熔融、雾化或汽化,并产生震波,从而导致人员伤亡、目标毁坏。

2. 纳米武器

纳米武器是运用纳米技术研制的体积微小的武器。通常由纳米传感器、驱动装置、计算装置等构成。纳米武器与传统武器相比,具有隐身性强、高度智能化、可大量使用、难以根除等优点。

3. 次声波武器

次声波是频率在20赫兹以下的波,人类的耳朵无法听到。次声波武器就是利用次声波,对人类造成极大伤

纳米探测苍蝇

害的武器。"神经型"的次声波频率和人的大脑频率极为接近,当次声波作用于人体时会引起共振,刺激人的大脑,对人的心理和意识产生影响。"器官型"的次声波频率和人体内脏器官的固有频率接近,当与其形成共振时,轻则肌肉痉挛、全身颤抖、呼吸困难;重则血管破裂、内脏损伤,甚至死亡。

4. 电磁轨道炮

电磁轨道炮是利用电磁力产生动能推进弹丸的一种先进的动能杀伤武器。可运用电

磁轨道炮来防御弹道导弹、隐身目标、超声速导弹等,电磁轨道炮的实际应用将可能引发海军作战方式的变革。近年来,美军对电磁轨道炮项目进行了多次发射试验,目前仍有部分关键技术尚未攻克。

5. 计算机病毒武器

计算机病毒武器是用于攻击对方计算机系统及其网络,破坏其正常运行的有害程序。这些特殊的计算机程序,能以不同方式渗透到敌方的网络信息系统,除能监控计算机或系统的工作外,还能通过对其内部的数据、文件、软件程序等进行干扰、窃取、更改、删除,以破坏和瘫痪敌方的计算机网络系统。美军已经研制出2 000多种计算机病毒武器,如"蠕虫"程序、"特洛伊木马"程序、"逻辑炸弹"等。

(三) 新概念武器的发展趋势

可以预见,新概念武器在未来战争中将发挥巨大的作战效能。因此,各军事大国都十分重视新概念武器的研究、开发和试验,机载激光武器反导技术,微波武器信息战技术,动能武器发射、制导技术等不少关键技术已经获得突破,并有应用。新概念武器的发展趋势主要表现在三个方面:一是优先发展激光武器、动能武器。美国在激光武器、动能武器等研究领域相对领先和成熟,陆续研制出夺取制天权、制空权的利器,舰载激光防御系统将出现在"福特"号航母上。其他国家则纷纷跟进。二是更加重视网络攻防武器。因为网络攻防武器的运用,使得受控目标在关键时刻系统失灵或者瘫痪。只要付出较小的代价,就能夺取信息上的优势,达到不战而屈人之兵的目的。三是应用与推广好相关衍生技术。由新概念武器带动或衍生而来的许多新技术会得到应用与推广。"福特"号航母上因为运用了电磁弹射系统,舰载机的起飞效率大大提高,而电磁弹射系统正是电磁轨道炮的翻版应用。

二、精确制导武器

精确制导武器得到大规模使用是在1991年海湾战争中。此后,各国军队都加快了武器系统制导化和精确化发展进程。

(一) 精确制导武器概述

精确制导武器是采用精确制导技术,直接命中概率较高的武器。如各类导弹以及制导炸弹、制导炮弹、制导鱼雷等。精确制导武器可分为导弹和精确制导弹药两大类。一般认为直接命中概率达50%以上的制导武器才能称为精确制导武器,因为这个指标不仅反映了当前精确制导武器的水平,并且基本满足现代战争对武器命中精度的要求。

精确制导武器具有命中精度高、射程远、杀伤威力大等特点,给现代作战行动带来深刻影响,主要表现在三个方面:一是超视距、多模式、多目标精确打击成为可能。巡航导弹的打击距离达1 000千米以上,可从陆地、空中、海上多方式发射,自行打击各种重要战略目标。二是旷日持久的消耗战将被速战速决取代。据统计,自20世纪80年代以来发生的局部战争,战争持续的时间与精确制导武器的投入量成反比。三是作战效能有了很大提高。精确制导武器是一种作战效能很高的武器,其效费比通常为常规炸弹的25—

30 倍。

(二) 典型精确制导武器

1. "东风"系列导弹

"东风"系列导弹，是中国一系列近程、中远程和洲际弹道导弹，也是目前世界上唯一覆盖各种类型弹道导弹的陆基弹道导弹系列。"东风"系列导弹大多采用多种精确制导方式，可以准确命中目标。东风系列导弹包括近程导弹（射程在 1 000 千米以内）、中程导弹（射程 1 000—3 000 千米）、远程导弹（射程在 3 000—8 000 千米）和洲际弹道导弹（射程在 8 000 千米以上）。"东风"导弹具有射程远，杀伤破坏威力大，命中精度高，突防

东风-26 导弹

能力和生存能力强等特点。具有在昼夜间及各种复杂气象条件下的发射能力，可以固定发射，也可以机动发射，因而具有较强的生存能力。其中有航母杀手之称的"东风-21D"是打击舰船目标的陆基弹道导弹，是我军海上非对称作战的"杀手锏"武器；"东风-26"能对陆上重要目标和海上大中型舰船实施常规中远程精确打击；"东风-17"常规导弹能够全天候无依托、强突防，可对中近程目标实施精确打击，具有机动灵活、精确打击、快速高效的特点。目前，东风系列导弹已初步形成了核常兼备、射程衔接、威力和效能明显增强的武器装备体系，具备精确、机动、全天候的战略反击能力。

2. 联合直接攻击弹药

联合直接攻击弹药（JDAM）是美海、空军联合研制的第四代精确制导炸弹，20 世纪 90 年代末装备部队。在科索沃战争中，B-2 轰炸机首次使用了 JDAM，该型炸弹也是攻击我国驻南联盟大使馆的"元凶"，现在已能由多种飞机携带发射。该炸弹是将美国库存的 900 千克级 BLU109/B 穿甲炸弹、450 千克级 MK83 和 BLU110 穿甲炸弹分别加装惯性制导装置和 GPS 接收机组装而成的，分为通用型和专用侵彻型，编号分别为 GBU31 和 GBU32。JDAM 不受气象条件的限制和影响，投射距离可达 24 千米，命中精度达 6.5 米。

3. "战斧"巡航导弹

"战斧"巡航导弹

"战斧"巡航导弹是美国研制的一种从敌防御火力圈外投射的纵深打击武器，能够从陆地、舰船、空中和水下发射，主要用于对严密设防区域的目标实施精确攻击。该导弹飞行速度快，在航行中采用惯性制导加地形匹配制导和景象匹配制导，或采用惯性制导加 GPS 制导，可以自动调整高度和速度进行攻击，在现代战争中充当了美军的"杀手锏"。"战斧"巡航导弹 1983 年装备部队，具有低空飞行、命中率高等特点。40 多年来，美国在发动的多次局部战争中都曾使用"战斧"巡航导弹。2024 年 1 月，美军使用驱逐舰发射"战斧"巡航导弹对也门境内与胡塞武装相关的多个目标进行精确打击。

4. 俄罗斯"匕首"高超声速导弹

米格-31 挂载"匕首"高超声速导弹

2018年3月,俄罗斯总统普京在年度国情咨文中首次公开披露了"匕首"空射型高超声速导弹系统,引发了全球各界的高度热议和广泛报道。"匕首"高超声速导弹由俄陆基"伊斯坎德尔-M"战术导弹系统的9M723弹道导弹改进而来,在继承"伊斯坎德尔-M"优点的基础上,"匕首"导弹进行了适合空射空投的改进。该导弹被米格-31带到空中发射后,最大飞行速度可提升至10马赫,不仅能打击地面目标,也可攻击大型水面舰艇。2 000千米的导弹射程使得米格-31无须进入敌防空系统打击范围内就可实施有效攻击,安全性有了很大提升。自俄乌冲突以来,俄空天军多次使用"匕首"导弹打击乌克兰境内重要目标。

(三)精确制导武器的发展趋势

精确制导武器的发展趋势主要表现在以下几个方面。

1. 创新打击方式

过去的导弹攻击"以量取胜",精确制导武器则"以技取胜"。在情报信息支撑上,借力前沿科技,大幅提高了打击效费比。比如,采用分导式多弹头、子母弹群智能突防、多弹编组协同攻击、弹群饱和攻击等。俄罗斯P-700"花岗岩"反舰导弹就采用"领弹"+"从弹"协同攻击的方式,"领弹"的高精度传感器与陆海空天多域传感器的数据进行融合即时探测目标,为"从弹"提供目标信息,协同完成打击任务。

2. 提升抗扰能力

精确制导武器在实战中所处的电磁环境异常复杂,制导系统必须有很强的抗干扰能力。这就要求提高制导武器的隐蔽性,增加被敌方侦察到的难度。如俄军改造的光纤制导版FPV实现了无人机与精确制导武器有机结合,大幅提升了抗干扰能力。

3. 增大射程

现代局部战争的经验表明,实施"防御圈外"的远程攻击,可以用较小的代价换取较大的胜利。以美、俄为代表的军事大国均在努力发展远射程的精确制导武器,增强武器装备性能的优势。一些发达国家还通过改进发动机技术和复合制导技术,不断提高精确制导武器的射程。

4. 降低成本

从俄乌冲突来看,精确制导武器需求量巨大,即使是大国也难以维持供应,因此导弹的成本控制非常重要。如以色列的光电/GPS制导工具包加装在普通航空炸弹上,就能使其成为精确制导武器,自动识别、捕获、追踪和精确打击目标。

5. 实现智能自主

通过人工智能、作战管理系统以及卫星通信网等,将精确制导武器的储备规模、发射密度、打击精度与信息高效跨域流转相整合,实现精确制导武器与全域传感器最优组合,提升智能自主攻击能力。在陆上能区分出坦克、火炮等不同目标,在空中能区分不同类型的飞机,在海上能区分不同类型的舰船,并能判断出对己方威胁最大的目标。

三、核生化武器

从最早的生物制剂开始到先进的核武器,核生化武器以巨大的杀伤力、长久的破坏力、难以清除的影响力在人类战争史上产生深刻影响,也给人类造成了深重的灾难。

(一)核生化武器概述

核生化武器是核武器、生物武器和化学武器的统称。核武器是利用原子核裂变或裂变聚变反应,瞬时释放巨大能量,造成大规模杀伤破坏效应的武器。包括原子弹、氢弹和特殊性能核弹等。生物武器是利用生物战剂的致病作用杀伤有生力量和毁伤动植物的武器。包括生物战剂、生物弹药和施放装置等。化学武器是以毒剂的毒害作用杀伤有生力量的武器。包括毒剂和毒剂前体、化学弹药和施放装置等。

(二)核生化武器在战争中的使用及影响

核生化武器的威力巨大,它的使用促使战争快速决出胜负,但给人类带来的危害也是难以估量的。据不完全统计,美国在全球 30 个国家控制了 336 个生物实验室,是全球军事生物活动最多的国家,也是唯一在多场战争中使用过生物武器和化学武器的国家。

1. 核武器的使用及影响

第二次世界大战时期,人类战争史上第一次使用也是唯一次使用核武器。1945 年,为尽快逼迫日本投降,结束第二次世界大战,美军于 8 月 6 日用 B-29 型轰炸机运载 2 万吨当量的"小男孩"原子弹轰炸广岛。核弹于 8 点 15 分 43 秒爆炸,在城市中心 12 平方千米内的建筑物全部被毁,全市房屋毁坏率达 70% 以上。据日本官方统计,死亡和失踪人数达 71 379 人,受伤人数近 10 万人。1945 年 8 月 9 日 10 点 58 分,"胖子"原子弹被投放于长崎。同年 8 月 15 日,日本天皇宣布无条件投降。虽然战争已结束,但原子弹带来的危害还远没有结束,此后的几十年内受核辐射的人员不断被各种辐射病折磨至死。

第二次世界大战结束后,苏、英、法相继进行了核爆炸试验,接着又进行了威力更大的氢弹试验。据统计,地球上已记录到 2 000 多次核试验,对地球的生态环境造成了无法估量的影响。

2. 生物武器的使用及影响

1859 年法国在阿尔及利亚作战时,15 000 人中有 12 000 人因患霍乱而丧失战斗力。第一次世界大战期间,德国曾首先研制和使用细菌武器。在第一次世界大战末期,仅一年半的时间内,交战双方患病毒性流感者达 5 亿之多,有 2 000 多万人死亡,比战死人员数量高出 3 倍。第二次世界大战时期,日本大规模研制生物武器,并在我国东北建立研制细菌武器工场——731 部队,曾对我国 10 余个省的广大地区施放鼠疫、霍乱、伤寒和炭疽杆菌等 10 余种战剂。在朝鲜战场上,以美国为首的联合国军,为挽回失败的结局,曾在朝鲜北部和我国东北地区使用生物武器近 3 000 次。

许多病菌作为武器使用以后,会长期存活在土壤和水中,遗患无穷。第二次世界大战期间,英国在格鲁尼亚岛试验了一颗炭疽杆菌炸弹,至今该岛仍不能住人。1979 年苏联位于斯维洛夫斯克市西南郊的生物武器生产基地发生爆炸,致使大量炭疽杆菌气溶胶逸出到空气中,造成该市肺炭疽流行,直接死亡1 000余人,并使该地区疫病流行长达10年之久。

3. 化学武器的使用及影响

化学武器大规模使用始于第一次世界大战。使用的毒剂有氯气、光气、双光气、芥子气等多达40余种,毒剂用量达12万吨,伤亡人数约130万,占战争伤亡总人数的4.6%。第二次世界大战全面爆发前,意大利侵略阿比西尼亚时首次使用芥子气和光气,仅在1936年的1—4月间,中毒伤亡即达到1.5万人。第二次世界大战期间在欧洲战场,交战双方都加强了化学战的准备,化学武器储备达到了很高水平。而在亚洲战场,日本对我国多次使用了化学武器,造成我国军民大量伤亡。从第二次世界大战结束至今,世界上局部战争和大规模武装冲突不断发生,其中被指控使用化学武器且被证实的有朝鲜战争、越南战争、苏联入侵阿富汗等。

(三)核生化武器的发展趋势

核生化武器所独有的高毒性、高放射性和传染性等特点,使其极易造成大规模杀伤的严重后果,受到国际舆论谴责。从战争的视角来看,核生化武器将遵循小型实用化、精准可控化、体系智能化方向发展,将核技术、生物技术和信息技术紧密结合,使之对杀伤破坏威力能够有效控制,从而降低对非战争目标或民用目标的毁伤。

1. 核武器的发展趋势

(1)研制突出某种杀伤破坏作用的核武器。世界军事强国都在加紧研制冲击波弹、电磁脉冲弹等核武器。冲击波弹是一种小型核聚变弹,既能杀伤敌人,又能保护自己不受剩余核辐射的伤害。电磁脉冲武器主要包括核电磁脉冲弹和非核电磁脉冲弹。核电磁脉冲弹是一种以增强电磁脉冲效应为主要特征的新型核武器。核电磁脉冲弹对电子信息系统、指挥控制系统等构成极大威胁。

(2)研制小当量的战术核武器和当量可调的核武器。随着运载工具的迅速发展,各国尤其是核大国特别注重小当量的小型核武器的发展,重点是发展用于局部战争的战役战术核武器。

(3)重点发展第四代核武器。第四代核武器的发展不受全面禁止核试验条约的限制。在军事上,由于这类武器不产生剩余核辐射,可作为"常规武器"使用。例如:干净的聚变弹、反物质弹、粒子束武器、激光引爆的炸弹、原子核的同质异能素武器等。

(4)依靠多种手段提高核武器系统的生存能力。提高核武器系统生存能力的手段主要有四个方面:对核武器系统进行抗核加固;实行机动、隐蔽和分散部署;缩短反应时间,提高发射准备能力;提高发射率,如陆基发射井导弹发射率可达95%,机动弹道导弹发射率可达80%。

2. 生化武器的发展趋势

(1)发展新一代生化战剂谱系。新一代生化战剂是当前生化武器发展关注的重点。从技术上看,现代科技特别是现代生物及化学技术为新毒剂的发展提供了多种途径。可以预见,未来生化战剂的发展不只是个别品种的更替,而是出现新一代涵盖化学合成物质、生物源物质、生物技术制品及生物物质的生化战剂谱系。

（2）发展高效分散技术与武器化技术。有效分散一直是生化战剂使用的关键技术，由于相关科技的进步，已为生化战剂提供多种新的使用方式，主要包括非爆炸型气溶胶分散技术、微包胶技术、超细分散技术等。二元武器技术产生的初因是解决储存问题，但在新的形势下，二元武器技术及多元组分技术将被用于扩展生化战剂种类。引入二元系统后，生化武器将进入一个新的发展阶段。

（3）发展与信息化武器相结合的施放系统。信息化武器对重点目标实施精确打击已成为现代战争的重要作战方式，这将导致化生武器的使用原则发生重大变化。利用炮兵、航空兵武器进行施放生化战剂的模式将被淘汰，未来趋势将是利用弹道导弹、巡航导弹等方式施放生化战剂。制导生化武器系统既可更有效发挥生化战剂的威力，生化战剂也能提高信息化武器的打击范围和威力效应。

思考题

1. 信息化装备对现代作战的影响有哪些？
2. 陆上信息化作战平台的主要类型有哪些？发展趋势是什么？
3. 海上信息化作战平台的主要类型有哪些？发展趋势是什么？
4. 空中信息化作战平台的主要类型有哪些？发展趋势是什么？
5. 精确制导武器的发展趋势是什么？

附录　军事技能训练

军事技能训练是军事课的重要组成部分。通过2—3周的军事技能训练,使大学生通过共同条令教育与训练、射击与战术训练、防卫技能与战时防护训练和战备基础与应用训练,养成良好的军事素养,提高安全防护能力,增强组织纪律观念,培养令行禁止、团结奋进、顽强拼搏的过硬作风,全面提升综合军事素质。

A　共同条令教育与训练

通过条令教育与队列训练,使大学生了解中国人民解放军三大条令的主要内容,掌握队列动作的基本要领,养成良好的军人作风。

一、共同条令教育

现行的《中国人民解放军内务条令》(以下简称《内务条令》)、《中国人民解放军纪律条令》(以下简称《纪律条令》)和《中国人民解放军队列条令》(以下简称《队列条令》),经2025年2月7日中央军委常务会议通过,自2025年4月1日起施行。

三部条令所规定的内容是军人必须遵照执行的最基本的行为准则。作为一名革命军人,允许做什么,不允许做什么,应当做什么,不应当做什么,三大条令都有具体、明确、严格的规定。无论是我军高级将领还是普通士兵,无论是现役军人还是预备役人员,都要坚决贯彻执行。所以,这三部条令又统称为共同条令。

(一)《内务条令》的主要内容

《内务条令》是中国人民解放军内务建设的基本依据。现行《内务条令》共13章311条。主要内容如下。

1. 总则

制定《内务条令》是为了规范中国人民解放军的内务制度,加强内务建设。

《内务条令》适用于中国人民解放军军人和单位(不含企业事业单位),以及参战和被召集参加军事训练、担负战备勤务、执行非战争军事行动任务的预备役人员。

条令总则部分重申了我军的性质、宗旨、新时代的使命任务、党在新时代的强军目标等,并以这些为依据,规定了我军内务建设必须坚持的四条原则。

2. 军人宣誓

军人宣誓,是军人对自己肩负的神圣职责和光荣使命的承诺与保证。条令专设"军人宣誓"一章,规定了军人宣誓的内容、基本要求及宣誓大会的程序。

军人誓词是:我是中国人民解放军军人,我宣誓:服从中国共产党的领导,全心全意为人民服务,服从命令,忠于职守,严守纪律,保守秘密,英勇顽强,不怕牺牲,苦练杀敌本领,时刻准备战斗,绝不叛离军队,誓死保卫祖国。

新修订通过的《内务条令》,规定军人退出现役时,通常集体向军旗告别,并进行宣誓。退役誓词内容如下:我是中国人民解放军军人,即将退出现役,我宣誓:服从中国共产党的领导,忠于祖国,忠于人民,保守军事秘密,珍惜军人荣誉,永葆军人本色,为军旗增辉,为军队争光。若有战,召必回!

3. 军人职责

条令将军人职责分为二大类,即义务兵、军士、军官的基本职责和主管人员职责,并分别作了具体规定。

4. 军队内、外部关系

条令对于军人相互关系、军队单位相互关系、与军外单位和人员的交往分别作了具体规定。

5. 军人的行为举止

条令对军人在日常生活中的言行举止(如礼节、着装、仪容、举止等)作了明确规定。

6. 日常管理制度

条令对军人日常管理和训练(如日常制度、常态战备、军事训练、日常管理等)作了明确规定。

7. 国旗、军旗、军徽的使用管理和国歌、军歌的奏唱

条令对国旗的使用管理和国歌的奏唱、军旗的使用管理和军歌的奏唱、军徽的使用管理分别作了具体规定。

(二)《纪律条令》的主要内容

《纪律条令》是中国人民解放军维护纪律、实施奖惩的基本依据。现行《纪律条令》共8章193条。主要内容如下。

1. 总则

制定《纪律条令》是为了加强中国人民解放军的纪律建设,维护和巩固铁的纪律,确保军队绝对忠诚、绝对纯洁、绝对可靠,保证军队的高度集中统一,加强革命化、现代化、正规化建设,巩固和提高战斗力。

《纪律条令》适用于中国人民解放军军人和单位(不含企业事业单位),以及参战和被召集参加军事训练、担负战备勤务、执行非战争军事行动任务的预备役人员。

中国人民解放军的纪律,是建立在政治自觉基础上的严格的纪律,是军队战斗力的重要因素,是保持人民军队性质、宗旨、本色,团结自己、战胜敌人和完成一切任务的保证。

2. 纪律的主要内容

纪律的主要内容包括：政治纪律、组织纪律、作战纪律、战备训练纪律、工作纪律、保密纪律、廉洁纪律、财经纪律、群众纪律、生活纪律等。

3. 功勋荣誉表彰

条令对功勋荣誉表彰的目的和原则、项目、条件、权限、实施、待遇等作了具体规定。

功勋荣誉表彰的项目分为勋章、荣誉称号、奖励、表彰、纪念章。

个人、单位战时奖励的项目由高至低依次为一等战功、二等战功、三等战功、四等战功。

个人、单位平时奖励和重大非战争军事行动奖励的项目由高至低依次为一等功、二等功、三等功、嘉奖。

4. 处分

条令对处分的目的和原则、项目、条件、权限、实施、运用规则以及处分对个人的影响等作了具体规定。

对义务兵的处分项目由轻至重依次为：警告、严重警告、记过、记大过、降衔、除名、开除军籍。

5. 特殊措施

特殊措施主要包括行政看管和其他措施。

行政看管是维护秩序、制止严重违纪行为、预防事故和案件发生或者保护被看管人的措施。

对有打架斗殴、聚众闹事、酗酒滋事、持械威胁他人、违抗命令、严重扰乱正常秩序等行为的军人，或者确有迹象表明可能发生逃离部队、自杀、自残、行凶等问题的军人，可以实施行政看管。

6. 检举控告和申诉

检举控告和申诉是军人的民主权利，是充分发挥群众监督作用、保护军人合法权益、维护军队纪律的有效手段。

（三）《队列条令》的主要内容

《队列条令》是中国人民解放军队列生活的基本依据。现行《队列条令》共 8 章 100 条。主要内容如下。

1. 总则

制定《队列条令》是为了规范中国人民解放军的队列动作、队列队形和队列指挥，保持整齐划一、严格正规的队列生活。

《队列条令》适用于中国人民解放军军人和单位（不含企业事业单位），以及参战和被召集参加军事训练、担负战备勤务、执行非战争军事行动任务的预备役人员。

队列纪律：坚决执行命令，做到令行禁止；姿态端正，军容严整，精神振作，严肃认真；按照规定的位置列队，集中精力听指挥，动作迅速、准确、协调一致；保持队列整齐，出列、入列应当报告并经允许。

2. 队列指挥

队列指挥包括队列指挥位置、方法和要求。

指挥位置应当便于指挥和通视全体。通常是：停止间，在队列中央前；行进间，纵队时在队列左侧中央前或者偏后，必要时在队列中央前，横队、并列纵队时在队列左侧前或者左侧，必要时在队列右侧前（右侧）或者左侧（右侧）后。

3. 单个军人的队列动作

单个军人的队列动作主要包括基本队列动作和武器（装具）的操持。

4. 分队、部队的队列规范

分队、部队的队列规范主要包括队列队形、队列动作和分队乘坐交通工具等内容。

5. 国旗的掌持、升降和军旗的掌持、授予与迎送

6. 阅兵

条令对阅兵的基本规范、陆上阅兵、海上阅兵和码头阅兵、空中阅兵作了具体规定。

7. 仪式

仪式是队列生活的重要内容，是军队正规化的重要体现。

二、队列动作

（一）单个军人队列动作训练

1. 立正

徒手立正姿势

立正是军人的基本姿势，是队列动作的基础。军人在宣誓、接受命令、进见首长和向首长报告、回答首长问话、升降国旗、迎送军旗、奏唱国歌和军歌等严肃庄重的时机和场合，均应当立正。

口令：立正。要领：两脚跟靠拢并齐，两脚尖向外分开约60度；两腿挺直，小腹微收，自然挺胸；上体正直，微向前倾；两肩要平，稍向后张；两臂下垂自然伸直，手指并拢自然微曲，拇指尖贴于食指第二节，中指贴于裤缝；头要正，颈要直，口要闭，下颌微收，两眼向前平视。参加阅兵时，下颌上仰约15度。

2. 跨立

跨立即跨步站立，主要用于训练、执勤和舰艇上分区列队等场合，可以与立正互换。

口令：跨立。要领：左脚向左跨出约一脚之长，两腿挺直，上体保持立正姿势，身体重心落于两脚之间；两手后背，左手握右手腕，拇指根部与外腰带下沿或者内腰带上沿同高；右手手指并拢自然弯曲，拇指贴于食指第二节，手心向后。携枪时不背手。

跨立姿势

3. 稍息

口令：稍息。要领：左脚顺脚尖方向伸出约全脚的三分之二，两腿自然伸直,上体保持立正姿势,身体重心大部分落于右脚;携枪(持筒)时,携带的方法不变,其余动作同徒手;稍息过久,可以自行换脚,动作应当迅速。

4. 停止间转法

(1) 向右(左)转。口令:向右(左)——转。半面向右(左)——转。要领:以右(左)脚跟为轴,右(左)脚跟和左(右)脚掌前部同时用力,使身体协调一致向右(左)转90度,身体重心落在右(左)脚,左(右)脚取捷径迅速靠拢右(左)脚,成立正姿势。转动和靠脚时,两腿挺直,上体保持立正姿势。半面向右(左)转,按照向右(左)转的要领转45度。

(2) 向后转。口令:向后——转。要领:按照向右转的要领向后转180度。

5. 行进

行进的基本步法分为齐步、正步和跑步,辅助步法分为便步、踏步、移步和礼步。

(1) 齐步。齐步是军人行进的常用步法。口令:齐步——走。要领:左脚向正前方迈出约75厘米,按照先脚跟后脚掌的顺序着地,同时身体重心前移,右脚照此法动作;上体正直,微向前倾;手指轻轻握拢,拇指贴于食指第二节;两臂前后自然摆动,向前摆臂时,肘部弯曲,小臂自然向里合,手心向内稍向下,拇指根部对正衣扣线(双排扣中间位置),并高于最下方衣扣约5厘米(上衣下摆扎于裤内时,高于内腰带扣中央约5厘米;扎外腰带时,与外腰带扣中央同高),离身体约30厘米;向后摆臂时,手臂自然伸直,手腕前侧距裤缝线约30厘米。行进速度每分钟116—122步。

齐步

正步

(2) 正步。正步主要用于分列式和其他礼节性场合。口令:正步——走。要领:左脚向正前方踢出约75厘米,腿要绷直,脚尖下压,脚掌与地面平行,离地面约25厘米,适当用力使全脚掌着地,同时身体重心前移,右脚照此法动作;上体正直,微向前倾;手指轻轻握拢,拇指伸直贴于食指第二节;向前摆臂时,肘部弯曲,小臂略成水平,手心向内稍向下,手腕下沿摆到高于最下方衣扣约15厘米处(上衣下摆扎于裤内时,高于内腰带扣中央约15厘米处;扎外腰带时,高于外腰带扣中央约10厘米处),离身体约10厘米;向后摆臂时,左手心向右、右手心向左,手腕前侧距裤缝线约30厘米。行进速度每分钟110—116步。

(3) 跑步。跑步主要用于快速行进。口令:跑步——走。要领:听到预令,两手迅速握拳(四指蜷握,拇指贴于食指第一关节和中指第二节),提到腰际,约与腰带同高,拳心向内,肘部稍向里合。听到动令,上体微向前倾,两腿微弯,同时左脚利用右脚掌的蹬力跃出约85厘米,前脚掌先着地,身体重心前移,右脚照此法动作;两臂前后自然摆动,向前摆臂时,大臂略垂直,肘部贴于腰际,小臂略平,稍向里合,两拳内侧各距衣扣线(双排扣中间位置)约5厘米;向后摆臂时,拳贴于腰际。行进速度每分钟170—180步。

(4) 便步。便步用于行军、操练后恢复体力及其他场合。口令:便步——走。要领:用适当的步速、步幅行进,两臂自然摆动,上体保持良好姿态。

(5)踏步。踏步用于调整步伐和整齐。停止间口令:踏步——走。行进间口令:踏步。要领:两脚在原地上下起落(抬起时,脚尖自然下垂,离地面约15厘米;落下时,前脚掌先着地),上体保持正直,两臂按照齐步或者跑步摆臂的要领摆动。

(6)移步(5步以内)。移步用于调整队列位置。

右(左)跨步。口令:右(左)跨×步——走。要领:上体保持正直,每跨1步并脚一次,其步幅约与肩同宽,跨到指定步数停止。

向前或者后退。口令:向前×步——走。后退×步——走。要领:向前移步时,应当按照单数步要领进行(双数步变为单数步)。向前1步时,用正步,不摆臂;向前3步、5步时,按照齐步走的要领进行。向后退步时,从左脚开始,每退1步靠脚一次,不摆臂,退到指定步数停止。

(7)礼步。礼步主要用于纪念仪式中礼兵的行进。口令:礼步——走。要领:左脚向正前方缓慢抬起,腿要绷直,脚尖上翘,与腿约成90度,脚后跟离地面约30厘米,按照脚跟、脚掌顺序缓慢着地,步幅约55厘米,右脚照此法动作;上体正直,两臂下垂自然伸直、轻贴身体(抬祭奠物除外);手指并拢自然微曲,拇指尖贴于食指第二节,中指贴于裤缝。行进速度每分钟24—30步。上台阶时,非支撑腿缓慢抬起,大腿略与台阶平行,脚尖绷直下垂,全脚掌缓慢着地。

(8)携便携式折叠写字椅行进。携折叠写字椅行进时,左手提握支脚上横杠中间部位,左臂下垂自然伸直,写字板面朝外。

礼步

6. 立定

口令:立——定。要领:齐步、正步和礼步时,听到口令,左脚再向前大半步着地,脚尖向外约30度,两腿挺直,右脚取捷径迅速靠拢左脚,成立正姿势。跑步时,听到口令,继续跑2步,然后左脚向前大半步(两拳收于腰际,停止摆动)着地,右脚取捷径靠拢左脚,同时将手放下,成立正姿势。踏步时,听到口令,左脚踏1步,右脚靠拢左脚,原地成立正姿势;跑步的踏步,听到口令,继续踏2步,再按照上述要领进行。

7. 步法变换

步法变换,均从左脚开始。

齐步、正步互换,听到口令,右脚继续走1步,即换正步或者齐步行进。

齐步换跑步,听到预令,两手迅速握拳提到腰际,两臂前后自然摆动;听到动令,即换跑步行进。

齐步换踏步,听到口令,即换踏步。

跑步换齐步,听到口令,继续跑2步,然后换齐步行进。

跑步换踏步,听到口令,继续跑2步,然后换踏步。

踏步换齐步或者跑步,听到"前进"的口令,继续踏2步,再换齐步或者跑步行进。

8. 行进间转法

(1)齐步、跑步向右(左)转。口令:向右(左)转——走。要领:左(右)脚向前半步(跑步时,继续跑2步,再向前半步),脚尖向右(左)约45度,身体向右(左)转90度时,左(右)脚不转动,同时出右(左)脚按照原步法向新方向行进。半面向右(左)转走,按照向右(左)

转走的要领转45度。

（2）齐步、跑步向后转。口令：向后转——走。要领：左脚向右脚前迈出约半步（跑步时，继续跑2步，再向前半步），脚尖向右约45度，以两脚的前脚掌为轴，向后转180度，出左脚按照原步法向新方向行进。

（3）转动时，保持行进时的节奏，两臂自然摆动，不得外张；两腿自然挺直，上体保持正直。

9. 敬礼、礼毕和单个军人敬礼

敬礼分为举手礼、注目礼和举枪礼。

（1）敬礼

举手礼。口令：敬礼。要领：上体正直，右手取捷径迅速抬起，五指并拢自然伸直，中指微接帽檐右角前约2厘米处（戴卷檐帽、无檐帽或者不戴帽时微接太阳穴，戴圆边帽时微接帽墙近太阳穴处，约与眉同高），手心向下，微向外张（约20度），手腕不得弯曲，右大臂略平，与两肩略成一线，同时注视受礼者。

停止间徒手敬礼

注目礼。要领：面向受礼者成立正姿势，同时注视受礼者，并目迎目送，右、左转头角度不超过45度。

举枪礼。举枪礼用于阅兵式或者执行仪仗任务。口令：向右看——敬礼。要领：右手将枪提到胸前，枪身垂直并对正衣扣线，枪面向后，离身体约10厘米，枪口与眼同高，大臂轻贴右肋；同时左手接握表尺上方，小臂略平，大臂轻贴左肋；同时转头向右注视受礼者，并目迎目送，右、左转头角度不超过45度。

（2）礼毕。口令：礼毕。要领：行举手礼者，取捷径将手放下；行注目礼者，将头转正；行举枪礼者，将头转正，右手将枪放下，使托前踵轻轻着地，同时左手放下，成持枪立正姿势。

（3）单个军人敬礼。要领：单个军人在距受礼者5—7步处，行举手礼或者注目礼。徒手或者背枪时，停止间，应当面向受礼者立正，行举手礼，待受礼者还礼后礼毕；行进间（跑步时换齐步），转头向受礼者行举手礼，并继续行进，左臂仍自然摆动，待受礼者还礼后礼毕。携带武器（除背枪）等不便行举手礼时，不论停止间或者行进间，均行注目礼，待受礼者还礼后礼毕。

10. 坐下、蹲下、起立

（1）坐下

徒手坐下。口令：坐下。要领：左小腿在右小腿后交叉，迅速坐下（坐凳子时，听到口令，左脚向左分开约一脚之长；女军人着裙服坐凳子时，两腿自然并拢），手指自然并拢放在两膝上,上体保持正直。

携便携式折叠写字椅坐下。要领:听到"放凳子"的口令,左手将折叠写字椅提至身前交于右手,右手反握支脚上横杠,左手移握写字板和座板上沿,两手协力将支脚拉开;尔后上体右转,两手将折叠写字椅轻轻置于脚后,写字板扣手朝前,恢复立正姿势;听到"坐下"的口令,迅速坐在折叠写字椅上。使用折叠写字椅的靠背或者写字板时,应当按照"打开靠背"或者"打开写字板"的口令,调整折叠写字椅和坐姿;组合使用写字板时,根据需要确定组合方式和动作要领。

背背囊(背包)坐下。要领:听到"放背囊(背包)"的口令,两手协力解开上、下扣环,握背带;取下背囊(背包),上体右转,右手将背囊(背包)横放在脚后,背囊(背包)正面向下,背囊口向右(背包口向左),恢复立正姿势;听到"坐下"的口令,迅速坐在背囊(背包)上。携枪放背囊(背包)时,先置枪(架枪),后放背囊(背包)。

(2)蹲下。口令:蹲下。要领:右脚后退半步,前脚掌着地,臀部坐在右脚跟上(膝盖不着地),两腿分开约60度(女军人两腿自然并拢),手指自然并拢放在两膝上,上体保持正直。蹲下过久,可以自行换脚。

蹲下时的姿势

(3)起立。口令:起立。要领:全身协力迅速起立,左脚取捷径靠拢右脚(蹲下时,右脚取捷径靠拢左脚),成立正姿势或者成持枪、肩枪立正姿势。班用机枪架枪时,起立后取枪。携背囊(背包)起立时,听到"取背囊(背包)——起立"的口令后,按照放背囊(背包)的相反顺序进行。携便携式折叠写字椅起立时,听到"取凳子——起立"的口令后,按照放折叠写字椅的相反顺序进行。

11. 脱帽、戴帽

徒手脱帽姿势

(1)脱帽。口令:脱帽。要领:立姿脱帽时,双手捏帽檐或者帽前端两侧,将帽取下,取捷径置于左小臂,帽徽朝前,掌心向上,四指扶帽檐或者帽墙前端中央处,小臂略成水平,右手放下。坐姿脱帽时,双手捏帽檐或者帽前端两侧,将帽取下,置于桌面(台面)前沿左侧或者膝上,使帽顶向上、帽徽朝前,也可以置于桌斗内。戴圆边帽脱帽不便放置时,折叠后插于作训服右侧腿袋内。戴贝雷帽脱帽不便放置时,将帽左右向内折叠,插于作训服右侧腿袋内。

(2)戴帽。口令:戴帽。要领:双手捏帽檐或者帽前端两侧,取捷径将帽迅速戴正。

(3)携枪时,用左手脱帽、戴帽。

(4)需夹帽时(作训帽、圆边帽、贝雷帽除外),双手捏帽檐或者帽前端两侧,取捷径将帽取下,左手握帽墙(戴卷檐帽时,将四指并拢,置于下方帽檐与帽墙之间),小臂夹帽自然伸直,帽顶向左,帽徽朝前。

徒手夹帽姿势

12. 宣誓

口令：宣誓。宣誓完毕。要领：听到"宣誓"的口令，身体保持立正姿势，右手握拳取捷径迅速抬起，拳心向前，稍向内合；拳眼约与右太阳穴同高，距离约10厘米；右大臂略平，与两肩略成一线；高声诵读誓词。听到"宣誓完毕"的口令，将手放下。携枪宣誓时，成挂枪立正姿势，左手握护木（95式自动步枪握下护手前端，03式自动步枪握护盖前端，20式冲锋枪、20式自动步枪、20式短自动步枪握护手前端），其余要领同徒手。听到"宣誓完毕"的口令，成挂枪立正姿势，左手放下。

13. 整理着装

整理着装，通常在立正的基础上进行。口令：整理着装。要领：两手从帽子开始，自上而下，将着装整理好（必要时，也可以相互整理）；整理完毕，自行稍息；听到"停"的口令，恢复立正姿势。

（二）分队的队列动作

1. 集合、离散

（1）集合。集合，是使单个军人、分队、部队按照规范队形聚集起来的一种队列动作。集合时，指挥员应当先发出预告或者信号，如"全连注意"或者"×排注意"，然后，站在预定队形的中央前，面向预定队形成立正姿势，下达"成××队——集合"的口令。所属人员听到预告或者信号，原地面向指挥员成立正姿势；听到口令，跑步到指定位置面向指挥员集合（在指挥员后侧的人员，应当从指挥员右侧绕过），自行对正、看齐，成立正姿势。

（2）离散。离散，是使列队的单个军人、分队、部队各自离开原队列位置的一种队列动作。

离开。口令：各营（连、排、班）带开（带回）。要领：队列中的各营（连、排、班）指挥员带领本队迅速离开原列队位置。

解散。口令：解散。要领：队列人员迅速离开原列队位置。

2. 整齐、报数

（1）整齐。整齐，是使列队人员按照规定的间隔、距离，保持横向、纵向平齐的一种队列动作。整齐分为向右（左）看齐、向中看齐和向前对正。

向右（左）看齐。口令：向右（左）看——齐。向前——看。要领：基准兵不动，其他人员向右（左）转头（持枪时，听到预令，迅速将枪稍提起，看齐后自行放下；持120反坦克火箭筒时，听到预令，左手握提把，右手握握把，提起发射筒，看齐后自行放下），眼睛看右（左）邻人员腮部，前四名能通视基准兵，自第五名起，以能通视到本人以右（左）第三人为度；后列人员，先向前对正，后向右（左）看齐；听到"向前——看"的口令，迅速将头转正，恢复立正姿势。

向中看齐。口令：以×××为准，向中看——齐。向前——看。要领：当指挥员指定"以×××为准（以第×名为准）"时，基准兵答"到"，同时左手握拳高举，大臂前伸与肩略平，小臂垂直举起，拳心向右；听到"向中看——齐"的口令后，其他人员按照向左（右）看齐的要领实施；听到"向前——看"的口令后，基准兵迅速将手放下，其他人员迅速将头转正，恢复立正姿势。

一路纵队看齐时,可以下达"向前——对正"的口令。

(2) 报数。口令:报数。要领:横队从右至左(纵队由前向后)依次以短促洪亮的声音转头(纵队向左转头)报数,最后一名不转头;数列横队时,后列最后一名报"满伍"或者"缺×名";连集合时,由指挥员下达"各排报数"的口令,各排长在队列内向指挥员报告人数,如"第×排到齐"或者"第×排实到××名"。

3. 出列、入列

单个军人和分队出列、入列,通常用跑步,5步以内用齐步(1步用正步,不摆臂),或者按照指挥员指定的步法执行;然后,进到指挥员右前侧适当位置或者指定位置,面向指挥员成立正姿势。

出列。口令:×××(第×名),出列。要领:出列军人听到呼点自己姓名或者序号后应当答"到",听到"出列"的口令后,应当答"是"。位于第一列(左路)的军人,按照本条上述规定,取捷径出列。位于中列(中路)的军人,向后(左)转,待后列(左路)同序号的军人向右后退1步(左后退1步)让出缺口后,按照本条的上述规定从队尾(纵队时从左侧)出列;位于"缺口"位置的军人,待出列军人出列后(连并列纵队,待出列军人行至本排左侧时),即复原位。位于最后一列(右路)的军人出列,先退1步(右跨1步),然后,按照本条有关规定从队尾出列。

入列。口令:入列。要领:听到"入列"的口令后,应当答"是",然后,按照出列的相反程序入列。

4. 行进、停止

横队和并列纵队行进以右翼为基准,纵队行进以左翼为基准(一路纵队行进以先头为基准)。

(1) 行进,指挥员应当下达"×步——走"的口令。听到口令,基准兵向正前方前进,其他人员向基准翼标齐,保持规定的间隔、距离行进。纵队行进时,排、连通常成三路纵队,也可以成一、二路纵队。行进中,需要时,用"一二一"(调整步伐的口令)、"一二三四"(呼号)或者唱队列歌曲,以保持步伐的整齐和振奋士气。

(2) 停止,指挥员应当下达"立——定"的口令。听到口令,按照立定的要领实施,分队的动作要整齐一致;停止后,听到"稍息"的口令,先自行对正、看齐,再稍息。

5. 队形变换

队形变换,是由一种队形变为另一种队形的队列动作。

横队变纵队:停止间口令:向右——转。行进间口令:向右转——走。

纵队变横队:停止间口令:向左——转。行进间口令:向左转——走。

要领:停止间,按照单个军人向右(左)转的要领实施;行进间,按照单个军人向右(左)转走的要领实施。分队动作要整齐一致;队形变换后,排以上指挥员应当进到规定的列队位置。

6. 方向变换

方向变换,是改变队列面对的方向的一种队列动作。

(1) 横队和并列纵队方向变换。停止间,通常是左(右)转弯或者左(右)后转弯,必要时可以向后转。

停止间口令:左(右)转弯,齐步(跑步)——走,或者左(右)后转弯,齐步(跑步)——走;向后——转,齐步(跑步)——走(当需要向后转走时,应当先下"向后——转"的口令,待方向变换后,再下"齐步——走"或者"跑步——走"的口令)。

行进间口令:左(右)转弯——走,或者左(右)后转弯——走。要领:一列横队方向变换时,轴翼人员踏步,并逐渐向左(右)转动;外翼第一名人员用大步行进并同相邻人员动作协调,逐步变换方向(愈接近轴翼者,其步幅愈小),其他人员用眼睛的余光向外翼取齐,并保持规定的间隔和排面整齐,转到90度或者180度时踏步并取齐,听口令前进或者停止。

数列横队和并列纵队方向变换时,第一列轴翼人员停止间用踏步、行进间用小步,外翼人员用大步行进,保持排面整齐,边行进边变换方向,转到90度或者180度后,听口令前进或者停止;后续各列按照上述要领,保持间隔、距离,取捷径进到前一列转弯处,转向新方向跟进。

(2)纵队方向变换。停止间,通常是左(右)转弯,或者左(右)后转弯,必要时可以向后转。

停止间口令:左(右)转弯,齐步(跑步)——走,或者左(右)后转弯,齐步(跑步)——走;向后——转,齐步(跑步)——走(按照横队和并列纵队向后转走的方法实施)。

行进间口令:左(右)转弯——走,或者左(右)后转弯——走。要领:一路纵队方向变换,基准兵在左(右)转弯时,按照单个军人行进间转法(停止间,左转弯走时,左脚先向前1步)的要领实施,在左(右)后转弯时,用小步边行进边变换方向,转到90度或者180度后,照直前进;其他人员逐次进到基准兵的转弯处,转向新方向跟进。

数路纵队方向变换时,按照数列横队和并列纵队方向变换的要领实施。

三、现地教学

(一)走进爱国主义教育基地

参观爱国主义教育基地是大学生接受国防教育的一种军事实践活动。通过参观爱国主义教育基地,可以普及国防知识,增强国防观念,巩固国防教育效果。

1. 组织实施

参观爱国主义教育基地的组织实施工作,一般分为三个阶段:一是准备阶段。确定参观活动的教育主题,并根据主题确定参观场所。与爱国主义教育基地负责单位联系和协调,确定参观的时间、交通工具等,制订周密的参观计划和保障措施,并对参观者提出相关要求和注意事项。二是参观阶段。组织参观人员前往爱国主义教育基地,按照基地的要求进行参观,组织参观者与基地人员进行交流,组织人员返回出发地。三是总结阶段。参观结束后,组织相关的座谈、讨论等,进行思想交流、总结讲评,进一步增强教育的效果。

2. 基本要求

组织参观爱国主义教育基地,应当遵循以下基本要求:一是主题鲜明,目的明确。根据形势和任务、参观者的特点,选择爱国主义教育基地,确定参观内容,发挥良好的教育效果。二是合理安排,周密组织。组织者要实地考察教育场所的情况和路线,制订周密的参观计划,明确参观活动的纪律要求或注意事项。参观活动要遵守爱国主义教育基地的制度和规定,确保参观活动安全、顺利地进行。三是参观爱国主义教育基地活动,要结合日常国防教育活动同步开展,互为补充,发挥综合教育效果。

(二) 走进军营

大学生进军营,是在校大学生在特定时间到部队参观、体验军营生活的一种军事实践活动。大学生进军营活动的主要形式有:一是听取介绍。听取部队领导讲授部队发展历史、现状等情况。二是实地参观。通过到部队营区实地参观的形式,了解部队军事设施和军事装备的基本情况。三是现场观摩。通过观看阅兵式、演习、军事技能表演、国防教育专题录像片,以及部队建设成果展等形式,了解掌握部队建设基本情况。四是亲身体验。通过队列、轻武器射击、军事体育等军事课目的训练,体验部队生活。五是座谈研究。通过召开座谈会、研讨会等形式,了解地方大学生入伍的政策、待遇等相关问题。大学生进军营活动,通常由地方普通高校与部队联合组织,一般选择在全民国防教育日、建军节、战争纪念日等重大节日、重要纪念日或专门选定的日期组织实施。通过参观军营、体验部队生活、跟官兵互动交流等活动,使大学生近距离了解和感受当代青年军人的军营生活和精神世界,加深对部队的了解,坚定大学生携笔从戎、报效祖国的信念。

(三) 学唱军营歌曲

毛主席曾这样高度评价抗日歌曲在抗战中发挥的作用:"一首抗日歌曲抵得上两个师的兵力!"纵观古今中外,鼓舞士气,激励战斗精神,一直都是军歌最重要的功能。

唱一次军歌,就等于上了一堂政治课;唱一次军歌,也等于磨砺了一次钢刀,激励了一番情怀。音乐以号角式的呼唤鼓舞士气,凝聚军心。回顾历史,我们不难看出,哪里有战争,哪里就有经典的战争音乐。也正是这一首首雄壮的军歌,激励着我军从胜利不断走向胜利。高唱军歌,早已成为我军优良传统的重要成分,成为我军精神宝库中的重要财富。

组织大学生学唱军营歌曲,一般由班、排长组织。教唱者要在同学们熟练曲谱的前提下,指导大家把歌曲唱得整齐,把声音唱得和谐,只有这样,才能表现出军旅歌曲的魅力。教唱过程中,还要帮助大家理解歌词,了解其内容、背景等,从而将同学们的感情自然地调动起来。集体教唱完毕,应采取拉歌、班组比赛等方式进行检验,巩固学唱成果,调节学唱气氛。

 微视频

中国人民解放军军歌

微视频

强军战歌

微视频

当那一天来临

B 射击与战术训练

通过射击与战术训练,使大学生了解轻武器的战斗性能,掌握射击动作要领,学会单兵战术基础动作,了解战斗班组攻防的基本动作和战术原则,培养学生良好的战斗素养。

一、轻武器射击

(一)轻武器的基本常识

轻武器是单兵或班组携行使用的小型、轻便武器的统称,也称轻兵器。其主要作战用途是在近距离内杀伤有生目标,毁伤轻型装甲目标、低空飞行目标,破坏敌方武器装备和军事设施。现装备的轻武器按用途可分为各种刀具、手枪、冲锋枪、步枪、机枪、手榴弹、榴弹发射器、火箭发射器、便携式火炮和轻型导弹等。

1. 手枪

手枪是以单手握持发射为主要使用方式的短管枪械。按用途可分为自卫手枪、战斗手枪和特种手枪。按结构可分为半自动手枪、自动手枪和转轮手枪。手枪具有短小轻便、便于携带、开火突然等特点,主要装备指挥员和特种兵等,用以杀伤近距离上的有生目标。我军装备的92式手枪有两种:QSZ92式5.8毫米手枪和QSZ92式9毫米手枪。

2. 步枪

步枪是单兵使用的抵肩射击的长管枪械。步枪是步兵的基本装备,也是当今世界上各国军队中装备数量最多的武器。它以发射枪弹杀伤有生目标,有效射程一般为400米。有时也可用刺刀、枪托进行格斗。很多现代步枪还可发射枪榴弹,用以杀伤有生目标或射击轻型装甲目标。

(1) 95式自动步枪。95式自动步枪由我国自主研发,首批装备驻港部队,具有口径小、初速高、火力猛、杀伤力大等特点，是我军主要装备的轻武器之一。该枪采用无把结构，自动方式为导气式，机头回转闭锁，可单、连发射击，供弹具有30发塑料弹匣和75发快装弹鼓两种，机械瞄准装置照门为觇孔式。配有降噪声、降火焰的膛口装置。该枪能发射40毫米枪榴弹系列，并可加挂能快速拆卸的35毫米榴弹发射器，还配有3倍的白光瞄准镜和微光瞄准镜，微光瞄准镜可在夜间弱光条件下对200米以内活动目标精确瞄准。

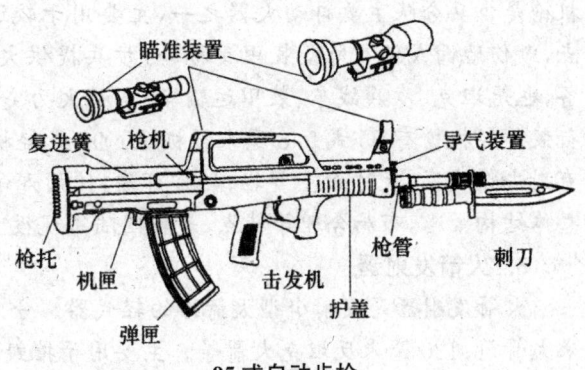

95式自动步枪

(2) 03式自动步枪。03式自动步枪由我国自主研发，具有初速高、口径小、瞄准基线长、精度高等特点。03式5.8毫米自动步枪是我国新一代单兵战斗武器，既可作为特种兵、空降兵、装甲兵和普通部队的基本战斗武器，又可以作为基层指挥人员和勤务人员的战斗自卫武器，能用实弹直接从枪管发射40毫米枪榴弹，使射手具有点面杀伤和反装甲能力。

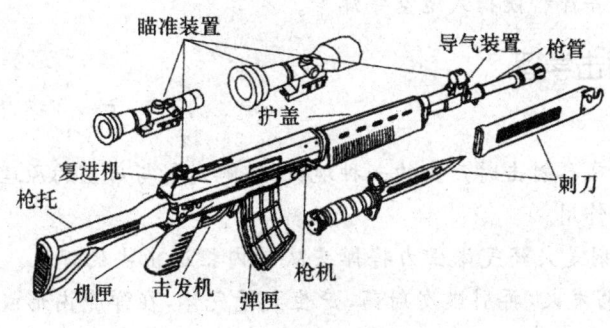

03式自动步枪

3. 冲锋枪

冲锋枪是可双手握持、抵肩使用，发射手枪弹或低威力、小口径枪弹的轻型全自动枪械。其特点是：比步枪短小轻便，携弹量大，弹匣容量大，火力猛，能以密集火力射击200米内的有生目标，适合在丛林战、巷战中使用。冲锋枪的自动方式多采用枪机后座式，可实施单发和连发射击，冲锋枪的枪托一般可伸缩和折叠。代表性的冲锋枪有：德国的MP42、意大利的伯莱塔、中国的79式和85式、美国的M3、以色列的"乌齐"、俄罗斯的AKS74式冲锋枪等。微声冲锋枪，具有微声、微光、微烟的性能，是侦察兵装备使用的轻武器。我军现装备有05式冲锋枪。05式冲锋枪是国产QCW05式5.8毫米微声冲锋枪，于2005年正式定型，是我国自主研发的新型单兵特战自动武器，具有操作灵活，反应迅速，消声效果好等特点，是我特战人员执行特殊勤务时的理想武器。

4. 机枪

机枪是配有枪架或枪座能连发射击的自动枪械。分为轻机枪、重机枪和高射机枪。

机枪是步兵分队主要自动火器之一，主要用于较远距离上歼灭敌有生目标，压制敌火力点，毁伤地面或低空薄壁装甲目标，为步兵提供火力支援，是步兵班、排、连、营的主要装备，也是坦克、步兵战车、装甲运输车、各种火力突击车、飞机和舰艇的辅助武器。我军现行装备轻机枪有95式5.8毫米轻机枪。95式轻机枪与95式自动步枪构成班用枪族，具有射击精度高，尺寸短重量轻，动作可靠，使用寿命长，瞄具功能齐全，威力大，后坐力小，整体结构紧凑，布局合理等特点，是我国陆军现役主力装备之一。

5. 火箭发射器

火箭发射器是发射小型火箭弹的轻武器。分为单兵和班使用的火箭发射器，如40毫米火箭筒、120毫米反坦克火箭等。主要用于摧毁近距离上的装甲目标、坚固工事和杀伤敌有生目标。

6. 榴弹发射器

榴弹发射器是单兵或班组使用，发射小型榴弹的轻武器，是步兵分队的伴随支援武器。可用于填补手榴弹和迫击炮之间的火力空白，杀伤较远距离暴露或遮蔽物后的生动目标，也可打击轻装甲目标。

7. 轻型导弹

轻型导弹是伴随步兵分队行动，主要用于打击装甲目标和低空、超低空飞行器的导弹。如轻型反坦克导弹和便携式地空导弹等。

（二）简易射击学理

1. 发射与后坐

发射与后坐是武器射击时产生的一种现象，理解发射与后坐的原理，对武器操作和精确射击都有一定的作用。

（1）发射。发射是火药气体压力将弹头从膛内推送出去的现象。发射时，击针撞击子弹底火，使起爆药发火，再引燃发射药，产生大量气体，在弹壳内形成很大的压力，推动弹头脱离弹壳，挤进枪膛并沿膛线旋转加速前进，直至推出枪口。

（2）后坐。发射时，武器向后运动的现象叫后坐。发射药燃烧时，产生的气体同时作用于各个方向，作用于膛壁周围的压力相互抵消，作用于弹头底部的作用力推动弹头向前运动，而向后作用于弹壳底部的压力则通过枪机传给整个武器，使得武器向后运动，形成后坐。

后坐对连发射击的命中有一定的影响。当首发子弹发射后，武器后坐使其偏离了原来的瞄准线，所以造成一定的影响。但只要射手加强训练，掌握正确的据枪要领，适应武器射击的后坐规律，就能够减少这种影响，提高射击精度。

2. 弹道

只有了解弹道的形成，明确弹道的实用意义，才能理解瞄准的基本原理。

（1）弹道的定义。弹头运动中，其重心所经过的路线，叫弹道。

（2）弹道的形成。弹头在脱离枪口后，如果没有地心引力和空气阻力的作用，将会保持其获得的速度，沿着发射线无止境地成匀速直线飞行。实际上，弹头脱离枪口在空气中飞行，同时受到地心引力和空气阻力的作用，形成一条不均等的弧线。

（三）自动步枪射击动作

射击动作是射击训练的基础，它贯穿于射击训练的全过程，是搞好训练的重要前提。每个射手必须刻苦练习，熟练掌握。

1. 瞄准

瞄准是准确射击的前提和基础。因此，在轻武器射击时，正确地实施瞄准，掌握瞄准的方法是非常重要的。用瞄准具瞄准时，右眼通视缺口（觇孔）和准星，使准星尖位于缺口中央并与上沿平齐或位于觇孔中央，指向瞄准点，就是正确瞄准。瞄准点的选择，根据目标距离而定。以自动步枪对100米目标射击为例，以10环上三分之一处为宜，即准星上沿压住10环的三分之二，露出三分之一。

瞄准时，应集中主要精力于准星与缺口（觇孔）的平正（位置）关系上，如果集中主要精力于准星与目标上，就会忽略准星与缺口（觇孔）的平正（位置）关系，造成瞄准误差。正确瞄准景况应是准星与缺口（觇孔）的平正（位置）关系看得清楚而目标看得较模糊。需要修正方向时，可左右移动身体或两肘。需要修正高低时，可前后移动身体或两肘里合、外张，也可适当调整依托物的高低进行修正。

2. 射击准备动作

我军现阶段装备的自动步枪主要有81式自动步枪、95式自动步枪和03式自动步枪，三种步枪其射击准备动作大致相同。下面主要介绍95式自动步枪射击准备动作，其他步枪射击准备动作不同点在括号中加以说明。

（1）验枪。验枪是一项保证安全的重要措施。使用武器前后及必要时，均应验枪，认真检查弹膛、弹匣和教练弹中有无实弹。验枪时，严禁枪口对人。

听到"验枪"的口令后，以右脚掌为轴，身体半面向右转，左脚顺势向前迈出一步（两脚约与肩同宽），同时右手放开枪背带，枪自然下落，移握大握把，将枪向前送出（03式自动步枪右手移握护盖，81－1式自动步枪握护木，将枪向前送出，此时背带从肩上脱下），左手接握下护盖（03式自动步枪接握护盖下侧，81－1式自动步枪接握下护木），枪托夹于右胁与右大臂之间（03式、81－1式自动步枪左大臂紧贴左胁，枪托贴于右胯），枪口约与肩同高（03式、81－1式自动步枪准星约与肩同高）。左手（03式、81－1式自动步枪用右手）大拇指打开保险，移握弹匣，大拇指按压弹匣卡笋，卸下弹匣，弹匣口向上（03式、81－1式自动步枪弹匣口向后，弯曲部朝上）交给右手握于大握把左侧（03式自动步枪交与左手握于护盖右侧、81－1式自动步枪交与左手握于护木右侧），左手食指或中指向前扣住机柄（03式、81－1式自动步枪右手移握机柄）。

自动步枪验枪

当指挥员检查时，拉枪机向后，验过后，自行送回枪机，装上弹匣，扣板机，关保险，左手移握下护盖（03式、81－1式自动步枪右手移握枪颈）。

听到"验枪完毕"的口令后，左手反握护盖（81－1式自动步枪反握护木），右手移握右肩前背带，身体半面向左转，在右脚靠拢左脚的同时，两手协力恢复肩枪姿势。也可左手反握护盖（81－1式自动步枪反握护木），将枪倒置于胸前，上背带环约与肩同高，右手挑起背带,身体半面向左转,在右脚靠拢左脚的同时,两手协力将枪送上右肩,恢复肩枪姿势。

(2) 装退子弹及定复表尺。左手握弹匣,使弹匣口向上,弹匣后连接凸起向前,右手将子弹放于受弹口,两手协力将子弹压入弹匣内。

自动步枪卧姿装子弹

听到"卧姿——装子弹"的口令后,右手移握提把(03式自动步枪移握护盖上侧,81-1式自动步枪移握上护木),使枪口向前(背带从肩上脱下),左脚向右脚尖前迈出一大步,左臂伸出,掌心向下,手指稍向右,按照膝、手、肘的顺序顺势卧倒。以身体左侧、左肘支持全身。右手将枪向目标方向送出,左手掌心向上托握下护盖(03式自动步枪托握左护盖,81-1式自动步枪托握下护木),枪面稍向左,枪托着地,同时左脚从右腿下穿过,两腿伸直,略成剪刀状。稍向左侧身,然后,枪面稍向左,枪托体着地,右手卸下空弹匣(弹匣口朝后)交给左手握于护盖(81-1式自动步枪握于护木)右侧,解开弹袋扣,取出并换上实弹匣,将空弹匣装入弹袋内并扣好。右手掌心向上,虎口向前,食指或中指打开保险(03式、81-1式自动步枪拇指打开保险),食指或中指拉机柄(03式、81-1式自动步枪拇指拉机柄),送子弹上膛。关上保险。然后,右手移握大握把(03式、81-1式自动步枪移握握把),全身伏地,两脚分开约与肩同宽,身体右侧与枪身略成一线,目视前方,准备射击。

听到"退子弹——起立"的口令后,稍向左侧身,右手卸下实弹匣交左手,打开保险,慢拉机柄向后,从膛内退出子弹,送回机柄,将退出子弹捡起,压入弹匣内,解开弹袋扣,取出并换上空弹匣,把实弹匣装入弹袋内并扣好,扣扳机,关保险,使枪面向左,右手移握提把(03式自动步枪握护盖,81-1式自动步枪握护木),将枪收回,同时左小臂向里合,屈左腿于右腿下。以左手和两脚撑起身体,右脚向前一大步,左脚再向前一步,左手反握上护盖(03式自动步枪反握护盖,81-1式自动步枪反握上护木)。将枪倒置于胸前,右手挑起背带,在右脚靠拢左脚的同时,两手协力将枪送上右肩,恢复肩枪姿势。

3. 卧姿有依托据枪、瞄准、击发

(1) 据枪。卧姿有依托据枪时,下护盖(03式自动步枪用护盖下侧,81-1式自动步枪用下护木)前端放在依托物上,左手握下护盖后端或小握把(也可掌心向后,虎口向上托握枪托的弧形部)(03式自动步枪握弹匣或护盖下侧,81-1式自动步枪握弹匣或下护木),左肘着地外撑。右手虎口向前紧握握把。食指第一节靠在扳机上,右肘尽量里合着地外撑,两肘保持稳固。身体前跟,上体自然下塌,两手正直向后适当用力,使枪托确实抵于肩窝。头稍前倾,自然贴腮。

自动步枪卧姿有依托据枪

212

(2) 瞄准。首先使枪身自然指向目标。若未能指向目标，必须调整射手姿势，做到"枪随人转"，切忌人不动而强扭枪身指向目标。而后，通过调整准星、缺口（觇孔）的相对位置以及与目标（瞄准点）的关系来构成正确的瞄准景况，从而达成正确的瞄准。在接近瞄准点附近时，可通过腰部及肩部来进行左右及上下的微调，并结合减缓呼吸，构成稳定的瞄准景况。

(3) 击发。用右手食指第一节均匀正直地向后扣压扳机（食指内侧与枪身应有不大的空隙），余指力量不变。当瞄准线接近瞄准点时，开始预压扳机，并减缓呼吸。当瞄准线指向瞄准点或在瞄准点附近轻微晃动时，应停止呼吸，继续增加对扳机的压力，直至击发。击发瞬间应保持正确一致的瞄准。若瞄准线偏离瞄准点较远或不能继续停止呼吸时，应停止扣压扳机，待修正或换气后，再继续扣压扳机。

（四）实弹射击

实弹射击是射击训练的重要组成部分。它包括实弹射击的有关规则与要求、实弹射击的准备工作、实弹射击的组织与实施、实弹射击的成绩评定等内容。实弹射击包括体验性射击和检验性射击两种。通过实弹射击，检查射击训练的效果，锤炼和检验射手使用手中武器的技能。

1. 实弹射击的准备

分队到达射击场后，指挥员应做好下列工作。

(1) 清点人数，检查武器弹药和各种器材的携带情况，下达课目，提出要求，宣布射击条件。

(2) 明确射击有关规定、注意事项和射击场有关人员的职责。

(3) 明确报靶的方法和规定各种信（记）号。

(4) 宣布射击编组名单（明确组序和各射击靶位号）。

(5) 派出警戒，警戒搜索警戒区域完毕后，发出安全信号。

(6) 令靶壕指挥员组织示靶员设靶（也可在分队到达之前组织人员设好靶场），其他勤务人员迅速就位并履行职责。

(7) 视情况发出准备射击信号。准备射击信号发出后，示靶人员应迅速隐蔽，并竖起红旗或发出可以射击信号。

2. 实弹射击的实施

靶壕竖起红旗发出可以射击的信号后，指挥员应令信号员发出"开始射击"的信号并竖起红旗，指挥第一组射手（副射手）进入出发地线。

令发弹员按照规定弹数发给每名射手子弹。其口令为："发弹员，发给每名射手×发子弹"。射手领到子弹后，认真检查并装入弹匣（盒），放进弹袋（盒）并扣好（有副射手的，由副射手领弹、检查）。

在出发地线给每个射手规定射击位置和射击目标。如："第×名，进至×位置，射击×号目标"。

指挥员下达"向射击地线前进"的口令，射手（副射手）前进到射击地线后，对正自己的射击位置，自行立定。

下达"卧(跪、立)姿装子弹"的口令,射手(副射手)按口令和要领装子弹、定表尺,做好射击准备。准备好后即可射击。

规定的射击时间已到或目标隐蔽,指挥员即下达"停止射击"的口令,射手听到口令应立即停止射击。而后,指挥员下达退子弹的口令,射手按指挥员的口令退子弹或退子弹起立。

指挥员下达"验枪""验枪完毕"的口令,地段指挥员应严格检查,逐个验枪,并收缴剩余子弹。

验枪后,下达"以×名射手为准,靠拢"的口令,射手应迅速靠拢,然后令组长按规定路线将射击组带到指定地点,座谈射击体会或擦拭武器。

指挥员发出报靶信号,信号员竖起白旗,并通知靶壕验靶;靶壕指挥员令竖起白旗后,再组织示靶员验靶、补靶和报靶。

其余各组按上述方法依次进行,直到射击完毕。

未轮到射击的各组,由射击场指挥员指定负责人在预习场地组织预习或在指定地点原地待命。

3. 实弹射击后的组织工作

射击终止时,应做好以下工作。

(1) 严格组织射手验枪(弹)和收缴剩余子弹。

(2) 发出射击结束的信号,召回勤务和警戒人员。

(3) 清理现场,收拢器材,检查武器、装备和器材有无丢失损坏。

(4) 将分队带到预定集合地点,由指挥员宣布射击成绩,讲评射手及分队在整个射击过程中的优、缺点和遵守纪律的情况,提出改进的意见。提出回营房途中和擦拭武器的要求。

(5) 向上级报告实弹射击情况。

(五) 轻武器射击模拟仿真训练

轻武器射击是高校军事技能训练的重要内容。然而由于条件限制和安全因素,高校组织轻武器实弹射击训练面临一些困难:一是国家对枪支和弹药的使用有严格的规定,高校使用枪械进行实弹射击教学和训练,有一定的难度;二是实弹射击教学和训练涉及安全问题,高校组织实弹射击教学和训练,有一定的压力;三是即使具备实弹射击训练条件,还有训练时间少、训练人员多、训练场地有限等诸多矛盾和问题。随着高新技术在军事训练领域的应用,射击训练的理念和形式均发生了巨大的变化。运用高新技术手段创新轻武器射击训练模式,提高轻武器射击训练水平,成为轻武器射击训练的主流发展方向。在国务院办公厅、中央军委办公厅印发的《关于深化学生军事训练改革的意见》中也明确指出,推广轻武器射击等科目的模拟仿真训练。

激光模拟实弹射击系统是一种借助半导体激光技术、单片机技术、图像处理技术、无线通信技术、传感器技术、网络技术、数据库技术等高科技手段构建的拟真射击训练系统,是当前高校常用的射击模拟仿真训练系统。采用激光模拟实弹射击系统,很好地解决了射击场地保障困难的问题,节省了训练费用,提高了训练效率,保证了训练安全。激光模拟实弹射击系统还解决了射击报靶问题,实现射击成绩自动报靶、记录、发布和归档。

二、战术

战术是进行战斗的方法。内容包括:战斗原则、战斗部署、战斗指挥、战斗协同、战斗行动的方法,以及各种保障的措施等。

(一) 战术原则

战术原则是组织和实施战斗必须遵循的基本准则。就现代战斗来说,带有共同性、相对稳定性的主要有以下七条战斗基本原则。

1. 知己知彼,正确指挥

知己知彼,正确指挥,是科学指导战斗行动的基础和前提。其实质是熟识敌对双方及战场环境等各方面的情况,通过周密细致的综合分析和判断,从中找出行动的规律,权衡利益,指导己方的战斗行动,使主观指导符合客观实际。

2. 消灭敌人,保存自己

消灭敌人、保存自己,是一切战斗的本质和基本目的,也是一切战斗行动的着眼点和出发点。其实质是最大限度地歼灭敌人有生力量,尽可能地减少己方损失,以最小的代价换取最大的胜利。

3. 集中兵力,重点打击

集中兵力、重点打击,是一切作战行动的通则,也是掌握战斗主动权、克敌制胜的根本方法。其实质是适时集中优势的兵力、火力和电子进攻等战斗力量,在决定性的时间和空间,对敌实施重点的打击,各个歼灭敌人。

4. 主动灵活,因势制敌

主动灵活、因势制敌,是作战指导者发挥主观能动性最集中的体现,是夺取和保持主动、克敌制胜的重要条件。其实质是善于根据战场情况,审时度势,随机应变,灵活机动地使用力量和变换战术,能动地夺取战斗的胜利。

5. 隐蔽突然,出敌不意

隐蔽突然、出敌不意,是克敌制胜的要诀之一,是一条重要的战斗原则。其实质是强调战斗行动的隐蔽性、突然性和灵活性,力求在敌意想不到的时间和空间,运用敌意想不到的力量、手段和战法,出其不意地打击敌人,以达到出奇制胜的目的。

6. 密切协同,合力破敌

密切协同、合力破敌,是现代战斗必须遵循的一条重要原则。其实质是保持诸军兵种、各部队协调一致地行动,充分发挥整体威力克敌制胜。

7. 全面保障,突出重点

全面保障、突出重点,是现代战斗的重要原则之一,也是随时保持和及时恢复部队战斗力并保证部队具有持续战斗能力的重要条件。其实质是周密、全面而有重点地组织战斗保障、后勤保障和装备保障,保证部队安全、顺利地组织和实施战斗并夺取战斗的胜利。

(二) 单兵战术基础动作

单兵战术基础动作,是单个军人在战斗中运用各种手段消灭敌人、保存自己的方式、方法,也是最基本的战术动作,包括持枪、卧倒、起立、直身和屈身前进、跃进、滚进、匍匐前进,在敌人的火力威胁下运动和对战场上各种情况的处置等。

1. 持枪

单手持 81 式
自动步枪

持枪是士兵在战斗中携带枪支的动作和方法。持枪时要做到:便于运动、便于卧倒、便于观察、便于射击。在不同的地形和距离条件下,士兵根据敌情和任务可灵活采用不同的持枪动作。

单手持 81 式自动步枪。右臂微屈,右手虎口正对上护木握枪,背带上挑压于拇指下,用五指的握力将枪身固定,枪身轴线与地面略成 45 度,枪身距身体约 10 厘米。左臂自然下垂,运动时自然摆动。

单手擎 81 式自动步枪。右手正握握把,食指微接扳机,将枪置于身体的右侧,枪口向上,机匣盖末端贴于肩窝,枪身微向前倾,枪面向后,右大臂里合,枪托贴于右胁,背带自然下垂,目视前方,左手自然下垂或攀扶,运动时自然摆动。

单手擎 81 式
自动步枪

双手持 81 式自动步枪。左手托提下护木或握弹匣弯曲部,右手握握把,食指微接扳机,将枪身置于胸前,枪口向前,枪身略成水平,背带自然下垂或挂在后颈上。

双手擎 81 式自动步枪。在单手擎枪基础上,左手托握下护木或弹匣弯曲部,枪身略低,枪口向前上方,背带自然下垂或压于左手下,身体与射向略成 30 度。

双手持 81 式自动步枪

双手擎 81 式自动步枪

注意:无论是单手持(擎)枪还是双手持(擎)枪,士兵都要保持高度的敌情观念,两眼目视前方,一旦发现敌情或可疑情况,立即出枪进行射击(或按命令实施射击)。

2. 徒手卧倒、起立

卧倒要领。左脚向右脚尖前迈出一大步,左腿弯曲,上体前倾,两眼注视前方,左手顺左脚方向伸出,掌心向下,手指稍向右,以左手、左膝、左肘的顺序着地,迅速卧倒,左小臂横贴于地面上,右手腕压在左手腕上,两手握拢,手心向下,两腿伸直,两脚分开与肩同宽,脚尖向外。

起立要领。转身向右,两眼注视前方,左腿自然微弯,左小臂稍向里合,以左手、左肘、左膝的支撑力将身体支起,同时右脚向前迈出一大步,左脚再向前一步,右脚靠拢左脚,成立正姿势。

3. 直身、屈身前进

直身前进。直身前进通常是在距敌较远,地形隐蔽,敌观察、射击不到时采用的运动姿势。要领是:目视前方,大步或快步前进。

屈身前进。屈身前进是在遮蔽物略低于人体时采用的运动姿势。要领是:目视前方,右手提枪,上体前倾,头部不要高出遮蔽物,两腿弯曲,大步或快步前进。

直身前进　　　　　　屈身前进

4. 跃进、滚进

跃进。跃进是在敌火威胁下迅速通过开阔地时采用的运动方法。跃进时要做到跃起快、前进快、卧倒快。跃进前,应先观察前方地形、敌情,选择好前进路线和暂停位置,尔后迅速突然前进。如卧姿跃起时,可先向左(右)移(滚)动以迷惑敌人,再以左手、左膝、左脚的支撑力将身体支起,同时出右脚前进。目视前方,屈身快跑,每次跃进的距离为15—30米,当进到暂停位置或遭敌猛烈射击时,应迅速隐蔽或卧倒。

滚进。滚进是在卧姿时,为避开敌人观察、射击而左右移动或通过地形棱线时采用的运动方法。要领是:两臂尽量向里合,两脚腕交叉并紧紧并拢,全身用力向移动方向滚进。

滚进

5. 匍匐前进

匍匐前进是在通过敌火力封锁且较短地段或利用较低的遮蔽物前进时采用的运动方法。根据遮蔽物的高低分为低姿、高姿、侧身和高姿侧身匍匐。

低姿匍匐。低姿匍匐是在遮蔽物高约40厘米时采用的运动方法。要领是:腹部贴于地面,屈回右腿,伸出左手,用右脚内侧的蹬力和左手的扒力使身体前移,在移动的同时,屈回左腿,伸出右手,用左脚内侧的蹬力和右手的扒力使身体继续前移,依次交替前进。

低姿匍匐

高姿匍匐

高姿匍匐。高姿匍匐是在遮蔽物高约60厘米时采用的运动方法。要领是：用两小臂和两膝支撑身体前进。

侧身匍匐。侧身匍匐是在遮蔽物高约60厘米时采用的运动方法。要领是：身体左侧及左小臂着地，左大臂向前倾斜支撑上体，左腿弯曲，右腿收回，右脚靠近臀部着地，右手握枪，用左臂的支撑力和右脚跟的蹬力使身体前移。

侧身匍匐

高姿侧身匍匐是在遮蔽物高约80—100厘米时采用的运动方法。要领是：左手和左小腿外侧着地，右手提枪，以左手支撑力和右脚蹬力使身体前移。

高姿侧身匍匐

6. 对一般地形地物的利用

利用地形地物的目的在于隐蔽身体，发扬火力；只有充分地发扬火力，消灭敌人，才能有效地保存自己。士兵在利用地形地物时，应根据不同情况灵活地利用和善于改造，做到：便于观察、射击和隐蔽身体；便于接近与离开；便于防敌地面和空中火力杀伤；不妨碍指挥和火器射击；不要几个人拥挤在一起，以免增大伤亡；尽量避开独立、明显的物体和难于通过的地段。利用地形地物时，应根据敌情、任务和遮蔽物的高低、大小取适当的姿势，隐蔽占领。对不便于射击的位置，应加以改造。在一地不要停留过久，视情况灵活地变换位置。

利用堤坎、田埂时，由于是横向地物，应利用背敌斜面，根据地物的高低采取不同姿势隐蔽防护。田埂低，应横向卧倒，身体紧贴田埂。堤坎高，也可采取

利用土坎射击

跪、蹲、坐、立等姿势进行防护。如需要射击,可利用堤坎的右侧或顶部。

利用土堆、坟包时,身体要紧趴在土堆的背地斜面上。如土堆较小,身体可纵向趴在地上,头紧靠土堆;如土堆较大,也可横向卧倒,但不要暴露身体。需要射击时,可利用土堆的右侧和顶部。

利用土堆射击

利用土(弹)坑、沟渠时,通常利用其前沿和底部;纵向沟渠利用弯曲部;根据敌情和坑的大小、深度,可采取跳、滚、匍匐等方法进入。在坑里可采取卧、跪、仰等各种姿势实施防护。敌火力减弱时,才能观察、射击或转移。

利用土坑射击

利用树木防护时,通常利用其背敌面,树干较粗可采取卧、跪、立各种姿势;树干较细,通常采用卧姿。

利用墙壁、墙角、门窗时,矮墙可利用顶端或残缺部,墙高于人体时,可将脚垫高或挖射击孔;墙角通常利用右侧,左小臂紧靠墙角,取适当姿势;门通常利用左侧,窗可利用左(右)下角。

7. 对各种情况的处置

在战斗中,战场态势瞬息万变,各种情况复杂纷纭,指战员必须根据战场上的具体情况,快速反应,灵活运用各种有效的应对措施,正确处置各种情况。

当遇到敌机轰炸时,应快速前进或利用地形隐蔽,待炸弹爆炸后继续前进,也可利用敌机投弹间隙迅速前进。当敌攻击直升机发射火箭或扫射时,应立即利用地形隐蔽;当发现核爆炸闪光时,应就地卧倒,迅速防护;当敌对我方施放生物战剂或气溶胶时,应快速戴好防毒面具或简易防护口罩、自制防护眼镜、风镜等,做好对呼吸道、面部和眼睛的防护;如敌投掷带菌媒介物时,应戴好手套、穿好靴套、披上斗篷或穿上雨衣,扎紧袖口、领口、裤脚口,以防止生物战剂和气溶胶污染或带菌昆虫叮咬皮肤;当通过敌炮火封锁区时,应察明敌炮火封锁的特点和规律,利用敌射击间隙快跑通过,如封锁区不大,也可以绕过去;当遭敌步、机枪火力封锁时,应利用地形隐蔽,抓住敌火中断、减弱、转移等有利时机迅速前进,也可以采取迷盲、欺骗和不规律的行动,转移敌视、射线,突然隐蔽地前进或以火力消灭敌人后,再迅速前进。

(三) 班(组)战术动作

不同兵种的班(组)战术动作是不相同的。下面只对步兵班(组)进攻战斗中的班(组)战斗队形与运动方法进行介绍。战斗队形是战斗部署的具体体现,运动方法是达成作战目的的先决条件,灵活地运用战斗队形和运动方法,对于减少敌方火力杀伤,快速逼近敌人,打破敌人的防御体系,顺利地完成战斗任务,具有决定性作用。

1. 基本的班(组)战斗队形

班的战斗队形通常有一(二)路队形、三角队形、一字队形和梯形队形等。具体采取哪种战斗队形,需要根据敌情、自然地形和任务性质来确定。

(1) 一(二)路队形。一(二)路队形通常是在距敌较远,地形较为隐蔽,敌方火力威胁不大或通过狭窄地段时采用的战斗队形。班长口令是:距离(间隔)×步,成一(二)路队形跟我来!组长口令是:距离×步,跟我来!班(组)长向目标前进,各士兵按规定距离依次跟进。

(2) 三角队形。三角队形通常是在通过开阔地、密集火制区或向敌冲击时采用的战斗队形。班长口令是:目标(方向)×处,×组为准,成前(后)三角队形——散开——。组长口令是:成前(后)三角队形——散开——。基准组向目标前进,其余组(士兵)分别在其后两侧后(前)取适当距离成班前三角形战斗队、班后三角形战斗队形、纵队班三角形战斗队形前进。

(3) 一字队形。一字队形通常是在通过敌火控制的开阔地或冲击时采用的战斗队形。班长口令是:目标(方向)×处,×组为准,成一字队形——散开——。基准组向目标前进,其余组(士兵)在其两侧或一侧散开成班一字战斗队形、纵队班一字战斗队形前进。

(4) 梯形队形。梯形队形通常是在翼侧有敌情顾虑时采用的战斗队形。班长口令是:目标(方向)×处×组为准,成左(右)梯形队形——散开——。组长口令是:成左(右)梯形队形——散开——。基准组向目标前进,其余组(士兵)在其左(右)后侧成班左梯形战斗队形或班右梯形战斗队形前进。

总之,在上述几种战斗队形中,班(组)长应在队形中便于观察、指挥的位置上,配属的火器应在班(组)战斗队形中便于发挥火力的位置上。运动过程中,可根据敌情和地形,灵活地变换队形。有时班(组)长只下达"成×队形——散开——"的口令,各组(士兵)即以班(组)长为准散开前进。停止时,班(组)长只下达"卧倒"或"占领射击位置"的口令,士兵应迅速利用地形做好射击准备。

2. 基本运动方法

班(组)在向敌运动时,应根据地形、敌方火力威胁程度而采取不同的运动方法。具体的运动方法主要有:全班跃进、分组跃进、分组各个跃进、全班各个跃进四种。

(1) 全班跃进。全班跃进通常是在距敌方较远,敌方火力中断、减弱或被我军火力压制时采用的运动方法。班长口令是:向×处——全班跃进——。全班士兵突然跃起前进,到达位置后迅速卧倒,占领射击位置。

(2) 分组跃进。分组跃进通常是在敌方火力威胁较大,需要互相掩护前进或受自然地形限制时采用的运动方法。班长口令是:向×处——从左(右)分组跃进——。分组跃进也可以逐步形成指挥战斗小组跃进,组长口令是:向×处——全组跃进——。

(3) 分组各个跃进。分组各个跃进通常是在敌方火力控制较为严密的开阔地时采用的运动方法。班长口令是:向×处——分组各个跃进——。然后各组长逐个指挥士兵跃进。

(4) 全班各个跃进。全班各个跃进通常是在通过敌方火力封锁严密的开阔地或隘路时采用的运动方法。班长口令是:向×处——从左(右)至右(左)各个跃进——。全班各个跃进也可以由班长逐个指挥士兵跃进。

分组跃进和各个跃进时,班(组)长通常指挥不便于担任掩护或便于隐蔽前进的组(士兵)先跃进,便于担任掩护或不便于隐蔽前进的组(士兵)后跃进。跃进中,自然地形越开阔,敌方火力越猛烈,跃进的速度越快,距离应越短;在原地或到达指定位置的小组(或士兵),应以火力掩护运动中的小组(或士兵),使火力与运动紧密结合,迅速隐蔽地接近敌人。

C 防卫技能与战时防护训练

通过防卫与战时防护训练,了解格斗、防护的基本知识,熟悉卫生、救护基本要领,掌握战场自救互救的技能,提高学生安全防护能力。

一、格斗基础

(一) 格斗常识

格斗是以踢、打、摔、拿、刺等技击动作为主要内容,按攻防进退等规律进行的以克敌制胜为目的的实用性技能。它把所掌握的技击方法和体内积蓄的力量一同迸发出来,以保证在短兵相接中稳操胜券。

格斗的特点:动作简练,实战性强;击打要害,一招制胜;随机应变,顺势化力;以攻为主,攻防兼备;动作隐蔽,突然性大。

格斗技术的运用原则:审时度势;保护自己,制服敌人,使其丧失反抗能力;沉着冷静,机智勇敢;充分利用一切可以利用的手段;以最大的力量攻击敌之最弱点;善于借助敌之运动来增强自己的力量;注重准确与速度。

了解和熟悉人体关节的活动范围、要害部位的机能,是格斗擒敌技术中不可缺少的内容之一。人体关节受到超过生理限度的打击或压迫,会发生脱臼或韧带撕裂,失去正常功能;任何要害部位受到打击时,就会感到疼痛难忍,甚至丧失生命。因此,掌握人体关节的活动范围,要害部位的生理机能,以便在对敌格斗中,准确控制关节击其要害,制服敌人,保护自己,是十分重要的。

(二) 格斗基本功

1. 手型

拳:四指并拢卷握,拇指紧扣食指和中指的第二关节,拳面平、手腕直。分为立拳、俯拳和仰拳。

掌：四指并拢伸直，拇指弯曲紧扣于虎口处，分立掌、插掌和八字掌。

勾：五指第一指节捏拢在一起，屈腕。

爪：五指内扣，用于抓、扣、擒。虎爪，五指张开，第一节指骨尽量向手背一面伸张，使掌心凸出。

2. 步型

马步：两脚平行开立（约本人脚长三倍），脚尖正对前方。屈膝半蹲，膝部不超过脚尖，大腿接近水平，全脚掌着地，身体重心落于两腿之间，挺胸、塌腰，两拳握于腰间，拳心向上。

弓步：两拳抱于腰间，拳心向上，左（右）脚向前一步，左（右）腿屈膝半蹲，右（左）腿在后挺直，腿尖里扣。

虚步：右（左）腿屈膝半蹲，左（右）脚向前，脚跟离地，脚尖稍内扣，虚点地面，膝微屈，重心落于后腿，两手抱拳于腰际，眼向前平视，左脚向前为左虚步，右脚向前为右虚步。

仆步：两脚左右开立，右（左）腿屈膝全蹲，大腿和小腿靠紧，臀部接近小腿，全脚掌着地，脚和膝外展，左（右）腿伸直，脚尖里扣，全脚掌着地，左（右）掌立于右胸前，右（左）手抱拳于腰间，眼向左（右）方平视。仆左脚为左仆步，仆右脚为右仆步。

歇步：两腿交叉与肩同宽，屈膝全蹲，右（左）脚着地，脚尖外展，左（右）前掌着地，膝部贴近右（左）腿外侧，臀部坐于左（右）脚接近脚跟处，两手抱拳于腰间，眼向左（右）前方平视。左脚在前为左歇步，右脚在前为右歇步。

骑龙步：左脚向左前迈出一步，脚尖内扣，膝微屈，右脚跟抬起，脚尖内扣，屈膝合髋，重心落于两腿之间，上体微前倾并向左拧腰，双拳抱于腰，目视前方，此为左骑龙步。右脚在前为右骑龙步。

3. 预备姿势

动作要领：两脚微呈八字平行开立，距离略比肩宽，两膝微屈；左脚不动，右脚以脚前掌为轴向左旋转，身体随之转动25°左右，重心在两脚的脚前掌上，右脚跟虚虚踮起；松胸、溜臀、收下颏，前手轻握拳，屈臂抬起，前臂上臂夹角小于60°，后手拳自然置于下颌外侧处，肘部下垂轻贴在右肋部。

步法是散手技术运用的基础，是构成单个技术基本要素，"有招必有步"和"步动招随，招起步进"就是这个意思。格斗步法的总体要求是"快、灵、变"。"快"是步法移动要迅速；"灵"是步法移动要轻灵，有弹性，不僵滞；"变"是步法在运用中能随机应变，转换自如。

（三）军体拳（第二套）

军体拳是由拳打、脚踢、摔打、夺刀、夺枪等格斗基础动作组成的一种拳术套路。通过军体拳的训练，可以增强体质，提高格斗技能，对培养坚韧不拔，勇敢顽强的战斗作风，具有重要意义。

预备姿势。当听到"军体拳第二套，预备"的口令，立正，身体稍向左转，同时右脚向右后撤一步，两脚略成"八字形"屈膝，体重大部落于右脚。两手握拳，前后拉开，左肘微屈，拳与肩同高，拳眼向内上，右拳置于小腹前约10厘米处，拳眼向上，自然挺胸、收腹，目视前方。

1. 挡击冲拳

动作要领：右脚向前踮步，左脚抬起；左臂里格收于腹前，小臂略平，拳心向上，右拳收于腰间；左转身，左脚向左落地成左弓步，同时左臂上挡护头，右拳从腰间猛力向前旋转冲出，拳心向下。用途：击面、胸部。

2. 绊腿压肘

动作要领：右脚前扫，同时左手抓握右手腕收抱于腰间；右腿后绊，同时右肘向前下猛力推压，成左弓步。用途：被对方抓住手腕时，顺势将其推压、绊倒。

3. 弓步击肘

动作要领：右后转身成右弓步，屈右肘猛力后击，大、小臂略平；同时左拳由腰间向左前方旋转冲出，拳心向下，目视右肘。用途：击头、胸或肋部。

4. 砍肋下打

动作要领：上体稍左转，收右脚成右虚步，同时两小臂用力由外向里猛砍，小臂略平，约与肩同宽，拳心向上；起右脚猛力下踏，同时左脚抬起向左跨步，左小臂上挡护头，拳心向前；右拳从腰间向前下猛力旋转冲出，右脚跟上，屈膝，前脚掌着地。用途：两小臂击肋，右拳击裆。

5. 上步劈弹

动作要领：右脚向前上步成右弓步，左拳变八字掌前伸，右拳后摆，左转身成马步的同时，右拳经右上向左下猛劈，拳心向下，左手抓握右手腕，左掌心向上，两大臂夹紧，小臂略平；右拳向右前上方猛力反弹，力达拳背，拳与头同高，同时左手变拳自然后摆，成右弓步。用途：劈臂或颈，反弹脸部。

6. 双勾后击

动作要领：右转身，双拳后摆，左脚向前上步成左弓步，同时两拳由后向前上猛击，拳心向里，拳与下颌同高；右脚向前踮步，左脚稍离地前移，两肘猛力外张抬平，同时分别向左右猛击，两拳相对，拳心向下；两拳变勾手，由肩上经下向后猛击，两大臂夹紧。用途：拳击下颚，两肘外张破后抱腰，勾手击裆。

7. 防左勾踢

动作要领：右脚向右前上步成弓步，同时左手向左前挡抓，右拳自然后摆；上左脚成左弓步，左手变拳收于腰间，同时右拳由后向前猛力横击，拳心向下；左脚尖外摆，起右脚，屈膝，脚尖里勾，由后向左前猛力勾踢，同时右拳向后反击，臂伸直，左臂弯曲上挑，拳略高于头，拳眼向后。用途：防左刺，横击敌头。

8. 挟脖拧摔

动作要领：右脚向前落地成右弓步，同时左拳变八字掌向前平伸，掌心向前，拇指朝前下；左转体成左弓步，同时左手抓拉收于腰间，右拳由后向前猛力横勾屈肘置于胸前，拳心向下。用途：挟脖摔。

9. 里格冲拳

动作要领：右转身成右弓步，同时左臂里格，拳心向上，右拳收于腰间；右转身成左弓步，同时两拳从腰间向前后（右拳向前，左拳向后）猛力旋转冲击，拳心向下。用途：击面、击胸。

10. 防右别臂

动作要领：右脚向前上步，同时右手向右前挡抓并收于腰间；左拳向右前猛力旋转冲出成右弓步；左拳收于腰间，同时左腿猛力向前弹踢，并迅速收回，右拳从腰间猛力向前旋转冲出；左脚向前落地，右转身，同时左臂屈肘向右下猛力别压，拳置于小腹前，拳眼向内，右拳收于腰间，成右弓步。用途：防右刺，左腿踢裆，左手别臂。

11. 挡击抱腿

动作要领：左转身，左臂上挡护头，右脚向前上步成右弓步，右拳向前冲出；两拳变掌下抱后拉，约与膝同高，两小臂略平，同时右肩前顶。用途：抱双腿摔。

12. 踹腿锁喉

动作要领：左脚向前跃步，同时抬右腿，大腿略平，脚尖里勾，两臂屈肘右胸前，掌心向下；右脚向前下猛踹落地，同时右手前插，左手抓握右手腕，右手变拳；两手合力回拉，下压，右小臂置于右肋前，同时右肩前顶，成右弓步。用途：由后踹腿锁喉。

13. 蹬腿横勾

动作要领：身体重心迅速后移，两拳收于腰间，同时起右脚向右侧猛蹬；右脚迅速收回，以左脚掌为轴由左向后转身，右脚向前上步，同时左臂上挡，右拳后摆，成右弓步；再由左向后转身成左弓步，同时左臂外格后摆，右拳由后向前猛力横勾，拳心向下，拳与头同高。用途：蹬腹或肋，横击头部。

14. 上步捞腿

动作要领：右脚向前上步，右手下捞、上提，置于腹前，同时左手变掌向前下推压，手指向右，成右弓步。用途：右手捞小腿，左手推压胯部。

15. 挑砸绊腿

动作要领：左脚向前上步成左弓步，两手变拳；同时左小臂向上挑，右小臂由上往下砸，拳眼向上；左手变掌前推，同时右脚前扫，右拳收抱于腰间；左手抓拉收于腰间，右脚后绊，同时右拳变掌前推，成左弓步。用途：防刀下刺，推胸绊腿。

16. 弓步上打

动作要领：右腿向前上步成右弓步，左手变掌前推，右手变拳收于腰间；左转身同时左手变拳屈肘下压，置于小腹前，拳心向下，右拳上击，略高于头，拳心向前拳眼向下，目视左前方。用途：左掌推胸，右拳击下颌。

结束姿势：右脚靠拢左脚成立正姿势。

（四）捕俘拳套路

捕俘拳是捕俘技术的基本功、基本动作的一种综合练习。通过训练，可增强力量，掌握技术，锻炼灵活性，提高受训者抓捕、擒拿技能和身体素质。

1. 队形散开

成方队队形散开时，一般由右侧一路和最前侧一列人员报数，其他人员记住自己所在的路和列的数字，并将此数字乘2减1，确定自己向前和向左要走的步数，听到"散开"的口令后，当前一名踢出两步后，在其踢出第三步的同时自己踢出第一步，而后踢完自己的步数。然后所有人统一向左转,按上述动作要领踢完向左的步数。最后统一向右转,即完成队形散开。

2. 动作要领

预备姿势:当听到,"捕俘拳——格斗准备"的口令后,在立正的基础上,两脚尖迅速并拢,同时两手握拳,两臂微屈,拳眼向里距身体约10厘米,头向左摆,目视左方。

(1) 挡击冲拳。起右脚原地猛力下踏,左脚向左侧跨出一步,右拳提至腰际,拳心向上,在左转身的同时,左臂里格上挡,拳心向前,右拳从腰际旋转冲出,拳心向下,左拳位于额前约20厘米,成左弓步。

(2) 拧臂绊腿。左拳变掌切击右拳背,右拳收回腰际,右脚前扫;左手挡、抓、拧、拉收回腰际,同时右脚后绊,右拳猛力旋转冲出。

(3) 叉掌踢裆。上右脚成右弓步,同时两拳变掌沿小腹向上架掌,掌与眉同高;两掌变勾猛向后击,同时起左脚,大腿抬平,脚尖绷直,猛力向前弹踢,迅速收回。

(4) 下砸上挑。两手变拳,左拳由上猛力下砸,与膝同高,同时左脚向前跨步,成左弓步;右拳由裆前上挑护头,拳心向前,起右脚大腿抬平,脚尖绷直,头向左甩。

(5) 下蹲侧踹。上体正直下蹲,右脚猛力下踏,两小臂上下置于胸前,左臂在上,拳心向下,右臂在下,拳心向上;迅速起身,两拳交错外格,起左脚大腿抬平,脚尖里勾,向左猛踹,迅速收回。

(6) 顺手牵羊。左脚向前方落地屈膝,两拳变掌在左前方成抓拉姿势,两手向右后回拉,同时右脚前扫。

(7) 上步抱膝。右脚向前落地的同时,两手变拳,左小臂上挡;左转身屈膝下蹲,两拳变掌合力后抱,掌心相对,与膝同高,右肩前顶,成右弓步。

(8) 插裆扛摔。左转身左手上挡,右手前插,掌心向上;左手向右下拧拉,大臂贴肋,小臂略平,拳心向上,同时右臂上挑,右肩上扛,身体稍向右转,右拳与头同高,拳心向前,重心大部分落于右脚,成右弓步。

(9) 下拨勾拳。左拳下拨后摆,左转身的同时,右拳由后向前猛力上击,拳心向内,与下颌同高,同时右脚向右自然移动,成左弓步。

(10) 卡脖掼耳。右脚跐步,左脚抬起,脚掌与地面平行,在左脚落地的同时,右脚上步成右弓步,左拳变八字掌置于胸前,右拳后摆;向左转体成左弓步的同时左手下按,右拳由后向前下猛力横击。

(11) 内外挂腿。在起身的同时,左脚向右跐步,右脚前扫,两手合掌于右肩前,两手猛力向左肩前拧拉,上体稍向左转,同时右脚后绊,成左弓步。

(12) 踹腿锁喉。右脚向右前方跐步,左脚向右跃步,然后起右脚,大腿抬平,脚尖里勾,两臂弯曲,置于胸前,右掌在前,左掌在后,掌心向下;右脚侧踹,在落地的同时右手沿敌脖横插,左手抓握右手腕,右手变拳,猛力后拉,下压,成右弓步。

(13) 内拨冲拳。上左脚右转身成右弓步,左臂顺势内拨护于腹前,右拳收于腰际,拳心向上;左臂里拨后摆,右拳以蹬地、转腰、送胯之合力旋转冲出,成左弓步。

(14) 抓手缠腕。两拳变掌,左手抓握右手腕;右掌上挑外拨,身体稍向右转,两臂用力后拉并扣压于腰际,成右弓步。

(15) 砍脖提裆。左手砍脖,右手抓裆,在右手后拉上提的同时左手猛力向前下推拉,成左弓步。

(16) 别臂下压。右转身成右弓步时右手变拳,右小臂上挡;上左脚成左弓步的同时,左臂微屈向前上方插掌并变拳,右手抓握左手腕;向右转体,两手下拉别压,成右弓步。

结束姿势:听到"停"的口令,左转身,两拳收于腰际,右脚靠拢左脚,恢复成立正姿势。

二、战场医疗救护

随着武器杀伤力的不断提高,战时伤员将大量增加,这就对战伤救护提出了新的要求。在伤员增加、伤情复杂、战况紧急的情况下,战伤救护必须做到:加强火线抢救,提高救护质量,努力降低死亡率,减少残废,提高治愈归队率,巩固部队战斗力。

(一) 战场救护的原则与要求

战场救护,具有随机性强、时间紧急、环境条件差等特点。实施救护时,必须从这些特点出发,遵循救护的原则与要求,采取及时有效的救治动作。

战场救护的原则主要包括:先复苏后固定、先止血后包扎、先重伤后轻伤、先救治后运送、急救与呼救并重、搬运与医护的一致性等。

战场救护的基本要求是:救护伤员时,不准用手和脏物触摸伤口,不准用水冲洗伤口(化学伤除外),不准轻易取出伤口内异物,不准送回脱出体腔的内脏,不准用消毒剂或消炎粉敷伤口。

(二) 战场救护的基本动作

1. 人工呼吸

呼吸是人生命存在的征象。当发生伤害,人呼吸困难甚至停止时,如不及时进行急救,很快会死亡。人工呼吸就是用人为的力量来帮助伤员进行呼吸,最后使其恢复自主呼吸的一种急救方法。在施行过程中,绝不要轻易放弃,要有充分的耐心和信心,直到病人恢复呼吸时为止。

仰卧压胸呼吸法。使伤者仰卧,救护者松解开伤者衣领、衣扣和腰带,清除伤者口鼻中分泌物和污泥等,必要时将舌拉出来,以免舌根后坠阻塞呼吸道。在伤者腰下垫一软垫,让其胸部略高,头部和肩部略低,使呼吸道伸展。救护者跪在伤者头顶前,用双手各握住伤者前臂的中部,把两臂完全翻转(180度)到头顶,让胸廓扩张,外界气体进入肺内。2秒钟后,把伤者前臂屈曲,紧贴在其胸前,并用伤者的肘部压迫胸廓2秒钟,让胸廓缩小,肺内气体排出体外。依上法连续一举一曲(应形成半圆形运动),每分钟进行12—15次,直到患者恢复呼吸为止。

俯卧压胸呼吸法。使伤者俯卧,头偏向一侧,一臂弯曲垫于头下,一臂伸直。救护者跨过伤者大腿部,跪在地上,两臂伸直,两手掌放在伤者胸部下方最后一对肋骨上,手指分开,用全身力量通过上肢从伤者胸部的后下方压向前上方,持续3秒钟,把肺部空气压出。随后,救护者伸直上身,两手松开,使伤者胸廓自然扩张而吸入空气,持续2秒钟。重复上述动作,每分钟进行12—15次,直到伤者恢复呼吸为止。

口对口呼吸法。让伤者仰卧，颈下垫一软垫，使其头部尽量后仰，呼吸道畅通。救护者跪在伤者一侧，手放在伤员的额头向下按，另一手托起伤员的下巴往上抬，迫使伤员张口，迅速检查其口腔、鼻腔内有无呕吐物、分泌物或异物堵塞，如有则将其清除。尔后放开按额头之手，取一块纱布敷盖于口腔，然后捏住伤员鼻孔，深吸一口气，对准伤者口腔用力吹气，如此反复进行，每分钟16—18次；如果伤者牙关紧闭，无法进行口对口呼吸，可以用口对鼻呼吸法（将伤者口唇紧闭），每分钟16—18次，直到伤者恢复自动呼吸为止。

心肺复苏方法。这是一种胸外按压与口对口吹气同时进行的方法。使伤者仰卧，开放其呼吸气道。一名救护者跪在伤者一侧，双手相叠放在伤者胸骨下半部高于剑突二指的部位。救护者利用躯干上部体重按压伤者胸骨，使之压下3.8—5厘米。按压频率为每分钟80—100次。另一人同时进行口对口呼吸，以按压30次进气2次为宜，依次重复十余次乃至更多。人工呼吸时要松解伤者衣服，保持其呼吸道通畅。压胸动作不能用力过猛。如有胸肋骨骨折或其他情况不宜做人工呼吸时，应立即采取其他急救措施。如果呼吸、心跳均停止时，应同时进行心脏按压术。

2. 止血

大量出血往往是导致伤员休克或死亡的主要原因之一。如果伤员一次出血量达到全身血量的1/3以上时，就有生命危险。因此，在救护过程中，必须迅速、准确地进行止血，才能有效地抢救伤员。

指压止血。指压止血是一种简单方便而有效的临时止血法，适用于头部、颈部及四肢较大动脉出血的急救。根据动脉走行位置，在出血伤口的近心端，用手指将动脉压在邻近的骨面上，阻断血液来源以达到暂时止血的目的。

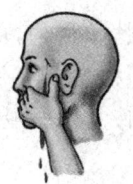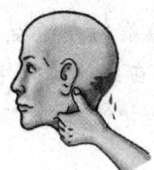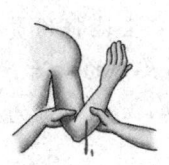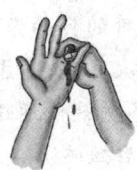

指压止血法

止血带止血。止血带止血是战伤救护中对出血伤员常用的止血方法，多用于四肢较大的动脉出血。使用止血带时的注意事项：止血带止血法会增加伤员痛苦，甚至造成残废，若能用加压包等其他方法止血的，最好不用止血带止血。扎止血带要松紧适度，以达到压迫动脉的目的。太松，会引起组织淤血、水肿；太紧，可导致软组织、血管和神经的损伤。扎止血带的部位应当加垫子，不能直接扎在皮肤上，以免损伤皮肤。必须注明使用止血带的时间，以便在后送途中按时松解止血带。通常以每隔2—3小时松一次为宜，每次松5—10分钟。放松时，要用指压法止血；对上止血带的伤员，必须挂有明显的标志，并优先护送。扎止血带的肢体，应很好地固定，寒冷季节应注意保暖，以免发生冻伤。

加压包扎止血。这种方法用于一般出血，其方法是用纱布、棉花等物做好垫子，放在伤口敷料的外层，然后加压包扎即可。

3. 包扎

包扎在战场救护中应用非常广泛,有止血、保护伤口、防止感染、扶托伤肢和固定敷料、夹板等作用。

在包扎时,首先要考虑有无大出血。对于一般创伤无大出血时,应尽量采取加压包扎止血。若有大出血,应使用止血带,防止伤员因流血过多而造成休克或死亡。目前,军队常用的制式包扎材料有急救包、三角巾、绷带、四头带等。三角巾应用范围最广,简便迅速,易于掌握,包扎面大,尤其适用于大面积烧伤与软组织创伤面的包扎。

4. 骨折的固定

骨折是战伤中常见的损伤之一。在战场救护中能否对骨折及时和正确地处理,将影响伤员的预后和伤肢的功能恢复。若处理不当,除了会增加伤员的痛苦外,更严重的是会造成伤员的死亡和终身残疾。

如果疑有骨折,应按骨折处理。如果有伤口和出血,应先止血,再包扎伤口,然后再固定骨折。在战场上对变形的肢体只进行大体复位,以便于固定,禁止对骨折断端试行反复的复位。对开放性骨折,不要把外露的骨折断端送回伤口内,以免增加污染。大腿、小腿及脊柱等骨折一般应就地固定。固定前,不要无故移动伤员和伤肢。为了暴露伤口,可以剪开衣服,以免增加伤员的痛苦和加重伤情。夹板的长度和宽度,要与骨折的肢体相称,其长度必须包括骨折部的上、下两个关节。固定时,先固定上端,后固定下端,同时要固定上、下两个关节。骨的突出部位应加垫,以防止由于压迫而引起组织坏死。四肢骨折固定时,要露出指(趾)端,以便观察血液循环情况。如发现指(趾)端苍白、发冷、麻木、疼痛、肿胀和青紫等表现时则应松开重新固定。固定后应给予标记,迅速后送。

5. 伤员的搬运

搬运伤员的目的是迅速安全地将伤员搬至隐蔽地或送至上级救护机构,以防止伤员在战场上再次负伤,并能得到及时的救治。因此,在火线抢救中必须熟练各类伤员的搬运方法,选用各种就便运送工具,做好伤员的搬运和护送工作。搬运伤员时一般应先止血、包扎、固定,后搬运。

三、核生化防护

核化生武器具有巨大的杀伤破坏威力,但也有可防护的一面。只要我们了解其特性,掌握必要的防护知识,学会一些基本的防护技能,就能减轻或避免其伤害。

(一) 核武器的防护

核武器与常规武器相比较,不仅在效应和杀伤威力上大不相同,而且在防护措施方面也有许多不同的特点。

1. 核武器的杀伤破坏因素

核武器是利用原子核反应瞬间释放出的巨大能量,对目标造成杀伤破坏作用的武器。原子弹、氢弹、中子弹统称为核武器。核武器的杀伤破坏因素有五种:

一是光辐射。光辐射是核爆炸高温火球辐射出来的强光和热。光辐射对人员可造成皮肤、眼、呼吸道烧伤和闪光盲。其产生的高温能使物体熔化、灼焦、炭化和燃烧。光辐射可能造成城市和森林的火灾。

二是冲击波。冲击波是从爆心向四周传播的超声速高压气浪。它是由高温、高压火球猛烈膨胀而急剧地压缩周围空气而形成的。冲击波会使人员和物体同时受到超压的挤压作用和动压的冲击作用。冲击波的超压对人体的突然挤压，可造成人员的耳鼓膜和心、肺、胃等内脏出血或破裂损伤。动压可使人体被抛掷而撞击在地面或其他物体上，造成颅脑损伤、骨折、肝脾破裂、体表撕裂等损伤。冲击波刮起的砂石、砖瓦、玻璃碎片等对人员可造成间接损伤。

三是早期核辐射。早期核辐射是核爆炸最初十几至几十秒内放射出的中子流和γ射线。它是核武器特有的杀伤破坏因素。

核爆炸后，人员常常会受到光辐射、冲击波、早期核辐射三种瞬时杀伤因素的综合作用。人员受到两种或两种以上杀伤因素综合作用后所造成的损伤叫复合伤。复合伤对人员的伤害特点：一是伤情复杂并相互加重，增加了死亡率；二是复合伤中主要单一伤决定其伤情发展。

四是放射性沾染。放射性沾染是核爆炸产生的放射性物质对地面、人员、水、空气和物体等所造成的沾染，称为放射性沾染。它也是核武器特有的杀伤破坏因素。

放射性沾染通过射线对人体组织的电离作用而引起伤害，一般的伤害途径有三种：一种是人员在沾染区行动或接近污染的物体时，直接受射线照射而引起的体外照射伤害，这是主要的；二是沾染的空气、食物和水等通过呼吸道、消化道或伤口进入体内，引起体内照射的伤害；三是直接沾染人员的皮肤，引起皮肤灼烧，其症状与普通烧伤相似，如皮肤发红、起水泡和溃烂等。

五是核电磁脉冲。它是核爆炸瞬间发出的一种电磁脉冲，很像自然界中雷击时产生的电磁脉冲，它只对电子、电气设备起破坏、干扰作用。它也是核武器特有的破坏因素。其特性是：电磁场强度高，比雷电产生的电磁信号至少高千百倍；频谱很宽，几乎所有的现代电子设备都会受到破坏和干扰；持续时间短，它的作用时间只有几十微秒，总持续时间不大于1秒；作用范围广，地面、低空核爆炸作用范围可达几十千米，超高空爆炸时，其作用范围可达1 000—2 000千米。

2. 核武器的防护

核武器虽具有巨大的杀伤破坏作用，但只要了解其基本的防护知识，采取必要的防护措施，掌握防护技能，还是能减轻或避免其伤害的。

我国核试验证明，各种野战工事都能减轻或避免核武器对人员的杀伤。因此在核条件下作战，只要情况允许，就应根据任务和条件积极构筑各种工事进行防护。

人口高度集中的城市在平时的建设中，应加强人防工程修建，完善各种防护措施，这是防核袭击的有效手段。如修建地下铁路，既可解决平时交通拥挤问题，也为战时疏散、隐蔽人员作准备；又如高层建筑必须修建地下室，既作建筑基础，平时又可住人或当仓库使用，战时则为掩蔽人员提供条件；也可修建一些地下车库、地下商场和地下工厂等，为战时疏散、隐蔽人员和储存物资作准备。

（1）人员就地（就近）防护。在核武器袭击的条件下，充分利用就近的防护设施，因地制宜地采取适当防护措施，就可能避免和最大限度地减少人员的伤害。

在开阔地上就地防护。发现核爆炸闪光时,应迅速卧倒,尽可能背向爆心。卧倒时,两手交叉压于胸下,两肘前伸,头自然向下压夹于两臂之间,闭眼闭嘴(有条件时塞耳),憋气(当感到有热空气时),两腿伸直并拢。核试验证明:在同一条件下,立姿狗发生极重度烧伤和中度冲击伤后死亡,而卧姿狗只遭受中度烧伤和轻度冲击伤后存活。

在建筑物内就地防护。当人员来不及到室外防护时,应在室内屋角或床、桌下卧倒或蹲下。但注意不要利用不坚固或易倒塌的建筑物,要尽量避开门窗和易燃易爆物,以免间接受伤。为了减轻照射损伤,可提前使用预防药物,如口服碘化钾等。

利用掩蔽部、防空地下室的防护。当接收到核袭击警报信号时,应立即进入掩蔽部、防空地下室,关好防护门,尽量不用明火照明。核试验证明:爆后1秒钟进入工事内的狗未受烧伤,而没有进入工事的狗却遭受极重度烧伤和冲击伤,5天后死亡。

在建筑物外的就地防护。坚固的建筑物对瞬时杀伤因素具有一定的防护作用。当发现核爆炸闪光时,应尽量利用墙的拐角或紧靠墙根卧倒,但要避开易倒塌的建筑物或土堆,避开易燃、易爆物体,以免受到间接伤害。

当建筑物外有土丘、土坎等高于地平面的地形时,应利用就近地形,背向爆心紧靠遮挡一侧的下方迅速卧倒;如土丘、土坎较小时,则可对向爆心卧倒,重点防护头部。利用土坑、沟渠等低于地平面的地形时,应迅速跃(滚)入坑内,身体蜷缩,跪或坐于坑内,两肘置于两腿上,两手掩耳,闭眼闭嘴,暂停呼吸。若坑大底宽,也可侧向或对向爆心卧倒。利用沟渠时,宜用横向爆心的沟渠卧倒防护,若沟渠走向对爆心时,只能利用拐弯处进行防护。

此外,山洞、桥洞、涵洞、下水道等都可用来防护;有时利用树木、丛林、青纱帐或潜入水中防护,也有一定效果。

(2)对放射性烟云沉降的防护。放射性烟云沉降时,人员应迅速进入有掩盖的工事,暴露人员应迅速戴上口罩、手套,披上雨衣或斗篷进行全身防护;同时,将物资、器材、粮食、食品和饮水等遮盖起来。

需要通过放射性沾染地域时,人员应口服抗辐射药物,喝足开水,排除大小便,戴好口罩或面具,穿深腰鞋,视情穿雨衣或披斗篷,扎好"三口":领口、袖口和裤脚口。尽量垂直于放射性沾染带快速横穿。

(3)消除放射性沾染的方法。对人员、服装装具沾染的消除。人员被沾染后,应进行局部消除,可用清水和肥皂擦洗暴露的皮肤,同时清洗鼻腔、漱口和擦洗耳窝。无水时,可用毛巾、纱布、棉花等干擦,冬季可用干净的雪擦拭。擦拭时,应从上到下,顺一个方向进行。擦拭一次,将毛巾、纱布翻叠一次,防止已消除部位重新沾染。条件许可时,要进行全身洗消(沐浴最好)。对服装装具可采用拍打、扫除、抖拂、洗涤等方法消除,消除时人员之间应有一定距离,注意站在上风方向,采取从上到下、由外到里的方法进行。

对粮食、饮水和食品沾染的消除。对粮食消除沾染,可采用过筛、加工脱壳、水洗、风吹等方法,消除率可达90%以上;对包装完好的粮食可采用扫除、拍打或去除包装袋消除;对未包装的粮食,可铲除沾染层2—3厘米;对蔬菜、水果等,主要用水冲洗和剥皮的方法;对面包、馒头等熟食可剥掉表皮消除。对饮水沾染的消除一般可采用土壤净化法和过滤法。土壤净化法即在每升水中加干净细土粒20克,再加入明矾和石灰,经搅拌后澄清,上层澄清液的消除率可达60%—70%。过滤法即在盛水容器底部放水口处,先铺上二三层纱布,然后再取3—4厘米的细砂,上面铺2层纱布,再铺3厘米的粗砂或碎石,每次消除率可达80%以上。用上述方法处理的水,应进行检查,低于控制量时方可饮用。

(二)化学武器的防护

化学武器自问世以来,即遭到世人的强烈谴责和反对。国际上虽早就签订了禁止在战争中使用化学武器的公约和协议,但从未被真正履行过。

化学武器是以毒剂的毒害作用杀伤有生力量的各种武器、器材的总称。化学武器在使用时,借助于爆炸加热和空气阻力等作用,将毒剂分散成蒸气、液滴、气溶胶状态,使空气、地面、水、物体染毒;经呼吸道、皮肤、眼、口等器官引起人畜中毒,以杀伤、疲惫敌方有生力量,迟滞、困扰敌方军事行动。以毒害作用杀伤人、畜和毁坏植物的各种有毒物质叫军用毒剂,简称为毒剂。

1. 化学武器的杀伤特点

化学武器靠毒性作用杀伤人畜、毁坏植物,它与常规武器相比较,呈现出不同的杀伤特点。

杀伤范围大:化学武器能使较大范围的空气或地面染毒,同时毒剂云团能随风扩散到一定的地域。此外,毒剂云团还能渗入无防护设施和不密封的工事、车辆、建筑物内,从而造成染毒,伤害隐蔽的人员。

伤害形式、中毒途径和毒害作用多:不同种类的毒剂可造成空气、地面物体、水源、食物等染毒并形成初生云、液滴、再生云的三种伤害形式。当人员吸入染毒空气、皮肤或伤口接触了毒剂液滴、误食了染毒的水或食物时,都会引起不同的中毒症状,受到不同的毒害和杀伤。

持续时间长:常规武器只要爆炸,则瞬间造成杀伤破坏作用,而化学武器的杀伤作用持续时间较长。如沙林毒剂爆炸后,毒剂云团的杀伤作用时间可持续数分钟至数十分钟;维埃克斯毒剂使地面、物体染毒后,其杀伤作用时间则可持续几天至几周。

易受气象、地形条件的影响:气象条件对化学武器的使用影响很大。条件有利时,能充分发挥其杀伤作用和扩大其杀伤范围,反之,则使其杀伤作用大大降低,甚至无法使用,如风向不利时不便使用;风速过大(超过6米/秒)会将毒剂云团迅速吹散,不易造成伤害浓度,其危害纵深大大缩短;气温高,毒剂挥发快,其液滴伤害持续时间短;严寒时,某些毒剂会冻结;降雨能冲掉毒剂液滴或使某些毒剂水解;降雪能将毒剂液滴暂时掩盖等。

地形条件对化学武器的使用也有一定影响。在山谷湿地、居民地和丛林中,毒剂云团不易传播和扩散,因而杀伤范围将缩小,但滞留时间长;高地、开阔地、水面、毒剂云团扩散快,因而杀伤作用范围大,但持续时间短。

2. 化学武器的防护

(1)对毒剂中毒的预防。预防原则上是将器材防护与药物预防相结合;群众性防护与专业技术防护相结合。主要措施有:

及时使用防护器材。有条件的应迅速进入集体防护工事设施内,如无此条件的应进行个人器材防护。如佩戴各种防毒面具、防毒面罩或简易防护器材,用游泳镜、劳动保护镜或风镜防护眼睛;用多层口罩、毛巾防护口腔及呼吸道;戴手套、穿雨鞋防护四肢;穿雨衣、风衣、塑料雨披等保护全身。

服用预防药物。在可能受到化学武器袭击时,为增强对神经性毒剂的防护能力,可组织人员提前服用防磷片或吸入解磷鼻化剂等预防药物。

及时进行清洗消毒。离开染毒区后,尽快组织人员对器材进行洗消,在洗消时也应该注意个人防护,以防止造成间接中毒。

遵守染毒区行动规则。在毒区内个人不得随意行动,更不得自行解除个人防护,人员应按指定路线有计划撤离,不准在毒区饮水、进食、吸烟,不准随意坐卧,不准在毒气容易滞留的房屋背风处、绿化地带、低洼处停留。

（2）对毒剂的消毒。为防止或减轻中毒,保障人员安全,恢复染毒物品的使用价值,必须及时组织实施消除毒剂措施。

消毒的方法。机械消毒法:用分离或切除染毒层,也可用未染毒物品覆盖或掘坑深埋等隔绝毒剂。化学清毒法:通过化学消毒剂与毒剂发生水解、氧化、氯化等化学反应破坏毒剂,生成无毒或低毒物质。物理消毒法:包括用吸附、溶解、冲洗、通风、高温等方法使毒剂从受染毒物体表面离去或部分被破坏。

常用的消毒剂。化学消毒剂常用的有:三合二、次氯酸钙、漂白粉、一氯胺、二氯胺等;氢氧化钠、碳酸钠、碳酸氢钠;乙醇胺;高锰酸钾、浓硝酸、重铬酸盐等。物理洗消剂常用的有:水、酒精、汽油、煤油和二氯化烷等。

人员的洗消。局部紧急消毒:迅速用纱布、棉花、纸片等吸去可见毒剂液滴,再用肥皂、洗衣粉等碱性溶液洗涤局部,然后用净水冲洗。全身洗消:当皮肤染毒面积较大时,经局部消毒后应再进行全身洗消,一般要在离开毒区后进行。

地面、工事的消毒。通常可用喷洒消毒剂的方法进行消毒。无此条件时,用铲除、掩盖、火烧等方法,也能达到消毒的目的。

（3）对中毒人员的急救。对中毒人员的急救必须正确、迅速,应根据毒剂的不同,采用相应的急救药物和方法。情况允许时,最好将中毒者撤出毒区后送医院治疗。急救时应先重后轻,主要依靠自救和互救,救治中应贯彻特效抗毒与综合治疗相结合的局部染毒处理与全身治疗相结合的方法,首先处理危及生命的伤情。

对神经性毒剂中毒的急救。对中毒人员,如无法立即撤离毒区时,应首先戴上面具,立即注射解磷针;对呼吸困难者进行人工呼吸,对染毒皮肤及时消毒。

对糜烂性毒剂中毒的急救。急救方法同人员皮肤的消毒。

对全身中毒性毒剂中毒的急救。迅速捏破亚硝酸异戊酯安瓿,放在中毒人员鼻前(戴面具后,则将捏破的亚硝酸异戊酯安瓿,塞入面罩内),使其吸入药剂。如症状不见消失还可再用。对呼吸困难者应进行人工呼吸。

对窒息性毒剂中毒的急救。中毒人员应保持安静,尽量减少体力的消耗,注意保温,严禁人工呼吸。

对失能性毒剂中毒人员,一般不需要急救,只要离开毒区,症状会自动消失。

(三) 生物武器的防护

生物武器是以生物战剂杀伤有生力量和毁坏植物的各种武器、器材的总称,旧称细菌武器。包括装有生物战剂的炮弹、航空炸弹、火箭弹、导弹和航空布洒器、喷雾器等,生物武器可使大量人、畜发病或死亡,也可大规模毁伤农作物,从而削弱对方的战斗力,破坏其战争潜力。

1. 生物战剂

生物战剂是以杀伤人、畜,破坏农作物的致病微生物、毒素和其他生物活性物质的总称,旧称细菌战剂。

(1) 生物战剂分类。按对人员伤害程度分类。失能性战剂:主要使人员暂时丧失战斗力,一般不会造成死亡,如布氏杆菌、葡萄球菌肠毒素等。致死性战剂:能使人员患严重疾病,其死亡率大于10%,有的高于30%以上,如鼠疫杆菌、黄热病毒等。

按所致疾病有无传染性分类。传染性战剂:它传染快,一旦流行,易形成疫区,能持续一定的时间。因此常用来袭击对方纵深内部的战略目标,如霍乱弧菌、天花病毒毒素等。非传染性战剂:它只感染接触者,无传染作用,因此常用来袭击需攻击的对方战术目标,如野兔热杆菌、肉毒毒素等。

按微生物种类可分为病毒、立克次体、衣原体、真菌、细菌及其产生的毒素等六类。

(2) 生物战剂侵入人体的途径。呼吸道吸入。绝大多数生物战剂,可通过其气溶胶方式,经呼吸道吸入人体,使人员发病。

消化道食入。人员误食或误饮被生物战剂污染的食物或水等,经消化道进入人体,使其发生中毒。

皮肤接触。生物战剂可直接经皮肤、黏膜、伤口或带菌昆虫叮咬进入人体,使人员发病。

生物战剂侵入人体后,能破坏人员的生理机能而发病。各种生物战剂致使人员发病后的症状,有相同之处,也有各自的特点。

2. 生物武器的防护

(1) 加强全民教育,建立和健全卫生防疫组织和制度。对全民进行反生物战教育,使他们了解反生物战的基本知识,学会正确地进行个人防护。对卫生专业人员应进行反生物战训练,掌握防护的基本原理,学会正确的组织防护措施。

针对可能发生敌使用生物武器的征兆,应立即建立反生物战的组织,加强领导,密切协同,统一行动;根据反生物战的特殊情况,建立健全卫生防疫制度,包括个人和环境卫生、敌情监视和报告、标本采集和传送、现场处理、病人隔离及疫区处理等。

(2) 个人防护动作和药物预防、免疫接种。当敌施放生物战剂气溶胶时,我方人员应戴好防毒面具或防疫、防尘口罩,同时还应戴上防毒眼镜和穿着防毒衣、防疫服、胶靴鞋和手套等。如有条件时,可进入具有滤毒通风设施的掩蔽部、坑道或人防工事内进行防护。

当敌投放带菌昆虫时,我方人员为保护暴露皮肤,防止昆虫叮咬,应利用工事、房屋、帐篷和个人防护器材进行防护,同时还应在暴露的皮肤上涂抹驱蚊灵等驱避剂。

为增强人体抗病免疫能力,提高治疗效果,我方人员应在战斗前进行免疫接种,当确知敌人使用生物战剂时,还应使用药物进行预防。

此外,还需要搞好个人卫生和战场环境卫生。

(3) 消毒、杀虫、灭鼠。对受污染人员的皮肤可用个人防护盒内的皮肤消毒液或1%

的三合二水溶液,以擦拭法进行消毒。对污染的服装装具可用煮沸法、日晒法或药物浸泡法进行消毒。对污染的粮秣、食物,通常应销毁,如密封包装的,可用消毒剂,擦拭表面2—3次,放置3分钟后方可食用。对污染的水,须煮沸15分钟后方可饮用。对污染的地面、工事可用火烧法、铲除法和喷洒消毒剂等进行消毒。还应组织人员迅速对敌投入的带菌昆虫、小动物用扫帚、铁锹等工具聚成一堆烧毁或深埋,对能飞善跳的昆虫、小动物则可用各种喷雾器(包括动用飞机)喷洒杀虫药物进行捕杀。

(四) 防护装备使用

防护装备主要有呼吸道防护器材、皮肤防护器材和简易防护器材。熟练使用手中防护器材,可以有效地保护自己,免受生、化武器的伤害。

1. 呼吸道防护器材

防毒面具是呼吸道防护器材,用于保护人员的呼吸器官、眼睛及面部,使其免受伤害。主要类型有65型和69型防毒面具。

65型防毒面具是头戴式通话面具,由面罩、过滤元件和面具袋组成。面罩用于保护面部免受伤害;过滤元件用于将受染空气过滤成洁净空气;面具袋用于携带和保护面具。69型防毒面具是头盔式通话面具,由面罩、滤毒罐和面具袋三部分组成。

携带面具:通常是左肩右肋,面具袋上沿与腰带取齐。行军时,可将面具移至右后方。当听到"准备面具"口令时,迅速将面具袋移至右前方,并将其打开,成准备状态。

戴面具:当看(听)到"化学报警"信号或"戴面具"口令时,立即停止呼吸,闭嘴闭眼,右手握住面具袋底,左手迅速取出面具,两手分别握住面具两侧的中、下头带,拇指在内撑开面罩;身体微向前倾,下颌微伸出,将面具套住下颌,用拇指和食指夹住军帽帽檐,两手稍用力向上后方拉头带,迅速戴上面具;两手对称地调整头带,使面具与脸部密合,然后深呼一口气,睁开眼睛,戴好军帽。

气密性检查:戴好面具后,用右手堵住进气口,同时用力吸气,若感到堵塞不透气,则说明面具气密性良好,若感觉漏气,应首先检查佩戴是否正确,然后检查呼气活门有无异物及面具有无损坏,根据情况处理后再重新检查。

脱面具:当看(听)到解除"化学报警"信号或"脱面具"口令后,左手脱下军帽,右手握住面具下部,向下向前脱下面具,戴上军帽,然后将过滤器朝外装入面具袋内。

持枪戴(脱)面具时,应先成肩枪或夹枪姿势,然后,按立姿戴(脱)面具的要领戴好(脱下)面具,取枪成原来姿势。卧姿戴面具时,应先将枪置地,身体转向右或用两肘支撑上体,左手脱帽按立正姿势要领戴好面具。

2. 皮肤防护器材

皮肤防护器材用于保护身体免受毒剂液滴、云团的侵害,我军现装备的皮肤防护器材有81型和82型皮肤防护器材。

3. 简易防护器材

在野战条件下如遭敌生、化武器袭击,还可以利用雨衣、大衣、棉被、塑料布、油纸、毯子等作为简易皮肤防护器材对生、化武器进行防护,这些器材可以有效地防液滴毒剂和生物战剂对人员的伤害。对双手的防护可用橡胶、皮革和帆布制作的简易手套进行防护;对下肢的防护可穿雨(胶)鞋、皮鞋,或用稻草、塑料布、油布、油纸、草席等包扎下肢,这些均能起到有效的防护作用。

4. 急救包

急救包是个人防护器材之一,包内装有:神经性毒剂预防药片——复方 70 号防磷片、11 号注射针或 80 型急救针,还有粉剂个人消毒手套 1 只,抗氰急救剂(4DMAP 注射液)和 85 号抗氰预防片。

D 战备基础与应用训练

了解战备规定、紧急集合、徒步行军、野外生存的基本要求、方法和注意事项,学会识图用图、电磁频谱监测的基本技能,培养学生分析判断和应急处置能力,全面提升综合军事素质。

一、战备规定

战备,是军队为了应付可能发生的战争或突发事件而在平时进行的准备和戒备行动及工作。战备规定,主要是规定了我军的日常战备秩序、战备制度和战备等级划分等。认真落实战备的各项规定,是部队平时保持良好的战备状态,情况紧急时以最短的时间、以最快的速度投入战斗,并能圆满完成任务的保证。

(一) 战备规定的主要内容

1. 日常战备秩序

战备工作必须高度重视,紧密结合形势和任务,经常进行战备教育,增强战备观念,落实战备制度,建立正规的战备秩序,保持良好的战备状态。

(1) 制定战备方案。部队必须建立健全战备方案和各种保障措施,并经常组织部属熟悉其内容,进行必要的演练。当编制、装备和任务发生变化时,应当及时修订战备方案。

(2) 搞好"三分四定"。各类战备物资,应该当按照"三分四定"规定落实。"三分"就是区分携行、运行、后留,并分别放置;"四定"就是做到定人、定物、定车、定位。

(3) 保持装备完好率和人员在位率。部队应按规定保持装备完好率和人员在位率,保证随时遂行各种任务。

(4) 进行紧急集合。为锻炼提高分队紧急行动能力,检查战斗准备状况,通常连每月、营每季度进行一次紧急集合。

2. 日常战备制度

日常战备制度是军队为进行战争准备而颁发的在日常执行的各种制度和规定的统称。主要包括:战备教育制度、军情研究制度、战备值班制度、节日战备制度、兵员管理制度、武器装备管理制度、战备物资管理制度、国防工程维护管理制度、请示报告制度、战备演练制度等。

3. 战备等级的划分

战备等级是根据军队战备工作的轻重缓急程度,按照一定的标准进行的划分。我军的战备等级,以平时的经常战备为基础,依次划分为四级战备、三级战备、二级战备和一级战备。

(二)战备等级的基本要求

1. 四级战备

此时部队呈戒备状态,收拢人员,控制外出,进行必要的战备教育,保持警惕性。

2. 三级战备

部队进入部分作战准备状态,进行战备动员和物资器材的准备。

3. 二级战备

部队进入全面准备状态,进行深入的战备动员,完成一切战斗行动准备。

4. 一级战备

为最高等级的战备等级,此时部队呈待发状态,人员、车辆、物资器材全部准备就绪,武器不离身,并立即进行临战动员,一声令下,就可立即出动。

二、紧急集合

紧急集合,就是在紧急情况下迅速进行的集合,是应对突发情况的一种紧急行动。如:目标及目标单位发生重大突发事件;发现和遭到敌人的突然袭击;受到火灾、水灾、地震、台风等自然灾害威胁;上级赋予紧急任务或其他需要紧急集合的情况。

士兵一般是根据上级的紧急战备号令实施紧急集合。士兵一旦接到紧急集合的信号或命令时,应立即按规定着装,携带齐武器装备和器材,迅速到达规定地点集合。

紧急集合分为全副武装紧急集合和轻装紧急集合两种。全副武装紧急集合是根据当时部队所处的战备等级状态而确定。此时,人员的负荷量、携行的装备和器材均按战备方案和上级的规定执行。轻装紧急集合是在执行临时性的紧急任务时所采取的一种方式。

紧急集合的程序分四步:着装、打背包(背囊)、装具携带和集合。

(一)着装

通常着训练服。白天进行紧急集合时,一般就按当时的训练着装进行。如果上级重新规定了着装,士兵应立即换装。夜间实施紧急集合时,士兵应迅速起床,按照帽子(冬季戴皮、棉帽时,披装后再戴)、上衣、裤子、袜子、鞋子(双层床上层的士兵打完背包再穿鞋子)的顺序进行穿戴。

(二)打背包(背囊)

背包宽30—35厘米,竖捆两道,横压三道。雨衣放在挎包内;大衣通常捆于背包上端,大衣袖子捆于背包两侧;鞋子横插在背包背面中央或竖插两侧。装备背囊时,应按规定将被装、器材装入背囊,扣扎结实,便于行动和携带。放置的顺序为:垫被、被子(卷起)、大衣(冬季)、小包、雨衣、米袋、制式挎包(内装弹匣一个、干粮数份)、脸盆。背囊左上侧装布鞋、左下侧装水壶,右上侧装牙具、碗筷,右下侧装防毒面具。

(三) 装具携带

依据《着装与携行(运行)量规定表》内容携带。着装通常按照"战斗装具左肩右胁,生活装具右肩左胁"的原则进行。全副武装紧急集合着装及装具携带顺序:着制式服装,佩戴执勤臂章,戴头盔(钢盔),带挎包(左肩右胁,内装雨衣、洗漱用具和急救包),水壶(右肩左胁),扎腰带(挎包和水壶前侧背带扎于腰带内),披子弹袋,背背包,携带手中武器、警械。混合着装、轻装着装及装具携带顺序参照全副武装着装及装具携带顺序执行。

(四) 集合

集合,通常应逐级集合,逐级报告。如士兵披装完毕后,迅速跑步到班集合地点,向班长报告。全班到齐后,班长带领全班迅速赶到排集合场,并向排长报告,依次进行。紧急情况下,也可以排、中队(连)为建制统集。士兵在紧急集合时要做到:迅速、肃静、完整、安全、便于行动。这就要求每名士兵在平时应按规定放置武器、弹药、装具和衣物,这样在紧急集合时就便于拿取和穿着,行动才不会慌乱。

三、行军拉练

行军,是按照预先计划和沿指定路线进行的有组织的移动。

(一) 徒步行军

徒步行军是以步行的方式实施的行军,是部队机动的基本手段。徒步行军的目的是为了锻炼同学们的身体、作风和意志,培养同学们的吃苦耐劳、团结协作、不畏难险、勇于克服困难和不达目的誓不罢休的精神和毅力。徒步行军通常分为常行军和强行军:常行军是按照正常的每日行程和时速实施的行军,每日行程通常为30—40千米,平均时速为4—5千米;强行军,是加快行军速度和延长行军时间的行军。

徒步行军时,通常按照先头分队、本队和收容分队的顺序进行编组。徒步行军时,成一路或数路沿道路右侧或两侧行进,两队之间距离约100米。行军途中应适时组织休息,通常每1—2小时休息一次,时间为10—20分钟。休息时人员及车辆应靠道路右边,保持原队形;在完成当日行程半数后进行大休息,时间约1—2小时。大休息时,应抓紧时间用餐,并派出警戒,防止丢失物品。夜间休息时,人员不准随意离队,装备物品随身携带,出发前清点人数,检查装备物品。

徒步行军时,通过山口、隘路、桥梁、渡口、岔路口、居民地或与友邻队伍相遇时,应按规定的顺序和交通调整哨的指挥迅速通过,不得争先拥挤。夜间通过岔路口时,注意看清路标,防止走错路。应保持正常的行进速度,主动给车辆让路,未经领导批准,不得随意超越前面的队伍。夜间行军,应适当缩小队伍长径,注意掌握行进方向,加强通信联络,严格灯火、音响管制,采取有效措施,防止人员掉队和摔伤。

(二) 宿营

宿营,是离开营房或学校常驻宿舍后的临时住宿,目的是为了得到休息和整顿。通常可采取露宿、舍宿或两者相结合的方法宿营。选择宿营地域时,应按照小集中、大间隔的要求,选择那些有良好地形便于疏散配置、有进出道路便于机动和调整队形、有充足水源和较好的卫生条件的地区。

露宿时,通常以班、队为单位,选择和利用有利地形,疏散配置。人员可以利用就便器材或挖掩体宿营,也可以在车辆上露宿;车辆应离开道路,停放在便于进出的地方;舍宿时,应尽量选择在居民地边缘的房舍内,并离开重要岔路口、桥梁和有明显地物的街区。车辆停放在建筑物外便于机动的地方。

宿营前,应派出设营组。设营组通常由指定人员率各班、队代表组成,负责到现地去区分各班、队宿营位置,选择指挥部和停车场位置;调查当地社情、疫情、水源和水质等情况,分配水源,组织警戒,引导自己的班、队进入。队伍到达宿营地域时,应在设营人员引导下进入指定宿营位置,并根据上级领导的指示,派出警戒,指定值班员,明确集合场所,督促人员按时休息,并为次日继续行军做好准备;同时,还应向上级领导报告宿营情况。

离开宿营地域时,应清点人员、装备物品,打扫卫生,掩埋垃圾,并归还向群众借用的物品。

四、野外生存

野外生存,是在食宿没有保障的特殊环境中生存与自救的活动。组织野外生存训练时,应做好充分的准备,除必带的装备物品外,还应携带刀具、火柴和打火石、手电筒、绳索、药品(包括止痛药、肠胃药、高锰酸钾、伤口贴、急救包),并应了解和掌握以下基本常识:

(一)饮水与寻找水源

在缺水情况下,喝水应"少量多次"。试验证明:一次饮1 000毫升水,会由小便排出380毫升;若分10次喝,小便累计排出80—90毫升,水在体内能得到充分利用。当随身携带的饮用水快用完时,应积极寻找水源。

寻找地下水。首选是山谷底部,如谷底见不着明显的溪流或积水坑,要注意绿色植物的分布带。植物茂盛、动物经常出没的地方,容易找到浅表层水源。茂盛的芦苇表示地下水位于地表下1米左右;喜湿的马兰花等植物下面半米或1米左右就能找到水;竹林的浅层地表下就有水;蚂蚁、蜗牛、青蛙、蛇等动物喜欢在泥土潮湿的地方栖身,在这些地方向下深挖就可以找到水。

寻找植物中的储水。山野中有许多植物可用解渴,如北方的黑桦、白桦的树汁,山葡萄的嫩汁,酸浆子的根茎;南方的芭蕉茎、扁担藤等。初春时,只要在桦树干上钻一深孔,插入一根细管(可用白桦树皮制作),就可流出汁液,立即饮用。热带丛林中的扁担藤,砍断藤干后,会流出可供饮用的清水。热带丛林中还有一种储水竹子,竹节内的水既卫生还带有一股竹香。

采集地表水或雨水。清晨可采集植物枝叶上的露珠。下雨时,可在地面上挖坑,铺上塑料布或雨布收集雨水,也可用其他容器接雨水。

（二）寻找食物

识别和采集野生植物。野生植物大都可以食用，有毒的不多。鉴别方法：一是根据可食野生植物的图谱鉴别；二是向有经验的当地居民了解；三是仔细观察动物采食的情况。常见的野生可食植物有：淀粉类如白蔹（山地瓜）、芦苇（石根草、芦嘴子、苇子）、稗（败子草、野败）等；野果类如茅莓、沙棘、胡颓子等，还有野生梨、野栗子、榛子、松子、山核桃等；野菜类如苦菜、蒲公英、蕨菜、苋菜、扫帚菜、灰灰菜等。

捕获野生动物。一是猎兽，猎兽前应向有经验者或当地居民了解动物的习性和捕获方法，对大型动物通常采用陷阱猎获的方法，对小型动物可采取压猎、套猎和竹筒诱猎等方法；二是捕蛇，捕蛇时可采取叉捕法、泥压法和索套法捕捉，要注意防蛇咬伤，最好穿戴较厚的高腰鞋及长筒手套等防护用品；三是捕鱼，捕鱼可使用钩钓、针钓、脚踩、手摸、拦坝戽水等方法；四是捕获昆虫，可食用的昆虫种类很多，如蜗牛、蚂蚁、蚯蚓、知了、蚱蜢等，可采取手捕、网罩、挖洞掏等方法捕获。

（三）简易方法取火

取火前应准备好引火媒，如干燥的棉絮、纱线、草屑或撕成薄片的干树皮、干木屑等。

弓钻取火。用强韧的树枝或竹片绑上绳子或鞋带做成弓，将弓弦在一根20厘米长的干燥木棍上缠绕两圈，将木棍抵在一小块硬木上，来回拉动弓使木棍迅速转动。钻出黑粉末后轻吹或轻扇，使其冒烟而生火点燃引火媒。

击石取火。找两块质地坚硬的石头，互相击打，将其迸发出的火花落到引火媒上，当引火媒开始冒烟时，缓缓地吹或扇，使其燃起明火。用小刀的背面或小片钢铁，在石头上敲打，也能很容易地产生火花，引燃引火媒。

透镜利用太阳取火。用透镜将太阳光聚焦成一点，光点上的温度可以将棉絮、纸张、干树叶、受潮的火柴等物引燃。

（四）野炊

野炊，一是用罐头盒、铝饭盒烹煮。用石头做架，或用钢丝吊挂铁盒、铝饭盒等物，用火加热，烹煮食物、烧开水等。二是用铁丝、木棍烧烤。将食物穿插缠裹在铁丝或木棍上，放在火中或火边烧烤熟化。三是用小铁锹、石板火石块烫烙。用火在小铁锹底部加热，将切成薄片的食物放在上面烙熟，也可用火将石板烧烫以后，将食物切成薄片放在上面烙熟食用。四是用黄泥裹烧。用和好的黄泥在地上摊成泥饼，上面铺一层树叶，将野鸡、野兔、鱼等食物除去内脏不脱毛不去鳞，放在泥饼上，用泥饼将食物包裹成团，放在火中烧两个小时即可食用。

五、识图用图

识图用图是部队野外行动的必备技能之一，通过识图用图基础知识的学习和相关技能的训练，使同学们了解和掌握地形图的基本知识，学会现地使用地形图的方法。

（一）地形图基本知识

1. 地图概述

（1）地图的定义。地图,是地球表面自然和社会现象的缩写图。它是按照一定的数学法则,用特定的图式符号、颜色和文字注记,将地球表面的自然和社会现象,经过一定的制图综合测绘于平面上的图。

（2）地图的分类。按表示内容可分为普通地图和专题地图;按比例尺可分为大、中、小比例尺地图;按用途可分为政区图、军用图、航海图、交通图等。

普通地图又分为地形图和地理图,大于或等于1∶100万比例尺的普通地图叫地形图,是国家经济建设、国防建设和军队作战训练不可缺少的主要地形资料。

专题地图又称专门地图或主题地图。它是以普通地图为底图,着重表示某一专题内容的地图,如地貌图、交通图、气象图等。

2. 地图比例尺

地图比例尺是地图上某两点间直线长度与相应实地水平距离之比。为便于了解地图缩小的倍数,分子通常化为1,即：

$$地图比例尺 = 图上直线长度/相应实地水平距离 = 1/M$$

M 称为比例尺分母,其值越大,比例尺越小;其值越小,比例尺越大。一幅地图,当幅面大小一定时,比例尺越大,它所包括的实地范围越小,图上显示内容越详细;比例尺越小,包括的实地范围越大,图上显示的内容越简略。

3. 地物符号

地物在地图上是按照《地形图图式》规定的符号和注记表示的,这些符号称地物符号。根据地物符号和注记,可以识别现地地物的种类、性质和分布情况,分析它们在军事上的价值。

地物符号的图形,多数是参照地物的平面形状设计的,如居民地、河流等;有些是参照地物的侧面形状设计的,如烟囱、水塔等;有些是按有关意义设计的,如变电所、气象站等。

图形特点	符 号 名 称		
与平面形状相似	居民地	河流 苗圃	公路 桥梁
与侧面形状相似	突出阔叶树	烟囱	水塔
与有关意义相应	变电所	矿井	气象站

地物符号图形的设计

地物符号的类型包括点状符号、线状符号和面状符号。

符号的注记是用文字和数字来说明符号不能表示的质量、数量和名称,如居民地、江河、山和山脉的名称注记,公路路面质量等的说明注记,以及说明物体数量特征的数字注记。为使地图内容层次分明,清晰易读,有较强的表现力,地形符号还可以采用不同的颜色。如黑色——表示人工地物和部分自然地物,如居民地、道路、独立石、溶洞。蓝色——表示与水、冰雪有关的物体,如湖泊、水渠、冰川、雪山。绿色——表示与植被有关的物体。棕色——表示地貌与土质。

4. 地貌判读

地图上表示地貌的方法很多,主要有等高线法、晕渲法、分层设色法、写景法等。这里主要介绍等高线法。

(1) 等高线显示地貌的原理。设想用一组高差间隔相等的水平面去截割地貌,则其截口必为大小不同的闭合曲线,并随山背、山谷的形态不同而呈现不同的弯曲形状。将这些曲线垂直投影到平面上,便形成了一圈套一圈的等高线图形。这些曲线的多少、形态与实地地貌的高程和起伏状况相一致。

(2) 等高线显示地貌的特点。同一条等高线上各点的高程相等;相邻等高线的间隔与地面坡度成反比;等高线弯曲形状与实地地貌保持相似关系;等高线是闭合曲线,一般情况下互不相交。

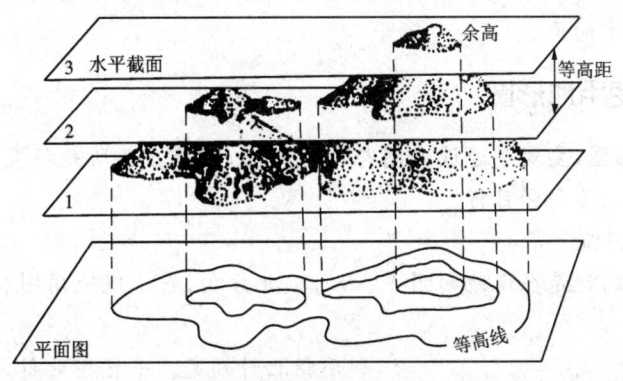

等高线显示地貌的原理

(3) 高程起算与注记。我国过去以1956年黄海平均海水面为全国高程起算的基准面。20世纪80年代,通过复查和计算,对原起算基准作了准确修正,定为"1985国家高程基准"。从平均海水面起算的高度叫高程,也叫真高,或称海拔。两点间高程之差叫高差。

地形图的高程注记有两种:一种是点的高程注记,用黑色,字头朝向北图廓;一种是等高线的高程注记,用棕色,字头朝向上坡方向。

5. 坐标

确定平面上或空间中某点位置的一组数,如长度值或角度值,叫该点的坐标。坐标又可分为地理坐标、平面直角坐标、概略坐标和精确坐标等。

(1) 地理坐标。用纬度和经度表示地面点位置的球面坐标,叫地理坐标,通常用度、分、秒表示,一般用来指示飞机、舰船位置等。地理坐标网由一组纬线和一组经线构成。地形图是按纬度和经度分幅的,南、北内图廓线是纬线;东、西内图廓线是经线。地图比例尺不同,表示地理坐标网的形式也有区别。

在大比例尺地形图上量读某点的地理坐标时,可通过该点分别向经、纬分度带作垂线,直接在分度带上读取坐标,也可连接对应的分度带,即可绘成地理坐标网。量读地理坐标时,一般按先纬度后经度的顺序进行。

(2) 平面直角坐标。用平面上的长度值,表示地面点位置的直角坐标,叫该点的平面直角坐标。由于经纬线在图上多是弧线,不便于图上作业,更不便于距离和角度的换算,因此,在大比例尺图上都绘有平面直角坐标网。

平面直角坐标是由两条垂直相交的直线建立起来的坐标系统。纵线为纵轴,以 X 表示;横线为横轴,以 Y 表示;两直线的交点为坐标原点,以 O 表示。确定某点的位置时,以该点到横轴的垂直距离为纵坐标(X),到纵轴的垂直距离为横坐标(Y)。并规定,X 值在横轴以上的为正,以下的为负;Y 值在纵轴以右的为正,以左的为负。如甲点的坐标:$X=250, Y=300$。用这种方法确定点位的,就叫平面直角坐标法。

6. 方位角与偏角

(1) 方位角。从某点的指北方向线起,按顺时针方向量至目标点方向的水平角,叫作某点至目标点的方位角。通常用密位或 360°角制量度。军事上判定方位、标定地图、指示目标、确定射向和保持行进方向等,都用到方位角。

(2) 偏角。地面点的真北、磁北和坐标北方向线,叫三北方向线。它们之间的夹角,叫偏角,也叫三北方向角。

(二) 现地使用地形图

现地使用地形图,主要是通过地图与现地对照,明确自己所处位置,了解周围地形情况,确定遂行任务的方向和目标。

1. 现地判定方位

现地判定方位,就是在现地判明东、西、南、北方向,它是现地用图和遂行作战任务的前提。

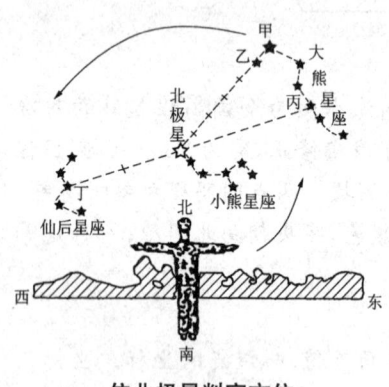

依北极星判定方位

利用指北针判定。平置指北针,待磁针静止后,磁针北端所指的方向就是北方。

利用太阳和时表判定。北半球当地时间6时左右太阳在东方,12时在南方,18时左右在西方。根据这一规律,可概略判定方位。要领是:"时数折半对太阳,'12'指的是北方"。当地时间是下午2时40分,即14时40分,则以7时20分对太阳,此时表盘"12"所指的方向就是北方。

利用北极星判定。小熊星座尾巴上最亮的一颗星,叫北极星。夜间找到了北极星就找到了北方向。

利用地物特征判定。有些地物、地貌受阳光、气候等自然条件的影响,形成了某些特征,利用这些特征可概略判定方位。

2. 现地标定地图

现地标定地图,就是使地图的上北、下南、左西、右东方位与现地方位一致,以便于现地使用地图。其主要方法有:用指北针标定,利用直长地物标定,利用明显地形点标定等。

这里介绍用指北针标定的方法,即将指北针的准星朝向地图上方,直尺边切于地图磁子午线,然后转动地图使磁针北端指零,则地图方位即已标定。

3. 现地对照地形

现地对照地形,就是在现地把图上的地形符号与现地的地物、地貌一一对应判别出来。同时要求把现地有而图上没有,或图上有而现地已不存在的各类地形元素在图上或现地的位置找到。它通常是在标定地图方位之后进行的,先通过观察实地地形概貌,判出站立点的概略位置;再依此进行全面、详细的现地对照;然后准确判定站立点的图上位置。因此说,现地对照与判定站立点的图上位置是交替进行互相联系的一项工作。

4. 现地判定点位

(1) 确定站立点在图上的位置。现地用图需随时确定站立点在图上的位置,以便利用地图了解周围地形和遂行作战任务。确定站立点的主要方法有:地形关系位置判定法、侧方交会法、后方交会法、磁方位角法等。这里主要介绍地形关系位置判定法。先标定地图方位,按照现地对照的方法步骤,逐一判出站立点四周明显地形点在图上的位置;再依它们对于站立点的关系位置,在图上确定出站立点的位置。

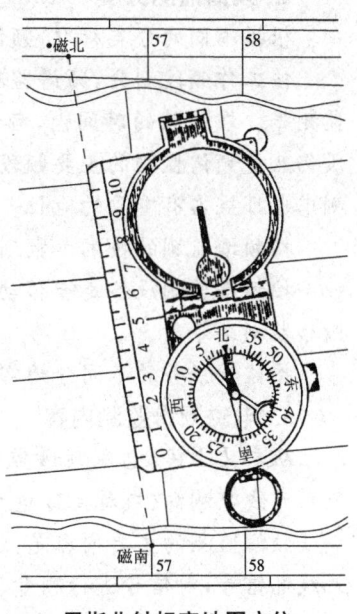

用指北针标定地图方位

(2) 确定目标点在图上的位置。作战中常需将新增和新发现的地形目标与战术目标标绘在地图上,以便量取坐标、指示目标和确定射击诸元。确定目标点在图上的位置,是在确定站立点在图上位置之后进行的,主要方法有:地形关系位置判定法、前方交会法、截线法等。这里主要介绍地形关系位置判定法。首先观察实地目标点与周围明显地形点的关系位置,然后在图上找出相应符号,并依关系位置确定目标点的图上位置。如目标为敌坦克发射点,位于三角点所在高地和张家庄北无名高地之间的鞍部,且在分水线以南、小路以北的斜坡上。故按此关系在图上找到鞍部,而后按目标对于分水线和小路的距离比,在图上定出敌坦克发射点的位置。

六、电磁频谱监测

电磁频谱监测是实施电磁频谱管理的重要手段和依据。通过频谱监测可以获得大量电磁用频装、设备的工作状态以及无线电频谱信息和特征技术参数,为我军制定战场电磁频谱管理和用频保障计划,研制和发展各类用频装备提供重要的技术依据。

(一) 电磁频谱监测基本知识

1. 电磁频谱监测定义

电磁频谱监测是通过对空中无线电信号进行扫描、搜索以及监视、分析,实现对频谱占用情况的统计、分析和信号的识别及频谱参数(频率、频率误差、射频电平、发射带宽、调制度等)的测量。换言之,频谱监测是探测、搜索、截获无线电信号,并对信号进行分析、识别、监视并获取其技术参数、工作特征和辐射源位置等技术信息的活动,它是有效实施电磁频谱管理的重要手段和依据,也是电磁频谱管理的重要分支。

2. 频谱监测分类

根据不同的分类标准,频谱监测有不同的分类方法。

按工作频段划分,频谱监测可分为长波监测、中波监测、短波监测、超短波监测、微波监测等。在很长的时间内,频谱监测主要是在短波和超短波展开,到目前为止,这两个频段仍然是频谱监测的主要频段,随着微波频段军用频装备的日益增多,微波监测在频谱监测中也日益占有重要的地位。

按频谱监测的技术参数划分,通常分为无线电技术监测和无线电方位监测。

按频谱监测设备是否移动及运载平台的不同,可分为固定监测站、移动监测站以及可搬移监测站等。

按监测任务的不同分为常规监测、电磁环境监测和特种监测。

3. 电磁频谱监测内容

从广义上讲,电磁频谱监测的基本内容包括:无线电技术侦察(或称无线电技术监测)、无线电测向(或称无线电方位监测)、无线电定位等三部分。

频谱监测的主要内容是:通过采用先进的频谱监测测试仪表和设备探测、搜索、截获无线电信号,对信号进行测量、统计、分析、识别、监视,以及对正在工作的用频台站测向和定位,获取用频台站位置、通信方式、通联特点、网络结构和属性等技术信息。主要对用频台站发射的基本参数,如频率、场强、带宽、调制等指标系统进行测量,对声音信号进行监听,对发射标识识别确定,对频率利用率和频道占用度进行统计,对干扰源测向定位,排除干扰,查处非法电台和非核准电台,保证通信业务的安全。

(二) 电磁频谱监测的基本环节

频谱监测的内容和步骤是随着监测设备技术水平的不断提高而变化的。随着科学技术的迅速发展,现代战争中的军事通信大量采用快速通信技术、加密技术、反侦察抗干扰技术等各种先进通信技术。为适应这种变化,现代的频谱监测已转变为以监测无线电信号的技术特征为主。下面对现代频谱监测过程中的基本环节加以阐述。

1. 对无线电信号的搜索与截获

截获无线电信号必须具备三个条件:一是频率对准,即监测设备的工作频率与被测无线电信号频率要一致;二是方位对准,即监测天线的最大接收方向要对准被测无线电信号的来波方向(全向天线例外);三是被测无线电信号电平不小于监测设备的接收灵敏度。由于被测无线电信号的频率和来波方向是未知的,所以,在寻找被测无线电信号时,需进行频率搜索和方位搜索。

2. 测量无线电信号的技术参数

无线电信号有许多技术参数,有些是各种无线电信号共有的参数,有些是不同无线电信号特有的参数。不同的无线电信号一般具有自身特有的技术参数,例如,调幅信号的调幅度,调频信号的调制指数,数字信号的码元速率或码元宽度,移频键控信号的频移间隔,跳频信号的跳频速率,等等。

对无线电信号技术参数做到实时测量是十分必要的,这对于频谱监测尤为重要。当不能实时测量时,可进行记录,利用音频录音、视频录像、射频信号存储等手段,详细记录或存储截获的无线电信号,以便事后作进一步分析和处理。

3. 测向定位

利用无线电测向设备测定信号来波的方位,并确定目标电台的地理位置。测向定位可以为判定无线电设备属性、通信网组成,实施电磁频谱管理提供重要依据。

4. 对信号特征进行分析、识别

信号特征包括通联特征和技术特征。技术特征是信号的波形特点、频谱结构、技术参数以及无线电辐射源的位置参数等。分析信号特征可以识别信号的调制方式,判断无线电辐射源的工作体制和无线电装备的性能,判断无线电通信网的数量、地理分布以及各通信网的组成、属性及其应用性质等。

5. 控守监视

控守监视是对已截获的无线电辐射源信号进行严密监视,及时掌握其变化及活动规律。实施电磁频谱管理时,控守监视尤为重要,必要时可以及时转入即时式管理。

电磁频谱监测中,需要对获取的技术资料建立电磁频谱管理技术信息数据库,并根据技术资料的变化及时更新数据库的内容。

参 考 文 献

1. 许保林. 中国兵书通览[M]. 北京：解放军出版社，1990.
2. 吴九龙. 孙子校释[M]. 北京：军事科学出版社，1990.
3. 邓锋，郑三立. 西方军事思想发展史[M]. 北京：国防大学出版社，1993.
4. 王保存. 世界新军事变革新论[M]. 北京：解放军出版社，2003.
5. 徐焰. 中国国防导论[M]. 北京：国防大学出版社，2006.
6. 余春. 战争形态与武器特征[M]. 北京：国防大学出版社，2007.
7. 汪维余. 当代战争战例透析[M]. 北京：国防大学出版社，2007.
8. 中国军事史编写组. 中国历代军事思想[M]. 北京：解放军出版社，2007.
9. 宋华文，耿艳栋. 信息化武器装备及其运用[M]. 北京：国防工业出版社，2010.
10. 胡田疆，黄刚. 《中华人民共和国国防动员法》学习问答[M]. 北京：国防大学出版社，2010.
11. 全军军事术语管理委员会，军事科学院. 中国人民解放军军语[M]. 北京：军事科学出版社，2011.
12. 刘兴堂. 信息作战与高技术战场[M]. 北京：国防工业出版社，2011.
13. 军事科学世界军事研究部. 世界军事革命史（上中下卷）[M]. 北京：军事科学出版社，2012.
14. 王保存. 外军武器信息化发展[M]. 北京：长征出版社，2012.
15. 童志鹏，刘兴. 综合电子信息系统——信息化战争的中流砥柱[M]. 北京：国防工业出版社，2012.
16. 江新风. 当代外国军事思想教程[M]. 北京：军事科学出版社，2013.
17. 薛翔. 国家安全战略学教程[M]. 北京：军事科学出版社，2013.
18. 中国军事百科全书编审委员会. 中国军事百科全书（第二版）[M]. 北京：中国大百科全书出版社，2014.
19. 总体国家安全观干部读本编委会. 总体国家安全观干部读本[M]. 北京：人民出版社，2016.
20. 刘建飞. 中国特色国家安全战略研究[M]. 北京：中共中央党校出版社，2016.
21. 中共中央宣传部. 习近平新时代中国特色社会主义思想三十讲[M]. 北京：学习出版社，2018.
22. 中共中央党史和文献研究院编. 习近平关于总体国家安全观论述摘编[M]. 北京：中央文献出版社，2018.
23. 中共中央宣传部. 习近平中国特色社会主义思想学习纲要[M]. 北京：学习出版社、人民出版社，2019.
24. 全国干部培训教材编审指导委员会组织编写. 全面践行总体国家安全观[M]. 北京：人民出版社、党建读物出版社，2019.
25. 全国干部培训教材编审指导委员会组织编写. 全面推进国防和军队现代化[M]. 北京：人民出版社、党建读物出版社，2019.
26. 中共中央宣传部. 习近平新时代中国特色社会主义思想学习问答[M]. 北京：学习出版社、人民出版社，2021.
27. 中共中央宣传部，中央国家安全委员会办公室. 总体国家安全观学习纲要[M]. 北京：学习出版社、人民出版社，2022.
28. 中共中央宣传部. 习近平新时代中国特色社会主义思想学习纲要（2023年版）[M]. 北京：学习出版社，2023.
29. 薛澜. 总体国家安全观研究[M]. 北京：社会科学文献出版社，2024.
30. 总体国家安全观研究中心，中国现代国际关系研究院. 军事与国家安全[M]. 北京：时事出版社，2025.